北京大学中文系1956级校友回忆录
谨以此书献给北京大学建校120周年

《此世今生未名情》编委会

- 主编 -

张仁健

- 副主编 -

诸天寅　李延祜

- 编委 -

（以姓氏笔画为序）

王绍新　史有为　刘文昭

李延祜　张曰凯　张仁健

胡冠莹　洪希刚　郭成韬　诸天寅

记忆文丛

此世今生未名情

张仁健◎主编

此世迭起风云变 今生常萦未名情

山西出版传媒集团
北岳文艺出版社
BEIYUE LITERATURE & ART PUBLISHING HOUSE
·太原

图书在版编目(CIP)数据

此世今生未名情 / 张仁健主编. —太原:北岳文艺出版社,2019.1
ISBN 978-7-5378-5648-5

Ⅰ.①此… Ⅱ.①张… Ⅲ.①北京大学-校友-回忆录 Ⅳ.①G649.281

中国版本图书馆CIP数据核字(2018)第176632号

| 书名:此世今生未名情 | 策　划:续小强 | 印装监制:巩　璠 |
| 主编:张仁健 | 责任编辑:韩玉峰 | 书籍设计:张永文 |

出版发行:山西出版传媒集团·北岳文艺出版社
地址:山西省太原市并州南路57号
邮编:030012
电话:0351-5628696(发行部)　0351-5628688(总编室)
传真:0351-5628680
网址:http://www.bywy.com　E-mail:bywycbs@163.com
经销商:新华书店　印刷装订:山西人民印刷有限责任公司

开本:787mm×1092mm　1/16　字数:510千字
印张:33.25　版次:2019年1月第1版　印次:2019年1月山西第1次印刷
书号:ISBN 978-7-5378-5648-5
定价:88.00元

本书版权为本社独家所有,未经本社同意不得转载、摘编或复制

母校永远在我心中
(袁行霈,中央文史馆馆长、北京大学中文系教授)

此世今生未名情
（郝斌，北大党委原副书记、副校长，北大校友会常务副会长）

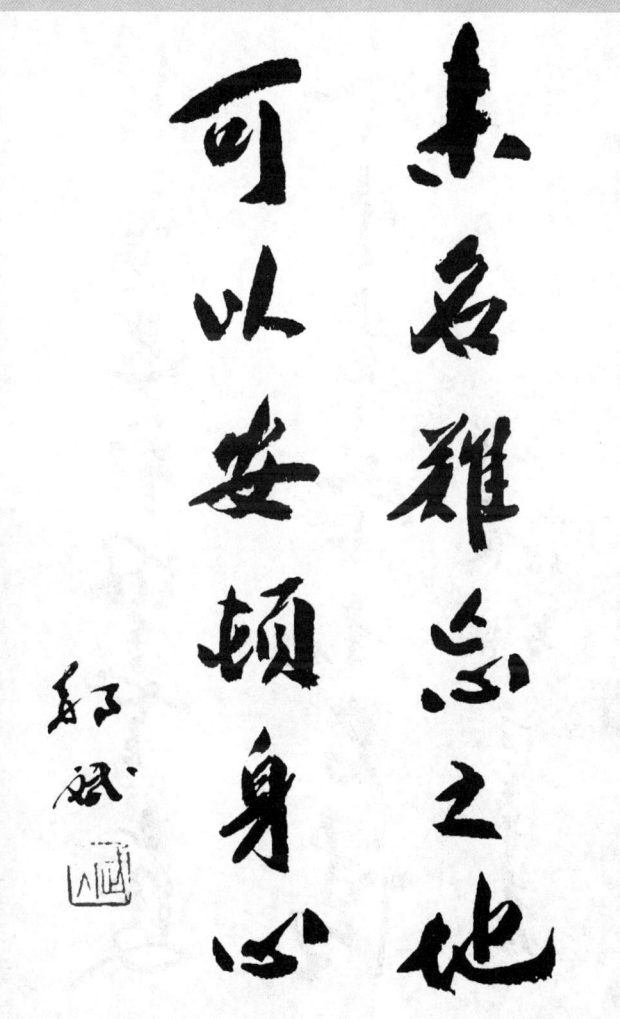

未名难忘之地　可以安顿身心
（郝斌题词）

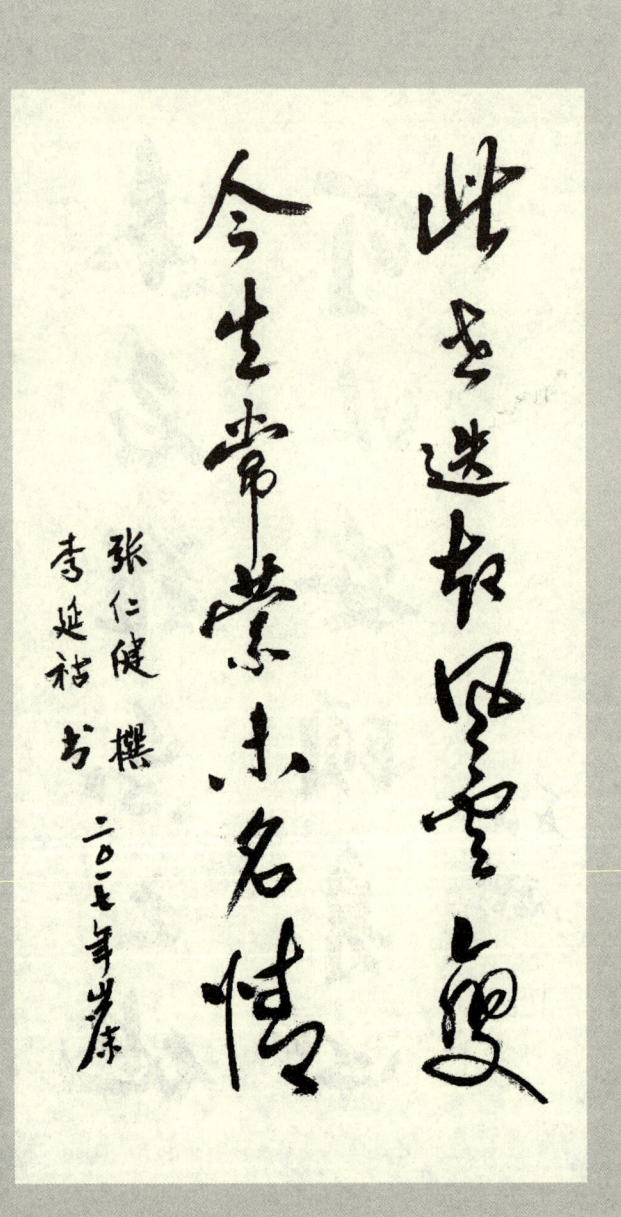

此世迭起风云变　今生常萦未名情

（张仁健撰，李延祐书）

北京大学中文系1956级1班毕业留念

第一排左起：何乐士、黄懋颐、俞静莝、阮善志（越南）、何九盈、余英华、王绍新、刘月华

第二排左起：程相清、李思明、田景奎、牟国相、赵遐秋、黎春泰、黄英忱、郭成韬、陈良明

第三排左起：曾庆瑞、阮文硕、高守刚、范文禧、施光亨、詹龙标、蒋欣、薛宝琨

第四排左起：汪景寿、洪成玉、林盛祥、饶杰腾、史有为、舒宝璋、冯志白、吴兆孟、郭丙于

北大中文系1956级2班毕业留念(1961年7月26日摄于未名湖畔)

第一排左起:白崇仁、周宏兴、卢冬、周荫曾、洪希刚、孟蓝天、邵璧华、吴小林、吴济时

第二排左起:龚希光、李文初、滕怀池、刘辉、王昌珞、薛鸿时、王其健、袁玉琪、周小邦

第三排左起:李泉、冯亚眉、马正明、秦川、李骅年、曹文彬、古今、廖文、翟世祯、黄玉仁、李延祜、桉苗、周中明、唐宗秀

北大中文系1956级3班毕业留念

第一排左起：韩连仲、方孟华、姚梅屏、刘文昭、缪柳西、林薇、葛茂荣、刘城淮

第二排左起：顾建国、李清洲、王育生、洪子诚、陈永康、吕美勤、胡立健、姚梦林、黄侯兴

第三排左起：罗炯光、欧阳周、张以英、杨远鸿、竺明章、刘登翰、廖东凡、刘士毅

第四排左起：乔懋渔、陈纪峰、诸天寅、张雪鸿、罗宪敏、关元光

北大中文系1956级4班毕业留念

第一排左起：叶建东、齐裕焜、黄式宪、陈键、徐锡君、唐天然、顾兰芳

第二排左起：黄君伟、张继顺、刘竹立、张仁健、张永鑫、高振河、朱彤、郑沛德、刘烈茂、周续庚

第三排左起：王倬芸、韩蔼丽、胡冠莹、张曰凯、徐世勤、徐明雄、彭庆生、袁良骏、梁积荣、曲令启、徐朴

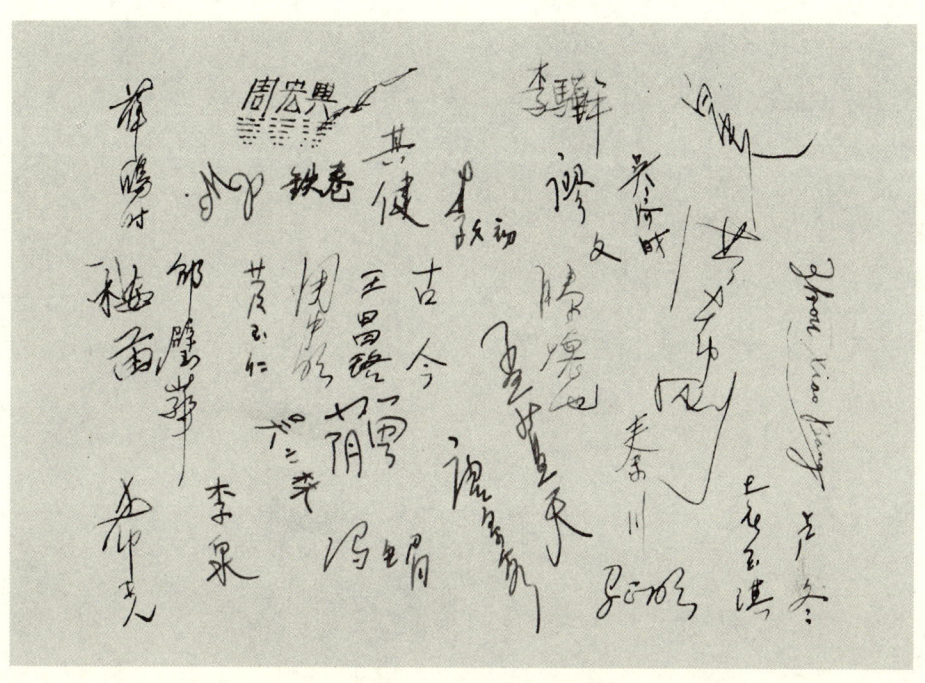

北大中文系1956级2班毕业同学签名（李延祜提供照片，本人未签名）

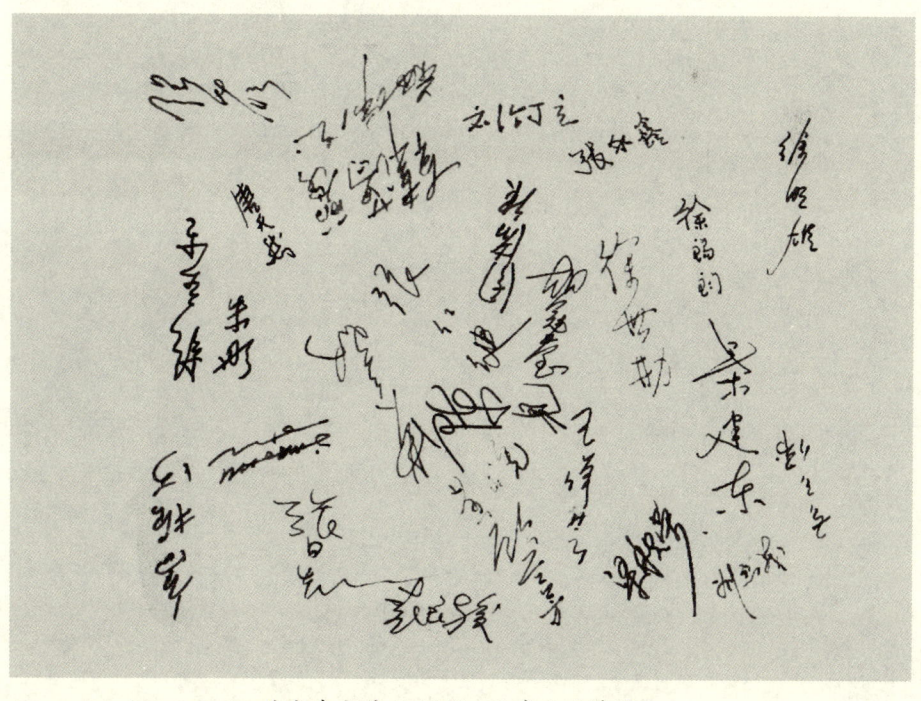

北大中文系1956级4班毕业同学签名

我们曾赴春天的约会
——题北京大学中文系1956级纪念册

谢 冕

我和1956级同学相差一年先后入学,我们都是应"百花时代"的召唤而来燕园相聚的。记得当年,战争的硝烟已经远去,中国人告别了长久的战乱岁月,宛若望见了和平建设的迷人前景。全社会、包括我们的校园,到处都弥漫着早春的气息。起重机和挖土机在战争的废墟上挖掘新厂房的地基,马达轰鸣,列车飞驰,到处漂浮着春潮涌动的建设尘埃。在学术界和文学界,"百花齐放,百家争鸣"成为最新、最诱人的口号。那时节,未名湖畔的秋柳依然披拂着翠绿的枝条,博雅塔影下那一弯秋月,多情地映照着如水的夜晚。我们相约在充满想象的燕园。

那时,我们1955级已入学一年。我们已怀着喜悦开始了我们的"向科学进军"的新生活。三好班,又红又专,劳卫制,文科首办五年学制,实行苏联式的五分记分制,还有花长裙和周末的交谊舞会,三角地,大小饭厅,东操场的露天电影。紧张、忙碌、兴奋,这一年过得非常美好。记得那一天魏建功先生给我们上音韵学课,刚开学,课室分布在各个角落,魏先生一时找不到,晚了几分钟来到教室,他一头汗,气喘吁吁,开头就向我们道歉:"你们不要以为这是我的常态。"他的"开讲"引起满堂善意的笑声。我们也把这种欢乐传给了晚到一年的师弟师妹们。

左起：谢冕、刘登翰、缪柳西、张炯

经过院系调整，校园内大师云集。给我们上课的都是各个学科的学术领袖人物，都是顶级教授。我们也把这种幸福感传给了他们。当时北大的主政者雄心勃勃，声称要办像莫斯科大学那样的"一流大学"。当年是反资反帝的高潮年代，我们鄙视（甚至也不知）剑桥、牛津、耶鲁和哈佛那些世界名校，我们在文化领域也是"一边倒"。于是，那时的世界一流也就剩下了当时苏联的莫斯科大学。正是此时，1956级同学进校了，相信他们和我们当年一样，都是以美好的心情参与到建设一流名校的美好憧憬中的。

对于他们的到来，我首先关心的是家乡来了什么人？听说厦门有一位新生是写诗的，我急急地与他见了面，这就是刘登翰，他告诉我当过记者。后来熟悉了，按照家乡的习惯，我们叫他"阿登"。接着有人说，还有一位将军夫人，是小汽车送来的，下车时还撑着遮阳伞（此细节当事人说没有，待考）。将军夫人就是缪柳西，也是福建人，她的夫君贾若瑜将军参加过长征。后来知道缪柳西和我们同班的张炯还是亲戚。对于高干以及高干夫人，我们那时总有些心理距离。但是很快，这种"警觉"消失了。我们不仅和缪柳西成了朋友，也和贾将军成了朋友。将军身经百战，勇武儒雅，从戎于川黔，问礼于齐鲁，平生嗜文善诗,本质上是一位文人,他还是研究《孙子》的专家。将军对柳西十分尊重,日常称呼都是"老师",终生不改。

就这样,我们和56级共同拥有了这座校园,共享了"百花时代"的早春欢乐。那时我们住在同一座宿舍,楼上楼下。上图书馆,娱乐,用餐,后来是学生社团,办刊物,大家都是以美好的心情迎接我们的新生活。廖东凡(我们称他小廖)每天长跑,锻炼完了来不及消汗,总到我的宿舍小坐,闲聊,而后上楼。我们和56级同学亲密无间,有些课程还是在一起上的,我和刘登翰、洪子诚后来还合作做诗歌研究,成为挚友。

但是不幸,这春天毕竟是短暂的。那年我们办《红楼》,鬼使神差,无意间选用一幅国画"山雨欲来"做封面,不想竟是一语成谶,果然引来一场大风暴。很快就到了1957年的夏季,中国的上空乱云滚滚,整座校园也陷在动荡和喧嚣之中。我们的正常学习生活失去了平静。夜以继日地对于国家前途以及民主自由的大辩论,这一切都是我们所未曾经历的。我们的正常思考和言论自由,受到了恶意的戕害。渐渐地开始了凌厉的政治惩罚,同学们的一腔热血和善意,被当成恶意的"向党进攻",一场预设的"阳谋"把我们深深地引入了泥淖之中,苦难开始侵袭我们。

一批怀着报国之心的青年,从被诱导"斗争"他人,到无一幸免地"被斗争",几乎所有的人都无以自拔地身陷被责与自责的苦难之中。然而,首当其冲的还不是这些受蒙蔽、被羞辱的师生,而是我们尊敬的马寅初校长。他以一纸"人口论"触犯天尊,大字报铺天盖地,马校长终遭放逐。春天般的马寅初时代于是黯然落幕。他一年一度带着微醺的、随意而洒脱的新春团拜致辞,从此成为绝唱。令人缅怀的马寅初时代结束了,从此也中断了绵延了数十年的蔡元培奠基的"民主科学"的立校传统。马寅初作为一位顶天立地的学者,他的不屈的身影始终伴随并激励着我们,他留下了掷地千钧的声音始终响在我们耳边:

我虽年近八十，明知寡不敌众，自当单枪匹马，出来应战，直至战死为止，绝不向专以力压服、不以理说服的那种批判者们投降。(《重申我的请求》)

顷刻间，明丽的春煦化为了萧杀的秋戾。我们预设的百花时代的约会就这样匆匆地结束了。这真是噩梦一般的经历！从此，我们55级和56级一样，学业被迫中断了。那些为我们授课的教授，几乎无一例外地被分别谥为各色各样的"反动权威"，先后离开了课堂。而作为学生的我们，则被安排投入无休止的名目繁多的、各式各样的新的斗争和改造之中，而斗争的对象就是我们的老师。在这种所谓的"拔白旗"的学术批判中，我所处的55级以一本"红色文学史"曾经成为"典型"。说来愧疚，我本人也是这支身不由己的批判队伍中的一员。批判过老师，接着就是改造学生，我们也在深入社会基层的堂皇号召下被驱出了校门。

修水库，盖猪圈，"大跃进"，挖地三尺搞"深耕"，下矿井挖煤，大炼钢铁，一会儿是门头沟、延庆，一会儿是平谷、通县，北京郊区县没有我们不到的地方，就是不让我们回到课堂。此后数年，我们两个年级有时一起劳动，更多的时候是各自为战，彼此互不通问。"大跃进"之后是三年困难时期，之后是大浮肿。我听说56级同学中有不堪批判而自杀的，而更多的不幸者则被"戴上了"各式各样的"帽子"而成为另类。幸存者是有的，但也是人人自责自危，都是惊弓之鸟。这些都在如今这本纪念册中留有惨痛的痕迹：他们幻想过，他们坚持过，他们抗争过，他们无愧于自己的人生。

百花的约会就这样黯然落幕。55级毕业星散，56级此刻不知在何方。如同兵荒马乱的岁月，我们没有心情、也没有机会彼此告别。大部分56级同学的行止以及他们让人嗟叹的经历，只是在读到这本纪念册才知道的——你们的命运不比我们好,也不比我们坏。1960年我被留校任教,正是赶上"瓜菜代"的艰难岁月,我没上讲堂就下放门头沟斋堂公社,做人民公社的一名基层干部。当年我的工作是清理"共产风"遗留的问题,向广大的农民"退赔"。从骡子、果树、自留地到铁锅和饭碗。那时忍着饥饿,中午一碗加了菜帮的汤粥,下午四点是漫长一日中的另一餐,也是汤粥一碗。

寂寞困顿中,刘登翰毕业了,在离校之前他希望与我一见。我把下放的地址给他,多情的他终于经过一日的火车、长途车和步行的颠簸来到我所在的斋堂公社。那是一个肃杀的秋日,斋堂川的树叶已开始凋零,河边开始凝冰。满山的酸枣已经成熟。我们上山采了许多酸枣,算是对于这个秋天的纪念。

别了朋友,前路空茫,何日再见?我们没有想象,其实,再丰富的想象力,我们也不会想到,随之而来的长达十年之久的风狂雨暴!亲爱的朋友们,我们都是百花时代的弃儿,我们当日享有的只有斋堂川中的那份别离的秋寒。

2017年9月6日于昌平北七家岭上村

目录

辑一　燕园春秋

未名湖回旋曲　曹国臣 / 003

1956年日记八则　曹国臣 / 008

勺园晨夕　陈　键 / 017

湖光水色铸就的学术之路　陈耀庭 / 026

抹不掉的记忆
　　——五十多年前在北大做研究生　冯志白 / 033

北大杂忆　郭成韬 / 037

北大哲学楼101　洪子诚 / 041

在陆平校长家看球赛　胡冠莹 / 045

春风得意马蹄疾　黄侯兴 / 047

北大往事碎片　李延祜 / 055

燕园六年忆　梁积荣 / 071

遥想同学当年　廖　文 / 077

薪火相传,砥砺前行　林　薇 / 078

那时他们都年轻　刘登翰 / 081

北大杂忆　卢　冬 / 085

发烧的岁月　罗炯光 / 091

开阔视野,奠定基础;栉风沐雨,历练人生　齐裕焜 / 097

燕园杂忆之一　秦　川 / 109

荣正一掠影　秦　川 / 114

李骅年掠影　秦　川 / 116

被"右派","二度梅(霉)开"　邵璧华 / 117

回忆与怀念

　　——漫谈中文系1956级3班的老同学们　沈昆朋 / 123

插班一年记　史有为 / 131

让汉语走向世界　王绍新　施光亨 / 139

上学初记　吴济时 / 144

燕园五年祭　王育生 / 150

在未名湖畔仰望头顶浩瀚的星空　曾庆瑞 / 155

未名秋思　张永鑫 / 173

燕园的梦　张日凯 / 189

甲子回眸　诸天寅 / 191

辑二　经世历练

记陈纪锋

　　——一位靠自身努力绝地翻身的好同学　陈耀庭 / 201

给我自己写点东西　徐　朴 / 205

我在西藏二十年

　　——谨以此文献给母校北京大学诞辰120周年　姚梦林 / 224

西域边陲文存拾零　姚梦林 / 233

逢凶化吉有所为　周　倜 / 241

寻找桂智贞学姐

　　——60年后又相逢　诸天寅 / 250

辑三　追日奋进

读刘月华《汉语语法和对外汉语教学》感言　何九盈 / 255

王叔珩《山竹诗文》集序文　何九盈　王叔珩　谭勋虎等 / 261

李文初文集序、后记　李文初 / 268

和老同学一起编书的难忘经历　吴小林 / 272

未了未名情之不惑创名刊　张仁健 / 284

未了未名情之迟暮招诗魂　张仁健 / 288

辑四　铭心感悟

心中的北大　刘登翰 / 297

回首来时路，阳光风雨后

　　——暮年随笔　邵璧华 / 301

未了未名情之舞文话疢咎　张仁健 / 305

一段往事　赵遐秋 / 311

辑五　萦梦情怀

思念翟世祯　白崇仁 / 319

父亲蔡根林　蔡北国 / 322

记郭丙于

　　——一位淡泊人世、无牵无挂的兄长　陈耀庭 / 331

我欲乘风归去

　　——记探望病中的吴兆孟同学　陈耀庭 / 338

半世兴安雪涌冰

　　——记王昌珞同志　崔志博 / 341

永远的怀念

　　——怀念同学薛宝琨　冯志白 / 351

外来者的"故事"　洪子诚 / 354

沉重的足迹　胡冠莹 / 359

同学汪景寿轶事　胡双宝 / 363

还是妈妈好　李　迁 / 367

一代名师

　　——游国恩先生印象记　李文初 / 371

你为什么会躺在这里

　　——悼庆生　李延祜 / 375

悼良骏　李延祜 / 378

怀念小廖　刘登翰 / 380

怀念我的几位老师　刘月华 / 387

燕园杂忆之二　秦　川 / 395

怀朱彤　秦　川 / 403

祝好人岁岁平安

　　——忆陈如老师　邵璧华 / 406

两代人的怀念　施光亨　王绍新 / 410

哭庆生　施光亨　王绍新 / 412

永远的怀念

　　——忆挚友饶杰腾　史有为 / 415

一路走好,乐土大姐

　　——怀念学姐·好人·学者　史有为 / 420

我所认识的邢志恒　王金屏 / 422

深切怀念周祖谟先师　王绍新 / 429

一位何等快乐的战士

　　——怀念何乐士同学　王倬芸 / 433

悼烈茂、文初　袁良骏　齐裕焜 / 437

未了未名情之濡沫忆故友　张仁健 / 440

冬日的话语

　　——深切怀念吴组缃老师　张日凯 / 448

长篇小说《悠悠玄庄》的通信　张日凯　袁良骏 / 452

忆恩师曹靖华、季羡林及其他　周宏兴 / 456

吴小如先生教我备课　诸天寅 / 460

话别

　　——深切怀念吴小如老师　诸天寅 / 462

辑六　丹青韵语

曹国臣诗二首　曹国臣 / 467

李文初诗五首　李文初 / 469

我们的"编外同学"　刘文昭 / 471

入读北大五十年咏怀　李延祜 / 480

清晨　王倬芸 / 482

我的老年养生生活　姚梅屏 / 483

火车欢快向北行

　　——记1998年"北大百年校庆专列"乘车记　袁瑜启 / 486

诗词五首　张雪鸿 / 489

卢沟晓月　张以英 / 491

陈键的书法　陈　键 / 493

李延祜的电脑画　李延祜 / 494

刘登翰书法诗歌　刘登翰 / 495

吕美勤的画　吕美勤 / 497

乔懋渔的画　乔懋渔 / 498

吴兆孟的画　吴兆孟 / 499

竺明章的书画　竺明章 / 501

后　记 / 503

辑一 燕园春秋

1956年,是我生命中的一个坐标。

这一年,考入了北京大学。漫回首,六十载倏忽而过,风风雨雨,荣辱沉浮,五年大学生涯,似乎在每一个学子的灵魂中都留下了深深的印记,刻骨铭心,衍化成了这一代人的宿命。

忆往昔,当我拎着行李走进那两座石狮子的北大西门,心怦怦然,感觉仿佛跨过了一道人生的门槛。

校园清幽、静穆,碧瓦飞甍的建筑,巍然矗立的华表,老干虬枝的白皮松,花木扶疏的林荫道,当我漫行在青石板的湖畔小路上,一眼瞥见那湖光塔影,心情竟是那么激荡,仿佛生命也融入了那一片湖水。

就在那一时刻,决定了我的人生之路。冥冥中似乎『北大人』的精神也注入了我的心扉——专一、执拗、锲而不舍,『虽九死其犹未悔』。

——林薇

未名湖回旋曲

曹国臣

曹国臣（晚年照）

夜色正浓，未名湖上升起一层薄薄的雾霭，南面大饭厅方向隐约传来断续的音乐声。今晚是1957年除夕，大学生们正欢聚在大、小饭厅婆娑起舞，或观看表演，或参加各个系级自己组织的新年晚会活动。

宽阔的湖面上一片阒寂，昏暗中只有两个幽灵般的身影在默默地飘移。他们时而擦肩而过，彼此探询地望对方一眼，然后又低下头迅速滑向远方。最后，两个年轻的谪放者不约而同地来到枫岛与湖南岸之间的水面上，这儿的光线昏暗，树影婆娑，二人呈倒8字形滑着各自的领地——两个封闭的圆圈。

他有大半年未到未名湖畔来了，一年前，就是这个时候，就在这个湖上，或许是缘分，他初识了物理系的小丁，一个窈窕的、喜欢围一条白色长纱巾的姑娘；两个人的家都在郑州市，论滑冰都是初学乍练，因而有股子韧劲；两人天天下午或黄昏必到湖上，不是在湖畔上静坐，就是在湖上四处游弋。他会用侦察兵的鹰眼，在飞蝗般密集的人群中，立即搜寻到她的背影，小伙子的心从此再不能安宁。

一天傍晚，当他发现飘动着的白围巾和她的女伴，他迎面蛇行而前，倏然穿过二人身旁时，听到那个女同学对她小声说："他来了。"

他心为之一颤，欣喜地意识到：坚冰正在打破。到期末考试将要结束时，他又按时来到湖上,看见她一个人在跑道上慢跑,为了不惊扰她,他静静地逆向站立跑道一侧。等她再次来到时,他轻声问道:"寒假回郑州家吗?"

"回去,早就惦着家了。"

"什么时候走?"

"我预订的1月20号零点的车票……你呢?"

"我定的也是这天的票,79次快车。……早上八点开车,晚上十点多就到,时间最好了。"他说。

她似乎明白他话里的意思。

二人并排滑行了半圈,她忽然停了下来。

"噢,我还没有交钱,我今晚就去改,改成当天的79次车。"

"好极了。"

南行的路很长,他们一路上谈论居里夫人、巴尔扎克、罗曼·罗兰、曹雪芹、杨沫……她说到家里有很多文学名著,话谈得投机,他感到她有一定的文学修养。待到列车进入灯火阑珊的郑州车站时,她已不再称他为同志,而是直呼其名了。

小丁中等个儿,有北国女孩的秀气,平时话不多,谈得投缘时也会出口如流,而且微笑中两颊会现出两个深深的酒窝。她高中毕业后,在原来学校做了一年事,因此,比一般的女孩儿深沉。他觉得她身上有一种柔中带刚的东西。

她喜欢音乐,是北大手风琴队的台柱之一;小谢也热爱音乐,是北大歌咏队的低音歌手,歌声浑厚、圆润,常常幻想能有一个自愿的器乐伴奏者做伴。寒假匆匆过去,二人同乘一车回到燕园,从此往来日臻密切,他不时出入她的斋舍。

暮春时节,湖畔的垂柳长出了长长的绿丝绦,他抄赠给她一首陈子昂的律诗《春夜别友人》:

  银烛吐青烟,金樽对绮筵。
  离堂思琴瑟,别路绕山川。
  明月隐高树,长河没晓天。
  悠悠洛阳道,此会在何年?

她神情严肃地看完了诗,未加评点,忽然喁喁自语道:"但愿人长久,千里共婵娟。"然后默默地将诗稿收进书桌的抽屉里。

天有不测风云,就在那个暴风骤降的夏天,他因为写了一篇发扬"五四"传统的文章《怎样消除灾害——再论德先生与赛先生》,和许多敢想敢说的同学一样,被一记闷棍打倒在地,从此划入了另册。一片喧嚣声中,批斗他的大字报贴到了北大师生最集中之地——大饭厅前女生宿舍的山墙上。上方正中是他的大幅漫画像,这是一个同学"抄袭"华君武画的蒋介石漫画像画的;他头顶峨冠,肩披绶带,胸前是一个又大又圆的青天白日徽章。别具"创意"的是:这位漫画家在他大张的血口中,加绘了两只长长的獠牙,似乎要将所有的男女过客一口生吞活剥……大字报两边赫然一幅不对称的对联:"打倒反革命投机分子XXX!""剥开政治骗子——资产阶级白面狼的画皮!"……而且,最揪心的是:不知是哪位"智多星"出的主意,把这份大字报贴到了山墙上的三角形顶部,人们老远就能望见它;尽风吹雨打,大字报换了一茬又一茬,别的大字报都剥落了,而他的尊容,打倒他的那些标语,还高高挂在那儿。

小丁的宿舍就在这座楼的南面,每天上下课,到大饭厅去打饭,听报告,或是看电影、看通知,或是去临时售票处买火车票,都必须从那山墙下经过。

"她是个十分单纯的姑娘,最爱谐美的旋律与和声,突然见到了这些,一定会吓得半死!"

每想到这里,他不觉浑身战栗起来,承认自己罪大恶极,因此想尽办法避免与她照面,再不去未名湖畔,不去人多的地方,不看电影,吃饭时总是等人群散尽才像贼一样溜进大饭厅,赶快打完饭就往宿舍跑。

"可是她宿舍里还有我抄给她的诗哩,这不都是把柄,一定会株连她。该死的读书人,没多大的能耐,就会写些封建的、小布尔乔亚的自作多情的情诔!要放假了,我现在是有家不能回,今天在燕园,听首长的报告还有人'陪护',明天就不知会发送到什么地方,也许是个很远、很远的地方……他们为什么不提我很早就写过文章批判满清绿营兵似的国民党军队?为什么没一个人提起我19岁参加解放军,打过仗,挂过花?怎么就没有人提提1951年新年我们团在汉城北釜谷里与英军29旅的血战。在那场激战中,我差点儿就光荣了。难道这么一个年轻人会去反对自己用生命捍卫过的亲爱的社会主义祖国……"想起这些,他鼻子一酸,两行热泪顺着已麻木的双颊落到棉衣大襟上,渐渐冻成了冰凌。

夜雾已经退去,仰望空中群星灿烂,另一个贬谪者已不知去向,偌大的未名湖上只有他一个独行人。

南面传来激越、活泼的快步舞曲声,向北岸望去,均斋单身教师宿舍掩映于疏落的树林中。

老戴的小房间里闪着灯火,他现在大概正和衣斜靠在木床上,听着断续传来的舞乐声,而他是最喜欢跳快四步的。

老戴是青年俄语教师,他的朋友,不久前也被打成了另类。早在去年放寒假前,就曾劝他对丁要悠着点,免得到了最后连条退路都没有。

"他说得对啊,相逢何必曾相识!"

可是,他越是这么想,越是有一个逆反的欲望在涌动。他知道早已有很多男同学总想靠近她,特别是手风琴队的那个鸟窝头队长;这队里的小伙子都是蓬松的头发,像顶着个鸟窝,因此,他有意管他们叫"鸟窝头",这多少有点谑弄之意。一次,他去北京展览馆看东欧一个交响乐团的演奏会,刚刚坐下,一眼就看见前面不远处一对面熟的青年男女坐在一起,男的不断俯身跟女的搭话,女的却总低着头,有时突然转过脸来不安地朝后排张望,似在寻觅什么人。他认出了,这是小丁。

形势胜过人,谁也不能保证一成不变。这个时候,也许鸟窝头正紧抱着她在大饭厅的人群里挤来挤去,蹦跶着快步舞哩……"

"当!当!当!……"远处传来清脆的1958年新年钟声。

"新年快乐,小丁!"他在凛冽的北风中默默地嗫嚅道。

新年到啦,欢腾的大饭厅里,那个古装打扮的春姑娘——一个漂亮的苏州女生正快速地走着碎步,来到舞台前沿,用带有江南口音的普通话,向着男女大学生们和全校教职工致新年的贺词,接着便是校歌咏队的合唱与独唱……

南方又传来清晰的器乐声,这是一首回旋曲,优美而有些哀伤的主题乐段不断重复着,向前递进着。由于远距离空气的传递与过滤,乐音显得异常清纯、迷人。孤独的谪放者再也按捺不住,伴随舞曲的节奏,飘然滑向枫岛与南岸之间的湖面上。这儿是未名湖水深处,森森的水面平坦、光滑,而且光影摇晃很像舞厅里缓缓旋转的彩灯光。他忽而压低身姿,飞速滑行;忽而伫立冰上,若有所思,他再次想起了陈子昂诗中的颔联和尾联,灵魂一下子沉到了幽暗的湖底。

回旋曲继续着,渐渐转换为欢悦、跳跃的快板,环湖路灯下开始有人影掠过,湖心聚光灯下也出现了几个轻盈的滑冰者的身影。

"时辰到了。"他无限忧伤地叹道,随即一步步来到湖的南岸,找到了自己的军用大头鞋,准备换鞋。

他低着头,没有注意周围环境的变化,待到他感觉身前一个黑影在晃动时,抬头一看,不觉吃了一惊。

丁正穿着一件洁净的短风衣,颈上围着那条长长的白纱巾,一双白色高腰的溜冰鞋,整个人显得高挑、俊俏而矜持,而他这个恶人正畏葸地伏在她的膝前,只恨湖底下没有一个窟窿,要不他定会一下子钻进去逃遁得无影无踪。他再抬头,西面火烧般的都市夜空中正映衬着那永恒、高耸的博雅塔影,地平线上时紧时疏地闪动着汽车前灯的光束。

"寒假回南边去吗?"

"哦……哦……不回去……我不能回去,组织上不允许我们离校。"

"我一个人回家去?"她怯生生地说道。

二人静默了,似乎都听到了对方冬衣下面的心跳声。

回旋曲已转化为短促的华彩乐段独奏,搅得他心慌意乱,那位经常伴随她的女友也已悄然滑到她的身后,好奇地看着二人。

"起来,"丁调皮地原地画了一个圆,忽然以女性所独有的娇媚而坚定的口气,命令道:"咱们一起滑冰去!"

他像战场上一个受伤的老兵,一听到冲锋号响,立即忘掉了疑惧和痛楚,迅速地站立起来。三个人依次启动,像三只勇敢的乳燕穿破暗哑、浑朦的黑夜,向着明光四射的湖心冰面,直飞向前。他觉得,脚下旋转的、斑驳的光点仿佛是她那点点生动迷人的笑靥……

半个世纪过去了,人事变化万端,然而时间似乎定格在那个寒冷的跨年的夜晚,至于回旋曲中那个喜剧性的终场,其实,只不过是茕然孑立于花神庙前的我的一个幻觉。

1956年日记八则

曹国臣

九月十八日　星期二

下午四时,寝室的光线暗淡,看书很吃力,黄英忱(锻炼小组组长)一声吆喝,几个小屋的人们一哄而起,迅速换上秋衣、秋裤和运动鞋,一道走下九斋二楼。

来到棉花地操场,阳光下到处是活动着的青年人。小黄率领大家找到一块空地,排好队,先做准备活动,又做了十几个俯卧撑,最后由他喊口令,一起做劳卫操,操完解散队伍,各人自由活动:有人跳绳、有人撑杠子,有的掷铁饼,有围场打排球、篮球的,也有人踢足球,还有加入跑道上流水般奔跑的人群。

我正看得眼热,一个足球滚到我的身旁,我奋起一脚,将球踢了回去。我身后是个水池,池边长满水葫芦和红色的水蓼,忽然撩起了童年的记忆,我从地上拾起一块小瓦片,弯腰使劲一扔,瓦片在水面荡起一串水波,最后飞落到对岸边的浮萍中。

身上一下子出了好多汗,血往上涌,自己在部队时犯了慢性胃病,转业后四处求医问诊,未见起色。进入燕园后,没有上医院,也没有吃药,老毛病竟然好多了,全身仿佛增添了许多力气。这应归功于大学活泼的学习、生活,也应该感谢黄英忱同学平日耐心的引领、辅导,这一黄昏学到的东西似乎比我半个学期体育课上学的还多。

晚上在哲学楼上英语课,教课的是英语系胡家骃教授。先生中等身材,微

胖,一头花发,穿一身整洁的蓝布中山装。一开场微笑着说道:

"同学们,你们正处在由儿童向青年转变的时期,有勃勃的生气,对一切事物充满新鲜感,对吧?"

这一说把同学们都逗乐了。原来这个班是新设的高级英语班,学生都是经过测试免修英语的调干生,其中一些曾做过多年英语工作;还有些是大四已修完英语的学生,因此,年龄都相对偏大。先生继续说道:

"学外国语有个好处,你可以直接阅读外文经典著作,可以和大师们,和不同国家的人进行精神交流,扩大你的视野……"

进入文选教学,先生对精彩之处、重点、难点讲得异常仔细,对一些语法上的长句和独特的方言、口语解析得清清楚楚。讲完大半课文后,他会要求同学大声诵读、翻译或复述。

有的同学未认真听讲,这时傻了眼,含糊其词企图蒙混过关,胡先生连连摇头,口中念道:

"no,no,……no bad,but not quite well."

他很重视同学们发音的正确,常常对一个同学说:"你的'b'念得太轻了,这是个浊辅音、爆破音,要使劲……b—b—b…"

对另一个同学说:"你发'ai'音时,嘴要张大些,……再张大点……对……这才像说英语。……"

(补录)上了几周课,我发现:胡先生正像他的名字"家驷"一样,是个诚恳、可敬的老学者。

九月十九日　星期三

今天是中秋节,晚上一轮明月悄然升起,全班同学来到未名湖畔大槐树下召开月光晚会,附近花神庙前,石鱼周围也有一堆堆同学聚会。

这是我班同学入校以来头一次晚会,主题活动是朗诵和歌唱,司仪是黄英忱,赵遐秋带头朗诵一首苏联诗歌,赢得一片掌声。

四个女同学合唱苏联歌曲《小路》,两个朝鲜女同学穿着鲜艳的裙装,很大方地唱完一支本族民谣后,又唱了一支中国歌曲,歌声圆润、流畅,且载歌载舞,展示出这个民族长袖善舞的特色。

有同学唱了那支著名的明代安徽民谣：

"月儿弯弯照九州,几家欢乐几家愁……"

歌声婉转悲怆,全场情绪一时低沉下来,有人提出来个轻松的节目,让空气松弛一下。司仪点名刘辉说个相声,同学们一致鼓掌响应。

刘辉却一转身,退到后面的树荫下,不知是卖关子,还是在准备表演的节目,不一会儿又出现在场中,引起一阵喝彩声。

刘是个文艺上的多面手,性格活泼,据说曾在南京某文工团待过。他用细尖的嗓音连说了两段相声,尤其是学说各种方言山东话、北京土腔、苏州话和上海话时,赢得了不少叫好声。

轮到我了,我是班上的文娱委员,不能不出个节目,思忖了一会,奉献了一首老北京城的童谣:"小小子,坐门墩,哭着喊着要媳妇。要媳妇干吗？点灯、说话儿,黑灯、做伴儿,早晨起来梳小辫儿!"

念完我看见不少女同学脸上露出笑容,于是鼓起勇气再念一首：

"月亮光,亮堂堂,开开门儿,洗衣裳。洗得白,浆得白,找个女婿不成材,又喝酒,又打牌,这样的日子怎么过得来!"

念完了,居然也获得几个掌声,有人吆喝:"再来一首。"

可我肚子里已没货了,这都是小时老外婆教给我的。不过今晚仍然感到很欣慰,一是不管怎么说:节目结合了十五的月亮这个主题,二是迎合了讲授"人民口头创作"老师的号召,她要我们积极采风,向俗文学靠拢。

不知不觉,明月已升到头顶,树荫下,草坪上变得清晰起来。大家要求荣正一来个独唱,作为压轴。老荣为人平和,在班上甚至年级都堪称"老大哥",他生活阅历丰富,自称只念过小学,当过工人、卡车司机助手,贩过杂货,靠自学起家,读书甚丰,还入了党,正在撰写一部自传体长篇小说。他还爱好唱歌,不拘场地,例如:常在盥室引吭高歌。他这时独立场中央,仰头对着明月唱了一首脍炙人口的老歌,引发全场一致的掌声。

"你看他唱得多有感情。"一个女同学说。

赵霞秋是个能干的活动组织者,不单安排节目、表演,还事先准备了一些小吃,这时分发给大家助兴。

晚会结束,大家漫步在湖边小路上,老荣余兴未尽,又在同学鼓动下,唱起歌来,歌声远扬。唱完了,他摆摆手说:"老了,老了,我以前是爱唱歌的,说起来这已经是十来年前的事了。"

十月廿日　星期六

周末的下午,经常有中央首长、知名学者或杰出文艺家、国内外著名剧团、乐队到校做报告或演出。今日午后,我校为纪念鲁迅逝世廿周年,特邀请许广平夫人来校演讲。

许先生头发已全白,背微驼,但走上讲台时,步履敏捷。她说普通话,带有广东口音,不太好懂。她大概知道这点,因此讲演时身体前倾,将语速放缓,声调提得很高。她说:"鲁迅是这样一个人,无论什么时候,首先想到的是人民。他特别关心中国的农民,尤其是农村妇女,知道这些人是生活在社会的最底层。他写《狂人日记》《阿Q正传》,写《祝福》,大声呼唤:'救救孩子!'"

说这话时,她举起了手,仿佛在提示同学们:鲁迅当年在北大、在女师大讲演时就是这样动作的。

"鲁迅喜欢接近青年,在青年人面前从来不固执己见,不老气横秋,他静静听他们说话,从青年的身上汲取勇气和力量……"

"生活上、工作上鲁迅是个很勤奋的人,你们都知道:他晚年疾病缠身,自己说:一辈子没有干很多事,但是他很努力,即使平时休息,他也绝不躺在床上睡觉,经常是倚着个枕头在看书、看稿子;他看文艺复兴时期的意大利建筑,看17世纪的德国绘画,他很喜欢木刻艺术,和年轻木刻家促膝长谈,称木刻是当代普罗大众的艺术……现在,黑暗的时期过去了,鲁迅多么渴望新中国的建立,他没能亲眼看到这一天,然而这一天终于到来,而且比他预料得要早……"

演讲结束,许先生的嗓子完全哑了。大约是过于激动的缘故,最后请同学们原谅。

这时,全场起立,向先生报以雷鸣般的掌声。

十月廿七日　星期六

又是一个周末,下午在大饭厅听江□□书记报告,题目是《全面发展与因材施教》。

他提道:最近《光明日报》发表社论,批评高校存在着严重的自由主义思潮,不少师生任意夸大和抨击社会与学校中的"阴暗现象",宣扬"自发改革",这应该引起政府与教育界高度重视。同时,《中国青年报》也发表了有关主题的社论,看法截然不同。该报认为:当前高校教学活动主流是健康、正常的。师生们敢于提出问题、正视解决问题,在政治上是积极的、有益的;当前高校教育的主要问题是:一切管得过死,凡事都需按计划行事,计划阙如,什么事都干不了。这样就挫伤了广大师生独立思考、钻研创新的积极性,限制了高校在社会主义建设中的作用。

江书记说:"我更同意后者。我们高校要培养的是:全面发展的人,培育学生的共产主义世界观,而不是单纯的专业技术人才。"

另一方面,必须看到:"在当下我们社会中,业务与政治并不是对立的,而是密切关联的。不懂得业务,不钻研业务,根本就搞不好政治,实际生活中,完全游离于业务之外的政治是不存在的……"

这说法使我想起陈毅副总理与青年谈话时说到的红与专的关系,他举例说:一个飞行员政治上进步,但是不认真钻研业务、提高飞行技术,结果一飞上天,不等敌机来袭,就自己掉了下来;另一个人飞行技术上乘,可是思想落后,刚飞到天上,一见敌机飞来,立刻弃战逃跑,结果被敌机追上,坠落地上,人机俱焚。所以他赞成又红又专的道路。

江书记讲话的意思肯定也是这样。最后,他批评了少数同学不注意政治修养,缺少团结和大局意识的行为:"有的人上课迟到早退;有的人一上课就打瞌睡,昼夜颠倒;有一个同学在木床上发现了一个臭虫,就把它装在一个信封里,专门投送给校总务长;另一个同学给总务长写信说:'开学一个多月了,我们还没有吃过一次面条,我真想叫你一声混蛋!'这哪里是解决问题的态度,应该引起同学们的反思。"

我非常赞成江书记的讲话,我知道解放前江书记一直在西北从事革命工作,在保卫陕甘宁边区和解放大西北斗争中做出过重要的贡献,他深受北大师生的热爱。

十月廿三日　星期二

近几日西风紧,天气转凉,下午无课,与黄英忱在校园内随兴漫步。向北绕过未名湖继续前行,不知不觉来到后湖深处,这儿亭榭空空,人影寥落,湖边长满荒草,一脚踩下去,像是踩进棉花堆里。冷丁走进燕园北的园中之园,有点像是进入《牡丹亭》中的杜家后花园。待再深入其中,才发现这儿竟别有一番景致:林中的枫叶一片血红,一株株直立的银杏已换上耀眼的金装,常青的松柏依旧披着墨绿重彩,这五彩缤纷的园景在蔚蓝的天空映衬下带来浓浓的秋意。

俯首细细逡巡,才发现湖畔柳荫下还有一、二蓑笠翁正默默地专心垂钓,浮标下不时有银色的小鱼在浅水中自由地游动。

时近黄昏,我们正转身欲回宿舍,身后忽传来一阵清脆悦耳的青衣唱声。回首湖对岸只见一位俊俏的粉衣女子,梳一条长辫,边唱边甩衣袖,从灌木丛中轻移莲步走出,仿佛在对着这空灵的后园随兴清唱,使我不禁想起:这真是燕园百花筒中又一独特的景致。我听吴小如先生提过:这姑娘是博雅塔后印刷厂的一位年轻女工,北大知名票友之一,引得一些大学生千方百计混进厂中想要靠近她,但都无果而终。

十月卅一日　星期三

晚上,在教二楼听朱光潜先生讲"如何学习外国语"。先生说:"学习外语是一个渐进的过程,不可能一蹴而就。"

他首先谈及语言与思想的关系:"学好外国语和经典作品,先要做好思想与文化的积累。语言是思想的外衣,二者密不可分,我从未见过一个思想混乱的人能够写出好文章来。而且,一个人的思想是不可能由别人取代的。"

接着,他谈到外文翻译问题:"翻译一般有两个毛病:一是中国式英语,譬如:'Garden hasatree';二是英国式中文,照英语直译,丢掉了汉语的独有魅力……"

"语言有逻辑性和习惯性,常常遵循约定俗成的规则。学外国语难就难在后者。在逻辑上,英语和汉语也有很大的差异。主要的差异有:一、次序——英语思维是由小而大;状语、副词经常后置。汉语则相反。二、分合——英语中复句特别多,一个主句经常包含几个子句,因此英译中时常常要将长句拆解,变成汉语的几个短句。三、繁简——英语语句中有大量的冠词、代词、介词,汉语中却比较少。四、词性、用法——例如汉语'我用粉笔写字。'翻成英语是:'I write with chalk.'这儿介词with代替了汉语的'用'字,chalk被视为物质词,所以不加冠词。……"

朱先生是英语耆宿,精通多国语言,研究、翻译涉及诸多学科,他讲语言,举了许多中外文化、生活、习惯上差异的例子,讲到了听众的心里。而且深入浅出,让学者如同嚼橄榄,越嚼越有味,完全忘了他的桐城方言口音。

十一月七日　星期三

晚上看苏联电影高尔基的《母亲》,是俄语片,人物、主要情节都与小说无异,因此看起来并不费力。

人肯定是世界上最美妙的造物。当你看到一个真诚的笑容;当一个美妙的人的躯体,自然展示在你面前;更动人的是当你看到一个善良、充满爱的灵魂——就像母亲尼罗芙娜,你会在艰难生活中感到无限温暖,让你更加热爱生活。

近几日北京骤入严冬,早晚温度都在零下。校园内到处可见通红的鼻子、臃肿的棉服,开水锅炉冒着白色蒸气却听不到吃吃响声;宿舍里不时停电,一些同学不得不跑到路灯下或留学生宿舍过道里去看书。这使我想起近日燕园中流行的一首顺口溜:"北大有五怪:开水总不开,电灯常停电,看电影挤破门,吃饭打冲锋,半夜三更不睡眠。"

十二月卅一日　星期一

今日"除夕",上午全校大扫除,中午休憩,下午到28斋沐浴。

晚六时全班同学聚餐,餐后举行班级除夕晚会。有表演,有游戏,其中一项活动很有趣:抽礼品。我抽到的是一幅红丝带系着的彩画《西藏牧女图》,王碧禾送的；王其健抽的是一幅彩印白石老人《岁暮图》。他更喜欢我的画，而我相反，我一向崇拜齐白石老的国画，两人愉快地交换了礼品。

开完晚会，王其健喜爱跳交际舞，我和他一齐来到音乐喧嚣、彩灯环射的大饭厅。厅内人山人海，挤得像沙丁鱼罐头一样。会跳的、半会跳的、学习跳的，随着震耳欲聋的小号、鼓点声互相推搡、旋转、进退。墙角上挤满犹豫、观舞的同学们。水泥地有点滑，洒了不少滑石粉。

午夜时大厅内灯光突然完全熄灭，传来房梁上高音喇叭的响声："同志们，伟大的1956年已经过去，新的1957年即刻到来，祝全校领导、师生员工身体健康，新年快乐！"

话音刚落，大厅内响起了钟声，一连敲了十二下。顷刻间，全厅重现光明，只见讲台正幕上射出几个金色大字：

"1957.1.1"

台上两侧边幕前坐着马寅初校长和几位书记、副校长，学生会主席走上前台向校领导及台下师生敬礼、致简短贺词。

马校长接着走到台前讲话，真是经济学家，开场白后，立刻引用了一长串数字说明我们国家一年来巨大的建设成就："我国去年钢的产量已达四百八十万吨，生铁超过五百万吨。没有钢铁就要挨打，有了它，轻重工业就有了支撑，当然……还要均衡发展，让我们的社会主义建设事业健康、持续发展……"

台下响起一片掌声，校长接着谈到他每回常提的题目"人民的健康问题"："有了健康的身体，人才能真正成为生产力，而不是生产力的负担，才能有幸福的生活，我在这大吉的日子里再次祝福大家健康长寿！"

又是雷鸣般的掌声，大家都知道：马老年近八旬，平时依旧注意体育锻炼，工作兢兢业业。

这时，一位汉服打扮、银发银须、手扶拐杖的老寿星走上前台，先向各位领导，后向全校师生揖手贺年。

大头寿星退去，一片优雅的音乐声中，从后台快步走出一位美丽、古典女装的春姑娘，头顶高髻，身穿中式绿色长裙，脚踩轻巧的缎子软鞋，立定之后，向台下全体师生举手致意，祝贺新年。台下立即响起一片掌声、欢呼声。

台上人迅速退席，校铜管乐队重新登台就座。大喇叭再次发出喧响："同学们,大家请尽情欢乐吧!"

舞乐高奏,男女舞伴迅速涌动起来,弥漫的青春人气盖过了墙角、地下渗出的剩菜、油污气味。我趁机挤到台前,见台左侧一群人簇拥着一个绿衣女士正挤向前场,同学们纷纷退让。我发现是春姑娘降临。她的高髻不见,恢复成两条乌黑的长辫,身上仍裹着那条翠绿的长裙裾,一面小心地用一只手提起裙裾。

再细看,她原来是我在校合唱队的一位队友:一个苏州姑娘,德语专业大一学生。我们周末常在一个阶梯教室里练声或合唱歌曲,我约略知悉:她性格娴静、谦和,近乎契诃夫赞美的那种内外兼美的女性,此刻我默默地为她祝福。

1956年,对于我同样是个值得庆贺的一年:这一年蒙高校扩招的机会,考上了我国最著名的学府,亲耳聆听许多国内外知名学者的教诲,结识了几位志趣相同的朋友。而且,入学半年来,我的老胃病没有吃药、打针,居然自行痊愈,又成了个生气勃勃的小伙。我感谢燕园,感谢伟大的祖国,相信1957年定会比1956年更好!

勺园晨夕

陈　键

2006年的金秋十月,为了参加母校北大中文系1956年级入学五十周年纪念活动,我从南京到了北京,住进校园内的"勺园宾馆"。这是我毕业离校后第一次重返校园留住,虽然,在这漫长的整整半个世纪中,曾多次前往北京,包括1998年参加北京大学建校一百周年庆祝活动,但其时都住在校外。这一次,得以晨夕零距离重温学生时代的生活,亲情油然而生。

陈键(1956年)

一

我是提前两天到达的,尚无其他外地前来参加活动的老同学进住,稍觉寂寥。晚餐之后独自踱出房间,记得在校读书期间,这儿原本是苍松挺立、丘陵起伏、杂草丛生、人迹罕至的处所,如今盖起了几幢漂亮的大楼,成为一处学术活动的基地。附近还兴建了网球场,也许是天色已晚,场上无人打球。不然,热爱老年网球活动的我,兴许会冒昧闯入,怡情地挥挥拍子的。

我漫步向未名湖逛去,穿越临湖轩,踏上花神庙前的沿湖小道,走向博雅塔。围着塔基转了两圈,意外发现竟有那么多的"风雅"人士竞相在基座上叠摞刻画自己的名字,弄得斑驳陆离。如此损害其基座,又欲使自己大名攀附高耸的塔峰而长久流芳,岂不悖乎?

继续前行，前面是大操场和体育馆。那是我们当年经常活动的地方。每逢夏季的周末，蜂拥的人流，各自带着自己的方凳，有的人还爱把它顶在头顶，挤挤攘攘地挤进大门，争先恐后地寻找合适的地方，去看露天电影……如今，这个大操场，显得意外荒凉：杂草丛生，到处零散地堆放着各式各样的杂物。这是怎么了？我急忙询问过路的员工，始知这儿要为2008年的奥运会兴建宏伟的乒乓球比赛场馆，悬浮的心欣慰下来。

我沿着那熟悉的湖边小道，绕到北岸，跨过一座小桥，踏上伸进湖心的半岛。岛上亭阁依旧，花草树木繁茂，几乎没有出现什么大的变化。我跳上石舫，久久伫立。

这儿，曾给我留下许多有趣的回忆：那几年间的许多良晨，我都爱在这儿度过，背诵古典诗文，记忆外语单词……有时，我原本是想到西校门内那幢典雅的图书馆找个座位看半天书的，谁知迟了一步，馆内座无虚席。只得折返到这个小岛上来，随便找个落座的地方。

入学初期，我怀着美好的憧憬：这之前我就曾知，北大拥有众多如雷贯耳的名家，诸如冯友兰、翦伯赞、朱光潜、季羡林……入学之后又欣喜获知，还有许多学富五车的教授，都将亲自为我们讲课，深感荣幸。

这年，我已满二十六岁，有人为我放弃相当级别的工资待遇和相当优越的工作单位，从头来做一个普通的大学生而感到惋惜，而我则自始至终坚信自己决策——"向科学文化进军"的正确。

踏着暮色下平坦的道路，我走向南校门。新建的图书馆赫然在目，宏伟壮观。心想：一日又一日，一年又一年，从这儿进进出出的学子，这形似简单的重复，将会走出许许多多对国家、对民族、对人类、对科学……能够做出辉煌业绩的栋梁之材来的。

我寻觅到了曾经流逝一千五百多个日日夜夜的宿舍楼，风貌依旧。本想进入宿舍登上四楼，看看原曾住过的房间的现状，又恐冒昧，遂在楼下张望一会儿作罢！

当年那简陋的大、小饭厅，现在变成了堂堂皇皇的多功能大讲堂了！

我驻足凝望，思潮汹涌，心绪忽然飘到了1957年的春天。

二

我准确地记得,那一天是星期日,5月19日。

早晨,我独自进城,第一次参观故宫博物院和游览北海公园。此前,我曾和同班一些同学,乘火车前往居庸关、八达岭,畅游了从小就梦寐以求的万里长城。

傍晚,当我怀着兴奋的心情,拖着疲乏的双腿,返回校园途经大饭厅(也就是前面的大讲堂)时,突然发现东墙前熙熙攘攘地围着一大群人,有的仰头观看,有的三五成群窃窃私语。我挤上前去,发现这儿贴着一张十分显眼的白纸,上面写着字体颇大的新诗,题目是《是时候了!》

这种诗体大字报的出现,在当时来说是一种不同寻常的表达自己见解的方式,特别引人注目,也令我感到惊异。

我看了两遍,直观觉得,其艺术水平是无可非议的;正因为如此,其思想倾向的鼓动性也是不可低估的了。

《是时候了!》作者要鼓动人们采取什么实际行动呢?当时,全国各种报纸,都在蓬勃开展大鸣大放,各种不同的言论,比比皆是。有些政治见解,充满着呛人的火药味。在这不同寻常的时期,诗人的意图是什么呢?

"诗无达诂",读了这首诗,各种不同政治立场、不同观念的人们,又会各自引发什么不同寻常的行动呢?

我琢磨着,一种迷惘,一种将要发生什么不可预测事情的隐忧,涌上心头。

果然,第二天一早,在这首诗的周围,又贴出了许许多多的大字报,其中最引起我触目的是一张字体并不很大的题作《一株毒草》的大字报。

紧接着几天,铺天盖地,琳琅满目的大字报贴满了校园。

一位外校前来串联的女生——林希翎,勇敢地站到大饭厅的方桌上,慷慨演讲时,乱象达到了高潮:拥护她观点的人,大声叫好、鼓掌;反对她的人则厉声斥责,有的则跳上同一张大桌,面对面地争论!台上台下,推推搡搡,乱成了一堆。许多人簇拥着这个体质瘦弱言语犀利的女生,挤出大饭厅,来到了广场上,继续讲演。又有一大群人紧跟着,奔跑着,呼喊着,同她争论……确实像是一阵骤然而起的旋风。

这便是我亲目所睹的"五一九"在我校萌发时的原始镜头。

三

15日上午,我们的纪念活动正式开始。

到会的老同学有四十多人,大约是当初入学时的三分之一略强。

许多白发苍苍、步履迟缓的老人,亲切握手、嘘寒问暖,纷纷表示,要是邂逅于途恐怕是不敢贸然相认了。但是,几经问答,就从目光、口语、习惯动作中,很快发现当年对方风华正茂的气质、风度,亲如兄弟了。

大家心情激动,欣喜欲狂,意气飞扬,言语高昂!

许多校友都拿出厚礼献给母校,献给中文系领导。女同学胡冠莹、王绍新、刘月华代表全体到会同窗,向特邀到会的八十六岁高龄的林焘老师和小他一岁的吴小如老师献花,真诚感谢培育之恩。同窗之间,也纷纷相互赠送自己的著作、礼品。整个会场,洋溢着一片浓郁的情谊。

彭庆生汇报了他不久前最后告别林庚先生的经过和感受,会上一片肃静。林庚先生是大家尊敬的老师,也是彭庆生的研究生导师。他原来准备是要前来参加今天的这个盛会的,未料竟于十一天前溘然安详长辞,享年九十七岁。由此,我忽然忆及当年聆听游国恩、魏建功、王力、吴组缃⋯⋯以及系主任杨晦多位令人尊崇的老师亲自为我们讲课时的动人情景,而今往后再无"重温旧梦"的可能了! 心灵震撼,久久不能平静⋯⋯

我本想拿出自己为纪念入学五十周年而写的感兴词《六州歌头》在会上朗读,以求教于在座的老师、同学,但见会上发言热烈,争先恐后,遂将词稿分送北大校友会常务副会长,原副校长郝斌和主持会议的诸天寅同学。

六州歌头
——入学五十周年感兴

少年稚气,瞳昧学飞鸿——诗骚诵,怀美梦。日酋疯! 火炮隆! 血雨腥风笼。潜湖蓊,蜷岩洞,慈父恸,亲娘悚,儿忡懵。梁断屋倾,家业灰飞痛,恍跟西东。腾龙迎舞凤,日出满天红! 再沐春风,兴冲冲。

未名湖涌,豪情颂,博雅耸,巨擘崇。同学众,文海纵。跋峣峰,探曲窿。冀盼成梁栋。风雷动,雨霾蒙!兄弟哄,权奸弄。远飘蓬,僻野为农,困厄寒田垄。突弦长虹!畅歌欢号踊。举目望苍穹,未见飞鸿!

四

我们1956级的学生,自入学以来,细算起来,只有一个半学期是在浓郁的学习氛围中度过的。到了1957年5月,政治运动突起,紧接反右派斗争之后,"大跃进"接踵而至,加上总路线、人民公社、捍卫三面红旗……批判资产阶级学术思想,打破"大""洋""古",教育与生产劳动相结合,大炼钢铁,修建十三陵水库,参加农村社教运动,大办民兵师……总是一波未平,一波又起!就连写诗,也要全民动员,采取运动的方式推进。我们这些学生,哪里像学校中的学生,几乎全都变成政治运动的"运动员"了。

在这些此起彼伏的风口浪尖上,我觉得给自己刻下最为深刻的烙痕,影响一生走向,并强烈震撼心灵的,首推"批判资产阶级学术思想",我们这群刚刚跨进最高学府的年轻学子,认真读书还不知道有几天,竟要举起手中紧握的笔杆,批判那些站在讲台上,正谆谆面授学业的老师来!

我所在的56级4班,选中的目标是楚辞权威游国恩。

我们翻破了游先生给我们的讲课笔记,又寻遍游先生其他著作,最后确定将他那本中华人民共和国成立前出版的《楚辞论文集》作为"的"。然后,"吹灰找裂缝",逐字逐句寻觅自己认为可以批判的语言、段落、篇章。

我们各有"斩获"。我和王叔珩同学写出一篇《评"屈赋考源"》,刊登于北京大学校刊后,又提交给同班同学讨论,经过大家反复切磋,最后由我执笔写成《批判游国恩先生的"屈赋四大观念"学说》一文。不久之后经系主任杨晦先生推荐,连同系内其他年级同学写的共三篇批判各自老师的文章,同时发表在《北京大学学报》1958年第3期上。

游先生当时发表短文,对学生对他的批判谦和地表示欢迎,这引起我们极大的敬意。他真诚提出,要认真学习马列主义,学习运用辩证唯物主义检查自己过去的著作,更好地从事楚辞研究和教学活动。

"祸兮福之所倚,福兮祸之所伏。"我们现在知道,当时的学术批判活动,是在错误的政治思想强力影响下进行。我们当年这些不能掌握自己命运的青年学子不自觉地被卷入其中,耽搁了学业,蹉跎了青春。但是,我们在付出了巨大的代价之后,也获取了诸多的教益。

当学术批判由"大破"走向"大立"时,提倡师生结合,互教互学。我们从批判老师的学术思想的全过程中,深切地感受到老师们的高尚学风和渊博知识,某些同学暗下决心赶、超老师,我们更加尊敬老师了。

我们56级4班同学在游国恩先生和文史教研室诸多老师指导下,确定对陶渊明的作品进行认真深入的学习和反复的研讨,发扬集体智慧,形成了《试论陶渊明的作品及其影响》一文,署名为中国文学史教研室,发表在《北京大学学报》1959年第2期上。

我们再接再厉,充分发挥全班同学的力量,决心在陶渊明研究课题上取得新的进展。其时高教部和北京市委大学部派至北大的工作组负责人彭佩云曾亲自到我们班上进行调研、指导。北大校办和中文系领导还为我们提供优越条件,使得我们查阅了本校以及北京图书馆平时并不对外开放的善本书籍和珍藏秘本。我们还动员假期返乡探亲的同学,跑遍了上海、南京……藏书比较丰富的图书馆,抄摘了许多宝贵的资料。这是当时或此前许多专家学者难以做到的。我们终于辑录、编撰成了《陶渊明诗文汇评》和《陶渊明研究资料汇编》两书。由中华书局分别于1961年和1962年出版发行。并均列入该书局《中国古典作家作品资料汇编》丛书之中。前书署名为"北京大学中文系文史教研室五六级四班同学合编",后书署名为"北京大学北京师范大学中文系教师同学编"。据我所知,以上两书自初版以来直至目前,都曾多次重印、发行,仍系各该学术领域代表性著作。

我们许多同学在进行上述活动期间,从游国恩老师和中文系其他许多老师的辅导、示范中,体察到了他们皓首穷经的治学精神,质朴谨严的治学学风,科学睿智的治学方法,无不受用终生。走出校门之后,许多同窗沿着这条既坦荡又崎岖的大道,不畏险阻地前行,跨上高教讲坛、枢纽岗位,并各自取得佳绩,蔚为壮观。原56级4班,诸如何九盈、刘烈茂、程相清、齐裕焜、施光亨、王绍新、彭庆生等等以及与我同时从南京市委办公厅考入北大中文系的李庆荣

(他因病休学推迟一年毕业),都以自己的丰硕成果相赠,令我心羡气扬!

我被分配到中央党校语文教研室工作初期,经请示教研室主任何家槐同意,礼请游国恩先生前来党校为文艺理论专业开设讲座,讲授屈原的《离骚》,游先生欣然应诺。他简练地介绍了屈原的生平、思想和在中国文学发展史上的影响。然后精深地、逐字逐句地诠释了《离骚》的全文。他不看讲稿,引经据典,酣畅淋漓地讲授,赢得了学员们的高度赞扬和热情的掌声。

五

纪念活动结束后,我决心去登长城。从上海前来的徐朴带着他从未到过北京的夫人,也准备游览长城,我们决定同行。遂应胡冠莹之邀随她同去昌平,住进她在政法大学校园内家中。

徐朴算是我们班上也是全年级多个"右派"之中,最为"幸运"的人之一了。他得以留在原班继续读书、完成学业,领到毕业文凭、分配工作,并较早摘掉"右派"帽子。

我们坦诚交谈,合影留念,还共同游览了长城和首都博物馆。他以译作《培根笔记》相赠。

"投桃报李",这时恰逢我的文学作品集《望海观山》出版,遂将其奉送曾以大作赠我和当时能够联系得到的老同学,当然也奉送给了徐朴。

时至今日,"反右派斗争"已成为历史名词,有了明确的结论。但是,在我们班、我们的年级造成的累累创痕——多位有才华的学子,中断了美好的前程,苦难终生,遗患子孙……将何以了?而相关同窗之间的裂痕、恩怨……如何抚平?但愿,时光的激流,能够冲刷一切,泥沙将被荡涤,巉岩得到磨砺,美石、宝玉、翡翠、玛瑙……不就是这样得以形成,并灼烁人世的吗?

六

勺园,据云是为晚明颇富气节的文人米万钟所筑,取"海淀一勺"之意。曾经绿水萦绕、树木葱茏,亭台错落,名盛一时。我在这儿留宿的五六天中,每天都借晨曦炼身之机,到处闲步,几乎跑遍了燕园内的各个角角落落,包括在校读书期间都未曾涉足的当时校长、教授居住的燕南园等处。还特地前往西北

陈键(2017年)

角,去看看"大跃进"期间曾经洒过汗水匆忙修建的游泳池的现状。

告别勺园之晨,我再次来到博雅塔旁,未名湖畔,图书馆前的台阶上和办公大楼的院落内,伫立凝望。多次商请时在那儿滞留的看似稚气未退的男女同学,为我这个白发的校友,留下多幅景观照片。

心算起来,我从北大毕业之时,已经三十一岁。这之后不久的第一个十年,是"文化大革命";第二个十年是下放农村锻炼。照我心愿:这两个十年中的阴影应从生命历程中剔除! 并还回同等时光的葳蕤。

当我重返文学工作岗位时,已达"知天命"之年,可我觉得当时连自己的"命"都未能知,何况是"天"之"命"!

所幸的是:从五十岁开始的十年,我回到南京参加创办《青春》(青年文学月刊)。许多文学青年从这个"苗圃"脱颖而出,迅速成长为有影响的作家,因而,《青春》曾被誉为文学期刊中的"四小名旦"之一。着实红红火火了一阵子,留下了美好的记忆。

六十岁整,办了"离休"。从这开始的又一个十年,应聘金陵老年大学和江苏省老干部活动中心任教,结识了许多年老的"文学新人",我们相互发掘、砥砺深埋在自己经历之中的"文学矿藏";搏击于祖国波澜壮阔的诗词海洋之中。直至当前,不知何时乃已。我不承认这是"发挥余热",也许是在"召唤青春"。

望 海 潮

——庆贺母校北大115周年华诞

名扬寰宇,神州景望,馨香母校如家。师教谨严,莘莘学子,瓜瓞灼烁繁花。丰果炫奇葩。勇攀九天上,揽月披霞。科考汪洋,下潜潴灏获彰嘉。

澎濛学海无涯,塑未来世界,孵化骝骅,迎凤引鹏,飖飙跻跃,全球名校云拏。赢众口同夸。铸金瓯一统,威震迩遐,永续光荣绽放,璀璨大中华。

湖光水色铸就的学术之路

陈耀庭

陈耀庭（大学时期）

北大的五年在我的一生中，就时间而言，并不占很大的比例。但是，未名湖的湖光水色决定了我一生的学术之路，母校的一切都在我的学术活动中留下了印记，同窗的业绩一直给我以力量和鼓舞。

记得1956年入学的时候，我才17岁。一个从未出过远门、出身成分不好（当时是很讲究这一点的）、家境十分贫困的小青年，只身来到北大。其心情是很复杂的，担忧、忐忑、陌生、憧憬等等什么都有。可是56级老2班的同学给了我许多关心和照顾。班长郭丙于找我谈话，了解我的家境，帮助我申请助学金。特别是在1960年我得了肝炎以后，语言班的同窗在我近一年的住院治疗期间更给了我许多支持和帮助，使我能战胜疾病，一直工作和生活到现在。记得我病重时要从校医院转往北医三院，是由郭丙于陪着坐救护车去的。当时，我知道学校生活非常困难，但是，已故的同窗好友陈良明仍然每个月给我送钱、送糖、送吃的，从不间断，直到出院后我回上海的老家。1962年复学回校，挂靠在58级的语言班，新班的同学也很照顾我，特别是住在同一宿舍的毕文波、白家熹等同学。毕业时，还让我拿了唯一的一个回上海的名额，使我今后的养病生活有个照应。

1956年的北大,学习和学术环境都十分宽松。我还记得,著名的语言学家高名凯教授上课必穿西装,而给我们讲先秦文学史的萧雷南教授却穿着长袍。萧教授在课堂上提到他的老师游国恩教授的名字时,还要停顿一下,双脚立正,就像写信时要空一格一样。

当时的公共外语都要学俄语,可是北大容许学生选择,我和洪希刚、周啸邦、余英华等几个上海来的同学就继续学习英语,没有对着窗口,看着玻璃,嘟起嘴唇,学那卷舌头。后来,到了语言班,尽管那时的语言学是"斯基"和"诺夫"的天下,可还是容许我在大三时选学日语。我的外语学得不好,1957年以后的那几年也容不得我好好学,可就是那时打下的一点基础,使我在1981年以后的宗教研究工作中受益无穷。

我不是一个天资聪明、口若悬河的人,不过,大概因为早年丧母,家境贫困。所以,"穷人的孩子早当家",多少懂事一些。也因此,我非常珍惜在北大念书的机会。在今天年已近耄耋时,我常说,我在北大的日子,就好像一块海绵,只知道钻图书馆,拼命地学习,只要认为对自己有用的就学。从课堂上学,从书本中学,从杂志报纸中学,从课外活动中学,可以说,是抓紧一切时间学习。

我出身于一个非常传统的家庭里,所知甚窄。到了北大,就好像刘姥姥进了大观园。图书馆里每人可借二十本书,记得每次去西校门的图书馆借书,打开满房间的卡片箱,只要属于我不懂的知识领域的书,不管自己是不是看得懂,都要借来读,然后沿着南北阁,扛着一大包,走上半里地,搬回宿舍,堆在枕边。好像不借就对不起那本借书证一样。

最让我激动的是星期六晚上,大饭厅、小饭厅、东操场、哲学楼等等的课余活动都安排得满满的。只有这一晚,图书馆才不开放。巴哈、海顿、莫扎特、贝多芬和格林卡、柴可夫斯基、拉赫玛尼诺夫,以及罗西尼、比才等等西方音乐家的作品,就是我随着同窗洪希刚在哲学楼的阶梯教室里听到、学习和喜欢上的。就是在北大,我学会了用自己的心去欣赏音乐、理解音乐。1987年,当我作为上海社会科学院宗教研究所的副所长回到母校参加第二次中日佛教学术讨论会时,走进大饭厅对面的新的阶梯教室楼,我首先感觉到的,是主席台中央好像放有一只陈旧的大音箱,然后随着旧唱片的丝丝声,回荡起震撼人心的旋律和音响。

当时班级里有许多当了干部又来念书的老大哥、老大姐,他们开会学习,说话滔滔不绝,真让我羡慕不已。当然,也有说话时鼓起双腮、满脸通红、手舞足蹈、吐沫星子乱飞的人,让大家讨厌。不过,我因为拙于言表,所以对别人讨厌的人,也很佩服,觉得他真了不起。到了语言班,记得班团支部书记汪景寿有一次找我谈话,让我给校职工学校上语文课。当然,那时上课同今天的有偿家教不同。景寿严肃地告诉我,这是组织对我的信任。那年我刚十九岁,又经过了风风火火的大运动,因此,非常珍惜组织的信任。两个学期的语文课,我是认认真真地备课、上课、出卷子、改卷子的。不论刮风下雪,每周两次准时到未名湖北边的课堂上讲课。后来,我才知道,要我去上课是因为会上的不愿上,能讲的不愿讲,所以轮得到我受用。用今天的上海话说,我不过是一只替人受过的"冲头"。不过,我还是要感谢团组织,因为它给了我一次锻炼口才的机会。我想,如果没有那一年的实习的机会,那么我到了工作岗位要马上开口上课,是会碰到困难的。因此,能够上课也是我在北大学习的一大收获。

北大是一个领风气之先的学校。她的历史就是如此。我在北大的那几年也是如此。北大又是一个学风严谨、踏实的学校。她的历史就是如此,我在北大的所见所闻也是如此。善于占领学术的高地,同时持续不断而又扎扎实实地去建设高地,并且向更高的目标前进,这就是北大的学术史。人们常常以学风来区分什么"京派"和"海派",认为京派是传统的、守旧的、保守的;而海派是时髦的、激进的、革新的。其实,这种区分是不准确的。北大当然是京派,但是,她绝对不保守,绝对不守旧,虽然她坚持着传统。我想,在我即将退出学术舞台的时候,我可以说,对我一生做学问影响最大的老师之一,就是已故的朱德熙先生。朱先生就是一个既有扎实的中国文化底蕴,熟练的乾嘉治学功夫,又深晓国际学术潮流、极富开拓精神的"京派"。朱德熙先生并不认识我,生前也并不知道我。可是,我这个听过他四门课的学生却永远记得他,为他过早地撒手西归而痛惜。

朱先生给我们上的第一门课是"公共课现代汉语",后来称为"现代汉语(一)"。他给我们上的第二门课是"现代中国散文选读",也是公共课。在朱先生上第一门课的时候,我以为他不过是吕叔湘的助手,只是感到他的汉语分析方法与中学学的不一样,用的是丁声树的结构方法。

朱先生给我们上的第二门课是"现代中国散文选读"。在听了他的散文分析以后,就感到他常有与众不同的看法,而且经常采用比较的方法来启发学生思考,十分新鲜。

我进语言班以后碰到的第一件大事,就是在语言学阵地中举红旗、拔白旗。当时我们去朱德熙先生家里访问,请朱先生谈谈吕叔湘先生的学术思想。朱先生在他的小客厅热情地接待了我们,但是谈话的圈子兜来兜去,就是兜不进吕先生的"资产阶级学术思想"里边去。不管人家怎么想,反正对我这个十九岁的学生来说,朱先生为我树立了一个如何做人的榜样。

1962年,我病愈返校时,学术思潮大变。大概因为中苏关系破裂紧张,语言学课堂上的"斯基"和"诺夫"之类都不见了。当时,朱先生给58级语言班上了另外两门课,就是"古文字学"和"现代汉语(二)"。

朱先生的"古文字学"课,我是认认真真学习了的。对于朱先生在古文字学方面的贡献,我没有水平,也没有资格评述,我只想说,这门课程给我的震动是巨大的。因为,我想一个治现代汉语的学者却在古文字、古文献、古史料、考古和甲骨、青铜、竹帛等方面有如此广博的知识,并有许多言之成理的新发现(当时,有些还未发表),着实让我这个学生吃一惊。另外,这门课程以一组一组的古文字实例进行分析、比较和考证的方法,也给了我以治学方法的榜样。记得这门课的考查题目就是《释〈行气玉佩铭〉》。现在我知道此铭早已考定,但是,我当时并不知道,还是从西校门的大图书馆扛回来一大包书,诸如《两周金文辞大系》等,寻找分析比较的材料,认真做出了考证作业。朱先生对我的卷子用红笔做了订正,并且给了我一个好分。这份卷子上朱先生的红笔批改,我至今还保存着。

接着,朱先生又为语言班开了"现代汉语(二)"。当时,"现代汉语(二)"是一门以结构语言学方法研究现代汉语语法的新课程。在这以前,朱先生在《中国语文》上发表了《说"的"》,引发了中国语言学界很大的震动。对朱先生的研究,有赞同的,有反对的,也有扣帽子的。但是,朱先生继续走自己的路,做自己的研究工作,形成了自己的"现代汉语(二)"的体系。"古文字学"和"现代汉语(二)"这两门课,关系到两个学术门类,其研究对象和研究方法是如此不同,它们在学生的心目中的反差是显而易见的。但是,它们却是朱先生连续两年为语言班开的有分量的课程。这足以显示朱德熙先生学贯中西、知识古今的博大精深。"现代汉语(二)"的课程,我也是认认真真学习了的。三十五年过去了,朱先生亦已西归了,可是当年我在朱先生的课堂上做的两本笔记仍保存在我的书柜里。笔记里记录了朱德熙先生在第一堂课上的一段话:"最理想的语法,就是要告诉你一套规律。按照这个规律造句子,就能造出合法的句子。而这些规律又是比较简单的。这个简单,是相对的简单。但是,这样的语法,不仅仅汉语没有,所有的语言都没有。究其原因,不仅是研究得不够,而更重要的是方法上还有缺点。我们还要朝这个目标走。"这段话开宗明义地说明,朱先生的"现代汉语(二)",重点不在于他提出的现代汉语语法体系的本身,而在于他正在探寻新的汉语语法的研究方法。如果今天从方法论的角度来看朱德熙先生讲了一年的课,那么朱先生提出的新的研究方法,就是用结构的观点来研究现代汉语语法的方法,包括:研究事物最小组成成分的方法,研究最小成分如何结构组成更高层次成分的方法,研究事物结构成分运动变化的方法,研究事物的内容和形式如何结合的方法,研究事物的局部和整体关系的方法,研究分解和综合事物的方法,研究材料的鉴别和取舍的方法,等等。在那个年代,人们可能认为所有这些方法都包括在毛泽东的《矛盾论》《实践论》里,如果你说不是,那就是离经叛道、大逆不道。不过,我的笔记里,确实找不到引用的语录,或者引用某个西方学者的话,就像别的语言学史家们的课那样。因此只能这样认为,朱先生从他自己的研究对象出发,吸取了西方新研究方法的营养,探寻着自己的新的研究方法。

我当时正处在重病初愈、恢复休养之中,对于毕业以后的工作毫无奢望,加上自知出身不好,非常清楚将来轮不到我去从事"古文字学"和"现代汉语(二)"之类的研究工作。加上我做过一年的夜校教师,我深知这两门课程对我将来的糊口度日大概也没有什么帮助。但是,我钦佩朱先生的博学,钦佩他的探索精神,钦佩他的为人。因此,在选择毕业论文的题目时,我选择了现代汉语语法研究的题目。在马真老师的指导下,我第一次阅读了英文版的结构语言学的原著,阅读了美国的《Language》杂志。在探寻新的研究方法方面,我为二十年以后用结构方法从事宗教学研究打下了基础。我想,如果朱先生地下有知,得知有个并不聪明的学生在用他讲授汉语语法时的结构方法去研究宗教时,大概会摇摇头,苦笑地说一声:"歪打正着。"

1995年,香港浸会大学刘楚华教授在介绍法国的道教学研究历史时,说到"随着中西道教学的交流,大家学术方向的距离已较前接近,西方的影响的确在国内起了一定的促进作用,方法学上也有积极的刺激。举一个例,《道家文化研究》第一辑,陈耀庭的《论道教仪式的结构——要素及其组合》一文,以道教仪式行为本源社会行为的角度立论,又以结构方法分析,此种新尝试明显是受了法国学派的影响。"[①]后来,在一次学术会议上,我遇见刘楚华教授,告诉她,我的道教仪式研究并不是受法国道教学研究的影响,而是受索绪尔的法国结构主义语言学理论的影响,直接影响我的则是北大的朱德熙教授。从语言学到宗教学,这一学术传承脉络,使得毕业于法国的刘楚华教授大为惊讶。

1963年初夏,在我即将毕业离校前,有一天雨中的傍晚,我从南阁后面的营养食堂出来,绕着未名湖南岸的小路回宿舍,昏暗的路灯刚刚燃亮,未名湖的水面波纹荡漾,水花潺潺。我突然觉得,我们的母校就像这个未名湖一样。从天上飘下来的雨水和从西校门流进湖的河水,就像世界各种文化和祖国的传统文化,汇聚在未名湖中交流、融合和激荡,然后,又变成涓涓溪流从这里流向四面八方,去滋养祖国大地上的各行各业。从天上飘下的雨水和从西校门流进湖的河水,就像我们这些从天南地北来的学子,汇聚在未名湖边受到抚育、提高和磨炼,然后,又变成涓涓溪流从这里奔向四面八方,去为国家民族的事业努力奋斗。包容、吸纳、融化、发展、利万物而不争,这就是未名湖的坦荡胸怀,也就是我们母校的宽阔胸怀。

1986年以来,我作为中国的研究道教的学者访问了许多国家和地区。每到一处,有关我的介绍上都有这样一句,"1963年毕业于北京大学中文系"。

1997年5月,当我在马来西亚吉隆坡的八打灵会场做了演讲后,坐在贵宾休息室里又看到了这句话,突然我想到了未名湖的名字。"未名"是个名字,但又是一个待名的名字。记得当年我们几个不知天高地厚的毛头小伙子,坐在岛亭旁边的石头上,七嘴八舌地想把未名改成有名,有从湖光题的,有从塔影

[①]《道家文化研究》(第7辑),上海古籍出版社,1995年,162页。

题的,当然也有从革命、"五四"题的,但是大家都觉得任何一个新名字都没有"未名"来得好。坐在吉隆坡,我想到了《老子》第一章说的第一句话:"道可道,非常道;名可名,非常名。"用任继愈先生的译文,就是"名,叫得出的,就不是永恒的名"的意思。可名的名实在都是要改变的名,都不是普遍的、永久的、常在的名。为了要找到这个普遍、永久和常在,就要求我们不断地去探索、寻找和追求。任何一个天才在那湖光水色之中,都只是一个待塑的可造就之才;任何一种学问在燕园中,哪怕是已经登上了学术宝座的,也都是相对的真理,也都有待于学子们去进一步发展以接近绝对。我想,湖光水色以"未名"为名,就是教育由她的湖水养育出来的学子们要勤奋、努力、刻苦,在不断寻找那可名之名中,越来越接近那普遍、永久、常在的"常名"。

抹不掉的记忆
——五十多年前在北大做研究生

冯志白

1956年，我有幸考取了北京大学中文系，来到未名湖畔，做了盼望已久的北大人；1958年，分专业，我分到"语言专门化"，从此立志学习语言科学，争做汉语言学科的传承人；1961年，本科毕业后，我又有幸被选留作"汉语史"专业的研究生，师从中文系教授、著名的语言学家周祖谟先生。从此奠定了我一生从事汉语言教学和研究工作的基础。真可谓是"三生有幸"了。

在北大，本科五年，研究生四年（因搞"社教"延长了一年），共学习了九年。这九年是我一生中最关键的九年：学知识、打基础、长本事、练身体……培养了我整个的人生。研究生毕业，我被分配到山东大学任教，后又调至中山大学、南开大学，但都在中文系语言学教研室做教师，直至退休。因此，北大的九年既是我从年幼无知到逐步成熟的九年，也是奠定我一生工作和生活目标的九年。我衷心感谢培养我成材的北京大学和中文系的领导和老师，感谢和我共同学习、一起打拼的同窗好友们，特别要感谢教导我掌握一生为之奋斗的专业知识和才能的周祖谟先生。

周祖谟先生是我久仰的一位语言学专家。他当时五十岁左右。他那亲切和蔼的笑容，那一口流利的京腔京韵，给我留下深刻的印象，至今还时时浮现在脑海中。本科阶段周先生给我们上过"汉语史"课，但未讲几堂课周先生就病了，由其他老师代讲，课也未学完。到了研究生阶段，我的专业仍然是"汉语史"，正好补足大学之缺。而且仍然是周先生辅导我，这又是我的幸运了。

20世纪五六十年代,"汉语史"还是一门新兴的学科。周先生辅导我恐怕要花更大的力量。他规定两周辅导一次,一次大约四十分钟到一个小时。地点就在周先生的家中。周先生当时住在中关园280号。那是一个幽静质朴的小院,是适合做学问的地方。

周先生给我规定了"汉语史"学习的四大任务:第一,认真学习前人的著作,批判继承之;第二,对前人的研究方法和存在问题,要有所了解,还要了解学科的研究趋向;第三,熟悉汉语史研究的有关资料;第四,培养运用资料、用正确的观点方法从事研究工作的能力。争取在三年的时间内,完成学习任务。

语言的三大要素是语音、词汇、语法。所以汉语史也包括三大部分:语音史、词汇史和语法史。语音史也就是音韵史。音韵史典籍全部是文字资料,没有语音的实证,因此学习难度较大,先生计划用一年的时间进行教学;词汇史和语法史共用一年;第三年则用来写作论文。每次辅导,先生按进度布置学习内容,提出学习要求;我则做辅导笔记,提出学习的难点和问题,先生予以解疑释惑。

在两年来读书学习过程中,先生始终抓住主要的内容和基础性的东西,让我学深学透,深钻细研。例如开始学习音韵史,先生就以《广韵》做基础典籍,让我花时间把《广韵》所代表的中古音系的声、韵、调系统搞深搞透。因为中古音系是整个音韵史的纽带和桥梁,学好它是学习上古音韵的基础。为了掌握《广韵》的音韵系统,周先生为我想了很多办法。例如把《广韵》拿来和韵图对照看,以了解汉字的音韵地位。又把韵图拿来和《方言调查字表》对照看,以了解古今字音的不同。特别让我掌握闭口韵字和阳声韵字的区别,入声韵字和阴声韵字的区别等等。总之,把基础性的东西搞清楚,其他问题就可迎刃而解。

韵书是基础,需要先读。但并非先读的东西,都是重点的内容。例如在词汇史学习阶段,先生让我先找《甲骨文编》和《金文编》来看,目的不是让我学习古文字,而是让我了解殷周时期的词汇面貌。因为词汇史学习的主要著作为《尔雅》《说文》《方言》《释名》等都是汉代的作品。要了解更早的词汇面貌,则必须看甲骨文、金文的典籍了。

至于学习语法史,其主要典籍是《马氏文通》。《马氏文通》虽然是晚清的著作,但是并不好读。所以周先生就先给我布置一些近现代人写的古汉语语法著作如《文言语法》《高等国文法》等。它们与《马氏文通》都有着前后相承的关系,因此用以导夫先路,再读《马氏文通》就较为方便。可以看出,周先生在为我布置学习内容时是颇费心机、缜密安排的。目的就是为了让我更便捷、更容易地完成学习任务。

研究生的学习从根本上来说,其实就是读书。于是,怎样读书就是一个大问题。周先生经常教导我,读书应当"从大处着眼,从小处着手"。拿到一本书先要从它的序言、目录、体例看它是如何编排的?用的是哪类材料?又是怎样得出结论的?这便是"从大处着眼",也可叫作"略读"。然后再从细处着手,即由表及里,由粗到细下一番功夫,这也叫"精读"。最后,全书读完了,再由精到略,由细到粗,由里及表综合起来,得到一个全面、完整的概念,把知识条理化、系统化了。

在精研读书的过程中,老师鼓励我要勤动手,勤动脑,从读书中获取对自己有用的东西。例如他鼓励我读书一定做读书笔记,方式可以多种多样:可以摘录,可以记重点,可以归纳问题,还可以将分散的材料,自己为之编辑,分出类别,使知识条理化、系统化。他还鼓励我要舍得花时间,对自己有用的工作,比如做索引,做引得,做例字表、例据表、术语表等。总之,什么东西对研究问题有用,就要舍得花时间去做。

先生关于辅导我读书、科研的教导还有很多。下面就是我从自己的笔记中摘录的若干条,都足以引起我的思考:

第一,要树立干一辈子的专业思想。基本功打好了,一辈子都用得上。

第二,根基很重要。根深而后叶茂。根深始能左右逢源。

第三,学习要自得。即从自己的基础出发,从实际出发。否则费力。

第四,要学会自学。自学是过渡到以后研究的桥梁。这是一种锻炼,否则不会有创造。

第五,前进不是直线的。走一点弯路不要紧。关键是要了解哪里是弯路,怎样读效果更好。这就是进步。

第六,把前人的书当向导,用它来引路。但是要自己看风景。

第七,学习必须从具体的、个别的材料搞起。首先要熟悉材料,然后才能

冯志白(近照)

从中综合成观点。

第八，读了，不等于读通了、读透了。读书要能"通"能"用"，这才是科学的态度。要学通，会用，把"学"和"干"结合起来。

第九，如果读几家书，则要用"比较法"。比较是发现问题的开端。念书要灵活，要左右上下比较，问题就出来了。

第十，读书之后，应综合一下，把知识整理出条理，把主次分清，把重点突出起来。

……

从上面的摘录可以看出，先生对于我的学习花了多大的精力来安排指导。两年多来，汉语史的近百部典籍文献，使我的眼界大开，积累了丰富的知识，摸索了科研的门径，受益匪浅，受用终生。1964年专业考试，老师给我的评语是："学习努力，基本知识掌握比较牢固，能综合前人见解，亦有自己的看法。"后来得知，这两年正是周先生身体不好，带病辅导的两年。这使我非常愧疚，更使我感到师恩无尽，师恩永恒。

如今我也退休多年了。回想我的一生，是北大为我铺平了人生奋斗之路，是周祖谟先生为我锻造出生存之武器。我将永远感恩于他们。不忘初心，奋斗余生！

2017年8月于南开大学

北大杂忆

郭成韬

我出生在农村,能到北大上学是我一生之大幸。记得当我接到录取通知书时真是欣喜若狂!那时我们村虽也有几个上大学的,但能上北大的,历史上只有我一个。亲朋好友奔走相告,为我祝贺,我感到莫大的荣耀。我们村比较偏僻,虽在公路旁,交通却不方便,需先步行七八公里来到一个叫渔溪的小镇,然后坐长途客车到达福州,然后坐船沿闽江逆水而上到达闽北城市南平,在南平住一夜后转乘火车。那时还没有客运火车,需坐货运火车到江西鹰潭改乘客运火车,那时南京长江大桥尚未修

郭成韬(大学时期)

建,先要把火车一节一节拉到渡轮上,渡过了长江到达浦口,然后再把车厢组装好继续前行,整整花了三四天时间才到达北京。这一路的艰辛可想而知,但我的心情始终是极为愉快的,也不觉得累,只有兴奋,只有盼着即将要上的大学——我日思夜想的全国著名高等学府北京大学。

北大五年,发生了许多事,我原以为可以安下心来踏踏实实地、按部就班地学习了,然而事实并非如此,常规一而再,再而三地被打破了。北大五年,可以说是特殊背景下的特殊五年。除了正常的学习外,我们搞过种种政治运动,下过乡,深翻地,"反右倾",修过铁路,修过水库,还经历了三年困难时期。所有这些都给我留下了深刻的记忆。有些记忆是美好的,是值得回味的,而有些

记忆却是痛苦的,是不堪回首的。这里我只能是片段地说一些。比如说勤工俭学吧,至今仍觉得是我大学生活中很有意思的一幕。当时我被分配去卖冰棍,每天背着装满冰棍的箱子到校门口的公共汽车站大声叫卖,开始时还有点难为情,慢慢地也就习以为常了,还觉得挺有意思。有时我还希望冰棍没卖完,这样剩下的就可以自己享受了。再比如参加修建十三陵水库,这是我大学生活中所做的最有益的一项社会活动,我们劳动了十天,而且安排的是夜班,每天从傍晚直到第二天黎明。当时生活条件是十分艰苦的,记得每天吃的主要是窝头,这对于乍从南方来的同学来说有点不适应,有的同学为此开玩笑地编了顺口溜,还记得头两句是"窝窝头呀窝窝头,天天见你就发愁",大家都很乐观,干活中有说有笑,在十天的挑灯夜战中圆满地完成了任务。再比如参加胡庄的整社运动,这件事我要多说两句。胡庄当时是平谷县韩庄公社的一个大队,1959年冬我们到该队劳动,并协助做一些工作。当时在团内提倡鸣放,对大队出现的问题可以自由发表意见,于是我毫无顾忌地对公共食堂、农村干部作风等说出了我的忧虑和不满,没有想到这竟成了我攻击人民公社的所谓右倾言论。我们白天参加劳动,晚上开会批判,当时同时遭到批判的还有好几位同学,为此我很委屈,也很伤心,自责自己犯了错误,在批判会上做了检讨。我本以为这样就可以过关,就可以博得同情和原谅,可是万万没想到个别人竟把我的忏悔说成是鳄鱼的眼泪,并警告我可能要被开除团籍,这实在让我痛心不已,以至于很长时间难以释怀。而更为严重的是胡庄整社导致了邢志恒同学的自杀身亡。邢志恒同学为人忠诚老实,诚恳热情,他的死是我们年级最大的不幸,是社会的悲剧,是一个惨痛的教训,是我记忆中永远不能忘却的。

北大五年,虽然由于种种原因耗费了不少宝贵的学习时光,但是还有许多值得庆幸的事。其中最重要的是我们的老师中有一大批是国内外著名的大师、学者。我是语言学专业的,给我们上课的老师有王力、高名凯、岑麒祥、袁家骅、周祖谟、杨伯峻、唐作藩、林焘等先生,他们直接给我们传授知识,这使我们如鱼得水,受益匪浅。在老师指导下,我们特地到山西大同搞方言调查;还进行科学研究实践,集体编写了《汉语史》《现代汉语教材》等,理论和实际相结合,使学习内容更加丰富,更为扎实。在学习期间,有一件事也值得一提,这就是我还当过留学生辅导员。那时我们年级大约有六七个外国留学生,他们分

郭成韬(近照)

别来自苏联、民主德国、波兰、越南等国家。我先后辅导过两位民主德国留学生,一位叫魏爱德,一位叫施雅丽,其中魏爱德因故中途退学,而施雅丽则直至毕业,是我辅导她时间最长的一位留学生。作为辅导员,首先必须要自己学习好,才能去辅导别人,于是我上课时要特别认真听讲,尽可能详尽地记笔记,然后每周抽出一些时间到她宿舍去,我们互对课堂笔记,交流学习心得,这样持续了相当长一段时间,我们彼此都有不少收获,也为此结下了深厚的情谊,至今仍保持着联系。她热爱中国,也热爱北大,这些年她几乎年年来中国,或携家人旅游,或前来讲学,还亲自参加了北大百年校庆庆典。施雅丽多年来潜心汉语研究并取得可喜成就,这一切都源于北大对她的教育培养。同时北大也给了我丰富的知识积累,为日后的教学和科研打下坚实的基础。

最后,我还想说北大的课余生活。在北大学习是紧张的,而课余活动却是丰富多彩的,学校里周周有电影,经常有舞会,还有许多文艺团体前来演出。北大还有各式各样社团组织,而最使我难忘的是参加了北大管弦乐队。我从小爱好文艺,尤其喜欢乐器,我学过二胡、手风琴,尤以二胡为精,诸如刘天华的《良宵》,瞎子阿炳的《二泉映月》,以及《步步高》《雨打芭蕉》等广东音乐都是我经常演奏的曲子。课余饭后常以此缓解疲劳,增添生活的情趣。我们的乐队是一支规模不小的乐队,管乐、弦乐样样俱全,我学的是拉管,即长号。我们的主要任务是为舞会伴奏,除了在校内,还去过团中央礼堂、人民大会堂等。除此之外,我们还进行过专业演出,其中最精彩的一次是排练大型歌剧《洪湖赤卫队》,排练中还特邀作曲者现场指导,演出相当成功,很受同学们欢迎。

北大五年是我人生中极为重要的五年。离开北大已经六十年了,无论我走到哪里,始终没有忘记我是属于北大的,那里有教育培养我成长的最尊敬的老师,有曾经朝夕相处的同窗好友。我怀念和珍惜那段岁月,尽管我曾经挨过整,有过不愉快的经历,但这一切早已成为过去。北大在我的心目中永远是最美好的、神圣的。我为有这样的母校感到骄傲和自豪。

2017年8月

北大的哲学楼101

洪子诚

1959年初,北大的第一教学楼和哲学楼,是遥遥相对的两座建筑,中间隔着北大附小,附小迁出之后,"文革"期间盖了图书馆大楼。我于1956年入学的时候,总觉得有点奇怪。它们在三层的主楼之外,又各有一个两层的方形的配楼,中间用走廊连接,为什么不建在一起呢?后来打听,好像是因为要保护中间的古槐树,才做这样的设计。这个解释是合理的,第一教学楼和哲学楼的主楼与配楼之间,确实都有一棵年头不小的、大概有几百年树龄的槐树。1956年,中国和印度尼西亚争夺世界杯出线权的足球赛转播,我就是坐在哲学楼那棵古树下听的;当然是收音机的广播,那个时候还没有电视。

洪子诚(大学时期)

配楼的上下两层都是大阶梯教室,我们常在那里上大课。哲学楼的101教室,对我在北大第一年的生活,有特殊意义。学校星期六晚上,学生会和学生社团,都会举办各种活动:有著名艺术家、学者、诗人的演讲,有各种演出。哲学楼101是固定的音乐欣赏的地点。如果没有特别的事情,我周末晚上都会在那里度过;播放的音乐多是西方古典音乐。直到现在,我对音乐还是外行,既不会任何乐器,不能读谱,也五音不全。对音乐史、乐理等也只了解个皮毛。有时候不过是想安静地坐在那里,抛开为世俗事务的处心积虑,听那些仿佛是来自另一个世界的声音。我猜想一些人与音乐亲近也和我一样。"文革"中的一天,大概是1967年,那时学校两派武斗还没有开始。那时我已经是中文系教员,我在19楼二楼中文系工会的房间里,用78转的唱机连续放着唱片。有中国民歌,有五六十年代流行的苏联、印尼、拉美的歌曲。无意中望向窗外,看到28楼通向"五四"运动场路上的侧柏篱墙旁,默默站着一个女生。直到那些唱片放完她才离开。说不清你在音乐中要等待什么,但你也许会和某些熟悉或不熟悉的人、事、情绪不期而遇。"一支午夜的钢琴曲复活一种精神/一个人在阴影中朝我走近……对了,是这样:一个人走近我/犹豫了片刻,随即欲言又止地/退回到他所从属的无边的阴影。"(西川:《午夜的钢琴曲》)

哲学楼101的周末音乐欣赏,是学生自己组织的。安静,没有任何仪式,没有人讲解。多的时候会有六七十人,也有一二十人的冷落场面。走进教室,会领到油印的节目单;里面有作曲家、乐曲的简介。然后你选择一个靠窗的座位。不久,音乐就从放在讲台地上的大音箱里流出。我到现在都不清楚当时使用的是什么"软件",黑胶唱片,还是磁带?……因为放音的操作是在讲台旁边的小屋子进行的。

现在看来,乐曲的挑选有当时的"禁忌"和"偏向",这是时代趣味和风尚使然。在一个唯物主义无神论时代,自然不会有宗教性质的音乐。巴哈的《马太受难曲》,莫扎特、柏辽兹、勃拉姆斯的《安魂曲》,亨德尔的《弥赛亚》,直到1991年到1993年我在日本东京大学客座才听到。不会有立场可疑、思想感情"不健康",或不能做出积极阐释的作品。不会有"现代"的、先锋派的风格。因此,没有瓦格纳、理查·施特劳斯,没有德彪西、弗雷,没有拉赫玛尼洛夫、斯特拉文斯基,没有格什温、巴尔托克,当然更没有勋伯格、贝尔格。肖斯塔科维奇的音乐,只是他的电影配乐,不会有他晚期的交响曲和弦乐四重奏。贝多芬自然是有的,除此之外,播放的曲目还是苏联、东欧作曲家的居多:他们那时属于"社会主义阵营"。柴可夫斯基、格林卡、鲍罗丁、里姆斯基-科萨科夫、哈恰图良、肖邦、李斯特、德沃夏克、斯美塔那……其实,许多作曲家和他们的曲子,并没有"社会主义"的内容,他们也不是生活在社会主义时代。捷克斯洛伐克是1918年才建立起来的国家,德沃夏克和斯美塔那原本属于波希米亚。尽管情况复杂,但在战后的"冷战时期",因为存在了一个伸缩性很大的"意识形态"时空背景,他们便被归并在一起,当成统一的意识形态来接受。因此,我在那里听到了《在中亚西亚草原上》《波尔塔瓦河》,听到《1812序曲》《鲁斯兰与柳德米拉》,其他还有《伊戈尔王》,有王蒙小说《组织部新来的年青人》里提到的《意大利随想曲》,有德沃夏克《大提琴协奏曲》的第二乐章,有肖邦的《革命进行曲》……

洪子诚(近照)

尽管现在我已经不大喜欢柴可夫斯基他们的作品,当时入迷俄国、"东欧"的这些乐曲,还是因为音乐本身的气质。它们里面可能活动着一个敏感的灵魂,这个灵魂有对精神的追求。它们有程度不同的受难者的忧郁,却仍能导向并不夸张、生硬的辉煌。多情的浪漫气质,伤感的旋律,某种戏剧性,也是原因之一。而且,我们还能因此放进一些令人迷醉的遐想,就如柴可夫斯基写给他的资助人梅克夫人的信中所说的那样:

> 夏天的夜晚在俄罗斯的田野、森林或大草原上的一次漫步是如此地震撼我,使我躺在地上直到麻木。对大自然的爱的热浪将我吞没,那难以形容的甜蜜和醉人的空气,从森林、草原、山河、遥远的村庄、简朴的小教堂散发出来,在我的上空飘荡……

一直感到奇怪的是,除了《弦乐小夜曲》之外,当时的哲学楼101较少出现莫扎特。那时,我们可能更倾向于聆听和表达激情。我们大概还不大能够领会那种简单、纯净、天真和平衡——那种如罗曼·罗兰所说的不伤及肉体或损害听觉的旋律,那种如柴可夫斯基所说的,尚未为思索所损害的品性所持有的生命的快乐。最近,我读到台湾大学教授,也是台湾著名乐迷周志文的《冬夜繁星》，他是这样谈论莫扎特的：他的风和日丽是天生的，他的气度不是靠磨炼或奋斗得来……既没有外在的敌人，也没有内心的敌人，所以可以放松心情，无须做任何防备，对中国人而言，这是多么难得的经验啊。孟子说"入则无法家拂士，出则无敌国外患者，国恒亡"；《中庸》说"君子戒慎乎其所不睹，恐惧乎其所不闻"。中国人习惯过内外交迫、戒慎恐惧的生活。莫扎特告诉我们无须如此紧张，他悠闲得有点像归隐田园的陶渊明，但陶渊明在辞官归里的时候，还是不免有点火气，"误落尘网中，一去三十年"……不像莫扎特，他的音乐云淡风轻，快乐中充满个人的自信与自由。

2017年6月于北京蓝旗营

在陆平校长家看球赛

胡冠莹

1961年4月,第二十六届世界乒乓球锦标赛在北京举行。在我的印象中,这似乎是在中国举行的第一次国际赛事。当时我们正值毕业考试和撰写论文期间,既想去赛场看球,又苦于挤不出那么多时间。于是大家就三三两两结伴到教授家去看电视。我们最常去的是中关村王瑶先生家,往往将他家挤得水泄不通,连地上都坐满了人。而王瑶先生有糖尿病,时不时要上厕所,无奈只能从同学们的肩膀头上跨过去……那一天是世锦赛决赛,中国对日本。我想王瑶先生家可能早已人满为患,怎么办呢?于是我和杨远鸿、顾建国就找到了燕南园。刚刚敲了一下某教授的门,就见了一个戴着红领巾的女孩走出来说:"你们是来看电视吗?对不起,我们家早都坐满了。"我们吃了这闭门羹,但又不甘心放弃,只得在燕南园中四处转悠。

胡冠莹(大学时期)

突然听见一声洪亮的呼唤:"小鬼,你们找谁?"啊!原来迎面而来的是陆平校长。远鸿木讷,建国口吃,一时都说不上话来。我连忙说:"我们想看球赛。""来!来!来!到我家去看!"陆平校长说着就热情地把我们带到他的两层小楼。进门一看,满屋子人,我们只好挤了挤,坐在地板上。

我一边看球,心里一边嘀咕:在我的印象中陆平校长是一个雷厉风行、十分威严的人——在"五四"广场的万人大会上,他斩钉截铁地宣布"要把北大办成东方的莫斯科大学";"除四害,讲卫生"运动中,他亲自戴着白手套到学生宿舍去摸门框、窗棂,发现有土,就判不合格;更甭说"一二·九"运动中冒着反动军警的刺刀、水龙冲锋陷阵……哪怕是他那又黑又硬、直刷刷的"板寸"和方方正正、棱角分明的国字脸,都给人一种威严的感受——没想到他竟然这么随和!

屏幕上的球赛越来越激烈,最惊心动魄的徐寅生大战星野。只见徐寅生转身挥臂一大板将球扣过去,星野却抖动手腕放一个高球把球回了过来。一连战了几个回合,大家就跟着数:"一、二、三、四、五……"声音越来越大,简直在吼,这里面也有陆平校长的声音。一直吼到"十二",徐寅生终于打败了星野,为中国队取得团体冠军夺得了关键的一分。陆平校长和我们一起嗷嗷地欢呼着,拼命地鼓着掌,就像天真烂漫的孩子,掌声和欢呼声几乎要把那小楼的天花板掀翻。

几十年过去了,陆平校长那欢呼雀跃的样子和徐寅生"十二板"一直深深地保留在我的记忆中,我永远忘不了陆平校长家看的那场球赛。

春风得意马蹄疾

黄侯兴

大概是受闽南人的海洋文化意识影响的缘故,我虽然热爱自己的家乡泉州,却又不愿意固守本土。我在福建省晋江中学读高中的时候,就有一种北上的愿望,北京大学便是我向往的最高学府。

北京大学崇高的声誉,是从蔡元培先生任校长开始的。

那时候,我从一些零星的资料得知,是孙中山先生鼓励蔡元培北上去改革僵化了的高等教育。孙中山说:"北方当有革命思想的传播,像蔡元培这样的老同志,应当去那历代帝王和官僚气氛笼罩下的北京,主持全国教育。"蔡元培慨然领

黄侯兴(1961年)

命。1912年3月,临时大总统孙中山任命蔡元培为教育总长,但不满一年他就辞职了。后于1917年1月,他再度北上,任北京大学校长。

蔡元培就任后,大胆改革领导体制与各类学科,确立新的学制,创设科学研究机构,倡导平民教育,首行男女同校,尤其值得一书的是制定了"循'思想自由'原则,取'兼容并包'主义"的办学方针,既吸纳一些旧派人物,又大量聘用有学问的新派人物,不拘一格网罗众家,奠定了思想自由、学术民主的北大风格。

蔡元培还积极支持正在蓬勃兴起的新文化运动,提倡白话文,赞成文学革命,反对封建复古主义,参与倡导科学与民主的新思潮,北大因此成了具有划时代意义的"五四新文化运动"的中心……

北大虽然有过反复,但正如鲁迅所言:"北大是常为新的,改进的运动的先锋,要使中国向着好的,往上的道路走。"(《华盖集·我观北大》)这就是北大精神。

一种莫名的名牌崇拜心理,激励着我从少年时代就奋进好学,一步一步地向它靠近。

果然,20世纪50年代初,17岁的我终于有机会来到首都北京,还约过好友于周末去参观我心仪已久的北京大学。自1953年至1955年,每年总要去一两回,渐渐知道这座最高学府云集了许多享誉中外的顶尖级大师、学者。诸如马寅初、汤用彤、熊十力、周培源、冯友兰、马大猷、朱光潜、贺麟、王力、罗常培、魏建功、向达、黄昆、傅鹰、杨晦、游国恩、季羡林、冯至……由于我的孤陋寡闻,可能还有许多很知名的教授、学者,从我的眼帘下"筛"掉了。

如上所述,当我决定报考北京大学之后,我便利用一切可以利用的时间复习功课,准备参加高考。此时,中央手工业管理局B局长得知此事,他让干部处长找我谈话,意思是动员我报考中国人民大学新闻系,由单位免考保送,保留原工资,毕业后回中央手工业管理局工作。他们如此"投资",大概觉得我是一棵可培养的"苗子"吧。我感谢领导的厚爱,为此还特意去了一趟人民大学了解情况,但我终于拒绝了组织的保送。这原因是人民大学学制仅四年,且占一半时间(即两年)在校外进行采访和编辑实习。不如北大中文系五年全在校内读书能系统地充实自己,更何况我实在不愿意再回行政机关过那种公文八股的令人窒息的衙门生活。

一些好友考虑到我是以同等学力的身份报考北大的,劝我还是实事求是地接受保送为好,不要"好高骛远"……但我不改初衷,仍按既定目标走下去,心想:我还年轻,今年考不上,明年还可以继续考;说我狂妄也罢,不自量也罢,反正非北大莫属。

皇天不负苦心人。1956年8月的某日上午,我们正在讨论有关手工业合作化高潮后的一些政策问题,我突然接到了北京大学中文系的录取通知书,兴奋得在会议室外发狂地跳起来,我简直不敢相信自己的眼睛。记得当时我匆匆地跑进盥洗室,打开水龙头冲洗头部,想让自己的头脑冷静些、清醒些,然后重新翻看"通知书"——我确实被录取了。

政策研究室的C主任、S副主任和同事们一起分享了我的喜悦。午餐时,C主任特意请食堂厨师多炒几盘菜,餐桌上还摆放了几瓶啤酒以示庆贺。

"春风得意马蹄疾,一日看尽长安花。"这日午后,我约了几位要好的同事到北海公园去划船。立秋后的北京,闷热难耐的天气已经退去,清凉的微风漾在湖面上,吹起了一层层的小波浪。我们敞开心扉,披肝沥胆,高谈阔论,抒发远志。小船久久地停在了湖心。有人引吭高歌,唱起了《延安颂》和苏联歌曲《小路》。歌声慢慢悠悠地掠过水面,在湖面上空盘旋……

上岸后,我请他们到仿膳餐厅品茗饮酒。我们这几个意气相投的朋友,此时真有"把酒问青天"的感觉。饭后,在夕阳余晖下,我们凭栏观赏初秋的花卉,那种"看尽长安花"的舒爽之情,是我最生动、最微妙的生命体验。

8月杪,我告别了中央手工业管理局,告别了插满了小红旗的中国地图,带着行囊,跨进了北京大学南校门。在中文系报到处办完入学手续后,工作人员发给我一枚白底红字的"北京大学"校徽。

啊!这不就是我梦寐以求的牌牌吗?我随即把它别在了胸前的衬衫上。佩戴着校徽,不论走到哪里,我看人,人看我,已是另一种目光,另一种神色。

从新生花名册上,我得知这年中文系招收了约120名新生,其中半数多是高中毕业生考上来的,另外近一半则是有过若干年工作经验、以同等学力的资格考入的调干学生。我属于调干生,每月享受政府供给的25元调干助学金。

几天之后,在大饭厅举行的新老学生参加的开学典礼上,马寅初校长讲话,尽管被身边一些高年级的同学讥为"废话""老套套",却给我留下了深刻的印象。一是马老在讲话中绝不用"我",自称为"兄弟",例如"兄弟欢迎新同学到北大来读书",据说这兄弟的称谓乃是前辈学者自谦的表示,不像现代人说话,开口闭口"我"如何如何,"我"的凸显已经膨胀到了极致。二是马老不是训诫学生如何去做学问、"读万卷书"的大道理,而是向新生传授"兄弟"坚持登山与冷水浴的具有锻炼体能与毅力的个体生命体验……时隔半个世纪,现在想来,马老的经验谈,却也道出了一个朴素的真理:学问不一定要人人都去做,都会做,锻炼身体则是每个想延年益寿的人必须坚持的事。据我这大半辈子的体会,就觉得马老一席话终身受用。

第一学期的课,我最爱听的是Y先生讲授的"古代汉语",X先生的"先秦文学",Z先生的"现代汉语"和W先生的"工具书使用法"。

Y先生总是穿一身深蓝色的中山装,脚上穿的是圆口黑布鞋,戴一副高度近视眼镜,讲课时眼睛总是盯着天花板,偶尔背诵《论语》的某些片段,便拉起了长长的调子:"子曰——"Y先生讲古汉语"虚字""虚词""使动用法"等,对我渐渐学会读懂古书很有帮助。他对古汉语语法有着深湛的研究,在他编写的讲义里,他可以告诉你"不"字在《论语》里出现过548次,"有"字154次,"以"字152次。我们知道,Y先生在这个学科领域里,堪称"冠绝一时"。我们对Y先生非常崇敬,远远见到他便向他行鞠躬礼,可他高度近视,看不见学生向他行礼,很是遗憾。X先生的穿戴尤其引起了我们的注目。夏天他穿一身绸缎蓝色长袍,入冬以后是一身大黑棉袍。X先生可能刚过不惑之年,可这一身打扮就显得老气了。他讲解先秦散文,重在解析先秦社会的风气与先秦古人的旨趣,于抑扬顿挫、娓娓道来之时,抒发了他那委婉之情,洒落之韵。下课之前,X先生还要特意地掸一掸衣袖上的粉末。我们都很欣赏X先生这种儒者的风度。

至于Z先生,则是另一种做派。他总是西装革履,一年四季,或银灰色,或米黄色,或浅蓝色,课余还衔着一根烟斗,颇有几分绅士风度。他讲汉语语法,在黑板上画了几个图表,大大小小的方块和圆圈,一个箭头忽而指向东,另一个箭头忽而指向西,令学生如堕五里雾中,不知道Z先生要表示一个什么样的语法结构。但是Z先生关于语法与逻辑之关系的阐述,却对我们后来的写作很有指导意义。

W先生的穿着就没有那么多的讲究了,他的衣帽没有给我们留下多少深刻的印象,只记得他穿褪了色的中山装,夏天索性穿衬衫,冬天是一件粗棉布短大衣,脚上是一双橙黄色的旧皮鞋。同学们喜欢W先生是因为他讲课诙谐而生动,他把《康熙字典》等几部辞书讲"活"了,深入浅出,而且有实用价值,颇受学生们的欢迎,成了学生很可亲近的老师之一。

我所尊敬的这几位老师,敬业守职,潜心治学,对时世与政治不很关心,大概是知识分子思想改造运动使他们对权势者有几分悚惧,有意无意地同时代的"主旋律"保持了一定的距离,但"对抗""仇恨"一类的情绪是没有的。

如Y先生是满腹经纶的迂夫子,教学著述总是那么执着,一丝不苟,但在1957年的"鸣放"会上,他的迂阔终于把他划归到"右派"群体中去,我们从此再也不能在课堂上听到他的"子曰"的悠长的声调了。

我说过,X先生是20世纪50年代的一位温文尔雅、处事谨慎的儒者,他的言谈举止保留着民国初期的儒雅余韵,他的流风并非是想挽狂澜于既倒,然而也未能为北大所容忍,他被发配到了西部边远地区。

身穿西装、口衔烟斗的Z先生,清高而不显骄傲,潇洒而不落轻浮。据说他后来的汉语语法研究引用了西方结构主义研究方法,颇有建树,只不知我离开北大后他的境遇如何,听说"文化大革命"期间他也遭了许多折磨。

在这几位老师中,W先生的资历稍浅些。他的平民做派,待学生热情和蔼,使我们乐意亲近他;但他的不驯服的脾气,也使他在"犯上"时吃了不少亏,后来他被挤出了中文系,晚年似乎也不很得意。

这里姑且不多议论这些有真才实学的老师们的遭遇,单就他们的衣着和作风而言,大抵可分为中、西两派,而这两派竟能融合在燕园内,构成了一道极其生动的"中西合璧"的景观,这也可以说是蔡元培校长治校时的"兼容并包"的理念在共和国时代的延续吧!

我喜欢北大的学术自由的风气。

所谓"学术自由",是指不同学派,不同观点的学者都拥有自己从事学术活动的空间。教授们可以在讲坛上、在著作中自由地发表自己的学术观点,同时又容许不同学派、不同观点的教授发表意见,自由讨论,形成百家争鸣、各抒己见的学术民主的风气。

其次,学术自由还体现在学生听课也是自由的。例如,我在北大中文系读一年级时,就知道高年级同学有的到哲学系去旁听H先生讲授"康德研究"的课,有的旁听Z先生的"美学讲座",有的旁听F先生讲授的"中国哲学史",也有的到东语系去旁听J先生的"印度宗教研究"……浓厚的学术氛围,极大地满足了学生求知的欲望。此时的北大,唯物主义也罢,唯心主义也罢,通通允许在讲坛上自由鸣放与讨论。各个系都开设了一些具有自己前沿学科特色的专门

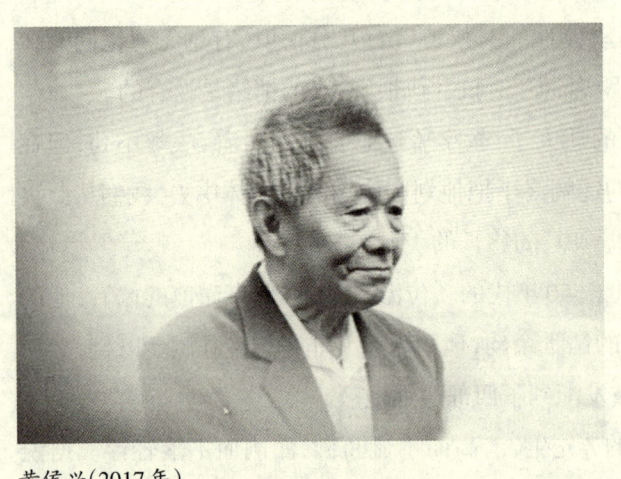

黄侯兴（2017年）

课程，学术空气显得格外活跃。

再其次，学术自由还体现在北大丰富的藏书对师生的全方位开放。此时，北大文科研究生每次可借阅三十本书，与讲师享受同等的待遇；文献学、古典文学的研究生还可以在指定的阅览室翻读一些善本书、孤本书；现代文学的研究生，可以在旧期刊阅览室翻读清末以来的在社会上已经罕见的报刊；外语系学生和理科高年级学生可以翻读英、俄、意、日等各种书报。我们在校内新华书店东墙看到的赫鲁晓夫秘密报告的中译文，便是几个学生从学校的英文报纸上翻译过来的。

作为一年级学生，我们多是慕大学者之名而去外系听课的。不过，因知识积累不够，听起课来很吃力。如我选择了西语系，旁听 F 先生讲授的"十九世纪英国文学"，由于许多作品不曾读过，无法对教授的解析引起共鸣，所以旁听几次以后便退出了。但，即便如此，我仍觉得受益匪浅，因为它扩大了我的视野，看到了自己文学基础知识之不足，促使我去读雪莱、拜伦、司各特等人的作品，后来还延伸到读莎士比亚，读俄国的普希金、莱蒙托夫、屠格涅夫、托尔斯泰……在发现自己的"小"之后，那种如饥似渴地对书的痴迷，是难以言状的。

遗憾的是，好景不长。北大自由、民主的学术氛围，我们只享受了一年；第二学年，便被反右派斗争的暴风雨无情地摧残了。

北大人有着勤奋读书、独立思考的良好学风。无论是晴天还是雨天，图书馆总是座无虚席。天刚蒙蒙亮（冬天则天还没有亮），我们便大步向图书馆或阅览室走去，占一个座位。看一阵子书，去食堂吃早饭，再回到原座位。倘若上午没有课，便可以静静地坐到中午十二点才离去，有时连早餐都懒得去吃。在万籁俱寂的读书氛围中，你会感受到灵境缥缈的奇妙，有时灵性还会流出智慧的闪光。

在未名湖畔,一年四季,我们总能听到莘莘学子朗读外语的琅琅书声。在假山上,在亭子中,几个学生围坐在一起讨论问题,有时争得面红耳赤。偶尔也能遇见一对情侣沿着湖边漫步。如果这位谈情说爱的花季少女穿着林道静式("五四"新女性式)的旗袍,她大概是中文系的学生;如果是穿花色短裙或无袖短衫,她可能是外语系的学生了。

下午课余活动时间,同学们活跃在体育馆内或操场上。打篮球的,打排球的,踢足球的,游泳的,击剑的,练武术的……个个是虎虎有生气。我是印度尼西亚的归侨,喜欢打羽毛球,报名参加了校级羽毛球乙队。因每周只训练两次,其余日子我便练习长跑——沿着足球场的跑道长跑。我那时一口气能跑5000米,在系里还算是佼佼者呢!

体育锻炼归来,我们几个男生按马老的经验洗冷水浴。沐浴后,我常约几位同学到海淀饭馆去喝啤酒。那时候喝一公升啤酒,不点酒菜,只需四角钱,四个人才花1.60元,按我每月25元的调干助学金,每周去喝两回,也还招待得起。

记得在纪念我们年级毕业四十周年校友返校聚会的日子里,许多男女同学回忆往事,都说他们喝啤酒的习惯,是我培养的。哈哈!大学五年,我培养了多少酒徒呢!

值得一提的是,我班(56级3班)三十名学生,只有四名女生——其中一名还是已婚的军嫂。这四名女生,在我印象里,没有我培养过的酒徒(一位来自东北的女生,有点海量,然非我所栽培也)。令人烦恼的是周末舞会。我们这些来自机关、部队的调干学生,多数喜欢跳舞。每逢周末,总要换上一身整洁的衣裳,皮鞋也擦得锃亮,带着舞伴,步入舞厅(所谓"舞厅"其实就是大饭厅)。这时,我和班内的S同学常常为此犯愁,那位军嫂可以不用考虑了,其余三位都不曾学过交际舞,我和S却也无心要把她们训练成舞伴。

"呜呼!我们班里的女生太少了!"每逢周末或节日,我和S泡在啤酒杯里常常发出这样的感慨。有时,为了消磨时光,我们只好头顶木板凳,跟着成百上千的同学到东操场去看电影了。

百无聊赖的周末,我躺在床上,读一点古诗词,想借此寻找一条感情宣泄的渠道。我曾经喜欢杜甫的七绝《江畔独步寻花》:"黄四娘家花满蹊,千朵万朵压枝低。留连戏蝶时时舞,自在娇莺恰恰啼。"

那千朵万朵是什么花呢？是紫罗兰抑或是红玫瑰？此时，在我的影像中，红蝶、啼莺尚可见，唯有那娇媚的女子，该到哪里去寻觅呢？我痴痴地幻想着能在春天的花丛中遇上这样一位楚楚可人的女子。

时隔半个世纪，我们已是爷爷、奶奶辈了，偶尔相聚，聊起当年曾有过"女生太少"的感慨的时候，一位如今在中国古典文学研究领域已经很有造诣的女教授风趣地说："亏我长得丑，免受你们这些男生的骚扰，能够在北大安心地读五年书！"众人听了，哈哈大笑。这真称得上"语妙天下"呀！

选自《北大九年(1956—1965)》

北大往事碎片

李延祜

李延祜（大学时期）

一　考北大缘起

1948年我初中毕业。从江南回到故乡菏泽。本打算接着上高中。可是当时菏泽一中不对外招收高中生，只由本校初中毕业生直接升高，于是就辍学在家干起了农活。中断了四年学业。不然，我应该是1952年16岁上大学。

1952年考取菏泽一中初三插班生，第二年升入高中。

当时流行的是"学好数理化，走遍天下都不怕"。父亲于1924年山西大学国文系毕业，觉得学文科没前途，鼓励我向理科发展。1954年端午节父亲突发脑溢血，逝世在课堂上。

开始还想遵循父亲的遗愿，学习理工。学校也要求全面发展，五分制的记分方法，我各科基本都是五分。但是我心里清楚，理工的五分是轻飘飘的气球，文科的五分是沉甸甸的铅球。兴趣爱好的砝码终于使天平向文科倾斜。

这是跟自幼受父亲的影响熏陶分不开的。父亲国学底子很厚，诗、词、歌、赋、笔记小说，乃至哲学、历史无不涉猎，对文字学很有研究，古诗词写得很好。他还精通《周易》。是菏泽"一支笔",声名传遍鲁西南,桃李遍布各地。著有《有所不为斋漫录》《埋愁集》等书。

父亲的书房——"有所不为斋",藏书很多,古今杂陈,几乎都是文史哲,尤以文学为多。徜徉其中,在我五六岁的时候,已经认识上千字。读了茅盾的《林家铺子》,巴金的《电椅》,蒋光慈的《咆哮了的土地》《田野的风》《最后的微笑》。连同他们办的刊物《拓荒者》,还有民族主义作家的刊物《前锋月刊》,作家黄震遐的长诗《黄人之血》,连同张资平的《爱力圈外》《明珠与黑炭》都很喜欢。

抗日战争前父亲订阅了很多刊物,我最感兴趣的是大十六开的《东方杂志》,有几十本之多,里面有很多新闻图片。从图片里,我"看到"了年轻时的蒋介石、胡佛、罗斯福和北洋军阀的群像,以及希特拉(希特勒)的"尊容"。在一张椭圆形的照片里"认识"了美丽的丁玲,下面有个说明"丁玲女士失踪",上大学时才知道原来她是被国民党逮捕了,或者秘密去了延安。《故宫画刊》里的农桑图,《天工开物》的插图我都爱不释手。

每年夏天父亲都要在院子里用几只条凳架起高粱箔晒书杀蠹。花花绿绿的封面和插图,让我目不暇接。我第一次知道了《红楼梦》《石头记》《金玉缘》原来是一书多名。线装的《十三经注疏》《皇清经解》都是数十本,密密麻麻像芝麻大小的字,居然印刷得异常清晰,都让我惊叹不已。

抗日战争期间,日寇要抓捕父亲,携全家到偏远的农村躲避,在农村"有所不为斋"里,教子女读书,所以我基本上没上过小学,1946年十岁直接考的初中。因管教很严,小时候性格很压抑。我在小学上过半年高小,一次作文题目是有关新年的,我打破常规,没写什么如何欢乐之类,却写了一句得意之作"新年过了,又向坟墓迈进了一步"。结果让老师叫到办公室批评了一通,说我小小年纪怎么会有这种想法。

我从小就有一个到美国留洋的梦。我中学的前身是菏泽山东省立第六中学,抗日战争前,全省会考,名列前茅。后来又出了一个六中毕业的名人何思源,解放前曾做过山东教育厅厅长、北平市长。他毕业于北大和美国名校哥伦比亚大学。所以"六中——北大——哥伦比亚",何思源先生求学的轨迹,就成了我们中学追求的目标。父亲跟何思源先生是六中同学,他也是这样规划我的前程的。然而,遗憾的是我只走完了前两步,在中美兵戎相见剑拔弩张的年代,第三步"哥伦比亚"自然对我关闭了校门。

在报考大学志愿时,征求班主任王永瑞老师的意见,他毫不犹豫地让我和同班的袁良骏填写北大中文系。结果双双被录取,王老师的一句话,决定了我一生的命运。

结果是"背叛"了父亲又继承了父亲,依然是舍理而就文。

二 作家梦的破灭,学者梦的追求

开学不久,系主任杨晦先生做入学教育。印象最深刻的话,就是北大中文系的主要任务就是培养中国语言文学的研究人才和大学教师。北大不是培养作家的,大学里培养不出作家,要当作家就退学,深入社会去。而且举了师兄青年作家刘绍棠的例子,他已经退学了。杨主任的一席话,对大多数做着作家梦的我们来说,无疑是迎头一盆冷水。但既来之,则安之。只好如此,走着瞧吧。就这样开始了大学学习生活。

到北大正赶上号召努力学习、攀登科学高峰的时候。于是"两耳不闻窗外事,一心只读圣贤书"。一二年级上公共课,三年级分文学、语言专业,我分到文学专业。

课程琳琅满目。中国古代文艺思想史是系主任杨晦;语言课是王力、高名凯、杨伯峻、朱德熙、林焘、甘世福;文学史课是游国恩、吴组缃、林庚、王季思、王瑶、川岛、季镇淮、萧雷南、冯钟云;文艺理论是吕德申;工具书、作品选讲是吴小如;民间文学是朱家玉……这可都是当时的著名教授、中年才俊啊!观点都是一家之言,多年心血的结晶,每句话都不可轻忽。大学上课没有课本,老师讲他的讲义,学生记他的讲义,下了课互相对笔记。笔记旁边留出空白,读了参考书,再补充进去。

老师要求很严。大学还跟中小学一样对一些名作要背诵。像《离骚》这样的长篇巨赋,考试时要当堂默写。

除学习中国的语言文学外,还开设了大量的外国文学课,有俄国文学、苏联文学、欧美文学、日本文学,阅读了大量著名外国作家的代表作。

跟着老师讲解的内容、介绍的作品读文学著作,古今中外林林总总,排山倒海而来,哪里读得完跟得上。如果一些作品没时间读,漏掉了,心里就不踏实,很内疚,像是欠债没还。

读文学作品写读后感,看电影写观后感,这是我在中学时养成的习惯。在北大时,一部四大本的托尔斯泰的《战争与和平》,利用课下时间一个星期就读完了,还做了不少笔记。小说里有一位老将军,生活中一直保留着军人作风,对女儿管教很严,不让她接触异性。女儿在他的禁锢下,成了一个孤僻古怪的老处女。女儿崇拜父亲,热爱父亲。父亲突然死了,在灵前她悲痛欲绝,感到孤独无助。但同时心里总还是有点暗暗高兴。她非常恐惧,于是赶快祈祷,要压下这罪恶的念头,驱除心中的魔鬼。可是高兴的念头还是不断地冒出来。在一般情况下,最疼爱自己的父亲死了,自然是哭天抢地,痛不欲生。怎么会暗暗高兴呢?有悖常理啊。开始我也不太理解。但我仔细一想,对一个长期被父亲严酷压制,只能把爱情深藏在内心里的姑娘来说,它是合情合理的。现在父亲走了,她可以自己掌握自己的命运了,有追求爱情的权力了,所以悲中有喜。作家挖掘出了潜在她内心深处对自由、爱情的渴望。能写出这种不合理却合情的矛盾心理,就是大笔如椽的托尔斯泰的高明之处。这些心得我都写进了笔记。

俄国作家车尔尼雪夫斯基的小说《怎么办?》里的主人翁拉赫美托夫,为了锻炼自己的忍受力,考验自己的意志,睡在一张钉满钉子的床上。后来我在学习、生活、工作上遇到困难时,就会很自然地想到拉赫美托夫的钉子床。

就是这样,一点一滴地积累着心得体会,聚沙成塔,集腋成裘,提高着我对文艺作品的分析欣赏的能力和思想境界。

北大有着非常浓厚的学习气氛。一大早学生就到图书馆、阶梯教室占座位,然后再去吃饭。下了这堂课,去赶下堂课,中间十分钟,教室距离远,一溜小跑。满校园都是东奔西跑,擦肩而过的人群。晚上所有教室灯火通明,座无虚席,然而却鸦雀无声。"十年寒窗无人问,一举成名天下知"的信条,形成了你追我干的竞赛氛围,让你不敢偷懒。

三 老师印象

杨晦先生的"中国文艺思想史"导论部分,从钟鼎文开始,因太深奥,又难以用通俗语言解说,所以对我这个古汉语、古文字学知识有限的大学生来说,比较艰深。杨先生广征博引,见解独到,我只是感到先生知识渊博,观点新颖,但我又不能复述,是一种只可意会、不能言传的境界。

林庚先生头发修剪整齐,三个兜的浅蓝制服笔挺。讲唐诗,分析深入,重视艺术欣赏,大概跟他是个诗人不无关系吧。记得分析"羌笛何须怨杨柳,春风不度玉门关"这两句用了不少时间。我后来发表出版的诗词欣赏的文章、书籍,追其源头,应该说受益于此,发轫于此。

吴组缃先生讲《红楼梦》,情感丰富,生动抓人。把《红楼梦》比作五十块一两的茶叶,必须细品慢饮。他对高鹗续写的《红楼梦》后四十回评价很高。而诗人何其芳与他相反。吴组缃先生不点名地反唇相讥:"让他写,一句都写不出来。"吴先生明清小说的讲授,使我产生了极大兴趣,后来对我从事明清小说的教学及《红楼梦》《水浒传》论文的撰写,都有深刻的影响。

王力先生讲授"古代汉语",印发的讲义很多(就是后来出版的《古代汉语》),我本来是不喜欢语言的。但王先生却把一门枯燥的语言课讲得那样吸引人,再配上一本篇篇精品注解精当的先秦两汉文学史参考资料,引起了我的兴趣。为我后来从事古典文学的教学与研究打下了基础。

杨伯峻先生讲古汉语语法,深度眼镜,整齐的中山装,一口湖南腔,对我阅读古代文献受益匪浅。

游国恩先生讲先秦两汉文学史,因为在中学除《诗经》《乐府》外,其他很少接触,所以对楚辞、汉赋的鸿篇巨制这些"硬骨头",既敬畏又新奇。经游先生的讲解剖析,啃下来了,能通背《离骚》,很有一种成就感。

王季思先生讲中国古代戏剧史,慢条斯理,条分缕析,清楚透彻,分析深刻。

王瑶先生山西乡音未改,讲现当代文学时,提到很多被鲁迅痛批过的张资平和黄震遐等。他们的小说是图书馆的禁书。我却暗自庆幸,张资平的《爱力圈外》《明珠与黑炭》,我小时候在家已经读过了。写的是叔嫂、叔叔和侄女的畸形"爱情"。当时还没有分辨能力,懵懵懂懂。民族主义作家黄震遐发表在《前锋月刊》上的长诗《黄人之血》也读过,写蒙古人西征,欧洲人闻风丧胆的故事。其中一幅插图是一位被幽囚的俄罗斯公主赤脚站在床上,呆滞绝望地望着天花板,地板上的水已经快把床淹没了,房外还继续向屋里注水,大概是蒙古人想把她淹死。当时深深吸引了我,觉得大长了中国人的志气,很解气。在王瑶先生的课上才知道鲁迅曾经批判过《黄人之血》,是项庄舞剑意在沛公——鼓吹进攻苏联的。

游先生的研究生弟子萧雷南先生是唯一的一位穿长衫挽袖口的老师,教授魏晋南北朝文学史。他曾感慨说:"游先生的老师黄侃先生能背《楚辞》的注解,游先生能知道注解在哪一页,我能查出来,你们恐怕找都找不着。"这种九斤老太一代不如一代的观点,让我非常震惊,同时对自己也是一种鞭策。1992年我和彭庆生去内蒙古出差,到内蒙古大学看望萧先生,那时他已经病重卧床不起,靠吸氧维持。在这偏远地区很少能见到自己过去的学生,萧老师特别高兴。而且还给我们介绍了他的科研规划,深感当地人才缺乏,问我们能否参加他的科研团队。看着奄奄一息的老师,我心头一酸,突然想起"老骥伏枥,志在千里。烈士暮年,壮心不已",但是我们因为客观的种种原因,还是委婉地让老师失望了。

吴小如先生教授"工具书使用法",开始觉得不就是查字典吗?专开一门课有什么好讲的。上课后才知道不是那么简单。辞书的分类、特点、内容、如何利用、古代辞书的介绍等等,给了我们一把搞科研、利用辞书的钥匙。吴先生九十大寿,我曾写了一幅由九十个红色小寿字组成的一个大寿字,寓"九十大寿"之意,裱好送吴先生。后来去送我写的《浮生半日闲》和我们中文系1956级的通讯录。他很高兴,按照名册,一个个问我一些同学现在的情况。我担心他太累,两次告辞,他都不让走。他子女都不在身边,师母去世,同事凋零,只有一位保姆伺候。倍感孤独,总想跟故旧学生谈天交流。

高名凯先生是著名语言学家,讲普通语言学。在中学语言知识很少接触,到大学一上来就是语言学理论,先生自己的一本普通语言学概论,犹如天书,自己啃不动,又没有兴趣,上课懵懵懂懂,如入十里雾中。考试能过关也就罢了。

林焘和朱德熙两位先生和蔼可亲,书生气派,讲课一板一眼,获益不浅。朱先生1987年去埃及讲学,当时我正在开罗艾因沙姆斯大学任教,师生相见甚欢,谈及很多往事和对埃及社会教育的看法。令我印象深刻的是朱先生说到中国的儿童文学创作,太政治化,成人化,不考虑孩子的心理,缺乏童趣。他特别赞赏捷克的儿童动画片《鼹鼠的故事》。

甘世福先生高高的个头,听说是刚留学归来,总是一身西装,不打领带。上语言课,讲到有关处,还唱起了意大利歌曲《桑塔·露琪亚》。

女老师朱家玉一口南方普通话。使我们接触到了丰富多彩的中国民间文学。当时开民间文学课的学校恐怕是绝无仅有。而且她收集了不少唱片。我第一次听到云南民歌《小河淌水》,就是朱先生在课堂上放的唱片。当时就深深打动了我,太美了。

四 "反右"前的打招呼会

1957年号召大鸣、大放、大字报、大辩论,给党提意见。北大校园忽如一夜春风来,千树万树梨花开,大字报铺天盖地。大小辩论,各种论坛,风起云涌。广场上一张桌子就是一个辩论台,你上去,我下来,慷慨激昂的演讲,引经据典的反驳,不分昼夜。物理系谭天荣的《我的第一株大毒草》,赞同者有之,批判者有之。中文系学长张元勋、沈泽宜的诗歌《是时候了!》,号召争取民主,打破人间樊篱,震动北大。思想活跃敏锐,敢为天下先,北大发扬了"五四"的民主自由传统,再一次沸腾了。我们班里,大鸣大放也非常活跃。我佩服调干生大哥、大姐们,他们了解社会,生活经历丰富,侃侃而谈。公说公有理,婆说婆有理,搞得我是非难辨。我涉世不深,思想单纯见识短,不敢发言,所以讨论会上很少说话,没写过一张大字报。没想到我的沉默救了我。

一天,党员马正明告诉我,晚上八点到文史楼的××房间开个会,要保密。晚上我准时到会。房间里黑灯瞎火,挺神秘。已经到了不少人,一看大部分是党员,我不过是团支部的一个组织委员,叫我来干什么?开会了,党支部书记压低声音说,现在有一些别有用心的人很猖狂,利用大鸣大放的机会,浑水摸鱼,攻击党,攻击党的政策。大家要沉住气,我们党会反击的。原来是个"打招呼"会。大概看我几天来没发过言,没写过大字报,认为孺子可教,于是得以忝列团结争取对象。

过了两天,我一位在北师大的中学好友来找我。他的父亲肃反时死在了监狱里,他写了大字报,要讨个说法,来征求我的意见。我一听马上制止了他:

"你千万不要贴出去！回去快把它撕了。"他感到困惑不解。我斩钉截铁地说："听我的没错！大字报一定要撕了，不要叫人看见！"反右开始后，他又来找我，瞪着惊恐的眼睛，仍然心有余悸，第一句话就说："真悬哪！"说要不听我的劝告，他非划成"极右"不可。

五　大饭厅的"爆炸"

"反右"期间，风声鹤唳，人人自危。刚入大学时，中学同学之间书信往来不断，互相谈谈新环境新感受。自从"反右"开始，谁也不知道谁的命运。如果对方出了问题，你跟他联系，就会带来麻烦，所以从此音信断绝。中文系同年级的一位同学给他的朋友寄了一封信，不敢直接了解对方在"反右"中的情况，信里只画了一个"？"号。同学给他回了一个"！"号。他马上明白朋友出大事了。

学校气氛诡异紧张，神经整天绷得紧紧的。一次在能容纳数千人的大饭厅里，每人自带方凳，听"反右"报告。主持人接到台下传上去的一张纸条："江隆基（北大党委书记）小心你的狗头。"他突然宣布："同学们，会场里有反革命分子。"饭厅里"啊——"，同时一声惊愕，屏住了呼吸，张大眼睛，你看我，我看你，担心"反革命"就在自己身边。这时"嘭"，又传来一声爆炸。人们一下子站了起来，一片混乱。有的惊恐地向门口跑去。马上有人说："没事，没事，暖瓶倒了。"人们这才大喘了一口气。

给党提意见，袒露心怀反映社会问题，却成了对党的进攻。良药苦口，讳疾忌医；忠言逆耳，拒绝纳谏，结果一些大胆陈言的人被扣上了"右派"帽子，少不更事落陷阱，捶胸顿足悔何及。后来虽说是敌我矛盾做人民内部矛盾处理，但一些好不容易考上北大雄心勃勃的青年，因此而一生的事业、理想彻底断送了。生不能封侯，反做阶下囚。生命价值的巨大落差，让他们内心的创痛无以言表。

六　学者教授的无奈

接着是开展革命大批判。我们1956级中文系二班成立了"瞿秋白文学会"，对教授的学术著作，也不管弄懂没弄懂就批。郑振铎先生的《中国文学史

（插图本）》应该说是第一部较为完备的中国文学史著作。还有他的《俗文学史》。我们这些不知天高地厚，只凭一股热情，挥舞着大棒到处寻觅批判对象的"革命闯将"，就盯上了这两本书，说实话连书都没通读过，就用所谓马列主义的文艺观点硬批。我是负责南北朝这一段的，于是就利用《隋书·李谔传》中批评南朝文学里的"竞一字之韵，争一字之巧，连篇累牍，不出月露之形；积案盈箱，唯是风云之状"这几句话。抓住陈后主《玉树后庭花》等艳丽的诗歌，批判《中国文学史（插图本）》肯定淫靡色情的诗歌。后来还以"瞿秋白文学会"的名义居然在《光明日报》发表了这篇批判文章。

三年困难时期，不搞政治运动了，又回到课堂。但是食不果腹，哪里能集中精力学习呢。当时学术批判的余风未息。楚辞权威游国恩先生开楚辞专题，刚讲了一些考证问题，有同学就举手说："您怎么还是考证，没有观点，没有思想分析？"当时认为搞"考证"就是资产阶级的治学方法，必须分析思想内容。尤其是在学术批判以后，还讲考证，不是复辟吗？游先生非常紧张，两手摊开向下做了一个"安抚"的手势，连忙解释："同学们别着急，别着急，有观点，有观点。观点在后面呢。"我当时就觉得这个站起来打断游先生讲课的同学太过分了，把个治学严谨的学术权威搞得战战兢兢，毫无尊严，成何体统！心里很不是滋味，非常可怜同情这位可怜巴巴的老人。等到游先生讲思想观点的时候，总打不起精神。游先生的真功夫就是考据。硬让他应节而舞，大讲革命的现实主义和革命的浪漫主义，强人之所难，内心是何等憋屈！

教授被批得噤若寒蝉，课堂上不敢发表自己的观点。于是学生又批他堆积材料，没有观点。王瑶先生说了真话："我在上面讲课，你们坐在下面都等着批判我呢，教我怎么谈自己的观点？"

学习、教学、科研都要政治挂帅。师生都要"拔白旗，插红旗"。"白旗"就是只重业务，不重视思想改造。"红旗"就是思想好、学习好，"又红又专"。常举的例子就是，一个战斗机驾驶员技术非常好，可是驾着飞机飞到台湾去了。"方向"错了，技术再好有什么用？看来似乎有些道理，可是执行起来，就成了只要"红"不要"专"。个个都成了耍嘴皮子的"政治家"，写思想汇报的能手。钻研业务反而成了不务正业，要偷偷摸摸转入"地下"。

七　学者们的谦恭

1958年班里"瞿秋白文学会",分头搞科研。我们四五位同学和中国民间文学研究会合作,研究整理民间文学。最后的科研成果就是《中国歌谣资料》的出版。

其间,有个小插曲,至今念念不忘。在游国恩先生的小楼上,我和秦川等三人访问了游国恩、顾颉刚、冯至三位大师级的教授,让他们谈谈"五四"时期民间文学的研究与搜集的情况。访问结束时,三位学者就谁先下楼的问题,谦让起来。"顾老,您先。""游老,您先。""冯老,您先。"最后还是冯至先生说:"那我就僭越了。"先下了楼,接着是顾颉刚先生,主人最后。三位的彬彬礼数,让我们后生晚辈肃然起敬。

八　狂热"大跃进"

全国生产"大跃进"开始了。也不能让正在完成大学学业的大学生闲着,要折腾折腾,去干点重体力活。我参加了修建十三陵水库的劳动,白天、黑夜两班倒。一次我向后倒手推车的时候,脚下绊倒,尾椎骨撞裂,被送回学校住院。

那是一天等于二十年的岁月,那是天天放"卫星"的岁月。当时我们北大中文系三年级的时候到平谷县农村劳动。我们班分到了管家庄。一进村,先搞诗画满墙。凡是光溜溜的临街墙都刷了白灰,当时的口号是"人有多大胆,地有多大产"。于是大笔一挥,墙上获得"大丰收",墙上实现了经济建设"多快好省"的要求:一颗大葱插云霄,一瓣棉花白云飘。葫芦开瓢当船划,扁豆弯弯朴刀长。让农民享受了一次丰盛的画饼充饥。孩子看得哈哈笑,老农看了直撇嘴。

狂热的年月,不知科学为何物。领导不如一个老农,不懂生产瞎指挥,我们跟着老乡挑灯夜战深翻地,挖地三尺,熟土压下去,生土翻上来。问老农秋后怎么样？老农说:"等着喝西北风吧！"

热闹一番之后,胜利班师。可是党支部却给我和周续赓交代了一个任务,留下来搞沼气。搞"朝气"？村上不是让我们搞得很有朝气了吗？还搞什么朝气!弄明白了,原来要让我们这两个搞诗词歌赋的儒生,转而去搞自然科学的"沼气",宣传科学,破除科学神秘的迷信。党支部下了死命令:点不着火,别回来。

那是党叫干啥就干啥,不能讨价还价的时代。在人有多大胆地有多大产的年代,儒生壮壮胆搞沼气好像也没有什么奇怪。党支部相信我们一定能搞好,没办法,只好硬着头皮接了任务。

第二天,大队人马离村回校。只留下了我们两个呆雁冷冷清清,一股莫名的惆怅油然而生。赶快行动吧,到新华书店买回来几本有关沼气的小册子,啃起天书来。什么沼气的分子式啊,成分构成啊,统统不去管它。只要冒了气,着了火,就算交了差,就可以打道回府了。于是找来了一个大汽油桶,里面装满了牛粪、杂草,灌上水,盖上盖,插上一根细细的胶皮管,把胶皮管用夹子夹住,以免跑气。这样一件沼气发生器就算制作完成了。

粪便能够变成气烧火做饭,新鲜!招来不少村民看热闹。沼气桶就放在生产大队的一间屋子里。每天都有很多人来打探消息。怀疑者闲话连篇:

"大学生有能耐!能用牛粪做饭炒菜,这饭菜味道肯定'鲜'"。

"我有一个办法,比大学生的还好,在牛屁股上罩个袋子把牛放的屁都收集起来,多省事!"

"你说的办法还太麻烦,做饭的时候干脆在牛屁股眼里插一根管子通到灶下面不就得了。"

怪话引来一片笑声,弄得我们两个哭笑不得,非常尴尬。

每天早晨都有村民来看我们放气点火的实验。都是在众目睽睽之下,战战兢兢地点火。一个人打开橡皮管子的夹子,另一个人准备好火柴,随时待命:橡皮管子一打开,立即划着火柴对着管口点燃,祈祷着火苗的喷射。结果一次次毫无反应,全失败了。

"干活去,干活去,别瞎耽误工夫了。"

"看样子,下个月还得卖煤烧柴。"

社员一哄而散。就这样过了半个月仍然毫无动静。走也不能走,搞又搞不成,如坐愁城。

有天晚上,夜深人静,我们两个人又在那里鼓捣。居然有火苗喷射了一下！意外的惊喜,让我们手舞足蹈。我俩决定明天早上晚一点点火,憋的时间长一点,放了"卫星",马上走人。

第二天社员已经来了不少。我们小心翼翼开始点火了。燃烧的火柴一凑上橡皮管子,火苗立即喷射出来,有四五寸长,足足喷了四五秒钟。这下子村民服了,啧啧称奇。我们在一片惊愕和赞美声中,又给他们讲,如果修了沼气池,管子通到各家各户,就能烧火做饭了,又干净又省钱。村民连连点头。

实验已经做了证明,让社员替我们宣传去吧。如果村民让我们第二次表演怎么办?万一又不出气了,岂不是前功尽弃!于是马上把"实验器"拆除了。第二天天一亮,就告别了房东,趁街上还没有人的时候,匆匆忙忙骑上自行车溜之大吉。

任务完成从平谷回到班里,到各个房间一看,同学只是礼貌地打一个招呼:"回来了。"然后又伏案忙碌起来,桌子上都摆满了小字条。一打听,学校正在进行轰轰烈烈的诗歌"大跃进"。据说连物理系昨天都创作了三万首诗了,写诗中文系哪能输给一个理科专业的?所以每人分配了任务,一天都要创作上千首诗。哪里有时间跟你闲聊天。

我顺便在一位女同学冯亚眉的桌子上拿起一张纸条,看到一首打油诗:
"昨天牛粪臭,今天牛粪香,不是鼻子有问题,思想感情变了样。"

我突然想到乡下这些日子的辛苦,整天与牛粪为伴,臭气烘烘,怎么就没闻出香味来呢?难道是我的思想感情还是没变样吗?

三年困难时期,吃饭定量,副食差,没油水,整天饥肠辘辘,就这样还到北大分校修铁路,干重体力活。为了迎接陆平校长视察,还敲锣打鼓搞竞赛。很多人营养不良,开始浮肿。这时候才知道原来人是肉身凡胎,不是钢打铁铸,也需要休养生息。就是这样,同学也没忘了苦中作乐穷开心,《钢铁是怎样炼成的》中的保尔·柯察金不也是在很艰难的时候,修过铁路吗?人家遇上过美女冬妮娅。我们修铁路说不定也会遇到一个中国的冬妮娅呢,希望给艰苦的劳动点染些浪漫色彩。

九 老农发飙

1959年冬,二下平谷劳动锻炼,我们班住在北寨。白天劳动,晚上访贫问苦,整理材料,写村史。当时中央开了庐山会议,要反对右倾机会主义。农村也不例外,晚上沿着深山峡谷的小道给生产小队开会做记录。深山里的农民搞不清楚什么叫右倾机会主义。就知道上级要求还要"大跃进"。一个七十多岁,德高望重的老农,大发牢骚。说他从平谷城里回来,"一路上看庄稼种得密密麻麻,心里这难过啊。这是庄稼人干的事吗?连把草都收不了"。"什么密植?不懂!瞎指挥!"我听了很害怕,是记还是不记?农业"八字宪法"可是"他老人家"提的,"密"是其一。我要记下来,这位老人可要倒大霉了。可是生产队长正愁冷场没人说话呢,就鼓励老农说:"大爷,你说得真好,说,说……"其他人为了减轻自己发言的压力,也都跟着起哄。老农越说越来劲。后来就东拉西扯跑题了,这时候大家轻松了,兴致也来了,队长也不主持了,跟大家一块七嘴八舌闲聊起来,越聊越来劲儿,我也没法记录了。

散会了,我把我对老农的担心告诉了生产队长。他说:"记录交上去,谁看!再说了,一个没上过学的这么大年纪的老头,又是贫下中农,你能对他怎么着?放心吧,没人管。说不定他们的看法跟老头一样呢。"

十　山区的猪能跳高

我们当然也要清查右倾思想。大家面面相觑,丈二和尚摸不着头脑,政策已经左得快没饭吃了,怎么再左?党支部也只好动员。火慢慢点起来了,就开始鸡蛋里头挑骨头。有同学看见山区的猪不圈养,满山跑,就开玩笑说:"这里的猪个个能跳高。"于是批他污蔑"大跃进",说人民公社把猪养瘦了,不如单干好。

有个同学看山里环境不错,就说:"要是能在这山上建座房子住,又安静,又不受打扰,多好。"于是批判他对社会不满,逃避现实,灰色人生观。

吹毛求疵,无限上纲,批判的弦越拧越紧,最后终于绷断了。一个被批判的同学邢志恒在村外的一棵树上,自挂东南枝,了结了年轻的生命。领导一看出人命了,匆匆收场,回了学校,没有造成更多人的悲剧。

三年困难时期,大家饿得浮肿,但还要高唱处处莺歌燕舞,形势一片大好。当时中文系1956级住在32斋四层,肚子空,爬楼都很吃力。一次一位同学在楼梯上放了一个屁,旁边同行的同学说:"呃,放屁了?"对方有气无力地回答:"肚子里都空了,哪里还放得出屁。"这话犯了忌讳,不知哪位老左听到了,把这句玩笑话汇报上去了。这位无屁可放的同学就挨了批:对大好形势视而不见,污蔑"大跃进"搞糟了。

十一　造访北大的名人政要

北大由于名望高名气大,经常有领导人来北大视察做报告。周恩来总理来北大,从来没有前呼后拥,警车开道,戒备森严的阵势。校长马寅初陪同,从南门进来,一路步行,大家随意站在马路两边欢迎。

在校园里看见了苏联苏维埃主席伏罗希洛夫,隆鼻深眼,满头白发,第一印象,像只雄狮。缅甸总理在大礼堂演讲,穿的民族服装,上身对襟布扣白褂子,下身围一条裙子,头上是偏在一边打个结的白布。当时感到很奇怪,男的怎么穿裙子?头上像是羊肚子毛巾,一个总理怎么陕北老农打扮?

有一次是到清华大学操场和清华学生一起听印度尼西亚总统苏加诺演讲。苏加诺是一个口若悬河的演说家,手里拿着一根权杖,激动起来眉飞色舞,挥动权杖指指点点。而且很长时间不停顿,还大讲特讲荷兰东印度公司与印尼的关系,荷兰对印尼侵略的历史。可忙坏了旁边站着的中国翻译,在小本上拼命地记,紧张得满头大汗。口译得结结巴巴,不知所云。听众也是断断续续知道个大概。这时清华站在后面的同学,三三两两就溜号了。陪同苏加诺的副总理兼外交部部长陈毅早已看在眼里。欢送苏加诺刚走,主持人还没有宣布散会,清华的同学呼呼啦啦走的就更多了,急着去吃饭。北大的学生要整队回校,所以还站得整整齐齐。陈毅马上很生气地走到台前讲话,声色俱厉地批评清华学生在贵宾演讲时就溜走,没礼貌没纪律。"看看北大的同学一个没有离开。"

有一次法国影星杰拉德·菲利普来北大参观,竟由郭沫若陪同。菲利普刚刚出演了法国名著《红与黑》的于连,蜚声世界,他到捷克斯洛伐克访问,走过雪地留下的脚印,都被女孩子捧起狂吻。我在校园马路上遇到了他们。菲利普高高的个子,挺拔的身材,非常英俊。郭沫若灰色中山装,一如照片上所见,清秀儒雅。中国学生对郭沫若更有兴趣,簇拥前后。欧洲留学生,尤其是女留学生,意外看到了心中的偶像影星,大睁着眼睛张着嘴惊叫。课也不上了,兴奋得一直追着跑,合影,拥抱。

周末是最吸引人的,有各种讲座,音乐欣赏,作家、演员与观众会见,舞会。有一次侯宝林在大饭厅说相声。说有个人屁股上生疮,贴膏药看不见,就对着镜子扭头贴。过了两天没有任何好转。后来才发现,膏药贴在了镜子上。当时相声还没有改革,作品良莠不齐。

还有些学术交流活动,有外国专家做学术报告,教授陪着,总要有人听啊,一二年级时就开始"陪绑",知识水平还没达到,也就是个滥竽充数。记得一位波兰汉学家做报告,内容是"葡萄"这个词在中国出现的历史。专家的汉语口语实在不敢恭维,云山雾罩,根本没听懂,又不能打瞌睡,还要做兴趣盎然状,活受罪。心想:研究这么一个词,费这么大力气,有什么用。

看电影是当年最多的娱乐。热天就在东操场,天凉就在大饭厅。大饭厅看电影,场面蔚为壮观,晚饭时就把自己的小方凳顺便带去排队,凳子队排成数条长蛇阵。晚饭后,里面要关门打扫,一开门,人们举着凳子往里挤,叽里咔嚓,门上半截玻璃碎了,换成木的,又挤掉了,最后换成了白铁皮的。你去趟厕所,离开一会,回来一看一片狼藉,你的凳子找不着了,只好随便拿一个。回宿舍再在背面写上你的名字。几乎每一条凳子后面都是名字擦名字,新人换旧人。

十二　第一次穷旅游

1961年北大毕业。暑假期间,我和邵璧华、孟蓝天、李泉同乘京沪线回乡探亲,本打算四人同去登泰山。到了泰安,孟、李改变了主意,就我和璧华下了车,当时正好是清晨,改签了车票,二人就去爬泰山。没多久,刚爬上山坡,就到了"孔子小天下处"。看来孔子体力不怎么样,到这里就"小天下"了!中途最惬意的是在一家茶馆小憩。开茶馆的是一位老尼,一身灰色僧袍,五十岁左右。我们大概是太渴了,谈不上品茶,只是牛饮。环境极佳,石凳石几,豆棚瓜架,绿荫覆盖,阴阴翠翠。水流奔腾之声,不绝于耳。探头栏外,只见谷中叠叠碎石,水流湍急,浪花飞溅,观之顿生凉意。最轻松的是"十里快活",这一段路途平缓,不用费力攀登。一路名人石刻,壁立万仞,刻字数丈,令人惊叹,可惜无暇细赏。登十八盘最为艰难,陡峭级多,不可直上,要学泰山挑夫,"之"字行进,延长路程,减低坡度。让人佩服的是,居然还有小脚老太,拜山祈福的虔诚,克服了体力的极限,也在艰难攀登。

在十八盘上晴空万里,挥汗如雨。一会儿几个小伙儿追上了我们,全身湿透。一问,原来下面刚刚下了雷阵雨。吃惊之余,回望山下,果真浓云翻滚,不见山下阡陌。才知道我们已在云天之上了,何等惬意,何等不可思议!

到了山顶,饥肠辘辘,居然没有一家食品店。山顶游人极为稀少,大概正值三年困难时期,谁有力气兴致登山。我们好在还有一天一斤的基本定量,能登泰山已是非常幸运了。

山顶天街上只有几家私人客店,几间茅屋,没有院墙,没有招牌名字,在门口挂一个棒槌,一把扫帚,一只瓷鹦鹉,一把笊篱作为标志。据说因为过去人们不识字,不得不然。问问山上人,能看到日出吗?回答是偶然,因为黎明往往伴有云雾。看来像姚鼐一样幸运也不容易。看了一下"观日峰"那块斜插的大石,就匆匆下山。

来一趟不容易,不能走老路。于是另辟蹊径,沿西路下山,路过冯玉祥墓,参观了黑龙潭。潭有一瀑布,瀑布边沿石梁上画一红线,刻有触目惊心的"生死界"三个大字,警告世人,莫冒险跨过红线涉水去对岸。水流清冽,薄似轻纱,然水急石滑,会把你冲下黑龙潭,告别这个世界。

途中饥饿难耐,路过一苹果园,地上不少坠果。我们不敢捡食,怕被抓住,定个盗窃公共财物罪,就别想回乡探亲了。路边倒有一些野果,怕有毒,不敢随便采摘。遇到一当地农民,问过后,才摘了一些野果充饥。

晚上找了一家大车店,大通铺一夜酣睡,第二天上了同次列车。我在兖州下车,璧华继续南行。

北大中文系五年就在攀登科学高峰、政治运动、下乡劳动中结束了。五年中浪费了多少青春大好时光。难怪有的同学后悔上了大学,有的同学还在这里毁了一生,跌入命运的深渊。

但是北大治学严谨踏实的学风,浓厚的学术气氛,中文系重视打好古典文献基础的教学方针,和北大一贯的民主传统,仍然使我受益终身。

燕园六年忆

梁积荣

一 走进燕园

前时,女儿传来诸天寅之嘱,接着又接到李延祜寄来的征稿信,均让我为母校120周年校庆写点纪念文字。

近来为此事难坏了我。许许多多往事,一直在脑中翻滚,很难理出头绪,连框架也难搭起。正值此时,秦川与天寅先后寄来两部力作:一曰《五四新文化运动先驱者——李大钊》,一曰《陈云与马寅初》。我即刻不分昼夜地拜读,真是获益良多,也很佩服二位学兄的才华和辛劳!

新年伊始,重拾起笔来。我已步入耄耋之年,基本上封了笔,只奢求养怡、永年了。

我是1955年,从一个小县城中学考进北大的。前两年读的俄语系,后四年转入中文系。因之,我的记叙是"跨界"的,不免有些杂乱。

记叙个人离不开北大,记叙北大离不开中国社会。回顾一生,概括一下,有两个节点如影随形。一个是阶级斗争,一

梁积荣(大学时期)

个是燕园。前者如孙悟空的紧箍咒,一直伴我到"三中全会";后者无疑将伴我终生。

我生长在辽南农村,家庭又有政治问题,背着自卑与政治的双重包袱,一路摸爬,侥幸闯进燕园。这委实令我兴奋和鼓舞!须知,进北大在我们中学是零突破!北京大学乃全国最高学府,是教授的大本营和培训教授的摇篮。初进校园,如同刘姥姥进了大观园,眼花缭乱,晕晕乎乎,竟有几个星期不敢出校门。

文科学生,大体有三类:一是调干生与军人,他们基本上掌控着班里的"政治中枢";二是大城市与南方发达地区的学生;小地方的农村学生,如我辈,则是第三类。因之,我自然就有一种自卑感,形同灰姑娘。这与高中时代尖子生的感觉落差颇大。

然而,人们必然要面对客观现实,只有努力奋进,自强自立,才是做学生,也是做人的基本原则,也就符合老子说的"强行者有志"。

二 课堂之上

我一向认为课堂学习是重中之重。课堂上老师讲课,学生听课,老师为主导。

大学前两年,社会环境比较平静,校园里也没有什么风吹草动。可到了1956年,突然传来了匈牙利事件,我们竟停课两周学习座谈。当时,同学们也觉察到政治风浪也波及到平静的校园。不过,老师们教课仍然认真负责。俄语系的必修课不必说了,就连中文系开的"语言学引论"及"中国文学史"等也很正常。

高名凯是中文系名教授,他的课所用的教材就是他的专著,同学们都肃然起敬。"中国文学史"由陈贻焮、褚斌杰二位老师分段合开。陈老师热情认真,在唐诗领域造诣颇深;褚老师是楚辞领域的权威,加之颇具意蕴的语言艺术,聆听他授课堪称享受。这些对我后来教学大有裨益。

我对中文系很向往。在高中时,语文课本有一篇刘绍棠写的《青枝绿叶》,当时我们就觉得北大中文系非等闲之地!

1957年夏季,风云突变。5月19日,中文系的一张大字报,平静的校园顿时开了锅。紧接着,大字报铺天盖地,惊得我们目瞪口呆!教室里再也坐不住了。睡觉、吃饭都受到影响,人心惶惶。连马老也通过校园广播上劝我们好好吃饭,语重心长,令人感动。很显然,马老一定敏感到时局的不正常。马老的心是在学生一边,所谓"同心自相知"。

很快,与俄语系最相关的事发生了。北京俄语学院撤销,周总理特地去做了报告。俄语系也请来了高教司司长,由系主任曹靖华陪同给我们也做了一番安抚,让我们可以转系等等。

中文系在北大是强系之一。名教授数不胜数,其中游国恩、王力、吴组缃、王瑶、林庚诸位先生的名气如雷贯耳!

最为遗憾的是经过肃反、反右的风风雨雨,他们似乎惊魂未定,心有余悸,或许还带有情绪,在讲课中有时就流露出来。尽管如此,他们仍旧坚守着职业道德和为人师表的良知,也坚持着把自己的知识尽量地多倒出一些给学生。唯其如此,师生的情谊才得以永存……

中文系教授讲课各具特色,异彩纷呈。王力先生朴实无华,讲课慢条斯理,一字一句都有自己的见解。他的讲稿即是后来著名的《古代汉语》。吴组缃是红学专家,长项是小说,早年创作的小说也有名气。他讲课平易、亲切,如拉家常,也颇有胆识,自己的见解频出,令你耳目一新。如讲到《长恨歌》,他能觉察出唐明皇与杨贵妃的爱情有了裂隙和危机。王瑶先生笑容可掬,纵横恣肆,博古通今,观点明朗。年轻一点如吴小如老师,讲课有声有色,有板有眼,很讲究课堂艺术性,知识面也很广。

听了先生们的课,深深体会到中文系不愧是北大的一个名不虚传的强系。我们也无悔,而是有幸转过来!

作为学生,离不开教师和课堂教学,不然怎么能学到必要的基础知识。这一点我始终坚持着。所谓教育思想革命的种种做法,我总认为对基础教育是干扰甚至妨害,也可以说是一些失误和损失!在后来多年的教学生涯中,更强化了这一观念。

众所周知,"文革"中大学、中学几乎关了门。教师学生下乡插队,四离五散,只有小学生还在学校捱日子。又加之"向贫下中农开门""就近上学"的"最高指示",于是我所执教的地区重点中学就涌来一批批的小学毕业生。进校后,编成连队,由军宣队、工宣队与一部分教师共同管理。我"有幸"被派到一个最乱的班。有的老师调侃说我是坐在火山口上……然而,我专注教学,并在工宣队曹师傅的配合下,不时家访,很快就把这个班管理好,被选为优秀辅导员,即"学毛选积极分子",也因此免去了全家到农村长期安家落户的劫难。

所以然者何?

我坚信学生为了学知识而来到学校,而教师的天职是传授知识给学生。于是我斗胆地、千方百计地给学生灌输一些有用的知识,渐渐地就稳住了学生。活生生的事实证明了学生及其家长都厌烦动乱,内心无不充满对知识的渴望。师生家长拧成一股绳,人同此心,心同此理,如此而已。

因时代动荡,我的学生们毕业后大都回了农村,后来的几十年风风雨雨,他们与我常来常往,情谊不衰。最令人感动的是,我1990年调往太原,他们自发地聚到学校为我饯行;当我八十寿辰,他们千里迢迢来到太原为我祝寿!

退休后,我将从事中学、大学教学三十余载以来创作的教学理论、学术论文汇编成集,出版了《诲学杂集》。读者中不乏我的学生。不少学生热情反馈。不久前,苏里平同学寄来他发表在中国出版传媒商报的随笔《走进鲁迅的精神世界》,即有感于我对鲁迅作品的剖析与解读。如此的师生共鸣与对话,似乎回到那令人难忘的岁月……

我回忆起在北大时,杨晦主任说过:"中学学生对老师最有感情……"

三 课堂之外

一位学者问北大新入学的学生:"你们来北大为了什么?"一些新生回答:"要向教授们学习知识……"学者说:"来北大,更重要的是开阔视野增长见识……"我颇有同感。

课堂是学习的重头戏,辅之以广泛深入的课外活动,才更有利于培养高质量的人才。这才可视为开放式的教育。北大校长蔡元培、马老都持这种观点,并付诸实践。马老的人口论首先就是在本校师生中宣读的,可以说是身先士卒。

在俄语系时,我们就有幸聆听了卓娅和舒拉的母亲所做的报告,还有苏联著名的作家波列伏依的报告。这些报告令我们获益匪浅,更有现场那令人叹服的中文翻译水平，对正在学俄语的学生，无疑具有启示和鼓舞作用的……

来到中文系，请来的方方面面的名流、学者、政要更是多得不得了，真如行山阴道上，目不暇接。北大在这方面堪称得天独厚，而学文科的学生，尤其需要这种"营养素"。例如：马老出面，搬来了京剧大师梅兰芳，借用清华礼堂专点了《宇宙风》。这真是绝顶的艺术表演！看了他的演出，再看别的文艺演出，真有"一览众山小""曾经沧海难为水"之感！

再如马思聪的小提琴专场演出，那才是余音绕梁的！至于作家老舍、吴祖光、赵树理等等，他们来到中文系，就像到自己家一样平常。

请来的政要也不少，上至周总理、陈伯达以及有关省部级的领导，频繁来校做指导。

马校长一上任，就亲自请毛主席帮这个忙，"开绿灯"……上述的"课堂之外"与"课堂之上"的教育双结合，实实在在是相辅相成、相得益彰的。

四　燕园情结

在燕园生活的人来自五湖四海和世界各地，由燕园走出去的人，亦遍布全国、全世界。他们的共同图腾是未名湖，是湖光塔影。只要亮出这图腾，也就无言一家亲了。

仅举几例。1982年，我执教的晋东南师专要举办一个面向全国的中国古典文学讲习班。我责无旁贷到母校聘请主讲人。我首先想到的是陈贻焮和褚斌杰二位老师，他们又热心协助我请到社科院的邓绍基先生，顺利地完成了这一使命。为什么？因为我亮出了这名片。

1984年我去哈尔滨参加第四届全国现代文学年会，不意碰上秦川同学。会后，他又邀请我去四川参加郭沫若研究会。我初次去四川，他特地在成都接迎，次日赶往乐山会址。归途中，又托他重庆的老同学帮我买上长航的船票，顺利地上了船，享受了长江三日游。此情此意令我难忘。此后，凡有什么新作，必给我邮来。在蜀时，他表示有游三晋之意，尤其是有一睹五台山的愿望，然而至今未能如愿。我也一直念及此事。

还有，早些年，凡是去北京，哪怕是路过北京，我必定拜望几位老师和同学。"文革"时先后拜望过吴组缃、王瑶、吴小如、陈贻焮、褚斌杰等，同学就不一一列举了。

留给我印象最深的是吴组缃先生。当我敲开门,他似乎挺吃惊。当我自报家门,立即热情有加。畅叙半日,临别时从镜春园送我到西门口。在校时,耳闻吴先生是冯玉祥将军的座上客……

至于王瑶先生,更与我有缘。他是山西人,一听我分配到山西上党,自然倍感亲切。回忆在校时上过他的课,还常听他的学术报告,先生就更兴奋了。王先生讲课生动而风趣,一次他讲到诗歌与散文,说道:诗歌写得像散文,如同女孩长得像男孩;散文写得像诗歌,好比男孩长得像女孩……我细细琢磨先生比喻得颇有道理,甚至还可以延伸到别的方面。

梁积荣(近照)

后来,王先生女儿超冰寄来一信,让我在上党为他找一个保姆,解决他习惯吃面食的难题,我自然听命。

那年月,虽然经受了"反右"、教育思想革命以及"反右倾""文革"等等风声鹤唳的种种风浪,却动摇不了、也摧不断我们师生之间与同学之间的特种情谊!

写到这里,又想到一件小事:将毕业前夕,正是三年困难时期的严酷岁月。袁玉琪的小孩从安徽老家找来,饿得皮包骨头,令人心酸。同学们立即想办法,动员一部分女同学结余饭票救济之。我在陈键同学的指示下,把收到的饭票转给袁玉琪。没过多久,小孩子就返过劲儿了。现如今,小孩已成了大人了……

凡此种种,举不胜举。

写着写着,我油然产生一种感悟:

走进燕园的人,由于未名湖的洗礼,必然多了一些责任心,进而有些以天下为己任的襟怀;走出燕园的人,由于湖光塔影的映照,似乎增加了些追求科学、民主、向往真理的抱负。

燕园情结永存!北大精神长青!

遥想同学当年

廖文

左起：顾建国、杨远鸿、卢冬、关元光、廖文

廖文（晚年照）

吾抱病经年，少与北大同窗相聚，今卢冬同学专程告知，获悉同学们欲结集回忆录。一时浮想联翩，不知如何下笔。

北大五年，多与学友结下深厚情谊。其中有两位，结缘有趣。那就是我们二班的袁玉琪，记得这位同学是调干生，尤好弹琴说唱，特别出众。我和玉琪学友关系较为密切，常向他学唱一些电影歌曲，他年岁较长，我们称他为老大。另外一班的黄英忱，善蛙泳，年岁次之，我们叫他老二，我居末席，就称老三了。

毕业之后，各奔东西，极少晤面。只记得某年趁河南郑州学习之机，得见老大一面，而老二竟是至今未能再见。实在是遗憾至极。

因手脚均不灵便，只能记述以上寥寥几字，以忆当年同学情谊。顺愿大家同学安康如意！

薪火相传，砥砺前行

林 薇

林薇（1956年）

1956年，是我生命中的一个坐标。这一年，考入了北京大学。漫回首，六十载倏忽而过，风风雨雨，荣辱沉浮，五年大学生涯，似乎在每一个学子的灵魂中都留下了深深的印记，刻骨铭心，衍化成了这一代人的宿命。

忆往昔，当我拎着行李走进那两座石狮子的北大西门，心怦怦然，感觉仿佛跨过了一道人生的门槛。校园清幽、静穆，碧瓦飞甍的建筑，巍然矗立的华表，老干虬枝的白皮松，花木扶疏的林荫道，当我漫行在青石板的湖畔小路上，一眼瞥见那湖光塔影，心情竟是那么激荡，仿佛生命也融入了那一片湖水。就在那一时刻，决定了我的人生之路。冥冥中似乎"北大人"的精神也注入了我的心扉——专一、执拗、锲而不舍，"虽九死其犹未悔"。

我对北大的学术氛围的体会，是从拜谒学者开始。一个阳光洒满湖面的下午，我和一伙同学步经未名湖畔到燕东园去访问游国恩先生。绿荫掩映中的小楼，步上扶梯，迎面一条横幅"桃李满天下"，来到书室，四壁缥缃盈架，字画琳琅，沈玉成、褚斌杰二位先生正随侍师侧，临窗几案之上堆满书籍。当时，沈玉成、褚斌杰二位先生风华正茂，是游先生的得意门生，正在帮他整理资料。我们一伙同学唐突造访之时，他们师徒三人谈兴方浓，先生娓娓而谈，弟子谦谦有礼，那样一副雍熙之状，真是大有夫子洙泗遗风啊！我暗自祝祷：但愿有朝一日忝列游先生之门墙桃李。不过这是一个后来根本没有机会实现、甚至没有机会吐露的难圆的梦。游先生是一位典型的仁厚博雅的中国学者，对我们这些刚入大学校门的毛头后生，蔼然可亲，循循善诱，指授一些入门的基础读物，如马瑞辰《毛诗传笺通释》、陈奂《毛诗传疏》、王逸《楚辞章句》、洪兴祖《楚辞补注》、蒋骥《山带阁注楚辞》……一席谈，燠如春煦，冽若甘酿，温润了莘莘学子一颗颗求知饥渴的心。这些书籍，虽然家中父亲书橱里都有，不过，我认真读点书，则是入了大学经过良师指点之后的事了。

五年大学生涯，亲炙名家学者的讲席，所获良多。尽管时光流逝，然而，夙昔瞻仰的学者风范——杨晦先生的淹贯博洽，林庚先生的潇洒飘逸，吴组缃先生的机锋颖出，吴小如先生的睿智通达……依然一一铭篆于心。他们不仅传播了熠熠生辉的知识，启迪了镂云裁月的艺术悟性，而且还树立了属于北大的良好学风——谨严、扎实、一丝不苟，不虚夸，不浮躁，认认真真地占有第一手资料，而后，方可一空倚傍，自辟蹊径。尤为可贵的是：他们还培养了青年一代不阿世媚俗的学人品格。薪火相传，生生不息；春风化雨，师恩难忘。

"文革"时期，我流落到了北京最边远的山区——延庆县千家店乡度过了四个春秋，春播秋割，洗心革面。九里梁三百七十二道弯的盘山路，每逢大雪封山之时，三个月与世隔绝；挟着泥沙卵石冲刷俱下、日日夜夜奔腾咆哮的白河水；还有那数十米长的、颤颤巍巍的光棍桥（即独木桥）……这一切，都使我大增阅历。塞外朔北的严冬，大雪纷扬，混沌一白。清晨，我挑起水桶，踏着没踝的雪到村边井台上挑水，举目四顾，山峦逶迤，白雪皑皑，飞鸟绝踪；白河冰封棱怒，横亘苍茫大地。井台之上，坚冰厚积，光滑得如同水晶制作的大馒头，人站上去就得滑倒；辘轳把上冰花玉屑，手触到它就立刻粘住；下面就是万白之中一眼黑咕隆咚、深不可测的老井。置身于此情此景之中，令人蓦然想起"林教头风雪山神庙"，想起了韩愈的诗："云横秦岭家何在？雪拥蓝关马不前。"然而，也就是在那一时刻，我学会了坚强，悟出了一个弱女子所可能承受的人生重荷——即使是到了山穷水尽之日，也不能辜负父母的期许，师长的

林薇（2006年）

教诲。

待到改革开放之风劲吹、掠过神州大地之时，我就像一个踯躅行旅、歧路彷徨的流浪儿终于寻觅到自己的人生归宿。我得以专心致志地从事自己眷爱的专业，再也不必精神旁骛，从此"海阔凭鱼跃，天高任鸟飞"，仅此，就弥足珍贵了。夜阑人寂，一灯荧荧，奋笔疾书，形神俱瘁，这期间的艰辛与甘苦也不遑细细品味，"试上高峰窥皓月"就是北大人的梦想和追求。

我本没有做研究生的好运，然而，解疑释惑，问求何人？感谢吴小如先生数十年来对我的悉心教导，有问必答，不弃鲁钝；直言不讳，点化愚顽，吴先生为我看过、改过的稿子无数，使我在学术研究上少走很多弯路，我简直就是他的编外的研究生。

我所取得的一点一滴的成就都应归功于母校。虽然已经离开校园，但是我仍然是在北大师长和同学的扶植下，砥砺前行。

那时他们都年轻

刘登翰

北大的魅力,首先是她作为"五四新文化运动"的策源地,给中华民族留下了烛照一整个世纪的精神楷模与思想财富。一粒星火,点亮东方霞天。无论在什么时候,什么地方,你都会感受到她那灼人光芒的逼射。

1956年我考入北大。开学伊始,有两件事使当时懵懂的我感触极深。

一是开学仪式上系主任杨晦先生的讲话。杨晦先生是"五四"时期和冯至等一起创办"沉钟社"的成员,写过不少剧本,四十年代曾以一篇《曹禺论》享誉文坛。当然,在我们繁星灿天的新文学史上,他的名气还不

刘登翰(大学时期)

算太大。当他貌不惊人的瘦小身材出现在主席台时,就有熟悉掌故的同学贴着耳边告诉我:他就是"五四"当年火烧赵家楼时翻墙跳进曹汝霖公馆,打开大门放入游行队伍的几个领头的同学之一。我突然感到眼前这个清瘦的小老头变得高大起来。此后每次见到杨晦先生,就会联想起他翻墙跳进曹公馆的样子。我是从杨晦先生的身上,走进那段我曾感到遥不可及的历史的。

那年杨晦先生20岁,是北大哲学系二年级的学生。

二是纪念鲁迅逝世二十周年。也是开学后不几天,我们去访问章廷谦(川岛)先生。章先生是鲁迅的同乡,也是鲁迅长期支持的《语丝》杂志的发起人、

编辑和撰稿者,因此与鲁迅先生过从甚密。好像就在章先生家院子里的石桌上,柳荫浓垂,章先生搬出一大叠装裱过的鲁迅信札,指点着给我们介绍"大先生"的逸闻趣事。印象最深的是鲁迅在信中用墨笔一勾,再用红笔一点,代表他的论敌红鼻子顾颉刚。一场新旧文化的大论辩,突然以这样一种轻松诙谐的形式和盘托出,仿佛刚在身边发生。历史只有当它进入"历史"时才变得肃穆而不可亲近,而当它还在生活中进行时,却充满了可以感觉和触摸的人情味。

北大就是历史演出的一个感性的人生舞台。

那年,鲁迅先生38岁,而章廷谦先生才18岁,也是哲学系的学生。

此后我每走在北大的校园,都会莫名地涌起一种神圣感。有时候你会不期然地在校园的某一条小路上遇见某一位先生,而在他名字的后面,是某一个历史事件,某一场学术论争,或者某一个因他而灿烂起来的学术空间。是的,说北大是中国的文化圣地并不过分,他拥有无数辉映我们世纪的文化星座。但北大不是圣殿,没有下不来祭坛的神。所有我们仰慕的人,都寻常人一样充满七情六欲地不时与你擦肩而过。神圣与世俗,恰是这并立的两面,才使你感到北大的可敬、可亲和可近。

两年以后,一个偶然的机会,使我更深地走近北大历史的核心。

1958年夏天,为了纪念即将到来的"五四运动"四十周年,学校团委组织了一个创作组,计划写一部"史诗性"的反映"五四运动"的电影。我刚从炼钢前线撤下来,就被调到创作组。课已经停了,同学们都放弃暑假集中在学校里搞大批判式的"科研大跃进"。那是个浮躁而荒唐的狂热年代,"史诗性的电影"当然最终成了泡影,但却让我意外地走进了四十年前的那些热血沸腾的日夜。我们钻进已经关闭准备重新陈列的校史馆里,寻踪在北大旧址红楼的广场和北河沿的法科大礼堂,循着"五四"游行队伍的路线,从天安门出发,先到东交民巷,然后走户部街,出东三座门,跨御河桥,经东单牌楼,北向米市大街,进大羊宜宾胡同,沿宝珠子胡同来到当年痛殴卖国贼的赵家楼。我们要寻找什么?印证什么?是在聆听四十年前那一代青春学子血脉偾张、血涛汹涌的声音、拾掇他们洒落在历史路上而不会磨灭的脚印吗?

是的,那是一个大夜沉沉的年代,是这一些血性的年青学子用自己的碧血染亮曙色而引导我们走出黑暗的年代。我仿佛看到了五月二日在北大西斋礼堂,当巴黎和会的失败消息传来,学生代表夏季峰当场咬破手指愤写血书的身影,看到五三之夜在北大法科大礼堂的千人聚会上,法科学生谢绍敏啮破中指、裂断衣襟,血书"还我青岛",揭之于众而使群情激愤的场面……在一份份发黄的校史档案中,我曾记下了一串长长的名字:许德珩、邓中夏、易克巍、廖书仓、黄日葵、张国焘、段锡朋、孟寿椿、丁肇青、匡互生、熊梦飞、罗汉、罗章龙、罗家伦、傅斯年……我并不都知道他们的生平,或许在后来的历史上,他们还扮演了不同的角色;但我知道他们当时都是北大或首都其他高校的学生,都是二十岁左右的年青学子。

就是这位后来成为新中国政协副主席和人大副委员长的许德珩,作为北大的学生代表起草了《北京学界宣言》,在天安门的华表前登高一呼,喊出了"问题吃紧之时,而其民犹不能下一大决心,作最后之愤救者,则是二十世纪之贱种,无可语于人类者矣"的痛切声音!

就是这位后来成为我党英烈的邓中夏,面对教育部和警察总监的威逼,挺身而出,据理力争,率领北大学生队伍冲破拦阻,涌向天安门;在"五四"之后,又受北京学生联合会的委派,深入湖南,发动群众,走出了知识分子与工农结合的光辉道路。

就是这个带点无政府色彩的北高师学生匡互生,把火油、火柴和铁器携带身上,筹划着暗杀和暴动,在游行队伍冲进赵家楼曹贼公馆时,点起一把火照彻了一整个世纪……

我还想起当年在清华高等科二年级读书的20岁的闻一多,因"地辟西部,未及进城",当"五四"学生被捕的消息连夜传来,长年闭守书斋的他即刻奋笔疾书,抄出了岳飞的《满江红》词,贴在清华饭厅的门前,成为炸响清华园的一声惊雷!还有刚刚谢世的世纪老人,当年19岁的协和预科学生冰心,以一篇为"五四"被捕学生呼吁的《二十一日听审记》,开始了她漫长的文学人生。

那时他们都是十几二十岁的莘莘学子啊,正当自己生命的花季。然而当国难当头,他们挺身而出,让自己的生命之花盛开在洪涛大波之上。换一个时候他们或许会被视为"少不更事",但他们就在这个"少不更事"的年岁成了历史的主角。

不止他们，还有他们的导师，那些被称为"五四新文化运动"的前驱：蔡元培、陈独秀、李大钊、胡适、鲁迅……其实也都正当中年或者壮年。青春是他们的生命；他们在世纪的舞台上，挽住青春，导演了一出伟大壮丽的活剧。

什么是"五四精神"？在我看来五四精神就是一种青春的精神！有着三千年漫长历史的封建帝国是衰老了，而从衰老中脱颖而出的中国是少年的中国。这是凤凰的涅槃，是无数青春的生命和生命的青春所共同铸造的一个美丽的霞天。

经过了"五四"的洗礼，北大这片文化圣地，走出了一代代的革命者。

去年北大百年校庆，我重返母校。在校园里我感受到一种几代人超越时空的狂欢。在熙来攘往的五万返校校友中，不乏白发苍苍的老者。他们来寻找什么？不就是寻找一种永不消逝的青春吗？

是呀，那时他们都年轻！

1999年

北大杂忆

卢 冬

一

大学一年级就有体育课,也不知按什么原则分成:甲、乙、丙、丁组,总之我们班分到丁组去的只有我一人。到了上体育课,同学们生龙活虎地投入各种项目的训练和比赛,而我却去和别系的"病号"一起学打太极拳。不过,我还是很知足了,因为要是早一年,我连北大也进不来呀。大学招生的首要条件是身体健康,而我曾是严重的肺结核病患者。

我未满17岁参加游击队,身体并不强壮,1951年10月赴朝参战,为65军195师的文工队员,驻守在临津江畔的前沿阵地上。我分工表演和创作。1952年10月开始,志愿军展开秋季战术反击作战,从东海岸到西海岸全线要同时出击夺取敌人的制高点,目的是迫使敌人全线后撤,叫"挤阵地战术"。这就支持了板门店的停战谈判,逼使敌方签字。我195师挑选了面对的敌方86.9高地,并做了一系列部署。领导给了我一个任务,我可参加战前的备战会议和战后指挥员和英雄人物的采访,而在庆功会上一定要拿出反映这次战斗的文艺节目。我

卢冬(20时期50年代)

完成了任务,写出了山东快书《夜战八六点九》(由另外演员演出),除庆功大会外还在前沿坑道阵地中巡演,受到热烈欢迎,我也立功受奖了。由于长时间劳累,我开始感觉疲乏不适,接着失眠、盗汗、低烧、咳嗽等症状都逐渐出现了。我还不以为意,延至1953年3月才去卫生队看病,医生只一句话:"你到后面去检查一下吧!"就这样把我送回了祖国,进入黑龙江海伦医院,这是志愿军的一所肺结核病院。

1953年春季,毛主席有个判断,大意是:目前形势下,美帝要不被迫在停战书上签字,要不就会发动大打,我们要准备大打。于是我国东北境内所有的慢性伤病员都要转回原籍,把医院腾空做大打的准备。我没能返回原部队也没等到朝鲜停战,就被送回广州市并转业到地方单位成了一名机关干部。但肺病并没治愈,1954年初医院的诊断还是肺结核浸润型发展期。单位接连给我几次全日休养,才获得个浸润型肺结核静止期。我努力配合治疗,很不容易病情有所转好,等到由部分吸收好转期再到部分硬结期,这已经到1955年的下半年了。

如果没有周恩来总理发出"向科学进军"的号召,没有政务院动员在职干部参加当年高考的红头文件,我是不会去参加高考的;但是,如果不正是此时我得到肺结核已全部硬结的诊断书,也不能获得参加当年高考的资格。

就这样使我上了丁组的体育课,我的心情是很矛盾的,既高兴当了北京大学的学生,又为当这个"丁组"学生而不甘心,我暗下决心:一定要让身体强壮起来。但我又有什么办法呢,我一点强身的技能都没有啊。于是想到了跑步,那是二年级搬进了32斋宿舍后开始进行的。每天早上我都早一些起床,一个人到未名湖的南岸,做了套健身操后就跑起来,开始没跑多远,后来就越跑越远。我不图快,又没有竞争对手,只图自己呼吸畅顺。我自知肺中有过病灶,我希望深吸进去的空气能滋润它,从而把整个身体强壮起来。每天的晨跑都出汗,我又加了一项冷水浴。每次跑完就到浴室去把身体擦干擦红,然后淋浴,我们广东人叫冲凉。可是在冬天,冷水淋到身上就冒起了白烟,我倒觉得非常舒畅。晨跑越跑越远,开始跑到了博雅水塔处,又超过博雅塔了。于是又把目标定在了岛亭,然后又定在图书馆,大概费了一个多学期,我实现了每天早上环未名湖跑一圈。

这样的锻炼的确很有效,我的身体也逐渐强健起来。更重要的是未名湖环境非常优美,四季风景变幻不同,我在其中慢跑,能从各个视角去欣赏和领略到其令人心醉的美。比如暮春时节在满岸垂柳衬托下的湖光塔影与隆冬时湖面冰封的肃穆景象都令我有许多的不同感受。

我坚持不懈的晨跑,同宿舍房间的周荫曾同学有段时间也要与我同跑未明湖。每天早晨我叫醒他,便一同出去。有一个晚上,当我醒来,见窗外发白,以为天亮了,便叫醒周荫曾到未名湖边跑了起来,谁知跑完回来一看才半夜两点多钟,原来是月色发白而已,这成了个笑话。

晨跑要有场地,冷水浴则只要有水便可。1959年我们到平谷县北寨村参加整社,在那里度过三九隆冬,每天清晨我都早起用冰冷的井水拭擦全身。这种锻炼我坚持到北大毕业后,甚至六七十年代在广西,在我经历过的"文革"十年牛栏生活里,我也没停止过冷水擦澡。我能够长期有较健康的身体,都与在北大打下的基础有关系。2014年9月当我满八十二岁时,我仍可登上峨嵋山的顶峰——金顶。每在这种时候,我都会想起未名湖边的晨跑。

二

也许因为我在部队的文工团队工作过,我们班上和年级里有什么文艺节目要演出时,总会找到我,我都是很乐意参加的,表演的次数并不多,所以这种机会也是很难得。

大概是在1958年,我们二班排演了一出讽刺性小戏《子路问津》,这是由我班周啸邦同学编导的。当时正是处于"大跃进"的高潮中,什么都敢拿来批判,这出小戏极其简单,就是从《论语》所讲过的孔老夫子带着子路等众弟子周游列国的事,从而生发出去,说他们迷了路,向一位老农问路,于是闹出了许多笑话来。这些孔圣人的弟子们对农事一窍不通,其中有一个笑话就是把羊粪蛋也当成是黑豆。当然这不是真的历史剧,其实是夸张地对那些四体不勤、五谷不分、脱离实际的知识分子进行辛辣的讽刺。孔夫子由古今同学扮演,子路由李延祜同学扮演,还有几位同学扮众弟子,而由我扮那位老农民。我好像也没看到有什么剧本,都由周啸邦把他的构想讲出来,然后大家也补充着该怎样演。有点七嘴八舌地排演起来了。我用棉花为老农民做了一部大胡子,挂了起来倒真像个老人了。大家说,老人是正面人物,出场就要有特点,要像戏曲里的大人物,出场就唱四句定场诗。当时给我编的唱词是:

大路旁边一株梅,青枝绿叶四下垂。
你要穿衣得织布,你要吃饭种田来。

大家说要像戏曲里的人物那样唱出场,我说戏曲有很多种,我是个广东人,唱广东戏大家也难听懂。古今同学说用昆曲的调子唱吧,但我又不懂唱昆曲,于是古今同学就一句一句地教我唱,教了几遍我便能哼唱了起来,觉得昆曲的曲调很有特殊的韵味,帮助我在舞台上去饰演那样的老人家,同学们也说这样子很能够衬托起劳动人民批判孔老夫子的劲头。

《子路问津》这出小戏是在学校大礼堂的舞台上演出的,这是当年北京大学最高档的舞台了。据说演出的效果还好,我也听见了观众热烈的笑声。同时我也记住了北大的这个舞台,因为国内外许多名人来北大,也是在这个舞台上做演讲的。到现在几十年过去了,这小戏的全部台词,包括我讲过的什么话,我都想不起来了。不过那四句唱词,至今我仍可以唱出来。

三

1960年,学校举行文艺汇演,我们中文系56级决定以全年级名义拿出一个各民族歌唱毛主席的歌舞节目。可以说这是我们年级入学以来从未有过的一次较大规模的文艺集体活动,年级发动,各班响应,并由胡冠莹和刘文昭两位同学负责组织。她们选出一批包括蒙古族、壮族、苗族、瑶族、朝鲜族、维吾尔族等少数民族赞颂毛主席的歌曲,又选出一批同学来做歌舞演员进行排练,要求是严格的,有些不适合的同学都被换了下来。当时遇到很困难的问题是民族服装从何而来,有些是同学们自己借来的,有些借不到便自己动手做。比如跳朝鲜舞的胡冠莹,她找不到服装,很是焦急,此时女同学中的大姐姐王倬芸献出自己一床被子的丝绸被面,合力做成了一条很漂亮的朝鲜长裙子。在优美的朝鲜歌曲中胡冠莹跳得特别动人。

我和廖文同学扮演维吾尔族,位置在舞台最前面,我敲打一个大的手鼓

（维吾尔族称达甫），廖文执一个叫萨巴依的打击乐器，是用约50厘米的硬木制成，上有两个大铁环，再在大铁环上穿上多个小铁环，敲打在肩上身上，发出"撒撒"声，可伴节奏和激情的表演。我们要边跳舞边敲打，配合歌舞打击出节奏和感情。大家都说我

卢冬（左）、吴小林化妆演出照

的鼓声很重要，能烘托出歌曲的节奏和变化，所以我花了很多工夫去练习这个达甫的技巧。记得大家合唱的那首维吾尔族歌曲的歌词是："我们花园的园丁是伟大的毛泽东，我们生活的意志是伟大的毛泽东，关怀我们幸福的是伟大的毛泽东，我们人民的救星是伟大的毛泽东。啊（延长八拍）！哎！我们欢呼万岁万岁毛泽东！啊哈万岁万岁万岁万岁万万岁啊！"这首歌大家唱得非常有感情，那种热烈奔放，亲切悠扬，激情赞颂的感情都唱出来了，但那处要拉长八拍的"啊"，总是唱得不整齐，最后还是在我手鼓敲击的节奏声配合下，把"啊"的八拍唱够并整齐地收住，效果非常理想。我和廖文两位维吾尔族汉子的打击乐是所有的歌唱都要在台前边舞边敲打，贯串整个节目，而其他同学则轮到他扮的民族，就离队出到台前表演，其他同学则在队中为其伴唱。

　　我穿的维吾尔族舞服是队里给我准备的，一件长袍，一顶小帽子。我要为自己做两撇胡子，是用细铁丝缠着毛线并做成小夹子，夹在鼻孔上就成了，而且把两端捻尖往上翘起。大家看了都说活像一位维吾尔族老汉，这样我就更能找到那种感觉和感情了。

　　这个歌舞表演很受欢迎，除了参加汇演，还另外演了多场，也在大礼堂的舞台上演出过。还有一次到校外的特殊演出，也是难忘的。

　　1960年5月19日是越南胡志明主席的七十岁寿辰，北京大学全体外国留学生，集中到北京新桥饭店举行庆祝联欢活动，学校挑选出我们班这个节目参加联欢。而且非常重视与支持，学校文工团把很漂亮的服装借给我们。还用

卢冬（近照）

大巴车把我们全体人员送到崇文门外的新桥饭店。我们的表演受到各国留学生的热烈欢迎，但是我们感到遗憾的是，这个联欢会本来是庆祝胡志明主席寿辰的，但是我们整个节目里歌唱的都是毛主席。我们既没想到会参加这个联欢活动，也没有练习过歌唱胡志明主席的歌曲。也许只是我们这个节目演得好看，也是歌唱革命领袖的，所以才被挑选上的吧！

我们五年的北大生活，正好处在大批判、"大跃进"的形势中，又经历了三年的全国困难时期，所以各方面的关系都是比较紧张的。而我回忆起的这些活动倒显示着我们之间温暖的同窗之谊，是很欢乐的，也是很值得回味的。我就珍藏着一张当时和吴小林同学穿舞蹈服装的合照，现在知道，原来他也把此照片保存至今。我想在许多同学的心中都仍会藏着这样的欢乐往事吧！

发烧的岁月

罗炯光

回忆并不总是愉快的,有时也会伴着苦涩与沉重,我对燕园生活的追索便是如此。

入学头一年,日子过得平静而充实,像一头久困栏中的牛骤然放逐于一片水草丰美的牧场,贪婪地吮吸着古今中外优秀的文学遗产。大鸣大放,助党整风初起时,我在未名湖畔的山坡上正醉心于《约翰·克利斯朵夫》,大饭厅及其周围铺天盖地的大字报,把我从罗曼·罗兰营造的音乐般美妙的精神家园拉回到火药味很浓的现实中来。党性很强的同学好心地批评我的迟钝与麻木。

罗炯光(大学时期)

1958年6月,我班组织的鲁迅文学社在"大跃进"的锣鼓声中宣告诞生,校园里鼓荡着"拔白旗,插红旗"的风暴,"打破一切偶像与迷信"的口号震天响。不知怎么,王瑶先生及其《中国新文学史稿》成了我们的第一个猎物,决心苦战一年,批判其资产阶级立场观点与治学方法。当时,我们才是中文系二年级的学生,还没有学过新文学史课程,甚至还没有看过一些重要的文学作品,对新文学的知识还很贫乏。按说是没有条件与资格同王瑶先生对话的。但是,"大跃进"解放了人们的思想,敢想、敢说、敢干的共产主义风格鼓舞我们破除迷信,去创造奇迹。为了向党的三十七周年生日献礼,我们把原计划在一年内做的事提前开始了,仅用一个多星期的时间就写出了七篇批判文章,编成题为

《新兵》的油印刊物,其中就有由我执笔的《王瑶先生为谁歌唱》一文,轻松地判定王先生"做了资产阶级和资产阶级文艺的义务宣传员"。

  一天午后,走起路来已有点飘飘然的几个"新兵"去访问王瑶先生,其时,他住在中关园的几间平房里,进门便是客厅。宾主分两厢坐定。屋子小,天气热,突然挤进一标人马,气氛顿时紧张起来。有同学问对我们的批判文章有何看法,王先生直言不讳地回答:革命性有余,科学性不足。口中含着大烟斗,不断地吞云吐雾,看得出他是在努力克制自己焦躁激动的情绪。谈话是不愉快的,又不能下逐客令,他便一杯接一杯地喝茶。还三番两次离座走进紧挨客厅的厕所小便,响声清晰而刺耳地叩打着这群气盛而敏感的不速之客,理所当然地成了他对抗批判与不友好的明证。待我得知先生患有严重尿频症,已是二十余年之后了。

  那是一个理智让位于热昏的年代。自然,我们是不会因他的不满而就此止步的。暑假中"新兵"们效法人民公社社员降龙伏虎的英雄气概,放弃休息,发扬连续作战的作风,批判继续升温,战斗又传捷报。

  第二期《新兵》于8月20日问世,封面上特意加印"批判王瑶先生资产阶级思想专刊"的字样,看来鲁迅文学社是抓住王瑶誓不放手了。

  虽然只是薄薄的一册,这期《新兵》却为鲁迅文学社赢得了意想不到的荣耀。

  8月31日,《光明日报》以《青年一代奋勇前进,拔除白旗插上红旗,北大中文系清算资产阶级学术思想》为题,刊载长篇消息报道我系掀起一个声势浩大的学术思想批判运动,鲁迅文学社《揭露新文学史阵地上的白旗》为其中一节。同时,该报还以三个整版的篇幅刊登青年师生的批判文章,其中我社集体写作的即有三篇:《批判王瑶先生的反马克思主义文艺思想——兼论王瑶与胡风、冯雪峰文艺思想的一致》《王瑶笔下的"左联十年"》《评王瑶在中古文学研究中的资产阶级立场、观点、方法》,鲁迅文学社成了新闻媒介注目的一个焦点。看到自己冒着酷暑、牺牲休息写出的文章第一次变作铅字,看到报纸把自己誉为"学术思想战线上的新军","新兵"们欣喜若狂,群情激奋。我受命立即赶赴报社购买当天报纸。当我抵达报馆时,存报已所剩无几,并且过了印报的时间。为满足我们的要求,决定临时开机加印,并派三轮摩托将我与1000份报纸送回北大。一时间全班同学都变作"报童",分头携报到校内公共场所与颐和园等处兜售。"报童"们完成任务胜利归来时,一个个均大汗淋漓,有的甚至耽误了吃饭,却毫无怨言。当时我们的狂热,于此可见一斑。

9月初,王瑶担任编委的《文艺报》(1958年第17期)发表了鲁迅文学社集体写作的《文艺界两条路线的斗争不容否定——批判王瑶的〈中国新文学史稿〉》一文,该文最后说:"我们誓拔王瑶先生这面资产阶级白旗,插上共产主义红旗。"不由分说,"资产阶级白旗"的帽子戴到了王瑶先生头上。不久,王瑶先生的名字便从编委名单中永远消失了。

10月25日出版的1958年第3期《文学研究》,从《新兵》第2期转载了两篇文章:《王瑶先生是怎样否认党的领导的》《王瑶先生的伪科学》。作为中国现代文学史这门学科奠基之作的《中国新文学史稿》,被丑化为"剪刀+糨糊"的伪科学,仿佛我们这群尚未系统学过这门课程的学生倒比它的开创者更多一些"科学",能够这样说,当然是需要一点勇气和胆量的。

罗炯光(2011年)

周扬接见及谈话,大概要算鲁迅文学社短暂历史上最辉煌的一页了。中央报刊发表《新兵》几篇文字后,周扬同志在中央宣传部约见鲁迅文学社部分代表,他充分肯定我们批判资产阶级学术思想所取得的初步成果,并将它与他本人青年时期的革命精神相提并论,称赞我们"左得可爱",还高兴地扬起手中的《新兵》,满怀激情地大声说:"这就是红旗。"在场的几位同学受宠若惊,视为对鲁迅文学社的最高奖赏。

至于这期间王瑶先生的处境如何,他是怎样挣扎着熬过这段艰难日子的,我们当时一无所知,并且根本不想知道。下面是王瑶先生受批判后,压在写字台玻璃板下的一首七律:

  白旗飘飘旌封定,不准革命阿Q愁;
  缘有直肠爱臧否,岂无白眼看沉浮。
  毁誉得失非所计,是非真伪殊难涂;
  朝隐逐波聊自晦,跃进声中历春秋。

  "真伪"不辨,"是非"颠倒,"不准革命",随便诬人清白,缺乏科学精神,肆意破坏民主,对此,王瑶先生本着"爱臧否"的"直肠",秉笔直书,即使身处逆境,仍然坚守着宁折不弯、刚直不阿的品格,令人肃然起敬。无须说明,这样的诗当时是不会让我们看到的,即使看到了,发烧的头脑也不会冷静清醒过来,相反,它将如一勺油浇在烈火干柴上,使我们干出更加难以想象的蠢事。

  破坏学术民主、拒不尊重科学的人,是不会不受到惩罚和报复的。大学三十多门功课中我们学得最糟的莫过于"中国现代文学史":"白旗"自然不能登台授课,"新兵"们自我感觉满得很,学得不好正是自然而又必然。

  对批判资产阶级学术思想这段历史真正有了点认识,已是打倒"四人帮"之后,特别是当我跻身高等学校中国现代文学教学工作之列,加入以王瑶先生为会长的中国现代文学研究会以后。只有到了这时候,我才有可能看清1958年之所为,距离认真的科学研究多么遥远,我与我的同窗所写的文章,不折不扣,正是王先生不耻的学术研究为名、大批判为实的革命大批判。大梦醒来,方知青年时代的我们,是可爱与傻气齐飞,热诚与胡闹同在。随着反思而来的是不安,距离愈远,不安愈深,我期待有机会当面向王瑶先生表示我的忏悔与歉意,请求他原谅我与我的同窗的无知与偏激。80年代,因参加学术会议,曾经有四次我见到了先生,目睹他豁达大度的智者风采,耳闻他发自肺腑的爽朗笑声,到了嘴边的话又咽了回去。黄侯兴告诉我:打倒"四人帮"后,他曾向王先生正式赔礼道歉。先生哈哈一笑:比起"文革",你们还算是文明斗争。先生是海,容得下沉沙与秽水,我还能说什么呢。1988年5月,中国郭沫若研究会第二次会员代表大会暨郭沫若在日本学术研讨会在京召开,5月7日是先生七十五周岁生日。这天大会开始前,我缓步走近先生,恭敬而真诚地向他表示祝贺,先生高兴而散淡地说:不必,小寿。何曾料想,这竟是我与先生的最后一面,一年后他便匆匆离我们而去。

我保存着一张王先生亲笔签名的彩照,是1980年我班同学于母校聚会时周倜兄的作品。虽"华发满颠,齿转黄黑",但精神矍铄,意气飞扬,永不熄灭的烟斗仿佛先生不竭生命力的象征。每当看到这帧照片,耳中便响起先生那"水深火热"的谐语,不由自主,1958年那个荒诞夏季的发烧往事便浮现于眼前……

1992年岁尾草于郑州桃园

(原载《中国大学生》1995年第7期)

附记

《发烧的岁月》为应征之作。20世纪80年代,北京大学中文系1956级校友曾有回忆五年燕园生活、出版集子的动议。不知为何,书未出笼,动议流产,好事多磨。上文后来刊布于1995年第7期《中国大学生》杂志。星移斗转,进入新世纪,热心者重提旧事,再次聚焦于一去不复返的"未名"大学时光,而毫无长进的我,只能以旧作充数,聊胜于无。回头去看,它记录的是一页历史,虽是发生于半个世纪前,却是真实的、不该被遗忘的一页历史。《罗炯光文存·后记》(2011年6月)关于本文(《发烧的岁月》一文为1958年纪事)一文曾有这样的回顾与诠释,转录于此,可供参阅。

2017年4月

五十三年前的那个夏天。校园外,"大跃进"、人民公社、大炼钢铁;校园内,兴无灭资、拔白旗、插红旗、批判资产阶级学术权威。

敢想、敢说、敢干的"共产主义之风"解放了人们的思想,"大跃进"鼓舞着我们的斗志。

北京大学中文系二年级三班鲁迅文学社的大学生们,七八两月连续作战编印两期油印刊物《新兵》,以《中国新文学史稿》为靶子,揭露王瑶的伪科学,将"资产阶级白旗"的帽子扣到王先生头上。不久,《光明日报》《文艺报》《文学研究》等中央报刊相继发表了其中六篇文章,被誉为"学术思想战线上的新军",风头出尽;周扬接见,高层褒奖。

"那是一个理智让位于热昏的年代。"

三十年后,回首1958年那个荒诞夏季的发烧往事,为个人的无知、偏激和极左,深感沉重与内疚。

文章所记虽仅一个班级、一件小事,却是当年汹涌澎湃批判资产阶级学术权威群众浪潮之一勺一滴,游国恩、林庚、王力、刘大杰等资产阶级权威,均与王瑶一样,身陷围城,无一幸免,从燕园到大江南北,战旗飘扬。

青春作伴干蠢事,激情如火拔白旗。热诚与胡闹同在,可爱与傻气齐飞。缺乏理与法的发烧,近乎是我们这个民族的多发病、常见病,怕就怕中国人头脑发烧。

本文所记无关风月,它概括的是一个时代。

开阔视野，奠定基础；栉风沐雨，历练人生

齐裕焜

在党中央"向科学进军"的号角声中，1956年8月底，经过四天的跋涉，我从海防前线的福州到了北大。从此在美丽的燕园度过了18岁到27岁这最难忘的青春岁月！

我的北大九年（1956年9月至1965年7月），是波诡云谲的九年。1956年入学时大家意气风发，埋头苦读；1957年5月起，风云突变，先是"反右"运动，接着是1958年"大跃进"，参加修十三陵水库，到平谷去大炼钢铁、深翻地，批判学术权威、大搞集体科研。1959年底开始三年困难时期，逐步调整政策，没有劳动和政治运动了，我们又埋头苦读；1963年经济形势好转，又开始折腾，三四月间我和62级语言班同学一起去平谷劳动，写公社史；1964年10月到湖北江陵参加社教运动；1965年5月回校，集体写批判《三家巷》的文章，研究生就算毕业了。

大学五年（当时学制五年）、研究生四年（学制是三年，因为参加"社教"延迟了一年）共九年，用于读书的时间满打满算也就五六年的时间。当然这不是我们个人的遭遇，而是我们这一代人的命运。因此，我在一篇文章里写下这样

齐裕焜（大学时期）

一段话:"我们的师辈,有着深厚的学养,扎实的功底,因而在学术上有着杰出的成就;我们的学生辈,现在条件好,知识结构比较合理,而且精力充沛,时间充裕,有着不可限量的前途。而我们这一代,由于历史的原因,处在愧对前人,羞见来者的尴尬局面里。"但是,话又说回来了,毕竟我是在北大,她有科学、民主的优良传统,有全国名校的特殊地位,有群星灿烂的师资队伍,有素质较高的学生群体。北大九年我受到北大精神的哺育,打下了终生事业的基础,留下了刻骨铭心的记忆。

开阔视野

由于北大的特殊地位,外国贵宾多来北大演讲,国家领导人和各部委负责人经常来校做报告。周总理报告高瞻远瞩,纵论天下事,政治家、外交家的风采至今还在我的脑海里浮现。陈毅同志在人民大会堂给我们高校毕业生做报告,他说梅兰芳唱戏唱得好,就是为人民服务。一个学外语的,精通外语,当翻译,让宾主谈话水乳交融,就是为政治服务;如果业务不好,就像钝刀子切肉,宾主无法很好交流,空头政治有什么用?他这话可能是有感于他陪印度尼西亚苏加诺总统来北大演讲,东语系一位老师翻译得磕磕绊绊而发的。陈毅的话,对刚批判过"白专道路"的我们,真是振聋发聩啊。至于全国各专业的权威专家来校讲学的就更多了。老舍、周扬、邵荃麟、林默涵、何其芳、萧涤非、王季思、周振甫等等。有时还有苏联、东欧等国的专家。

校内的名师也经常开讲座,如侯仁之先生关于北京历史、文化、名胜古迹的介绍等。

福建在近代是得风气之先的地方,但到现代就逐步边缘化了,新中国成立后,处于海防前线,就比北京、上海等地更加封闭。到北大和同学们聊天,让我吃惊的是,北京、上海等大城市来的同学,知识面比我宽得多。他们天南地北神聊,一会儿说莎士比亚、莫里哀、巴尔扎克、罗曼·罗兰……一会儿又谈到北大和国内的著名学者,如王国维、吴晗、翦伯赞、冯友兰、朱光潜、游国恩、王力……我有的听说过,但没读过他们的书;有的根本闻所未闻。他们聊得热火朝天,我则一片茫然,不敢置一词。所以,北大的特殊地位让我们开阔了视野,和其他同学相比,我的体会可能更深一些。

北大让我开阔了眼界,避免做"井底之蛙",这对我的生活道路和学术研究都是非常有益的。

名师荟萃

在北大百年校庆时,北大中文系编了《百年学术——北大中文系名家文存》(上下册),费振刚、温儒敏先生在"前言"中说:"北大中文系在其发展的每一个阶段,都涌现过一些著名的学者,有的是属于大师级的人物,他们的学术理路和风格可能彼此不同,甚至互相砥砺,但都对学术抱有严肃诚挚的态度,共同形成了严谨和创新的学风。这是北大中文系极为宝贵的精神财富,是值得彰扬和继承的优良传统。"因此,我想通过回忆几位名师的逸事,来领略他们的风采和了解北大的学风。

先从系主任杨晦先生谈起吧。杨先生是"五四运动"的闯将,作家、文艺理论家,他和冯至等人组织的"沉钟社"是现代文学史上很有影响的社团,他的剧作、翻译作品也有一定成就,特别是《曹禺论》得到广泛的赞誉。杨晦先生担任系主任十多年,也就是说,我在北大九年期间都是他当系主任。作为学生,我和他没有很多接触,他可能知道我的名字,未必认识我。但仅有的几次接触,就给我留下了深刻的印象。在大学一年级的时候,我和几位同学作为学生代表去他家反映对教学的意见和请教如何做学问。我们才说了几句,他就滔滔不绝地说起应该如何做学问,一口气说了两个小时,快到吃午饭了,我们只好告辞。他反复强调要打好基础,不要急于求成。他非常推崇浦江清先生的论文《屈原生年月日的推算问题》,因为浦先生用精深的天文学知识解决了屈原生年月日的推算,纠正或补充了从王逸、朱熹到郭沫若的结论。杨晦先生说,浦先生的文章发表后,很多天文学家都表示敬佩。接着他尖锐批评姚文元和李某某,说他们到处写文章,他们的学问是建筑在沙滩上的,是要垮掉的(以上这些见解,他在不同场合多次说过)。据说,"文革"中,这成为杨先生的一条罪状,说他污蔑了被江青称为"无产阶级的金棍子"的姚文元。

"反右"之后,上面提出教师要集体备课、写出完整的讲稿,甚至要审查讲稿。而作为系主任的杨先生不但没有认真执行,还唱起了反调。他说大学老师要发挥他们的专长和独特的见解,怎么能集体备课?怎么能拿着讲稿去照本宣科？写一个讲课提纲去讲就是了。杨先生上"中国文艺思想史"，"禹铸九鼎，使民知神奸"，就讲了好几节课；他用了半个学期来论证他的观点——《西厢记》的作者是关汉卿而不是王实甫(《再论关汉卿》，载《北京大学学报》1958年第3期)。

说过杨晦先生，现在要说到我的两位研究生导师吴组缃先生和吴小如先生了，他们都是安徽泾县人，而且主要负责宋元明清这段文学史的教学工作，所以，在北大中文系师生中都称为"大吴先生"和"小吴先生"。

1961年我们大学毕业时，我留下当研究生。系研究生秘书徐通锵(后来成为著名语言学家，不幸于2006年就去世)征求我的意见去哪个专业学习？他说去游国恩先生那里，搞先秦文学，我自觉古文基础差，不敢去，而要求去吴组缃先生处搞小说、戏曲研究。他说吴先生已有五个研究生，不能再多带。后来系领导研究，还是尊重我的兴趣和要求，做了一个特殊的决定，由吴组缃、吴小如先生共同指导，主要由吴小如先生当我的导师。杨晦先生说，吴小如先生虽然还是讲师，但他的水平是完全够格的。从这件事可以看到，北大不但注意发挥教师的个性和特长，也尊重学生的兴趣和要求。

吴组缃先生的文学研究，视野开阔，理论水平很高，又是著名作家，有丰富的创作经验。因此，他既能把握时代思潮，从宏观上分析作品，又能从微观上对作品做精妙细致的赏析。他的著名论文《〈儒林外史〉的思想与艺术》《论贾宝玉典型形象》等，高屋建瓴，分析深刻，是研究这两部著作的影响深远的论文。他讲《红楼梦》和《儒林外史》给我印象很深的一点是："曹雪芹从小过着繁华绮丽的贵家公子生活，不到二十岁，突然一切化为乌有。这真恍如梦幻。他平日又多接触佛老思想，这就使他的思想很自然地带上一些虚无主义的色彩。他把他的悲剧的社会原因，了解成为整个的人生问题；把对现实的否定，归结为对人生的否定。于是创造一个'太虚幻境'，作为他的理想世界。""吴敬梓的思想完全不是这样。……他到中年以后才经过他自己的手陷于贫困，他完全清楚自己家庭破落的根由。"①受此启发，我认为《红楼梦》既充满了诗人的激情，又带有较多感伤和虚无思想，是诗人的小说；而《儒林外史》作者有理性

---

① 吴组缃：《说稗集》，北京大学出版社，1987年，第96页。

的思考,思考着百年知识分子的命运和出路,是思想家的小说。

可惜的是吴组缃先生的《吴批红楼梦》没有完成,许多精辟见解没有得到阐发。例如1993年我和刘烈茂利用在香山开古代小说研讨会的机会去看望吴先生,他说"尤三姐这个人物写得不好,因为曹雪芹不熟悉这样的人物"。对这点,我和刘烈茂都不太理解,一路上讨论也不得要领。

他分析《聊斋志异》里的《娇娜》《王桂庵》《张鸿渐》,细致入微,是文本细读的典范。

他的比喻特别精彩。要我们读作品要像品茶,而不能作"牛饮",要像吃橄榄,含在嘴里,越含越有味道。还有一个例子和我有关。我们研究生毕业考试是从上午考到下午,吴小如先生监考,中午还请吃了一顿饭。后来,我和李灵年(现为南京师大教授)都得了"优",但吴组缃先生说,树上有三只鸟,李灵年用三发子弹就把它们打下来了,你也把鸟都打下来了,可是用了十发子弹。批评我不能一语中的,而是大包抄,是对问题没有深刻理解造成的。

吴小如先生有广博的知识、扎实的基本功。他广泛涉猎,在小说、诗歌、戏曲、散文等各个方面都有建树,在这些领域中敏锐地发现问题,提出自己的精辟见解。《读书丛札》《吴小如戏曲文录》等著作蜚声海内外。他外语很好,翻译过《巴尔扎克传》,又写一手好字,是著名的书法家。像他这样的全才,是极为罕见的。小如先生还成了北大中文系的"救火队",什么课没人教了,就叫他顶上,如浦江清先生去世了,词、曲方面的课程就由吴先生来教;要开"工具书使用法",还是小如先生上,而他都能胜任,教学效果极好。《先秦文学史参考资料》《两汉文学史参考资料》《中国历代诗歌选》的注释工作主要是小如先生完成的,这三本书,特别是《先秦文学史参考资料》《两汉文学参考资料》在学术界得到很高的评价。但这两本书并没有署他的名字,他是默默地做出了贡献。

他在平时交谈中和大量学术随笔类的文章中,对学界不正之风、不良现象提出过尖锐批评,尤其是对文化圈中一些普遍存在的语文基本知识错误甚感忧虑,对缺乏最基本的古代文化修养而又大胆妄为地标点、注释古书的人毫不留情地揭露批判,为民族文化的健康提升大声疾呼,被称为"学术警察"。

他严谨治学态度对我很有教育警示作用。一次,我的读书笔记把"光芒"写成"光茫"了。他指出后,把我吓出一身冷汗,这么普通的字都写错了!从此,我给自己约法三章,没有把握不注释古书;不写没有自己见解的文章;上课时不要写错板书,念错字。

小如先生是我的恩师,不但在我读研究生时,他热情、耐心地指导我,在我工作后还无微不至地关心和帮助我。我主编的《中国古代小说演变史》和陈惠琴合写的《中国讽刺小说史》(两书近80万字)他都逐字审阅,不但在内容方面提出指导性的修改意见,而且在文字上也帮助推敲。

我拜在北大两位著名学者的门下,是一生最大的幸事。

我在上学时和语言学方面名师接触不多,但毕业后还有缘了解了他们的逸事。

我们的"古代汉语"是杨伯峻先生教的。他是著名学者杨树达的侄子,有深厚的家学渊源,又拜国学大师黄侃为师,成为"黄门弟子"。新中国成立初,杨伯峻曾任湖南《民主报》社长、湖南省统战部办公室主任等,不知道是什么原因,1953年调到北京大学中文系任教。教我们的时候杨伯峻是副教授,是中共北大中文系党总支委员。他教古汉语是用他刚出版的《文言语法》做教材。他在古汉语语法和虚词研究方面有重要贡献。给我印象最深的是他关于古汉语中"被动用法"和"使动用法"的讲解,使我们深受启发。时隔50年,"学而时习之,不亦乐乎?有朋自远方来,不亦乐乎?""杨柳岸晓风残月……"他那带有湖南口音抑扬顿挫的朗读,让我至今难忘。1957年6月底,杨先生给我们出卷子,考"古代汉语",并没有发现什么异常,可是过了一个暑假,开学时,听说他成了"右派分子",调到兰州大学去了。戴着"右派"帽子去,当然日子不好过,甚至连著作的署名权也被剥夺了,他的《孟子译注》出版时,署"兰州大学中文系《孟子译注》小组"。直到1980年左右,中华书局致函兰州大学中文系,要求作者改署为杨伯峻。当时我主持兰州大学中文系的工作,召开全系教工大会,大家一致认为《孟子译注》本来就是杨先生的著作,当然应该署他的名字,所以1982年以后出版的《孟子译注》就改过来了。因为我在兰州大学工作,杨先生在兰州的悲惨遭遇,有所了解。1959年到1960年,全国处在极困难的时期,而甘肃省尤其严重,在这样极端困难的时候杨先生又得了重病,生命垂危。1960年,周总理知道这个情况后,把他调回中华书局参加二十四史的点校工作。这位杰出的学者才得以保存下来,杨先生后来又有《春秋左传注》等重要著作出版,为我们留下了宝贵的学术遗产。

我们的"语言学概论"是高名凯先生教的,他把比较枯燥难懂的语言学理论讲得生动有趣,课堂上笑声不断。我只记得他说到语言是信号,引起条件反射,一说现在下课,你们就联想到食堂的红烧肉,同学们大笑。到期末考是口试,五分制。我抽了考题,好像两个题目,在我回答完第一题时,高先生说,你答得对;回答完第二题时,他问我:"是这样吗?"我思考了一下,说是的。他就笑着说:"答对了,5分。"原来他刚才是考验我,对自己的回答有没有把握。

我从高先生说话的口音,觉得他可能是福建人,后来才知道他是福建平潭人。平潭是个小海岛,过去交通极不便,是一个贫穷、荒凉的地方,现在因为它是大陆离台湾最近的地方,成为对台的窗口,成立了综合实验区。它离福州近,风景好,所以有外地学者来,我常陪他们去。去的时候,我常想当时这样一个偏僻的地方怎么会走出高先生这样一个在巴黎大学获得博士学位的大学者?高先生有《汉语语法论》《普通语言学》等重要著作,还是翻译家,不但翻译了索绪尔的《普通语言学教程》等重要语言学著作,还翻译了巴尔扎克二十多部小说。他真是一个奇才。

林焘先生和朱德熙先生一起教我们现代汉语,林先生教绪论和语音、文字部分。先生讲一口标准的普通话,你怎么也想不到他是福建长乐人。2006年10月15日,我们年级入学50年聚会,林先生和小如先生来参加,他神采奕奕,热情地祝福我们,并期许再过十年,还来参加我们入学60年的聚会。没有想到的是,过了十三天,他却去世了。同学们都感到突然和悲痛。

我在校时和林先生没有很多接触,对林先生的家世毫无了解。2011年5月,我的中学同学,北大物理学教授林勤打电话给我,说林先生是他的堂兄,林先生的儿子、儿媳要回长乐寻根问祖,要我帮忙接待。我立即做了安排。林先生的曾祖父林天龄(1830—1878)是咸丰进士,历任翰林院编修、侍讲学士、侍读学士,国子监祭酒,曾任同治皇帝的师傅,后外放江苏学政,逝世于任上,归葬原籍,俞樾作墓表。他们这次寻根之行,收获颇丰,受到长乐族人的隆重欢迎,瞻仰了祖屋、祠堂,找到林天龄的墓,在我们福建师范大学图书馆找到林天龄的手札真迹和他的诗稿。林先生生前曾到过厦门、泉州讲学,但因为那时交通不便,没有去长乐,这次他的儿子、儿媳替他完成了祭拜先人的心愿。

奠定基础

每一个考进北大中文系的学子都会感到骄傲,也会发誓奋发努力,不要辱没了北大人的光荣。虽然我们学习期间受到政治运动的干扰,但是在北大优越的环境里,在名师的教诲下,加上自己的努力,我们打下了坚实的基础,在后来的事业中做出了成绩。

大学五年的学习可以分两部分来说,1956年9月到1957年5月,1958年到1959年上半年是集体科研,1959年下半年到1961年毕业是正常的学习。其间,还穿插着下乡劳动等。我研究生四年除参加"社教"近一年外,都是正常学习。

在正常学习的时期,我们认真听课,多看相关的书籍。如老师讲了几节课《诗经》,我们就找了《毛诗正义》《诗集传》来读。这样天天觉得时间不够用,一天只能睡五六个小时,即使在困难时期,吃不饱,但我们还是高唱"我们走在大路上,意气风发,斗志昂扬",日夜刻苦学习。北大图书馆和北京图书馆也为我们的学习提供了其他学校很难提供的条件。我在读研究生时,为了到北京图书馆看《水浒传》的版本,清早带了馒头、咸菜从北大出发,中午在那里啃馒头,下午闭馆才回来,到学校就很晚了。但是辛勤的付出是有回报的,改革开放以后,有条件了,我的论文《略谈〈水浒传〉的成书过程》就在《兰州大学学报》1979年第1期发表了,引起学界的关注。

1957年"反右"之后,紧接而来的是1958年的"大跃进""大炼钢铁"等等,而在北大校内则是开展了"拔白旗,插红旗,批判资产阶级权威,用马列主义、毛泽东思想占领学术阵地"的运动。老教授们,经过"反右",惊魂未定,接着又受到更让他们痛心的批判,他们为之呕心沥血,引以为荣的学术成就被说得一钱不值。

我们年级四个班做了分工。一班批判王力先生,二班批判林庚先生,三班批判王瑶先生,我们四班批判游国恩先生。游先生是《楚辞》研究的权威学者,当然要从批他的《楚辞研究论文集》入手了。当时的批判是再简单粗暴不过了,比如,游先生有一篇文章考证《九歌》中《山鬼》这个形象的故事来源。我们的批判非常简单,很得意地说,一句话就把他批倒了,因为鬼是不存在的,您的研究就是"伪科学"。现在当我写《中国讽刺小说史》,研究《平鬼传》《斩鬼传》里的钟馗形象的来源时,就为我们当年的粗暴和幼稚而感到汗颜。

当批判告一个段落之后,又传来周扬同志的指示,无产阶级不但要"破",而且要"立"。我们班的任务是研究陶渊明。开头,同学们争论不休,有人说他是"地主阶级的作家",不劳动,还"悠然见南山",应该否定;有人说,鲁迅说他还有"金刚怒目式的一面",应该肯定。后来要我们先编一本关于陶渊明研究资料的集子。于是,彭庆生等负责借书。当时"发扬共产主义风格",借书非常容易,一封介绍信就把北京各大图书馆的书借回来了。然后,我们班30位同学,每人一本书,见"陶"就抄,不管他是"陶靖节"还是"陶彭泽",也不管是什么内容,先抄下来再说。抄了几万条材料,就逐条鉴别,把有用的留下。依靠这样的"人海战术",居然把陶渊明的研究资料收集得比较完整。接下来是要把资料按年代先后排列,这可难住我们这些大学二年级的学生了。因为有的人不知道他们生活的年代,在《人名大词典》里也找不到。这时只好求助于"资产阶级权威"了。游国恩先生没有因为我们班批判过他而生气,而是非常热情地帮助我们,表现了一个学者的博大胸怀和对学生的爱护。绝大多数人物,他都知道,马上告诉我们是哪个时代的人,哪一年中的进士等等,个别人物他回去查了一下,第二天就告诉我们。我们佩服得五体投地,才知道他们真是渊博。经过师生的共同努力,终于完成了任务,由中华书局出版了《陶渊明研究资料汇编》和《陶渊明诗文汇评》两本书,现在合为一书,书名改为《中国古典文学研究资料丛书》中的一种《陶渊明卷》,至今仍然是一本研究陶渊明的最基本的资料集。

除此之外我们还出版了《五四小说选讲》《五四散文选讲》;编写的《现代文学史》《中国戏剧史》都内部印了,没有正式出版。我还和胡冠莹等同学到北京兴平机械厂写厂史,出版了《黎明前的战斗》一书。

回顾这段历史,我以为,当年的学术批判是完全错误的。组织学生搞科研、编书,一分为二地看:一方面,当时我们还是大学二年级学生,基础课还没学完,破坏了正常的教学秩序,我们损失很大;但另一方面,科研也锻炼了我们,提高了我们收集资料和分析问题的能力。

在北大学习奠定了扎实的基础,后来许多同学都做出了不凡的业绩。

1961年毕业时分配工作困难,许多同学分配不理想,到1966年,工作刚上轨道,又开始"文革",因此,"文革"前不可能出成绩。粉碎"四人帮"后,张继顺发表了诗歌、戏剧作品,出版了《诗歌意境琐谈》的专著;天真活泼的"小麻雀"韩蔼丽发表了《湮没》等小说,引起文坛的高度关注;他们两人都是中国作家协会的会员。朱彤发表了《释"白首双星"——关于史湘云的结局》等论文,成为著名的红学家,红楼梦学会的常务理事,《红楼梦学刊》的编委。令人遗憾的是他们都英年早逝。

我到北大第一个认识的是刘烈茂。我经过四天奔波,到了北大已经是晚上九点多了,校方领我们去宿舍,二十个男同学住一间大房间,架子床。旅途劳累,我就躺下呼呼大睡。后来,觉得有人揪我的头发,醒来发现原来是睡在上铺的刘烈茂,他说:"你这个小家伙,怎么打呼打得这么响!"从此我们成为好

齐裕焜(近照)

友。他是广东人,和我福建人生活习惯相同。我们有生以来第一次看到大雪,狂奔到院子里去玩雪;我们打着赤脚在未名湖边散步,遇到陆平校长,把我们叫住,说"这里外宾很多,你们还是把鞋穿上"!烈茂为人忠厚老实,他在"反右"时期犯了"温情主义"的错误,延长预备党员的预备期,到快毕业才转正,预备党员当了五年。改革开放后,他首先提出《水浒传》的"忠奸斗争说";对《聊斋志异》做了深入研究,出版了《新评聊斋志异三百篇》等著作,主持《车王府曲本》的整理工作。他原来身体很好,1993年我们在北京香山开会,他邀我爬山,我爬不动,他却一口气登上"鬼见愁"。没有想到他在2010年就去世了,文初给我寄来悼诗:"君卧银河花万丛,一堂鸣咽挽歌中。西山此去仍飞雪,怎耐琼楼冷与空?"

彭庆生入学时,由于立下"青霄有路终须上,宇宙无名誓不休"的宏愿,躲

在一间废弃的浴室里苦读而闻名,成为全校"白专"的典型,受了不少批判,做了没完没了的检讨。我们九年都住在一起,他的刻苦精神深深感动了我。功夫不负有心人,他在学术上取得突出的成绩。《陈子昂诗注》《唐代乐舞书画诗选》《增订注释全唐诗》等著作陆续出版,特别是2015年出版的《陈子昂集校注》(上中下)成为陈子昂最完备的作品集。不料2016年3月24日《光明日报·文学遗产》以半版的篇幅刊登了庆生的力作《又见幽州台》,竟成了他的"绝笔"。

袁良骏基础好,他在鲁迅、周作人、张爱玲、白先勇、丁玲等作家的研究方面成绩斐然,还著有《香港小说史》。他文笔洒脱、犀利,不但有《独行斋独话》等杂文集,而且学术论文也极为锋利,有杂文之风,因此,也得罪了不少人。他寄给我发表在《辽宁大学学报》上的《驳世纪之交否定鲁迅的几个论点》(2014年第6期),就毫不客气地点名批评了王晓明、李欧梵、王德威、冯骥才等国内外著名学者。香港《文汇报》有一篇文章这样评论袁良骏:"他当年在学术场域纵横驰骋骁勇善战,左冲右突,见招拆招,引人瞩目……同时又是'恶'名远扬的人。"其实,他是善良、豪爽,很重师生、朋友之情的。他要我和他一起写怀念刘烈茂的文章,后来由他执笔,发表在北大校友通讯上。在吴小如先生去世后,他即写了深情的悼念文章,还严厉批评我没写。我给他解释,当时我正动手术。他安慰我不要紧张,其实这时他已病重,但没有告诉任何人。到他去世的消息传来时,我们同学都以为是讹传。

我们年级出色的同学很多,我这里只说了我们老四班几位已仙逝的同学,作为永远的纪念。

历练人生

我出身职员家庭,家里人口少,生活比较宽裕,娇生惯养。在北大经历了"反右""学术批判""大跃进""社教运动":在北方高粱地里收高粱,在南方水田里插秧苗;身上长满虱子,腿上爬着蚂蟥。

虽然政治运动和劳动占去了我们几乎一半的学习时间,严重影响了我们的学业;我们满腔热情被引向了错误的方向,如"大跃进"。但是,北大科学、民主传统的熏陶,老师们的言传身教,政治运动和劳动的历练,使我们从单纯、幼稚的孩子变得成熟起来,这是我们的精神财富,这对我们后来的事业发展也是有益的。

首先是让我们头脑清醒。如"反右"时,我们班一个同学贴出为胡风翻案的大字报,我当时就认为党中央定案了,你还翻案肯定是错误的,但是事实证明他是对的;"大跃进"时我们去写公社史,热情歌颂人民公社的"一大二公",结果是刮"共产风"带来了严重的灾难。这就使我后来头脑清醒一点,在"文革"的"个人崇拜"和"打倒一切"的狂潮中,保持了比较冷静、客观的态度,避免犯大的错误。

其次,培养克服困难的意志。我"四体不勤,五谷不分"。记得修十三陵水库时,我挑担子,就像扭秧歌;推独轮车,差点翻到沟里;到北方农村,马和骡分不清,在湖北农村,才知道花生是怎么收获的。经过锻炼,后来在甘肃无论到沙漠边上的山农场挖一条水渠,还是在天寒地冻时到崎岖的小道上挑担子,都能应付得了。更重要的是锻炼了克服困难的毅力。

1961年我的生活发生了大的变故。我妻子1960年从中国人民大学财政系毕业,分配到中央财政金融学院工作。1961年下放干部,把她下放到银川,到我研究生毕业时,我坚决要求去银川。当时研究生少,由教育部分配,说研究生毕业到重点大学去,我就去了兰州大学。我坚信"男儿志在四方,北大人到哪里都能发光"。北大九年的历练,给了我强大的精神力量,让我顺利地走在人生路上,也为社会做出一点微薄的贡献。

燕园杂忆之一

秦 川

"反右"后接踵而至的运动

1956年9月入北京大学中文系文学专业读书,是人生决定性的一步。北大是"五四"爱国运动的策源地,有着光荣的革命传统。北大在蔡元培校长的领导下,对学校进行了系列改革,制订了"循'思想自由'原则,取'兼容并包'主义"的办学方针,奠定了思想自由、学术民主的北大风格。北大是"五四"新文化运动中心,提倡科学、民主。虽然北大有过反复,但"北大是常为新的,改进的运动的先锋,要使中国向着好的、往上的道路走"(鲁迅《华盖集·我观北大》)。所以一踏进北大门,便立志要努力学习,报效祖国和人民。虽然中间也有挫折,但是向上的努力矢志不渝。北大的光荣传统始终鼓舞着每一个北大人涉过急流险滩。

秦川(大学时期)

入学第一学期是我受到学校对贫苦学生最关爱,感到最温馨时候。我家很穷,上大学没有制备去北方最起码的冬装,就像新兵走到连队,从头到脚由国家补助换装,棉衣、棉裤、棉帽、棉鞋应有尽有,还发了一床厚厚的新棉被。为了防寒伤了关节,还打了一双棉护膝。北大食堂的伙食标准是每月12.50元,此前在涪陵读初中是4元,高中5元,提高了很多。我享受甲等助学金,学习费用全免,每月还有4元零用。生活一直沉浸在从未有过的快乐和幸福中。这个时期,求知欲望很盛,什么知识都渴望得到补充。无论课内课外,都兴趣浓郁。至今我感谢同屋的单增辉同学,他来自上海人民广播电台,酷爱外国音乐,加上他经常头晕等毛病,常于夜里轻声播放优美抒情的外国名曲,诸如圆舞曲、小夜曲等,我俩床靠床,都是上铺,因此得到启蒙,常常在他的音乐声中睡去。

年级同学、好友黄侯兴在他的回忆录《北大九年》自序中说,北大人的性格与风格是什么,马寅初校长如此回答:言人之所言,那很容易;言人之所欲言,就不太容易;言人之所不敢言,就更难。我就要言人之所欲言,言人之所不敢言。这是挑战时世,也是挑战自我。挑战意味着超越。确实如此。在北大人身上多少都表现出这样的性格与风格。记得前些年单位同事聚在一起闲谈,有人笑着问:你"反右"时为何没被打成"右派"?这句问话,似乎可以证明,在他眼中北大人敢言与挑战是有些与众不同的。我没有回答,也无须解释。因为那时的我,北大人的性格与风格尚在培育成长中,甚至启蒙中!

在北大我们经历了一个接一个的政治运动。进校不久,匈牙利事件发生,当时我们年级的匈牙利留学生,传出一些民主运动及其被苏联武装镇压的消息。匈牙利事件暴露了东欧民主国家和党的问题,影响所及,北京的知识界和北大的不更事的学子亦有类似匈牙利"裴多菲俱乐部"式的窃窃私议。自此,一场对资产阶级知识分子的阶级斗争便在中国高层酝酿,终于在1957年"大鸣大放"中发起了反右派的运动。北大理所当然受到冲击。

我因出身贫农,在北大同学中真正出身工农的子弟极少,因此成为团组织培养对象。开学不久就列席了北大团代会。"反右"开始,我是排在"左"的营垒里。但因理论水平不高,"反右"中没有特别的表现,团组织安排什么就做什么。后期处理右派和处分党团员中,表现不够积极,对某些党员上纲上线的批判还有意见,为此团支部会在我入团的讨论中,同志们提意见,认为那是"廉价的正义感",理论水平不高等。不过,支部的意见还是肯定的。6月4日团支部大会全体通过接纳我入团。其后,中文系团总支批准了我的入团申请。

以后的运动有1958年的"大跃进",1959年的"反右倾",红专辩论、拔白旗、插红旗等,我都处在运动的边沿,不如从前那样积极参与。记忆最深的是看到交心运动中,因为交心,因为日记,暴露出问题而被批判斗争,我连日记也不再记了。以致今天许多往事回忆不起来,不像某些同学有深切的感受和刻骨铭心的记忆。

现在记忆犹新的是参加十三陵水库工地劳动和"大跃进"中去密云县农村帮农民抢收花生、红苕、深翻地、剪果树枝等劳动。我出身农民家庭,热爱劳动,加上好胜心驱使,在十三陵水库工地劳动中,与坦克兵一起战斗,卸运沙石的火车,担担子上堤坝,拼了命地干,毕竟年龄还小,身子骨不强健,体力消耗太大,又加之气候恶劣,后果可想而知。在温榆河河滩上,白天帐篷里温度奇高,不下40℃。十天的劳动都安排在夜里。夜里特别冷,穿大棉袄劳动,风沙大,冷窝窝头拌着凉开水和风沙吃,一周以后,因感冒发烧仍坚持到劳动结束。学校送我住进校医院,连续一个多月高烧不退,这就严重损害了肺部健康,落下支气管扩张的病根。因劳动出色被中文系团总支评为"先进战士"称号,周偁代表团总支亲临医院慰问。

在密云县农村抢收劳动中,因"大跃进"、大炼钢铁等原因,大丰收却没有好收成。收花生用畜力在地里将花生犁出来,我们跟在牲口后面去拾。一窝花生能收一半都不到,许多烂在地里。收红苕也如此。深翻地,用铁锹将地深翻三尺以上。收来的红苕无处收藏,就窖在地里,经过一冬十有八九烂在地里。而深翻地将生土翻到面上,熟土翻到下面,种庄稼肯定因生土缺肥,长不好。在果园剪枝,虽有果农示范,但操作并不易,难免剪错。在长城脚下,每日出工后,还很冷,当时年轻,倒也可以对付。农民对大学生下乡很照顾,晚上吃冻柿子,比吃冰棍还透心凉。收花生时吃生花生,吃多了拉稀,肚子疼。当时吃大锅饭不定量,同学中一顿吃二三斤的都有。

1960年、1961年间一度背上家庭包袱,影响了学业。但困难和饥饿吓不倒我,挫折未必不是好事。毕业时在人民大会堂听了陈毅副总理给北京高校应届大学毕业生做的报告,说知识分子是爱国的,只要不把飞机开到台湾去,就是"又红又专"。给知识分子松绑,使我信心倍增。下定决心,志愿回到灾荒中的故乡(四川),去经受考验、锻炼自己克服困难的意志,做好工作,报效国家,不辜负人民对我的期待和培养。

学业伊始的科研演练

当时北大学制五年,但实际认真读书的时间相差很远。

北大中文系很重视基础课程的教学与学习,因此语言类和古典文学类的课程安排多,有古代汉语、现代汉语、普通语言学、文学名著选读、中国哲学等。文学史分四段学习,第一段先秦、两汉文学,第二段隋唐文学,第三段宋元明清文学,其中的元杂剧和明清戏曲又单独开课学习,第四段现代文学。安排上课的老师都是一流的学者、教授,如游国恩、林庚、吴组缃、王瑶先生等。元杂剧与明清戏曲,特请中山大学的王季思先生来北大上课。古代汉语是王力先生、杨伯峻先生,普通语言学是高名凯先生,现代汉语是朱德熙先生等,还有萧雷南先生上古代文学史课。杨晦系主任上中国文艺思想史课,吕德申先生上文艺学引论课,受益匪浅。此外,还可以自由地旁听外系的课。

印象最深的是杨伯峻先生的"论语",萧雷南先生的"先秦文学史",朱德熙先生的"现代汉语语法",吴小如先生的"工具书使用法"。

北大人勤奋读书,独立思考的好学风,就是在北大一代代大师级老师的传承和教育影响下形成的。当年贺麟、冯友兰、朱光潜、季羡林、冯至等尚在杏坛执教,有的同学听过他们的课,目睹过大师们的风采。印象深刻的是一次学校组织去五道口剧场看演出,当我步行到门前时,见到冯友兰先生早早坐在剧场外台阶上,静候开门入场。大师们的平实、朴素、谦逊的美德,现在是绝少见到了。

我的许多东西在历次搬家中都"精简"或遗失了,有幸记分册保留下来,可惜只有一至三年级的。三年级有些课成绩也未记上。当时高校教育制度学苏联,重点课考试实行五分制,一般课考核只分及格不及格。像第一学期的马列主义基础,以课堂讨论发言代替考核,凡发言的一律及格过关。老师清查结果发现唯有我没有发过一次言,单独进行笔试。这足以表明刚踏入北大时自己的政治理论水平之低。调干生同学发起言来一套一套的,即便其他同学,尤其大城市来的同学,无不多言善辩,讲起来头头是道。所以,常常听了别的同学发言后,感到道理都说尽了,无话可说,老实得有些迂腐,不知道附和他人发言,变个说法,乃至重复,这些发言技巧临场都忘记了,所以闹出一个人考试的笑话。

1958年大炼钢铁时,学校安排我们搞科研,写大批判文章。我被分在民间文学组,批判当时的文化部副部长郑振铎先生解放前写的《中国俗文学史》。当时我们并未学过郑先生的俗文学史,便仓促上阵,对它进行批判,在"高人"的指导下,居然写出一篇洋洋洒洒的大文章发表在《光明日报》上。我只是敲边鼓,文章说了些什么并未在意,不久就忘却了。不久,郑振铎、蔡树藩在率文化代表团出国访问途中,因苏联民航班机"图-104"客机失事殉难。为此,民间文学组人员参加追悼会,追悼郑先生,此后再也未提起此事。

接着,为1959年国庆十周年献礼,中国民间文艺研究会,委托北大中文系56级1班瞿秋白文学会选编《中国歌谣资料》。民研会用大卡车将历年收集的民间歌谣书籍资料载来满满一大车,由民间文学组几个人分工合作进行海选。凡认为好的作品,分门别类,抄写在民研会负责制的专用稿笺上。夜以继日,终于在较短时间内完成初选工作。中国歌谣的现代近代部分便告结束。然而古代部分除了少数记录成册外,多散见于历代古籍,特别是历代文艺志和地方志中,就像大海捞针,广泛搜求,记录下来,另编成一卷。后期整理、编辑工作由民研会进行,于1959年国庆节前由作家出版社正式出版。记得组长是王其健,据周宏兴提供佐证的资料,他是主编。《中国歌谣资料》三卷本正式出版后,民研会还组织去内蒙古草原采风,我没兴趣,未参加。除了正式出版的三卷本外,民研会将余下的歌谣资料分类编印成八大册,参与者每人一套,保存至今。

1960年到1961年,学校兴起一股自编教材风。55级同学编辑出版了红皮的《中国文学史》,主编费振刚留校,90年代曾任中文系主任。56级也各显神通。我班编写《中国戏剧史》和《中国民间文学概论》教材。《中国民间文学概论》教材属草创,过去未有过,编完此书后,又参加《中国戏剧史》的地方戏曲部分编撰,这些都是分配的任务,课余编写。记得1961年毕业分配工作后,还收到由学校印刷的两种教材样书,保存多年,不知什么时候遗失了。

荣正一掠影

秦 川

刚入北大中文系,新校舍尚在建设中,因此我们新生入学后,住的还是简易平房,没有现代的供暖、供水设备,更没有卫生间。冬天取暖同一般北京市民一样,烧煤球火炉。这倒也方便了像荣正一老头酷爱写作、熬夜的同学。他们吃早餐时,多拿几个馒头,留到晚上熬夜时烤来充饥。似乎那火炉子成了荣老头子的专属。之所以叫他荣老头,是因为他年岁最大。他和我都属虎,整整大我一轮:12岁,在他的回忆录中叫我秦小虎。

1986年,参加中国现代文学研究会在昆明召开的学术会后,贵州民族学院中文系任系主任的李骅年同学邀王瑶先生、湖南师大哲学教授杨安崙先生(哲学界时称"南杨北李",李指李泽厚,杨即杨安崙)、荣老头和我去他那里讲学。在言谈中,荣老头开玩笑说:三只老虎入黔,这下黔驴技穷了。王瑶先生也属虎,大荣老头一轮:12岁。真是太奇了。荣老头入北大前早已结婚生子,抛开上海复旦大学不读,千里迢迢到北大上学,圆他的作家梦。夫妻分居两地,诸多不便。一年后他便由北大转学到复旦中文系了。复

左起:秦川、荣正一(2012年)

旦大学正差管理学生的干部,一去复旦便改做行政工作多年,直至复旦毕业,分配到北京中国作协工作,"文革"后方调回上海,在鲁迅纪念馆担任党支部书记(我著《鲁迅出版系年(1906—1936)》,所有鲁迅著作初版本的查阅,全系在他协助下完成)。他是研究鲁迅的专家,鲁迅诞辰百周年时,由我约稿,四川人民出版社出版了曾庆瑞同学的《鲁迅评传》,荣正一同学的《鲁迅思想发展论稿》。为此,四川人民出版社还专门邀请他来四川改定稿。他一心扑在稿子上,趁便游览蜀中山水美景的时间都不安排,改完稿就匆匆回上海了。我们一进校,中文系领导便明确告诉同学们,北大中文系不是作家班,不培养作家。要大家安心学习,将来成为科研机构和高等学校的研究型人才和老师。荣老头最终未能圆他的作家梦。他出生在无锡荣巷荣氏世家。无锡荣巷人才辈出。荣老头的作品体现仁者爱人忧国忧民的感情。通过一个人看一个世界。荣老头是一位理论研究和批评的专才,直至在上海社科院文学所退休后,旅居加拿大时,才完成了他的自传式三部曲的前两部:《故乡叙事曲》《大后方:抗战八年流亡曲》。但他的执着,坚持写作的精神,特别感动我。他对我如大哥哥般关心爱护,最难忘的是"反右"运动开始,他叮嘱我:小老弟,不要乱说话!前几年由他在中国农业电影制片厂工作的儿子荣苇菁陪同,荣老头夫妇重游四川成都,见他仍精神抖擞,还在坚持写他的回忆录。

李骅年掠影

秦 川

在十斋的同学中,亲近的有李骅年同学。他出身天津工人家庭,我们都是工农子弟,有天然的共同语言。比起来,骅年兄成熟老练得多,生活在天津这样的北洋重镇,见多识广自不必说,他酷爱鲁迅,画一手好画。他最初报考过中央美术学院,差点被录取。他在日常语言中经常引用鲁迅老夫子的话,而且待人接物也常用鲁老夫子口吻,幽默讽刺,尖酸刻薄,为此伤人不少。他为我画过一幅速写,以未名湖为背景,在柳树飘拂中的一个学子背影。这幅画保存多年,不知哪次搬家丢失了。在校时,结怨同学,受不公正处理。毕业分配到贵州,仍然做出一番事业。1986年,参加中国现代文学研究会在昆明召开的学术会后,贵州民族学院中文系任系主任的李骅年同学邀王瑶先生、湖南师大哲学教授杨安崙先生(哲学界时称"南杨北李",李指李泽厚,杨即杨安崙)、荣老头和我去他那里讲学,在当地影响很大。他曾编过语文教材,由香港出版。后来他重操画笔,卓然成家。他一生在逆境中成长、发展,令人起敬。

左起:秦川、李骅年、杨安崙(1986年)

被"右派","二度梅(霉)开"

邵璧华

人们常说,历史像一个谜,一团麻。要参透这层迷雾、理清这团乱麻,并非易事。因为,历史的操持者,往往是饰伪的,很难自己道出真相;多数的承办者,虽是奉旨行事,也未必透知竟委;真的被捉弄者,像被猫逮住的老鼠,是更难明其底里的,至多也只能感受到经过的一些表相罢了。这大概就是六七十年前发生的,对中国当代史影响至巨的"反右"和"文革"两大历史事件,至今虽有定论,但仍有谜团的原因吧!

在这两大事件中,我曾"二度梅开"两次被"右派",还险遭第三次。垂暮之年,忆诸笔墨,抑或有益于对当时时代增进一些皮相的认识。

邵璧华(大学时期)

第一次被"右派"

我是1956年考入北大中文系的,未满十八岁。一年多后被定为"右派分子",是始料未及的。

因为我出身自浙西山区的一个贫农家庭。1950年第一个儿童节,就担任过全区儿童节庆祝大会的主席。一个农村孩子能跨进全国最高学府,只能庆幸于时代,也只会感恩于党和政府。

一个穷陬山区的农家子弟,未见过世面,来到北大,一切都感到新鲜和陌生,处处事事都感到自身的浅陋和不足,学好知识以报恩于党和政府,是最大的意愿。记得1956年冬,一个雪天,一位任职于华北煤炭总工会副主席的表哥,带我第一次游故宫,指着一块匾额问:"'天地位育'是什么意思?"我一脸懵懂,他说:"你学中文的应该知道。"又问:"你知道蔡仪吗?"仍是一头雾水,我十分羞愧。所以,对学习我是努力的、勤苦的,虽然还只是处在被动的学习阶段。

记得是1957年春五月,北大召开校团代会,我作为一个非团员,被邀列席了大会。想来应是组织上在培养我,拟发展为共青团团员吧!所以,1957年春夏校园里轰轰烈烈的大鸣大放,我没写过一张大字报,没参加这一次辩论会,俨然是个冷漠的过客,依然是背着书包,提着饭袋,行走于教室、图书馆、饭厅、宿舍的四点一线上。要说必须参加的鸣放座谈会,也只是在党组织一再动员后,为响应号召,勉为其难地发过言。

孰料,进入1958年初的"反右"扫尾阶段,我竟被"右派"了!

早春二月,春寒料峭。一天下午,我从图书馆背着书包回来,推开宿舍,感到了异样的气氛和目光,又见我的床位隔墙上贴着一张白纸上画的一只老虎,尾巴上还画着一面写着"右派分子"的小旗,虎身上写着"人小鬼大"四字。"五雷轰顶","冷水浇头",庶几能摹状当时的心态,只觉得"一切都完了"!我撂下书包,夺门而出,快步下楼,顺着大饭厅东侧,取体育馆向西,快步走向校西门南侧的荒废的池塘才止步。当时只想到逃离这人世。是否想过一头栽进池塘?肯定是想过的,但毕竟还有对生的留恋,也没有决断的毅勇。在踯躅徘徊间,蓦然间瞥见杨远鸿同学站在残塘对面。后来是他将我劝回了宿舍。

经过班里三次批判会后,定谳签字会在三十二斋西头大宿舍进行,具体的罪行条文我已模糊了,也并无发给本人的文书。宣读完要本人签字,问我有什么意见,我只说了一句:"至少我还是爱国的。"也算是自己的辩白了。

经过多年的反思,我似乎明白了被"右派"的原因。至于当年所受的风刀霜剑,肯定是虐心的,刺骨的。而今,已像天际的云朵,远了,淡了,还是不说为好。

或许我还是不幸中的有幸者,我受的是留校察看的处分,得以继续在校学习。更有幸的是两年后,我得以摘了帽子,这是全系乃至全校少有的,所以第二年毕业得以正式分配工作,分到山西任教。

能在校摘掉"右派"帽子,事后揣摩,不外几个原因:其一,确实是认罪了,自认为真是"右派分子"了,只有好好改造,重新做人。所以改造是认真的,凡参加校外下乡劳动,都不怕吃苦很卖力;平时在校,长期坚持打扫厕所卫生等;还坚持定期向改造联系人做书面或口头的汇报。其二,确实年龄小,大概是学校年龄最小的"右派"。其三,是好心的同学,学兄学姐们的善意关照与帮助。即使是丧失理性与常识的年代,也总有不失良知理性的群体,我能感知那些人缄默的存在。2011年十月金秋,年级同学做毕业五十周年聚会,得以重逢老哥吴济时,他是帮我改造的联系人,也是新二班的班长,他对我说了一段话:"璧华,将你打成'右派',我们爱莫能助,但我们都尽量帮你早日脱困。"他道出我1960年得以摘帽的原因。我也能约莫知道"我们"之所指,我会永远铭记,得以兄长大姐视之。也正是吴老哥在1960年暑假前告我:"你来校四年未回家,今年暑假你可以回家看看了。"他虽未明言,但我懂了他的含义,兴奋得三夜未能安睡,放假第一天,就买票南归了,终于有颜重见"江东父老"了。

第二次被"右派"

我1961年大学毕业后,被分到晋南师专中文专业任教。因还处在三年困难时期,学校也还处在草创阶段,于1962年就宣告下马了。还算受照顾,我被下放到铁路沿线的闻喜中学任教,那是小麦产区,第一年就接任了高三语文教师。第二年因高考成绩突出,尤其文科成绩,闻喜中学也就被列籍为省六所重点中学之一。也算是特别照顾。翌年,县上将有限的提工资名额给了我一个,工资从51元升到57元。在闻中是唯一的一个,而且说是县委书记王景康亲自拍板的。1965年冬,我被县上抽调参加"四清"工作。这是全县性的大四清,总团由团省委书记、省军区司令坐镇,组成单位有总参、省直、地区的,本县则是各部门抽调的。平川地区都分给了外来单位,我被分在南垣较苦硗的山区酒务头公社四清工作团柏范底工作队。

我对自己的职责是明确的,记着有"摘帽右派分子"的身份,所以首要任务,是通过"三同"(同吃、同住、同劳动),接受贫下中农的再教育,继续改造自己;工作队分给我的任务,相当于秘书吧,主要是报送材料、统计报表之类,经常往返于村庄和公社间的山间小道。值得一提的是我为总团提供了三篇活学活用毛泽东思想的人物通讯,因而以柏范底四清工作队通讯组的名义而被评为模范通讯组,还记得其中的一篇《宁可挣死牛,不叫车回头》,写的是模范女书记赵九凤的事迹。

农村"四清"运动并未结束,县直单位的"四清"已经铺开。五六月份吧,我被召回参加闻喜中学的"四清"运动。闻中"四清"工作队由一位太原工学院的姓曹的政工干部任指导员,一位姓曾的任队长。后来,闻中的"四清"运动也如同县上的一样,不了了之,替代的是名之为"文化"的"大革命"。

风暴来临的烈度之猛,着实令人震惊、战栗。由头是由北师大等返回闻中的几个学生点的"革命不是请客吃饭"的"造反"之火。8月7日晚饭后,残阳在天。一阵紧急集合钟和大喇叭广播后,全校师生被集合到空旷的露天舞台前,接着是揪出"牛鬼蛇神",一口气揪了28位,各有各的名号:走资派、叛徒、反共老手、地主婆(或分子)、特务、反动学术权威……个个都被喷气式按压着,衬衣上被写上各自的名号,脖子上挂着牌子,名字都打了红×,头上戴着纸糊的高帽。随后被统一关进牛棚,剥夺一切人身自由,真是一个恐怖的血色黄昏!这也引爆了全县的大武斗。接连数日,满街都是被押着挂着牌子、戴着高帽的游斗队伍和惊愕地看热门的民众。

运动之初,积极分子还是那批"四清"的积极分子,看似学生冲到了前台,但摇羽毛扇,供应火药子弹的依然是他们。虽然后来他们未必都有好下场,有的还被整得非常惨,甚至被整残了,舞弄的棍子最终打到了自己头上,搬起的石头还是砸在了自己脚背上。

我自8月7日以"摘帽右派"之名被揪出,一直被专政被劳动改造。其间,翻地、种麦、种菜、平整土地、担大粪,拉平车到处拾粪,凡学校劳改队干的活都干过。较特殊的,是后来我被派以喂猪、喂马、磨面、做豆腐等技术活,身任数职,要在生产队,足以抵五六个劳力了,而且干得还不错。毕竟当时还算年轻。

直到1968年,"文革"到了清理阶级队伍阶段,"文革"初已经被抄家,我的备课笔记、往来书信,始于大学的十数年的日记,悉被抄去。专案组费时费力,一一搜检,未能找到可做罪证的材料。但他们获得了一条揭发我的材料,一位毕业于黑龙江大学的俄语老师,当时还是未摘帽"右派分子"。同是高三教师,自被揪出后,我们被称为"杨家店"的"哼哈"二将。这回是哼将的矛刺向了哈将的盾。他揭发我在1963年说过"反右"是一种时代局限。当场有四人,三位是"右派",另一位已调离闻中,外调时说不记得此事,不能证实。另一位"右派"也说没印象,也不能证明。一个说没说过,一个咬定说过,而且有时间有地点有人员。专案组认为这是能做成一个典型案例的好材料,据此可以定性为"右派翻案""攻击反右运动",岂能放手?

于是精心组织了一场批斗会,晚饭后开始,由文攻武卫队以喷气式将我押进会场,先由那位俄语教师揭发,然后让我认罪。我不承认,口号一阵高过一阵,喷气式也愈压愈低,还有人骑过我的脖子。批斗进行到深夜,我简直要瘫软了,不得不承认揭发。才把我拉到专案组按揭发者的说法复述一遍,最后签字画押,才算了结。

第三天,由县革委会主持召开了宽严大会,我和那位俄语教师成为大会的主角,我被喷气式押上大礼堂舞台,被宣布为抗拒从严的典型,由"摘帽右派"升格为"戴帽右派",由内部矛盾转化为敌我矛盾,工资降为36元;他则成了立功赎罪的典型,摘去"右派分子"帽子,正式将工资由26元提到51元,从此隶属于人民内部矛盾。我想闻中专案组当时是十分得意的,县革委专案组是等着要这个案例,等于瞌睡垫了个枕头。

我的第二次被"右派",原因就是为了这一句话,根源还是第一次的被"右派"。前后十年,才真正理解"帽子提在手里"的奥妙!

直到1970年冬1971年初,继县上主办的河底学习班后,又开办闻喜四所高中的聋哑学校学习班,这是由省委组织部下放到县革委原政工组长的杜杰同志主持的,才算给我平反了第二次被"右派"。记得很清晰,他找我谈话时,特别叮咛我:"这次是给你平反了,但1957年的'反右'绝不能再提。"可知"反右"是个禁区。

险些第三次被"右派"

1972年,提出"复课闹革命"的口号,学校恢复招生了。其间,县上让我主持两届各为期三个月的师范班的语文主讲教师,都是为了救急,救教育之青黄不接。一个是七年制的初中语文教师班,另一个是高中语文教师班。主要都是讲语文教材,也讲一些语文教法,记得有一次我一天连讲了八节课。在批林批孔运动中,县上还让我给县上干部讲过柳宗元的《封建论》,我也不知真正的政治意图,只是根据当时流出的据传是老人家的诗:"劝君莫骂秦始皇,焚坑之事要商量。祖龙虽死魂犹在,孔学名高实秕糠。百代都行秦政法,《十批》不是好文章。熟读唐人《封建论》,莫从子厚返文王。"云云,揣摩其意而讲之,数百人的讲堂,反响不小。

复课后,比较正常的教学秩序只维持了不到两年,随着白卷英雄张铁生的推出,反击右倾翻案风的兴起,秩序又被搅乱,真是树欲静而风不止。这时学校工宣队派驻的还有一位运城师范当过原副教导主任姓许的来校当革委会副主任,因"文革"中口碑甚差,遭教工抵制,原学校回不去,改派来闻中。据同在运师工作过的老师说:"许某某嘴里没好人。"平时只感到他常爱用三角眼匜视人,也爱以权威发声。同学们当面称他"许主任",背后则以"许大马棒"称之。他常对我意寓敲打,甚至觉察到他开始策划对我下手,已向县教委告我的黑状,罗致罪名了,也有人已跃跃欲试,真是魅影幢幢。我真无心有意冒犯于他,真不知因何得罪了他?是开会时我的发言不经意间得罪了?恰好在这时,县委抽调我参加县委书记张月明蹲点、县委组织部部长刘金钟任队长的冯村学大寨工作队。到第二年,"四人帮"已覆亡,这位副主任也调离了学校,才算避过了第三次风险,没有霉开三度。真正摆脱这个"紧箍咒",还要等到1979年的"右派改正"了,命运才有转机,霉运才算终结。

顾所从来,中国翻过这历史的浓黑一页,花了整整二十余年。花有重开日,人无再少时。人不可能重新翻回这历史的一页,只能如饮一杯清茶,品味那一缕淡淡的苦涩。能否"晴空一鹤排云上,便引诗情到碧霄",也只能由命听天了。但我衷心希望老同学们仍能壮志映红日,枫叶别样红!

草于2016年12月7日

回忆与怀念
——漫谈中文系1956级3班的老同学们

沈昆朋

北大中文系1956级联络组,为了庆祝北大校庆120周年,同时纪念我们入学至今六十余年,向存世的同学们征稿,准备出一部书。这是一个很好的创意,也引起了卧床多年的我,对当年同窗共读的美好时光的回忆,对亲爱的老同学们的怀念。

我无意叙述个人平凡的人生经历,只想谈谈闪烁在脑海里的团结友爱的三班和生龙活虎般的老同学们。

人的一生是个不断选择的旅程。特别是关键时刻的选择,对一生有着重要的影响。难忘的1956年,我和同学们从四面八方跨入北大雕梁画栋的红大门,到北大中文系学习,成为一名"北大人"。北大精神的魅力,大师名宿的教诲,"一塔湖图"的滋养,一生难得这样的条件和机遇,怎不令人自豪和珍惜!

我是一名调干生。"调干生"于今已是历史名词。那时,中央为了大力进行经济文化建设的需要,发出了"向科学进军"的号召,全国掀起"向科学进军"的热潮。应届高中毕业生已不能满足高等学校招生的要求,所以动员在职的适龄青年报考,所在单位不得阻拦。我就趁着这个机会,决心弃职就学,怀着美

沈昆朋(大学时期)

好的文学梦,考进了向往已久的北大中文系。

中文系1956级新生分为四个班,每班约30人,我在三班。那一年,由于中央的号召,调干生分外多些,三班的调干生约占三分之一,五名党员也多为调干生。应届生十七八岁,未曾涉世,不免稚嫩;调干生二十来岁,虽工作数年,也很不成熟。因而,大家具有共同的特质:思想单纯,志存高远,负有使命感。可以说,这是当时一代青年的基本面貌。大家来自五湖四海,相聚在燕园,共同学习,互相切磋,真诚相处,十分融洽,宛如一个和谐温煦的大家庭。

那时的生活条件是很差的。我们住在十斋二层一间大房子里,中间隔出三小间,旁留一条走廊相通。每小间放四张上下层的床,挤得满满的。寒冬腊月,在走廊中间装一个火炉,躺在被窝里都冷得够呛。饭食也很简单,自带碗筷,没有桌椅,只能站着吃,或打回宿舍吃。

物质生活的简陋,同学们毫不在乎,从不计较。因为我们有着充实美好的精神生活。我们在汪洋恣肆的文学宝库中含英咀华无比享受:聆听着名师们精辟地授业解惑如饮甘露;每日都学到新知识,有新收获,十分快活。

同学们的学习劲头特大,争分夺秒,如饥似渴。从中学来的高材生们,一如既往地勤奋努力。调干生们痴长几岁,学习之勤奋不亚于学弟学妹,甚至有过之。因为他们更感到时间的宝贵,不能"等闲"度过,免得"白了少年头,空悲切"。大家在课堂上聚精会神地边听讲边记笔记,课后到图书馆和自习室抢座位复习预习,直到响铃闭门才披星戴月归来。每天奔跑于课堂、饭厅、图书馆和宿舍之间,我们的心态是紧张并快乐着。

"师父领进门,修行在个人。"大家在学习中深深感受到中华传统文化的博大精深,逐渐对某些领域和专题产生浓厚的爱好,开始有意识地多下点功夫。比如,有人深研古典诗词;有人搜集神话传说;有人偏好民间曲艺;我们三班许多人对现当代文学情有独钟,所以日后出现了不少研究现当代文学的专家学者。

毋庸讳言,莘莘学子都是怀着文学梦来北大的,大都有着"成名成家"的志向,居住在"燕南园""燕东园"以及其他园内的大师宿儒们就是同学们"高山仰止"的偶象。可是,"成名成家"在那时却是贬义词,这种思想是要受批判的,甚至被扣上"白专道路"的大帽子。其实,这是非常荒谬的"极左"观念。既要向科学进军,又反对成名成家,岂不是一个悖论。我国各行各业的专家不是多,而是严重不足,更何论大师级的人物了。培养一流人才,正是我们教育的职责和目标。孔子说过"君子疾没世而名不称焉",儒家思想是积极入世的,主张"君子"应有所作为,建功立业。

我们第一个学年,从1956年入学到1957年5月,是难得的平静祥和的年头,也是我们安定舒心的学习时期。我们在紧张学习之余,或在未名湖畔漫步,或在石舫上谈心,或在绿茵的草地上憩息,或在曲折的小路中放歌。记得我们几位同学在傍晚的校园里,边走边唱:"微风吹动了我头发,教我如何不想他?"(刘半农词,赵元任曲)这一切还历历在目。

尤其令我难忘的是,1956年底辞旧迎新的狂欢之夜。那晚照例在大饭厅(也是当时全校开大会或文艺演出的场所,今已改建为百年纪念讲堂)举行舞会。许多师生员工聚在一起,摩肩接踵,十分拥挤,非常热闹。音乐声起,先跳交谊舞,水平高的跳起了"华尔兹""探戈",不会跳的跟着蹦跶;接着牵手搭肩排成数条长龙,在大厅内转圈跳。将近子夜十二时,校长马寅初和党委书记兼副校长江隆基率领学校主要领导人登上舞台。钟声敲响,马校长操着浓重的浙江口音向全校师生员工祝贺新年,全场一片欢腾,掀起欢乐的高潮。直到深夜沉沉,人们才逐渐散去,我们还兴犹未尽。但谁也未曾料到,1957年竟然迎来了一场"暴风骤雨"。

1957年5月,风云突变,"反右派斗争"的风暴打破了校园的宁静。北大受到冲击。在这场斗争中,我们三班先后有两位同学被划为"右派",暑假前划了一个,上级批评北大"右"了,要继续补课,层层加码,我们班又增加了一个。两名"右派"占全班30名同学的6%,超额完成任务。这两位无辜的同学,身心受到极大摧残,以后又长期经受非人的悲惨遭遇。"文革"后才给予改正,一位同学总算安度晚年,另一位同学却杳无音讯,恐怕早已含冤离世了。作为参与斗争的党员,我深感歉疚。除了划"右派",还有一些同学被定为"思想右倾",材料装入档案,毕业分配也受连累。班上几位党员在整风鸣放中的发言,也被"秋后算账",抓小辫子,受到党纪处分。我因已离开中文系调到党委工作,幸免于难。

接着在高校又掀起一场"插红旗拔白旗,批判资产阶级学术权威"的运动。主要矛头指向那些著名的专家学者。三班受命批判的对象是王瑶教授。王瑶先生是中国研究现代文学的宗师,学科奠基人。是他在中华人民共和国成立后首先勇敢地开辟了文学的新领域——现代文学,撰写了第一部体系完整、材料丰富的名著《中国现代文学史稿》。在"极左"思潮的影响下,我们这些年轻无知的学生,对王瑶先生及其著作无限上纲,全盘否定,并且将《中国现代文学史稿》胡说成"剪刀加糨糊,七拼八凑"的书籍。这对王瑶先生是一次极大的伤害。

以上所作所为,固然是大环境所使然,"极左"思潮所导致,但我班党小组糊里糊涂地执行了,在班上起了主导作用,至今思之,应该反省和自责啊!

更可笑的是,1958年"大跃进",鼓吹"破除迷信,解放思想",掀起"放卫星,献大礼"的热潮。作为大学生,放什么卫星,献什么礼呢?大家头脑发热,决定集体写一部《中国现代文学史》,自然也受到系领导的支持。

那时,我们还没有学习现代文学呢。中文系的文学史课是一条龙排列的,现代文学课排在后期。无知者无畏。全班同学动员起来,大干特干。我们以所谓的"阶级观点"和"路线斗争"为标准,对"五四"以来的作家作品、文学事件妄加评骘。宿舍里灯火通明,不舍昼夜。不消一个暑期,就写出了初稿。至于稿件的科学性可想而知,是立不住的,并未付梓。不过,这一番苦劳,也使我们受到一次初步的科研写作的训练。

1961年,度过五年寒窗的56级同学们毕业了,满怀豪情踏上了工作岗位,大多数从事文教方面的工作,从政者极少。可是工作不久,尚未一展身手,就开始了史无前例的"文革"。一个个都成了"臭老九",受到各种不同的折磨,在漫漫长夜中度春秋。同学间音讯断绝,唯有默默地遥祝平安而已。

"文革"后,改革开放的春风吹遍神州。1981年,即毕业二十周年之际,我们三班首次在北大中文系聚会。真乃劫后重相见,惊呼热中肠。昔日小青年,今已届中年。彼此嘘寒问暖,倍加亲切。十年的坎坷经历,说不尽道不完。最可贵的是,大家仍然保持着当年的激情和理想,始终未变,为追回已逝的时光,只有亡羊补牢加油干。

80年代以来,如同胡风的长诗《时间开始了》,同学们好似焕发了第二次青春,夙兴夜寐,争分夺秒,在各自的工作岗位上奋斗、拼搏,取得了不凡的业绩、丰硕的成果。同其他年级的学长学弟们一样，56级的学子们也为母校献出了丰厚的回馈。"问渠那得清如许？为有源头活水来。"同学们获得的成就，这"活水"的源头，就来自改革开放的黄金时代。岁月无情人有情。每次聚会，已经接近或进入耄耋之年的同学们，欢聚一堂，畅谈半个多世纪的纯真的同窗友情；也不免为已逝的老同学感喟不已。屈指算来，我们三班的老同学已先后逝世八九位（可能不准确），约占三分之一了。我深深地怀念他（她）们，为他（她）们闪光的心灵和业绩感到痛惜。他（她）们的言行笑貌在我的脑海里仍然栩栩如生。

限于篇幅，我仅略述几位已逝的老同学：

先说说我班的党小组长何乐士。她1947年参军，还是一位军嫂。她的名字是参军后改的，她自豪地说：我要永远做一名快乐的战士。名实相副，她的确像战士一样快乐地百折不挠地奋斗终生。她的为人和治学皆为全班同学所称道。她来自哈尔滨，大家亲切地称她"大哈"；因为还有一位也来自哈尔滨的应届小姑娘，被称为"小哈"。大概这两位还都有点"马大哈"吧。乐士待人以诚，同她相处会感受到她心地的善良、诚恳和宽厚。她为人谦和，从未听到她炫耀过往的光荣历史，或显摆自己的学识成果。三班是一个有凝聚力、亲和力的团结友爱的集体，何乐士是发挥了正能量作用的。

同时，她也具有坚毅顽强的一面。无论在学习或工作中，都显示出她勤奋刻苦、不惧困难、勇往直前的精神。在1958年大三时，系领导决定建立语言班，培养语言专业人才，要从各班选调部分同学到语言班学习。本来大家上中文系是冲着文学来的，对语言这门学问是完全陌生的。甚至误以为是枯燥无味的。系领导了解大家的心思，于是召集年级全体党员开会，动员党员带头服从分配。同学们心里都忐忑不安，但愿别选到自己头上。结果，三班的何乐士和几位同学被选上了，其他班也选调了一些，组成了语言班，班序称第一班。何乐士到语言班后，就一头扎进语言学习中去，取得了优异的学习成绩。其实，汉语是中国文化的瑰宝，深入堂奥，兴味无穷。何乐士没有当成文学家，却成为语言学家。

1986年夏，我因病在中医研究院西苑医院住院，三班同学聚会纪念入学三十周年。会后何乐士同几位同学到病房探视。她亲切地安慰我说："吉人自有天相。"话不多,却使我很受鼓舞,增加了同病魔斗争的信心,好像真会交好运似的。此后,听说她出国了,去欧美不少国家做访问学者,学业精进,在古汉语方面造诣颇深。90年代,有一天她携同一位曾在我班学习的德国留学生(已是德国的汉学家)来我家看望,并把她的著作赠我。

多年来,她埋首书斋,在浩如烟海的古籍中淘沙拣金,孜孜不倦地研究和著述。她撰写的关于《左传》语言研究的著作,获得古汉语学界的高度评价。可惜,在2007年,她一病不起。斯人已逝,她辛辛苦苦摘录的千万张卡片,还静静地摆放在书柜里。

2017年初,传来廖东凡逝世的噩耗。他是一位深受同学们喜爱的湖南小伙子,我们叫他"小廖",或昵称"阿廖沙"。他从18岁入学到78岁逝世,一颗赤子之心始终未变。总是那样朝气蓬勃,热情似火,和同学亲密无间,亲如一家。1959年初,系党总支通知,调我到北大党委宣传部工作,中断了我的文学之梦。是小廖找了一根扁担,一头挑着行李,一头挑着书籍和洗漱用具,晃晃悠悠地把我从32楼学生宿舍送到未名湖畔的德斋教职工宿舍,到了德斋,他已经气喘吁吁了,还连说:"不累,不累。"此情此景,至今难忘。

毕业分配时,有几个援藏名额。小廖为了国家需要,不计安危得失,主动报名到西藏去。他在西藏一待就是20年,将宝贵的青春献给了藏区文化建设。他不顾雪域高原的气候难耐,条件艰苦,深入基层接地气,同藏族老百姓同甘共苦,学习和研究藏族的文化和语言。20年后重返北京时,他已经成为一位不可多得的精通藏族语言文化的专家了。我们应该给他点个赞,向他学习。他像春蚕吐丝似的把在西藏的所学所得写出了不少著作。他终于病倒了,最后几年已不能言语了。我想,他是带着未了的心愿抱憾离世的。

我们三班有一位活跃分子,其名顾建国,别名顾乐真。哪里有顾建国,哪里的气氛就活跃,就热闹。他喜欢发言,慷慨激昂,但有口吃的毛病。讲起话来,期期艾艾,却生动有趣,常常引起满堂善意的哄笑。但他不回避,不怯场,依然滔滔不绝。后来我发现他说话已顺畅多了。他爱张罗事,热情为班上服务。1981年我们三班同学度尽劫波的首次聚会,就是他张罗的。李清洲同学英年早逝,留下妻子和一双儿女,家境拮据,是他先响应倡议组织同班同学们自愿捐助了一笔钱,数量虽不多,亦不无小补。他毕业后被分配到广西壮族自

左起：沈昆朋、顾建国、何乐士、刘月华（1981年）

治区的文学研究所，又成为广西校友会的负责人，每当北大校庆，他必定回母校代表广西校友会致辞祝贺。

在学术上，他就地取材，研究广西戏剧史，有著作面市。他还有独特的建树，即关于"傩戏"的研究。"傩戏"源于远古，历史悠久，主要在民间祭祀仪式上演出，舞者戴着奇诡的面具表演，具有神秘的宗教色彩，流行于偏僻的西南地区和少数民族村落。"傩戏"于2006年入选我国首批国家级非物质文化遗产目录。顾建国是较早研究"傩戏"的学者，写有专著。

2001年，北大校庆103周年，顾建国照例风尘仆仆地前来，没想到此次见面竟成永诀。次年，他就不幸辞世了。

再说一下我们的小兄弟李清洲。他在班上年龄最小，过世却很早。他是一位天真烂漫的憨厚的山东小伙子。有趣的是，他年龄虽小，却给自己起了个别名"少怀秋"。颇有"少年不识愁滋味，为赋新词强说愁"的意味。清洲还不太通晓人世，却无端怀起秋来，我们以此打趣他，他不好意思地憨厚地付之一笑。他并不多愁善感，还是很开朗的。毕业后，他被分配到山西一家出版社做文学编辑。80年代初，他因心梗猝死，才四十多岁。好在他的女儿学习优秀，考上北京大学，毕业后保送赴法国留学。清洲有灵，会感到欣慰的。

往事如烟，记忆犹新，感慨良多。我们有过峥嵘岁月，也曾蹉跎时光；拥有大小不等的美好光环，也体验了酸甜苦辣的人生况味。无论遭遇风吹浪打，或面临物欲横流，我们不忘初心，始终坚守着自己的精神家园。

一年四季,各有风采。老年人生,也有独特的风采,不同的亮点。老骥伏枥,发挥余热可嘉;静观花开花落,云卷云舒也好。既摆脱了杂务烦扰,又无须案牍劳形。可以自由地发挥所长,从容地完成夙愿,潇洒地安排生活。老年多病,顺其自然。我瘫卧床上二十余年,已把抱病生活视为常态,力求乐观积极地过好每一天。

作为北大人,衷心期望的是:我们亲爱的母校,建设成有中国特色的世界一流大学的目标,早日实现。

插班一年记

史有为

"插班"体验

我到56级语言班,算是插班生,但外人看来岂非就是"留级"!

1955年,我考入北大,本来是55级语言班的一员。1959年,因肺结核恶化成空洞,被送到亚非学生疗养院治疗。那时正值中西医结合,开发出了大蒜滴液疗法,我就成了第一批试验者。每天早晨倒着躺在床上,从鼻子里通过鼻导管插入气管,往里面慢慢滴入大蒜液,刺激难忍,费

史有为(大学时期)

时一个半钟头左右。这算是中西医结合的试验,那情景简直难以想象!经过半年多的治疗试验,终于有一天把空洞堵上了。1960年秋,回到北大复学。但我已经不能回到55级语言班,只能插入56级。

我在56级是没有根的,因为只有短短的一年,不知道这个班的历史。之前的四年,这个班怎么走过来的,我不知道。我也不了解某位同学的过去,也不清楚某件事的来龙去脉。我只知道语言班同学的姓名与点滴的表象,甚至只熟悉同宿舍的几位同学。另外三个文学班,我几乎一个都不认识。文学班的同学也大多不知道有这个插班生。对于他们,我只是个陌生的存在。

语言班的调干生特别多,他们有丰富的社会经历。在他们面前,显得尤其幼稚。56级是个受"极左"思潮之害较烈的年级,语言班也不例外。跟我住一个宿舍还有五位同学,调干生郭丙于、陈良明、汪景寿,以及年岁较大从部队转业来的洪成玉,此外就是饶杰腾。饶杰腾、陈良明,都很低调。他们不是出身不好,就是个人历史有些复杂。临室的郭成韬、薛宝琨、吴兆孟、林盛祥,好像也不怎么舒心,各自可能有各自的考虑。在这个环境里,不得不小心翼翼。我由于肺病刚愈,不免处处低调,加上全是生面孔,不熟悉,少言寡语,于是插班不久就遭到批判。用同宿舍一位从警察调干来的同学的说法,不但消极,丧失革命意志,而且连普通中国人都不如。

我印象中,班上忠厚同学还是绝大多数,比如被批右倾的何乐士,她原来是从部队转业的女战士,对人都笑眯眯的,对我也是,从来都是和颜悦色,我非常尊敬她。她对人诚恳,很少计较,又丢三落四,大家都称她为"大哈"。她也很乐于接受。我一直以为这个雅号是因为"马大哈"而得,这两天,我才从王绍新那里知道,原来是因为她来自"哈尔滨"。同样来自哈尔滨的刘月华,比乐士大姐小些,则荣膺"小哈"的诨号。还有一位来自农村的牟国相,大大咧咧,迷迷糊糊,虽然也加入批判战士之列,但大家都知道他是忠厚之人,跟他关系不错,于是干脆称为"老迷"。同屋的郭丙于,也是调干生,但说话中肯,稳重,与人为善,从不恶言伤人。他的对象余静蛰,跟他相仿,直率,心中坦荡。又如高守纲,朴实、内向,从来都与人为善。很多同学都不在一个屋子居住,较少接触,留下的仅仅是一些浅浅的表象。例如程相清,只觉得他聪明能干,又老成持重。无锡来的施光亨也住在隔壁,他跟王绍新是一对儿,也都是班干部或团干部,觉得还是直率之人,处事比较得体,与同学相处也都不错。邻屋的曾庆瑞,不高的个子,言语敏锐,他的女友赵遐秋,胖胖的,发言尖锐。这一对显然智商很高。

我旁观这陌生的一切,觉得新鲜、新奇,并且隔阂,也让我谨慎。如今回头看看,班里许多人都比较实事求是,或留有余地,或谨慎小心。许多当时的激烈的批判,过分的言辞,都是可以理解也可以谅解的。在激烈言辞的后面,许多人心中似乎都有难言之隐、之苦。因为在历史大环境的制约下,个人很难有选择,只能被迫跟随,只能少说,只能说一些违心之言。

在56级不到两个月,我又被发现,空洞再次出现,还是那个老地方。用大蒜液堵住的地方是那么嫩弱,如同烂豆腐,不经一击。于是我又被临时隔离,到临时开辟为肺病疗养区的四十六斋一楼居住。在那里,我学会了松静气功,而且用疗养院学来的太极拳,治疗自己,并教同区病友。这些体育疗法配合上链霉素,居然出奇得有效,空洞很快就闭合了。看来,大蒜液疗法完全是瞎折腾,只是"大跃进"在医疗领域的表现。我在亚疗的半年大蒜之苦算是白受了!四十六斋那里简直是北大的"世外桃源",清静,单纯。这是我离开亚疗之后最舒心的一个月。

"筑路"折腾

11月,上面突然要大学生去为"大跃进"添把柴火,去修十三陵附近的一条铁路。据说是通往北大的一个保密实验基地的专用道路。我二话不说,赶去修路。

中文系56级命名为方志敏团。清晨,天不亮,我们就迎着凛冽寒风,雄赳赳气昂昂,唱着用苏联青年近卫军进行曲改编的团歌排队而行。黑夜归来,依然排队行进,也唱着这首团歌,颇有些苏联红军当年的感觉。歌确实是好歌,挺有革命劲道,旋律也动人,能激励人心。在1960年末那种气氛下,这早晚两次来回也算得雄赳赳气昂昂了。

中文系的任务是挖土、运土、夯土,修筑其中的一段路。我分配做运土的活儿,推着独轮车,把土运到数百米外的路面上。推独轮车是个技术活,用不着推几趟,我这个上海资本家儿子居然就学会了。我们就住在竹片搭成的工棚里,起早贪黑,挖土运土夯土。那时天气已经很冷。晚上要起来撒个尿,得穿上厚衣袄。厕所离开一百多米外。我熬不住,每晚一定要跑一趟茅房。我羡慕那些身体好的同学,他们从来不起夜,一觉到起床号响起。

这段路的路基,终于填土完成。以后怎么样?不知道。在那个"大跃进"时期,生命和时间已不属于你自己,而是贡献。记得我在55级,赶上了大炼钢铁和除四害的高潮。我当时已经住院了,没有办法去操场煽风点火,在"小高炉"里炒钢,只能拿着竹竿轰麻雀,可怜的麻雀无法落下来休息,一直飞呀飞呀,最后终于掉了下来,被收集起来,据说它们的下场就是厨房。那段时间,我们不也是奉献吗？炒钢,修路,轰麻雀,搞运动,下乡劳动,在这个时期就是"培养"合格接班人的必需。人只能随着"革命"大潮推来裹去,无法掌握自己的命运。幸好,我肺上的空洞,没有因修路而破裂,经受住了这次拼命。但下一次呢？我不知道。

"科研"雄心

《汉语成语小词典》,让55级语言班一炮打响,尝到了甜头,接着又决定与57级语言班合编《现代汉语虚词例释》。这些都是工具书,而且都是当时的重大空缺,只要把握好例句的政治界线,比较容易成功。例句政治正确,编写认真又快速,应该是工具书成功的诀窍。我参加了一点成语词典的编写,等编写"例释"时,我已经休学到了疗养院。一年后回到北大,这股"科研代替上课"之风依然旺盛,而且越刮越大。55级文学班编写《中国文学史》,获得了一片"赞誉"之辞,几乎铺天盖地,将所有师辈学者所编的文学史都"盖"了过去。这显然刺激了56级的领头者与同学。56级语言班的野心已不可能再局限于工具书,它的野心更大,要向汉语史挑战。这个班可能没有全部听完"汉语史"课。可是,班上的有决断权的领导眼睛大、胃口也大,要推翻王力先生的这部《汉语史稿》,创造一部全新的《汉语发展史》,连"稿"字也不要。我在55级时有幸听完王力先生的"汉语史"课,从头听到底,深深佩服王力先生的渊博与讲课艺术。要自己编写《汉语发展史》,我当然吓了一大跳,从来不敢想的事,居然发生在没有完整学过一遍汉语史的语言班上。后来才明白,因为班上的一位主要领导对古汉语、古代音韵有兴趣,想借此机会闯荡一下,也许可以一举而成,创造学术历史。我是插班生,没有发言权,能收留我,就算不错。语言班分成四个组,除语法、词汇、音韵/语音外,似乎还有一个组是翻译。我是被动的,哪儿有空缺就安排在哪儿,不容丝毫挑拣。我被安插到音韵/语音组,任务是搜集原始资料,提供给撰写者。从此,我又进入"绝学"的领域。还好,休学前我的语音学还学得不错,国际音标不但记住了,而且发音能记音,比较方便。慢慢地,我被汉语语音的演变迷住了,觉得大有嚼头。但是,资料到了写作人员那里,会写出什么,我不知道,我也似乎没有权利知道。其他组写些什么,我这个音韵组更不知道。到底能学到什么知识,培养什么能力,谁也说不清。因为对班上的每个同学来说,这种科研是不均衡、不公平、不全面的。经过一番"苦战",科研终于有了结果,《汉语发展史》厚厚三册居然编完,也印出来了,但我没有在此书上写上一字一语。虽然是内部印刷,虽然问题如山,总还算成果吧。当时还委托我为它刻了一方印章,"汉语发展史编委会",我用红砖刻的篆字,居然被赏识,红红地印在封面上。经过毕业后的学术再复兴,"文革"后的再反思,这部书最终还是不了了之,因为经不起推敲,难以逐一修正出版。毕业之后,我有一段时间还曾异想天开,想修订其中的部分,最后还是觉得涉及太广太深,力不从心而作罢。

事情都是两面的。这次汉语发展史编写虽然确有些狂妄无知,但也确实培养了语言班同学的兴趣与能力。这对以后工作大有裨益。许多同学以后的工作或学术成果都与此有

洪成玉(近照)

关,例如洪成玉在首都师大孜孜不倦,坚持不懈,奉献出《古汉语词义分析》《古汉语复音虚词和固定结构》《谦词敬词婉词词典》以及古汉语教材与多篇古汉语语法论文,终于成为古汉语多方位的名家。

又如王绍新在北京语言大学,虽然一直从事对外汉语教学,却仍不忘情于汉语词汇史研究,从甲骨刻辞、《尚书·周书》到《红楼梦》中的词汇,从隋唐五代的量词到明代《天工开物》的术语,不离不弃,即使重病也坚持始终,写出了许多重要论文与专著,在汉语研究史上留下重要的一笔。当然,分配到社科院语言所的何乐士,留北大的何九盈,更是受益非常,成为如今蜚声学界的古汉语语法和汉语史的专家。

这些同学的事实,导出了一个重要课题:大学生应该怎么培养?大学应该如何办才能名列学林前茅?科研应该怎么开展?以大批判和搞运动的方式搞科研,是反科学的。科研需要个人长时间的知识积累和思考积累,需要个人长时间艰苦的钻研与灵感触发。科研说到底是一种个人冷静行为。单纯上课是

被动式的灌输,只能培养书呆子。以不均衡、不公平、不全面的科研运动代替上课,那是大呼隆,瞎胡闹。根据不同专业、不同年级将上课、读书与公平体验式科研三者适度结合,可能才是大学育人之道,也是大学成功的关键。

转向再转向

人很多时候都是被动的,被偶发事件推着走。是历史选择我们,我们无法选择历史。科研结束后,立马进入毕业论文写作阶段,我选择了音韵方向。当初进北大时无论如何不会想到搞音韵,应该是文字学。我高中时原来的方向是物理和机械,就是因为一次偶然的翻阅,看到一本《语文知识》的小杂志,被文字改革激怒,进而又被它吸引,从此改变了人生的轨迹。这一次,汉语史科研又让我转了向,被语音演变吸引了。如果当时没有住院,还留在55级,也许我的选择就是词汇。

在斟酌多时之后,我决定写"舌面音j、q、x的源流"。这是个老课题,音韵学早已证明,现代的"j、q、x"来自古代舌根音(相当于g、k、h)和舌尖音(相当于z、c、s)两组声母的颚化。有的方言至今还存在尖团音的区别,就是这两组语音留下的痕迹。但是这两组声母什么时候开始演变到舌面音,历来有不同看法。我就想弄清这个时间点,尤其是"g、k、h"这组声母三等字颚化的时间点。为了这个课题,我开始自学八思巴文,研读一些考证"j、q、x"的论文。在这个过程中,我采用了书信的形式写作论文。我在学习语言学过程中,深感这门学问不但知之者甚少,也完全被人拒之门外。我们完全是在象牙塔之中,与老百姓脱节。他们不了解我们,以为我们是吃饱了撑的。我们也认为他们认识太浅,只知眼前的饭碗。为什么不让他们了解呢?用什么方式才能让他们接受这些语言学知识呢?学问要沉下去,也必须能浮上来。最后,我突发奇想,以《给纪启希的三封信》写作论文。磕磕绊绊,最后终于完成了,交出去了。论文的答辩教师是唐作藩先生。他给我打了个5分,评为"优"等。虽则如此,我还是感到研究之不易,需要老马识途的指导。原来预想的许多可能结论,在查资料,阅读文献的过程中,被一一推倒,我几乎只是重走了一遍前人的路。许多设想,前人早已做过扎实的查考。怀疑是科学前进的一个原则与动力。但尊重前人研究又应该是科研另一个原则。遗憾的是,论文的草稿早在多次搬家中散失。至于论文的提交稿,北大图书馆可能还保留着吧。

临毕业填写工作志愿时,全班都异常兴奋。同学们大都表态服从组织分配。还有一些同学填写到边疆去。郭丙于和俞静堃这一对都填写了到新疆去工作。我也填写了服从组织分配。当时的人几乎都以国家的利益作为自己的志愿,表现出一片革命的真诚之心。今天回想,依然感动。大概是这篇音韵学毕业之作的缘故吧,毕业前夕,我居然被选为继续留校做研究生。那时候,研究生可跟现在一捞一大把不同,研究生是凤毛麟角,被看得高不可攀。同时还有多位同学也被分配读研究生。我有些高兴,却又忐忑不安,不知将来会是什么样的新生活。

等到九月份开学,上面又变调了:包括饶杰腾、洪成玉、郭成韬和我的一些研究生候补,都要重新分配,当不成研究生了。表面的原因是老师不愿意带这么多研究生,负担太重。现在想来,当时真实的理由可能还是上面来了新指示,要加强阶级观点,要培养无产阶级接班人,要注意出身成分。这并非臆测:根据是,被重新分配的这几位,不是资产阶级家庭,就是有国民党身份的父亲,或者是海外关系复杂。我当然是因为资产阶级家庭的缘故。还有一种合理的推测,就是这次汉语发展史科研对老师们的压力。设身处地地想想,谁也不愿意接受造自己反的学生吧。当然,更可能的是混合了这两种原因,于是就成了最后的局面。我们只能再次等待分配。在等待分配期间,中文系对我们这些子弟还是很照顾的,给了新的身份:北大中文系"见习助教",还发给我们作为教师标志的红色校徽和工作证。当时,研究生就相当于助教,让我们做见习助教也合情合理。

12月底,我们接到重新分配的方案。方案里有人大,也有中央民族学院,还有北京市教育局。我三个志愿全部填写民族学院,我想到民族学院学习藏语,去研究远古的汉语语音。结果呢,等我去了民族学院报到,却分配到语文系给朝鲜族教汉语,搞第二语言教学。丝毫没有征求我的意见。不知为什么,当时我也没有提出异议。因为螺丝钉的教育已经深入到我的血液。我又一个理想破灭了,人生又一次转了向,从此驶向了汉语教学与现代汉语语法。在人生的道路上,会出现许多的路口,会面临不断的选择,人需要符合历史的潮流,才能成功。而掌握权力者也需要照顾个人的特长与兴趣,那么他们的成功才

史有为（2016年）

是可以期待的。螺丝钉教育必须被限制，必须尊重个人兴趣特长，这样才会对国家有最大的贡献。

被削去研究生候补资格的同学，其实都是佼佼者。在这三个多月里，这些人只能惺惺相惜，互相取暖。毕业以后，他们终于拂去尘埃，崭露光芒，都成了一方有名的专家。我的两个好朋友，饶杰腾去了首师大，成了中学语文教育的名家兼中文系主任，郭成韬去了人大，成为古汉语的专家。还有一位老大哥洪成玉，也到了首都师大，成为古汉语的一方名家。他们获得了也做到了历史与个人兴趣特长之间的平衡，于是，他们成功了。

插班的短短一年，我逐渐融入56级语言班。这短短的一年，这个新班让我懂得太多太多世事，引导我进入音韵学之门，又教会我太多为人处世之道。这些都刻骨铭心。我将永远记住。

让汉语走向世界

王绍新　施光亨

从母校北大毕业后,我们一直从事对外汉语教学。回想半个世纪来我们由进北大到从事这一行当的经历,可谓一言难尽。

一　考入北大

1956年我俩高中毕业。王绍新原本打算学工。可是那年

施光亨（大学时期）

王绍新（大学时期）

初夏,在教室墙上见到一份北大校刊的招生专号,它介绍了学校光荣的历史、浓厚的学术空气、众多的海内名师、仅次于北京图书馆的丰富藏书,还有湖光塔影的校园照片……这么好的学校,为什么不去上！那是一个理想主义高扬的年代,母校南开中学的辅导员老师听说我的想法,极力鼓动我考北大,改学中文,他大讲"我们的时代比秦汉盛唐伟大百倍,需要出司马迁、李白、杜甫"！语文老师们也一致支持,于是在离高考只有两个月时改了志愿。临阵改变主攻方向的代价是体重减轻了九斤。施光亨原被选为留苏预备生,但社会关系不合格。因为伯父施之勉虽是不问政治的学者(他是钱穆的同乡至交,研究《史记》《汉书》的知名专家),1948年却去了台湾,留苏名额最终也就与其无缘了。于是选定文科,并当然地选择了北大中文系。

我们真的考上了北京大学！初次踏进燕园，我们就像飞上蓝天的雏燕，眼前晴空万里，心中无比敞亮。说来有些神奇，施光亨第一次走进大饭厅不禁吃了一惊：自己分明在梦中到过一个跟此地一模一样，只有斜梁没有立柱的地方！这不正是我们梦寐以求的精神家园吗？

二　分到语言班

中文系的学生哪个不爱文学？我们虽然并没有真要争当李白、杜甫的野心，却也不免想在创作上试试身手。可是一入学，已经鬓发斑白的系主任，"五四运动"中的青年先锋杨晦先生就对我们这些当时的小将大泼冷水。他不客气地说："我这里不培养作家，想当作家的请及早自便。我培养的是研究人才，你们要扎扎实实地学理论，学文学史。"他还多次批评一位年少成名的北京乡土作家，他曾是我系54级学生，只因不安心学习北大人极为重视的基础课，却总是抱着《静静的顿河》琢磨写作技巧，最后中途退学了。他成了杨先生用以规诫我们的反面教材。

这倒没使我们太失望，我们本来就都热爱古典文学，也还坐得住冷板凳，研究就研究嘛，也挺不错的。

谁知事情并未就此定局。当年我们入学时文学、语言不分专业，两年以后才分两个专门化方向。由于对语言学缺少了解和兴趣，大部分人怕进语言班。但分班时，按照那个时代青年的思维定式，大家都诚恳地表示服从分配。我们也同样表态，结果真进了语言班。

唉！开始的时候总感觉自己正离开鸟语花香的园林，走向沙漠。优美的风骚雅颂、唐诗宋词像车窗外的风景，渐行渐远；奇形怪状的国际音标、聚讼纷纭的语法概念、不知所云的方言乃至汉藏语，犹如沙棘和胡杨迎面扑来，我们只能为它们耕耘下去，内心很是无奈。

不久，开始了"科研大跃进"的群众运动，它以头脑发热为突出特点，学术与政治的联系被畸形夸大，闹出不少荒唐事。可是应该说，在北大由于严谨学风和务实传统的熏陶，由于许多良师在艰难处境中尽己之能给弟子以有益的指导和教诲，即使在那样的非常年代，我们毕竟还是从中学到了不少东西。北大的学术精神对当时的流行病毒起了某些消解作用。在随后掀起的"批判资产阶级权威"的高潮中,56级语言班的主攻方向是汉语史。为了"打倒高本汉,重构上古音",我们分工把《诗经》的全部韵脚抄成卡片,搞系连。为了"创建汉语词汇史体系",我们按照北大人的惯性钻进图书馆,埋头书堆,从正史到佛经、变文,从诸子百家到朝鲜汉语教材《老乞大》《朴通事》,从诗文笔记到庚子事变中的口头文学,只要找得到,无不披览检阅。原来,语言科学的园地同样繁花似锦,真真有趣味。我们的最终成果——由郭沫若题写书名的厚厚四大本油印《汉语发展史》,虽因诞生在物资匮乏的年代,纸张甚为低劣,内容也难免烙上时代的印记,但作为一群初生牛犊焚膏继晷的习作,敝帚弥足自珍。著名语言学家张清常先生来语言学院后曾对我们说,你们的书可惜没出版(三年困难时期出版社"调整"了原定的出版计划),否则也是一家之言。张先生的话可能更多的是出于鼓励。不过几十年过去了,经过多次搬迁,我们仍将它修了又补,珍藏在书柜里,同时也将对汉语史科学的挚爱永远深藏在心中。

三　进修阿拉伯语

毕业时,施光亨的原分配方案是留苏学机器翻译,后改为我们两人同到语言所做吕叔湘先生的研究生。谁知又出现了变化。那一年周总理亲自指示要建立一支为出国汉语教学准备的师资队伍。教育部外事司派出专人从各高校应届毕业生里挑选了第一批储备师资,分别进修英、法、西、阿四种外语。进修阿语在北大东语系,其他语种在北京外国语学院。去教育部报到时,有关接待人员以"原在北大,省得搬家"一句话就把我们分到东语系学习阿拉伯语了。

阿语有独特的上下喉壁音、喉音、小舌音、颤音,白天我们常常口干舌燥地绕着风光明媚的未名湖朗读佶屈聱牙的阿语课文,夜晚就在厚壁垂檐的均斋灯下研习语法或背记"大食国"的历史,倒也怡然自得。在国家相对平静的1961—1964年,我们有幸在母校额外享受了一段潜心读书的美好时光。

时任东语系主任的季羡林先生对我们格外关心重视,给我们免去了一切公共课、政治课和部分政治形势学习以及劳动锻炼,让我们集中精力学语言。著名伊斯兰学者马坚先生亲自为我们讲授过语法课,还专门抽时间跟我们座谈。他熟悉汉文典籍,又十分幽默风趣。记得他说:"考考你们,'《礼记》言毋苟'(按指《礼记·曲礼上》:'临财毋苟得,临难毋苟免。'),下联怎么对?"我们面面相觑,答不上来。他哈哈大笑说:"白字先生把毋苟念成母狗,所以该对'三传有《公羊》'啊!"他还说自己翻译的阿语语法术语就是参照《马氏文通》确定的,如"起词、语词、正偏组合"等。两位先生都指出,有中文基础是学习外语的优越条件,母语不好学外语犹如沙上建塔。我们的进度也确实快于普通班,用三年时间基本达到了本科的水平。多年来,我们在完成教学、工作任务之余,翻译出版了阿拉伯小说、传记约60万字,编辑了汉英阿科技词典,撰写了有关阿语本体研究的论文,母校百年校庆时参加了东语系的学术讨论会。当年的老师说:"你们的阿语学出来了。"

四 让汉语走向世界

从东语系结业后我们就到了以教留学生汉语为主要任务的北京语言学院(今北京语言大学),直至退休。如今电视屏幕上金发碧眼的洋人说相声、唱京剧屡见不鲜,孔子学院开遍全球,真是红火极了。可有谁知道当初筚路蓝缕的艰辛!在突出政治的年代,因为我们是涉外单位,教师除了教学,还有对外宣传、做学生思想工作的责任,世界任一角落形势稍有变动,上级都要及时传达精神、对策,我们都要深刻领会,坚决贯彻。备课一般得到晚十点前后才开始。那时还没有"第三世界"的提法,常提的是"面向亚非拉"。我们教的大部分是阿生,而阿拉伯世界横跨西亚北非,是外事工作"面向"的一个重要方面,管理任务特别繁重。

从教学工作来说,看似简单,其实每天遇到的难题怪题层出不穷。老师说:"我把汉字写在黑板上了。"学生立刻造出结构全同却根本不通的句子:"我把饺子吃在饭馆里了。"老师说,形容词应放在量词后边,"一新件衣服"不对。学生问,那"一大包东西"对吗?这是中国幼儿都不会发生的问题,可你要及时、确切地说到点子上,则需要扎实全面的语言功底和丰富的实践经验。

出国储备师资承担着到国外任教的任务,在当时令人称羡。其实我们在国外的日子实在艰难,家信都是通过外交部信使递送,每月只有一次,让人望眼欲穿。在"四人帮"肆虐时风云诡谲,信中虽无法回避国事家愁,但一怕游子挂念,二怕万一透露出去引来麻烦,故家人都不敢直言。可字里行间流露的凄苦我们是能领悟的,每次读完家信往往是一声长叹。寂寞之外还有风险。施

王绍新、施光亨夫妇在埃及金字塔前

光亨70年代在国外四年曾经历了所在国度几次政变引起的内乱。有一次刚巧在外地出差,回程时包围首府的政变部队荷枪实弹瞄准我们的汽车,施作为党员干部,冷静地指挥司机,首先放慢速度,接着独自先行下车,向他们招手致意,说明我们是中国人。事情虽然化险为夷,但面对枪口的情景至今记忆犹新。

改革开放后,国际交流的渠道大为扩展,我们也走到了第三世界之外的东瀛。几十年来,我们在国内外栽植了数以千计的异国桃李,赢得了学生的友谊和信赖。他们有的成了教授、校长、知名汉学家,在本国创建了新的中文系科;有的在政府担任要职,热心推动与我国的友好关系。他们都是传播中华文明,增进中外友谊的种子。学生有机会来中国时,总是设法找到我们,尽管已经几十年了,但师生之谊永不相忘。

1999年,教育部给每名长期从教的61—64级汉语出国师资颁发了"语出华夏,桥架五洲"纪念牌,以示对这一代人为新中国对外汉语教学事业所做贡献的肯定和褒奖。

让汉语走向世界,是我们一生的奋斗目标。作为北大学子,在这项事业中我们所做的一些工作都与母校的培养密不可分,北大给予我们的教育,让我们受益终生。

上学初记

吴济时

上　学

吴济时（大学时期）

我的人生有两次重大转折：一是1948年冬，由于我对国民党腐朽统治深恶痛绝，对共产党的信赖，在武汉参加了共产党领导的地下工作；二是1956年，响应党中央的号召，报考大学，被录取，又背起书包，去上学。

新中国成立后，百废待兴，人才奇缺。虽然，1949年5月中旬，武汉解放后，我们一批读高中就参加党的地下工作的共青团员，被挑选出一部分到华中团校（由林彪、邓子恢具名主办）学习，三个月后结业，分配到政府各部门工作。人虽近两千，也只是杯水车薪。

为解决这个十分紧迫的问题，1956年春，周恩来总理代表党中央发出号召，动员有条件的在职干部报考大学，同时为报考者，提供了十分优厚的条件：每天上半天上班工作，下半天复习功课，晚上自己安排。另外，还组织了各种辅导课和补习班。

对于一直做着上大学梦的我来说，这么好的机会，绝不会错过。很快，我们几个好朋友就报名了。

那时,我被分配在武汉市公安总局工作已近七年,立过三等功。算得上是一个积极能干的青年干部;局长知道我报了名,即将我叫到他家里,劈头就问:"你都读高三了,难道还要去读书吗!?"在一个文化不高的老干部面前,我实在不知如何回答。只好讲了一点实情:"我很喜爱文学,填写志愿,只报了一个志愿、一个学校,就是北京大学中文系;这个学校要求很高,非常难考;我的录取可能性很小很小。"在旁边办事的局长秘书点点头,微微一笑,表示有同感。就这样,把这一关敷衍过去了。

几个月后,录取通知书来了。总局报考大学的五六人中,我被北京大学录取了。过了两天,市政府办公厅派人敲锣打鼓,送喜报到市公安总局,"祝贺总局为国家输送了人才";老局长考虑到这是响应中央号召的大事,又把我叫到他家里,进门就见他笑眯眯地,说:"你考取了哦,不久就要上北京读书了。做好了准备没有?有什么困难?"我连声说:"没有,没有。"生怕到手的鸭子飞了。他用手指指,要我坐下,再三提醒:"再仔细想想。"我才说,"我负担妹妹每月上中学的费用。"他随即拿起电话,找到了政治部主任,说:"吴济时上学,转关系时,给他提一级。"这实在是我预想不到的!提一级后,我的调干助学金也随之上浮一级,每月多了九元。九元钱,用以解决农村一个初中生每月的伙食费有余。预想不到的事还不止于此,考虑到我是从南方到北方上学,组织上还安排给我定做新棉衣、棉裤、棉大衣,和一床厚厚的新棉被,被面是价格不菲的哔叽呢。朋友们见我都满脸微笑,为我高兴。当我整理行装时,手摸柔软的、加厚的棉衣、棉被,怎么也抑制不住内心的激动,不禁潸然泪下。在很长岁月里,耐用的哔叽呢被面,被我定为传家宝,用以激励自己,教育孩子。组织上用关爱、体贴,加深了我与党的感情,也有助于我提高学习上进的自觉性,决心不辜负党的重托。党的教育刻骨铭心!

奋 进

在中央宣布疾风暴雨的阶级斗争基本过去,在号召向科学进军的时代里,在嘹亮的"向副博士进军"的号角声中,大学生们满怀喜悦,都像充足了气的皮球,极具活力,个个都摩拳擦掌,决心大干一场,决不辜负此生,一定要对得起人民,对得起党!

生活在北大,有一种强烈的使命感和自豪感。在潜移默化中,那种对民主、自由的向往,对"高水平"的追求,和学习自觉性的提高,都很快增长了起来。

我们对北大的尊重和热爱与日俱增,一是因为北大有那么多闻名遐迩的教授,个个都是顶尖级专家,这就是我们有可能成才的最好的基本条件。二是北大有深厚的优良传统,值得继承。三是有很好的学习环境:学校大图书馆有读不完的书,有些还是罕见的善本;又有风景区般的校园,未名湖旖旎美景,人见人爱。

我们班第一次班会,就是在班长郭丙于的安排下,在未名湖畔石舫上召开的。夕阳西下,微风习习,百鸟归林,我们的会议在鸟儿欢唱中开始,32个人,每个人都自报家门,还真有几个被点名发言的同学,简略谈了自己的婚姻爱情,引起一番热闹。在自由自在,有说有笑中,增进了相互了解,拉近了彼此的关系,达到了第一次班会的目的。我不知道,班长是不是活用了亚米契斯的《爱的教育》一书的核心思想,在那样美好的地方,以传送友爱为内容,使首次班会开得分外成功,为我们班形成团结友爱、积极向上的班风,打下了良好的基础。

会前会后我们都要经过湖心岛的新华书店门口,到书店买书、看书是许多同学课余休闲时的安排。第一次看到这个书店,我还自我解嘲地联想,难怪叫"大学",校内设这么大的书店,学校能不大吗?每次我到这里,都会遇到我们年级的一些"书虫"。

北大的学生非常爱惜时间,早上做一些基本锻炼,洗漱完毕就背起书包,提上碗袋,过习惯了的"三点(教室、图书馆、饭厅)一线(宿舍)的生活"。书店设到学校,当然方便了师生,节省了大家的时间。学校良苦的用心,是显而易见的。

到沙滩去拜访老北大旧址,是每个人自觉要做的功课。多数人都不是星期天上午去,因为大家有个不成文的约定:上午和晚上都是用于学习的。星期天只休息下午半天,用于洗衣服、补充购买日用必需品等。

沙滩旧址大多封闭起来了,让看之处不是很多,主要是看看纪念室(它是用老北大图书馆改建的)。馆长李大钊书写的楹联"铁肩担道义,妙手著文章"赫然在目,这楹联既是革命先驱对自己的期许,也是对后来人的期望。

在向科学进军的大好形势下,李大钊的厚望也成为一种动力。特别是毛主席在最高国务会议上的讲话发布,"百花齐放百家争鸣"方针的提出,更是极大地鼓舞了全国人民建设社会主义的热情,也强化了大学生们,为国家民族的兴旺强盛而刻苦学习的决心。

然而,到了1958年后,在高举三面红旗,全民"大跃进",大办钢铁,农业创高产,"超英赶美","发高烧"的年代,北大也失去了学府的平静,要求人人作诗、人人绘画,人人体育都达到三级运动员标准;在后来进行社会主义教育运动中,学农,参加农村社会主义教育运动、劳动更定为每个大学生的必修课。

吴济时与夫人及女儿重回北大

也有些系的同学参与大办钢铁,在校内搞小高炉炼钢,闹得热火朝天;我们班在学农之前,还搞了一次规模不算太小的学工活动,来自北京市政府的同学俞静堃,利用关系,搞来了一批被他们淘汰的印刷机:有圆盘机、大平台机,和成千上万的旧铅字,在工人师傅指导下,我们公然办成了一个小印刷厂。

我们几个人都学会了使用圆盘机印刷,我还学会了开大平台机。我们帮有关单位印制了不少收据、报表、发票等,还在大平台机上试验印出了小报。大家欢天喜地,还向学校领导报喜了。

1959年秋后,我们学农到平谷县,这里山多田少,主要劳动是背大石头上山,为果树培基地;也被安排清理过猪圈、牛圈,送粪到田间;年末,生产队还让我们尝过甜美的果实:那种三九天冻透的柿子,实在甜美可口,绝不亚于高档冰淇淋。

尤其令人难忘的是,到1960年,为了配合农村社会主义教育运动,我们班还承担了编演一个忆苦思甜的戏剧任务。我们真没辜负那个"敢想敢干"的年代！在没有编剧、没有导演、没有作曲、没有演员的情况下，就凭我们各自的业余爱好，不太长的时间里，不仅编出了，而且排演出了我们创作的歌剧。在当地试演，就受到群众热烈欢迎。可笑的是，我五音不全，还粉墨登场，在剧中饰演区委干部，有四句唱。县委召开四级干部会时，我们被调去为大会连演了三场，场场爆满。

虽然1956年之前，国家在革命和"热气腾腾"的建设中，在进行思想改造运动中，也有曲折坎坷，乃至失误，但从总体上看，大家对党的领导都是坚决拥护的，并寄予极大的期盼！至今人们都认为从1949年到1956年，是新中国最值得怀念的年代。

转　折

大转折开始出现在1957年。入学第二学期，班干部改选，我当选为班长。那正是1957年初，迎面遇到的就是帮助党整风、反右、"大跃进"、插红旗拔白旗等等，一个接一个运动。最使我内疚，至今难以忘怀的是拔白旗运动中，我写了萧老师一张大字报，抛开萧老师给我们年级系统、科学地讲授中国文学史课不讲，硬说萧老师讲孔子的"仁"，是传播超阶级的泛爱。更使我不安的是，这篇东西当时还被作家出版社编辑部编进了他们出版的《中国古典文学厚古薄今批判集》(第一辑)广泛散布，造成很不好的影响，我实在愧对老师。

由于我是班长，所以"反右"运动开始，我就成了班上"反右"领导小组成员（党小组长、团支部书记和我），因而也有机会听取某位中央政治局委员到北大，在小范围内做的"反右"动员报告。他例举了许多"典型的右派言论"，鼓动大家说：我们不能再沉默，是到了应该反击的时候了！

我们班也召开了许多次帮助党整风的会议，经反复动员，也的确提出了不少意见。诸如：揭发农村统购统销搞过头了；合作社办早了点，转高级社快了点；镇反扩大了点，××干部作风粗暴恶劣等等；在我们看来，提出的意见，都是善意帮助党整风的，是爱国的。因此，鸣放结束，上报结果，我们班没有"右派"。

到1958年，上面认为我们"反右"右倾，需要提高认识，复查补课。我们只好再查再找，最后找了两位发言直爽、比较激进一点的同学充数。当时上面说

"右派"是认识问题,我们心情稍安一些;可是,随斗争发展,对"右派"越来越加码,终于认定为敌我矛盾。排在地、富、反、坏之后了,这就使我很不理解,忐忑不安了。

十年"浩劫"的大转折,起于粉碎"四人帮",造势是"实践是检验真理的唯一标准"的大讨论,落实起于邓小平实行改革开放。特别是十八大以来,以习近平同志为核心的党中央,高举中国特色社会主义的伟大旗帜,坚持改革开放,铁腕反腐廉政、从严治党治军,党的威信大大提高。使我在耄耋之年,人生又有了新变化:心与党贴得更紧了,党在我心中有了更崇高的威望,我躬逢盛世,满怀信心和喜悦,与人民一道,看到了自己毕生追求的国家富强,民族复兴的美好希望!

2017年10月2日于深圳

燕园五年祭

王育生

王育生（大学时期）

几位热心肠的同学，不仅组织了北大中文系56级同学聚会，整理了通讯录，而且自告奋勇要出版一本本届校友回忆母校生活的文集，令我为之感动。集稿的时间早到了，可我却迟迟未曾动笔。

按说，大学五年正是青春年华，本该是有着最美好的记忆的岁月。然而多年来我却很不愿意回首往事，去重拾昔日的脚印。

是心肠太冷漠？不是的。一字为师，余何德何能，数十载能在戏剧界和报刊编辑园地占一席之位，得以混迹其间，皆仰母校师友之所赐，此恩此德，今生今世不敢稍有忘怀。

是同学间过去彼此有隔阂，心存芥蒂难释于心？也不是的。余今已是逾"知天命"而届"耳顺"之年的人了，难道还有什么想不透、看不开的个人恩怨？正所谓"十年一笑泯恩仇"，那个年月的事，本不该由哪个人负责的。

可是，事实上毕业后这三四十年来，除有数的一两次班级同学聚会外，我再没有踏进过北大校门，领略燕园的湖光塔影。而工作后相当长一段年月，我就住在和北大咫尺之隔的清华员工宿舍里。潜意识里究竟存在一种什么障碍？自己也搞不清楚。说老实话，我从来没有，或者说是根本就不大愿意再去梳理它。

感念有关同学一再催稿，实在盛情难却。这倒使我不得不去想一想当学子时的一些往事了。

结果竟恍如隔世。雪泥鸿爪,星星点点,不知能否聊以交差?

1956年夏,我这个18岁刚从高中毕业的青年,以相当不错的成绩考入了北京大学中文系,来到我国文理大学的最高学府就读。

在同年级四个班的一百多名学生里,我是最年幼的几个人之一。因为同学中有一部分是"调干生",他们已在机关单位工作过,重新又来上学深造,有的还结过婚,有了孩子。这些人显得比我这样涉世不深、少不更事的学生娃成熟,生活和社会工作能力强,方方面面都高出一个层次,学习上也肯刻苦用功,在许多地方我都挺佩服这些老大哥老大姐。

可是不知怎的,我和他们又老像油和水似的融和不到一起。相处时我内心深处可能还多少有那么点儿优越感——都那么大岁数了,还抛家舍业来上学,犯得上吗?看着他们起早贪黑地钻图书馆,辛勤地抄录卡片,颇不以为然。我以为学文学艺术专业,主要是凭天分和禀赋,要靠心灵感悟。整天钻故纸堆、死用功,为我所不取。

现在回想起来,我当时是太幼稚、太自以为是、太不知珍惜难得的学习机会了。有课当然要去听,听着没劲就连笔记也不记,堂而皇之地看自己感兴趣的小说。没课的日子别人一早就去图书馆、阅览室抢占座位,而我八九点钟犹自高卧不起。食堂的饭菜想吃就吃,一犯馋就上东校门外一家小饭铺里叫上一客叉烧肉蛋炒饭之类的打打牙祭,日子过得好不潇洒自在。

一学期下来,我生活上的疏懒、散漫,学习上的自由放任,在全年级出了名。当时我全然不把别人如何看我放在心上,一味"我行我素"。巴尔扎克、雨果的长篇,莫泊桑、契诃夫、欧·亨利的短篇,鲁迅的杂文和小说,郭沫若直抒性灵的诗歌和回忆录,加之当时社会上涌现的一批有轰动效应的新作如《洼地上的"战役"》《红豆》《组织部新来的青年人》《在桥梁工地上》……使我直如一个贪婪的饕餮突然置身于超豪华美食城一般,简直目不暇给、手足无措了。在这种无系统、无计划的阅读享受中,我非常自信乃至引以为自豪的一点,就是发现了我自身具有一种素质:对文学艺术有着较强的感悟能力。我常常不是用眼去阅读,而是用心去体味,每当我生活在文学大师们创造的情节、人物、意境、氛围里时,首先不是去做理性的分析、判断和评价,而是先赤身裸体地在其中畅游一番，一任自己完全被淹没，周身战栗，不能自已，久久恢复不了平日正常的情绪状态。

这是一种多么妙不可言的精神享受啊！我庆幸自己选择了文学这个专业。

至于学校规定的专业课程，也并非全然不放在心上，而是觉得拿下它并非难事。高名凯教授主讲的《普通语言学》，厚厚上下两大卷，平时重文学而轻视语言课程的我听讲并不很认真，考试前夕着着实实背了两天书，抽题考试时竟然能够侃侃而答，顺利通过，连考题涉及的是书上哪一章、哪一节，从哪页到那页都清清楚楚。当时我很少想到应如何扎扎实实地苦读学业，将来如何安身立命，要成就一番什么事业，取得什么功名利禄。今生今世只要一卷在手，拥有读自己所喜欢的书的乐趣和精神生活上的享受，吾愿足矣！

当时本人就是这么一个"雏儿"——政治上混沌幼稚，生活上不明事理，学习上不知进取，待人处事不练达圆到，不知审时度势、通权达变，尤其不懂得"包装"自己。第一学期虽然侥幸万分，优哉游哉、自得其乐地过来了，可是第二学期就赶上了1957年那场政治风暴。在其后接连不断、令人头晕目眩的各种运动中（包括炼钢铁、深翻地、拔白旗、搞社教、"反右倾"……）我可以说是出尽了洋相、吃尽了苦头，甚至几遭"灭顶之灾"。所幸的是，可能正是因了我的单纯幼稚、全无城府和毫不设防，才得以避免掉了最坏的厄运，没在大学就戴上政治"帽子"。运动中大家对我最严厉的批判，无非是"未经改造的资产阶级知识分子""没树立正确的世界观、人生观""消极个人主义"而已。

毕业时我认真总结出来的五年大学生活中最大的收获是：明白了自己身上有着"原罪"般的劣根性，这一辈子都必须"夹着尾巴"做人，永生永世改造下去。

对于这个结论，我当时既感到心灰意冷又心悦诚服。经过五年大学生活的思想改造，我已经自觉地、真诚地把它奉为圭臬，或者说是把它烙印在了心灵之上。

如今，我这个当年班级里最年少的小兄弟，也已经五十有六，须发皆白了。工作了这大半辈子，虽无可以骄人的业绩和建树，却也还活得无愧无悔。平素恪尽职守、兢兢业业、孜孜矻矻，毕生为他人作嫁衣，为中国的戏剧事业奉献着忠诚。生活上甘于清贫，安稳度日，心态平和，自认为是在实现着做人的价值。作为生活对我的回报，工作上担任了一定职务，1983年评为副高职称，

1993年评为正高职称。落实职称工资之前,每月可拿工资一百四十元,书报费等杂七杂八加起来差可糊口。多年来,工作之余我还涂抹了几十万字各类评论文章,虽无多少创见,也未必有多高的学术价值,但皆有感而发,有着自己的一份真诚,心里犹敝帚自珍。每念及此,余常感母校之恩泽。俗话不是说,知足才能长乐吗?

在怀着这种感念、满足心情的同时,我也时有惶惑。

我的惶惑在于:具有像我这样价值观念和人生态度的人,难道真的是社会进步、人类发展所需要的吗?在母校学习时,我除了获取、得到了一定知识之外,从自己身上是否也丢失了点什么,被剥离、阉割了点什么,而且很难再把它完全寻找回来,重新植入自己的灵魂、化为自己的血肉?

王育生(近照)

我隐隐约约地感到,燕园五年,无疑增长了学识,然而却磨掉了棱角,没有了自信,戕伐了个性,缺少了尊严,失掉了往昔那颗赤子之心,无论做人还是从业,也只能是个守成不足、创造乏术的庸碌之辈。

每当我与我的子女以及八九十年代成长起来的青年人接触时,除了他们有一些作风我看不惯、有些观念不能完全适应外,他们身上总有一种本真的、野性的、一往无前、无所顾忌、燃烧着人类生命原力的东西在吸引着我,使我激动,令我羡慕,乃至嫉妒!

来日无多,往者已矣。我想,一个时代总在塑造着一个时代的人。像我这样的俗夫,已经被雕琢、焙制至此的人,是很难再有所改变了。连同我那有着美好与遗憾、温馨与痛楚的过去,也都已然成为褪了色的一片模糊……

我愿把我对燕园五年的回忆,埋在我心底的小小的坟穴之中。此文,则是我祭奠于墓前的一瓣心香。

如今已临世纪之交,我眼前仍有一线光明。

我坚信,未来的人和未来的世界,必将以不可逆转、不可遏止的发展,以完美的人性本真,去创造新的辉煌!

附记

　　这是我本着怨而不怒的诗教精神,写于1994年的一篇文章。成文后,曾发表于《大学生》杂志,此次入辑,仅做了个别文字改动。

在未名湖畔仰望头顶浩瀚的星空

曾庆瑞

北大中文系是我的"学术原乡"。这"学术原乡"往回看，中学母校武汉一中是我的"文化摇篮"。往后走，我为之服务了整整50年的北京广播学院/中国传媒大学，则是我的理论营地。

一

1956年7月考进北大中文系，8月24日，我走进燕园，开始了长达九年的北大中文系学生生活。

曾庆瑞（大学时期）

新生报到以后，我被编在汉语言文学专业56级1班，学号是5607118。我们班30名中国学生，还有1名旁听生，新疆籍，屈武年轻的新婚夫人。年级里还有二十几名留学生。我们中国学生里，20名是调干生，10名是中学生；女生5人，男生25人；年龄差，最大的比最小的要年长17岁。5名女生全都是调干生，她们是冯亚眉、王碧禾、石峰、李金娣、赵遐秋。后来，我和赵遐秋成了一家人。这个班的党小组长是周中明，团支部书记是赵遐秋，班长是我。我们男生分配住宿在10斋102室。这是一个两层楼的大统舱式的集体宿舍。两片矮墙把大统舱隔断成三小间屋。每一小间摆放四张双层床，进门处是一条小通道，贯穿三间小屋。最里间的小屋在小通道尽头还顺墙根摆一张双层床,刚好,13张双层床住25个人,还空一个铺位大家搁点儿东西。冬季取暖季节,每一小间置放一个带烟筒的火炉。火炉上,经常烤着同学们从海淀镇上买回来的"黄金塔",也就是玉米面儿的大窝窝头,切片可以两面都烤得焦黄焦黄的,看着都香,都好吃。后来。我们男生搬进了学校南门围墙里的32斋。32斋下楼走几步路,出一扇西南小校门,过马路就是海淀镇那时最热闹的镇西北角商业街。当时,系里派来做班主任的是青年教师倪其心。后来,他被划为"右派",从京西门头沟斋堂乡山区"劳动改造"后回来在系资料室上班。

北京大学是我们那一代年轻的读书人心目中最神往的最高学府。

巍巍上庠,国运所系。作为中国的最高学府,北京大学始终与国家民族的命运紧密相连,聚集了多名著名学者专家。名师出高徒。我们这一代人仰望北大,很重要的一个原因,就是北大汇聚了众多的名师。1956年我们入学的时候,北大中文系的名师,用当今流行的语言来说,就是一个非常豪华的阵容。

我想,少小离家,负笈京华,就是要拜他们为师,学他们怎样做人,怎样做学问的,我一定要想方设法先了解他们,懂得他们,并且尽量接触他们,以至于接近他们。那时候,没有互联网,没有百度、搜狐,但是,我有我的办法。也就因为有了一个"班长"的身份,我很方便地接触了系里一些知情的老师,比如,班主任倪其心老师,系党总支分管学生工作的专职副书记华秀珠老师,学生工作干事蔡明辉老师,系办公室的老冯、小冯两位冯老师,还有崔庚昌老师。另外,古汉语任课教师吉常宏老师,现代汉语助教杨贺松老师,文艺理论任课教师吕德申老师,还有马列主义基础课的任课教师郑亚英老师,都是我有空有机会就缠着打听、请教、咨询的对象。语言学教研室的甘世福老师,恰好也是武汉人,就这一条,就使得我们很容易接近起来,山南海北地聊起来。还有一位1955级的学长张少康,上海考过来的,新生报到的时候是他接待的我,入学以后也一直热心关照我,我自然也就找借口向他问这问那的了。于是,我的脑海里,对于我所仰慕的师长们,也就渐渐地拼凑出来比较完整的印象了。

我们中文系有四位知名教授。这在全校也是耀眼夺目的。这四位是文艺理论的杨晦教授、古典文学的游国恩教授、古代汉语的王力教授、古典文献的魏建功教授。杨晦教授是系主任。除了这四位教授,我们中文系还有很多著名的教授。比如,汉语教研室的周祖谟教授,语言学教研室的高名凯教授、岑麒祥教授、袁家骅教授,文学史教研室的林庚教授、吴组缃教授、浦江清教授、季镇淮教授、王瑶教授。还有一些其他老师,像汉语教研室的杨伯峻老师、唐作藩老师、朱德熙老师、林焘老师,语言学教研室的甘世福老师,文艺理论教研室的吕德申老师,文学史教研室的章廷谦老师、冯钟芸老师等连同最资深的老师吴小如,也都是各有学术成就的知名学者了。1956年我进系里读书的时候,周祖谟教授、高名凯教授、岑麒祥教授、袁家骅教授、林庚教授、吴组缃教授、浦江清教授、季镇淮教授、王瑶教授大概在四五十岁。这个年龄段,这样集中在一所大学的一个中文系,而且个个都出色到有这样的学术成就,实在惊人,也实在罕见!想想我们这些受业的学生,可以称作之嫡传弟子的这一代大学教师,真的是自愧弗如了。而我们的学生,学生的学生,学生的学生的学生,也真的无缘再由这样一代名师耳提面命,教大家做人和做学问了。

还有一群讲师和助教更年轻,也是那时北大中文系浩瀚星空里未来的一颗颗耀眼的明星。要不了多久,他们在中国语言文学学科领域里冉冉升起,就都蔚为大观,璀璨夺目,卓尔不群,书写新的历史篇章了。当时,闪现在我们这些刚刚踏进燕园大门的学子眼前的未来之星,是唐作藩、吉常宏、曹先擢、郭锡良、徐通锵、石安石、贾彦德、王福堂、袁行霈、傅璇琮、严家炎、孙庆升、乐黛云、陈贻焮、吕乃岩,还有杨贺松、陈松岑、叶蜚声、唐沅等等。我还要说到一位女教师朱家玉,她是北京师范大学中文系钟敬文教授的得意门生,给我们讲授"人民口头创作"的课。大家都很喜欢听她的课。不少的民谚都是她在课堂上教给我们的,比如,"小小子儿,坐门墩儿,哭着喊着要媳妇儿!""风来喽,雨来喽,蛤蟆背着鼓来喽!""吃面不搁酱,炮打交民巷!吃面不搁卤,炮打英国府!"等等。

那时候,走在燕园里,我心中都会涌流着对于她的挚爱。我小时候,曾经那样钟爱家乡武汉大学校园之壮美。现在,生活在燕园里,我也非常钟爱这满园的历史和文化了。

初到北大中文系,日子过得紧张,却十分愉快。既然系主任杨晦教授说明白了,北大中文系不培养作家,只培养学者、专家,我就老老实实读书做学问吧!再说了,不是说来日方长吗?师长们中间,比如杨晦先生、吴组缃先生、林庚先生、章廷谦先生,不都是既学术又创作,自由地栖居在两个家园里的吗?家骅恩师稳坐中国汉语方言学的第一把交椅,不还是早年创造社的成员吗?更何况鲁迅,更何况郭沫若,更何况诸多先贤和长者呢?

　　心情愉快,我的大学生活一开始,丰富多彩。

　　平时一般都是,清早起来不刷牙不洗脸,先拿着书包跑到燕南园一教或二教,有时候也在哲学楼、阶梯教室,或者图书馆,再或者文史楼阅览室去抢占一个座位,然后回到十斋宿舍洗漱,去大食堂吃早点,再上课或者看书。那时候的北大学生,空着肚子先去抢占座位,真的是一道抢眼的风景! 可惜,现在的大学校园里,全都风光不再了。我们当年上课的时候,大家都非常专注地听讲的。那一年,国家提出来"向科学进军"的口号,大学生都觉得重任在肩、匹夫有责,神圣得可爱,真是少有读书不专心的。要说区别,也就是,像我们中文系56级的吧,一到周末,有一些"调干生",就喜欢去小食堂的舞会上跳个舞什么的;再就是,不分"调干生"和"高中生",拎起自己的小木凳买票排队进大食堂看场电影;还有,就是在办公楼礼堂听一场音乐会,进城看一场话剧。好像刚来,加上女生少,没结婚的女生少而又少,一对对到未名湖畔谈恋爱的也少。多数人,还是在图书馆阅览室,或者一教、二教开放的阶梯教室,再或者宿舍里看书。

　　那些日子里,一年级我读书已经不是逮着什么就读什么了。重头是先秦两汉的典籍。我们一年级的课表上,中国文学史的第一段,时间跨度是先秦两汉,老师指定的一大本《先秦两汉文学作品选》是远远不够的。《古代汉语》的"文选"一大块,选的作品也有限。我于是安排,重点读《楚辞》《诗经》《左传》《史记》,等等。那时候,我能够熟练地背诵《离骚》,背诵《诗经》中的《国风》,甚至开始苦读苦背《说文解字》。

　　不过,那时候,还是露出一个苗头来,好像我更钟情于中国现代文学。我读了杨晦先生1944年发表的《曹禺论》,又看了同一年吕荧先生早于杨文发表的《曹禺的道路》,就接连进城看了两场话剧《雷雨》。当时,我拿甲等助学金读书,每月17.50元,交了12元伙食费之后,还剩5.5元,过日子还是挺紧的。就这样,我还是抠出钱来买了人艺的票。看第二场的时候,我和遐秋已经在一起了,是她买的票。她是上海南洋模范中学1953年高中毕业后留在学校里做专职团委书记,工作了三年再考大学的调干生,南模时期工资90.24元,而在北大拿调干助学金29.50元,即使因为国家经济困难主动申请降了一个等级,也还有25.50元,还算我们同学里有钱的人。那两场,是北京人艺,也是中国话剧史上话剧《雷雨》空前绝后的演员阵容了。你看,人艺副院长夏淳导演,朱琳饰演鲁妈(侍萍),郑榕饰演周朴园,狄辛饰演繁漪,于是之饰演周萍,胡宗温饰演四凤,董行佶饰演周冲,沈默饰演鲁贵,李翔饰演鲁大海。

  我看舞台演出,是要用我自己的体验来解读杨晦先生他们的阐释。当时,我在图书馆找到了美国话剧作家奥尼尔的剧本《榆树下的欲望》来读了。被称为"美国戏剧之父"的尤金·格莱斯顿·奥尼尔(1888—1953),可以说是美国20世纪最伟大的戏剧文学作家。他的作品先后四次获得"普利策戏剧奖"。1936年,他还因为杰出的无与伦比的文学才能和戏剧贡献,获得了那一届的"诺贝尔文学奖"。他奉献给美国戏剧界的五十多部悲剧作品,不光是改写了美国的戏剧史,还确定无疑地给世界戏剧的历史增添了光辉的一页。创作于1924年的《榆树下的欲望》,被认为是美国戏剧史上"第一部伟大的悲剧",也正是奥尼尔悲剧创作的最高成就。《榆树下的欲望》先后在美国各地多次上演,而后又漂洋过海,在世界许多国家和地区演出,颇受欢迎。不过,由于剧作涉及乱伦、通奸和杀婴等话题,历来,广大评论界对它褒贬不一,毁誉参半。其实,这种价值评判的两难,恰恰说明了这部戏剧作品文本本身寓含了巨大的矛盾与冲突,也恰恰是这种矛盾与冲突,营构了一个无比庞大的意义空间。应该说,在世界戏剧史上,《榆树下的欲望》是一部当之无愧的经典之作。总共三幕十二场的《榆树下的欲望》,讲述的故事是,19世纪中叶,在美国新英格兰农场,一个典型的清教徒农场主伊弗雷姆·卡伯特,性格就像他农场上的石头一样坚硬、冷酷,一心想着如何赚更多的钱财,好为自己在天堂中预定一个位子。他76岁时迎娶了他的第三位妻子——爱碧。农场里,彼得和西蒙是第一任妻子生的两个孩子,早就厌倦了在父亲的高压下无味而艰辛的农场生活,眼看家中又来了这位继母,继承财产无望,于是毅然离家出走,前往西部去圆他们的黄金梦去了。伊本是第二任妻子生的孩子,仇恨父亲和爱碧,一心要为母亲复仇,夺回这个在他看来是属于母亲的农场,于是留了下来。爱碧嫁给比自己大四十多岁的老卡伯特,目的就是为自己找一个家,夺得农场的所有权。结果,爱碧和伊本,就冲突起来了。爱碧诱惑伊本一起演了一场欺骗老卡伯特的好戏,以便让自己生下来的她跟伊本的孩子最终能够从贪婪的老卡伯特手中获得农场的继承权。不料,阴谋最终还是败露,伊本对爱碧付出真情,却还是发现自己受骗,他大发雷霆。不幸的是,爱碧原本只是诱惑伊本,偏偏又真挚地爱上了伊本。为了证明自己是真心的,爱碧杀死了这个孩子。最后,爱碧和伊本重新走到了一起,一起承担了杀死婴儿的责任,接受了法律的制裁。我们中国的戏剧界,对《榆树下的欲望》有多种解读。我读了,思考了,得到的印象,偏重在曹禺先生留学美国时所受到的奥尼尔的影响,偏重在《雷雨》对于《榆树下的欲望》的借鉴。我以为,不可否认的是,《雷雨》里,周朴园身上有老卡伯特的影子,繁漪身上流着爱碧的血,她跟周萍的"母子"之间不伦畸恋,在戏剧矛盾和戏剧冲突中,有一个相同的本质是,对于令人窒息的老卡伯特所代表的现实环境和秩序的"叛逆"和"反抗",还有在无聊的人生中寻求"情爱"和"性爱"的刺激以求得他们心绪备受压抑的宣泄和释放。以至于,这样设计人物、配置人物关系的时候,曹禺把奥尼尔原先在《榆树下的欲望》中设计的舞台造型里,那间特别的小屋中家具不能动、窗户不能开的细节也移植到《雷雨》里来了。当然,曹禺的创造是把它中国化了,让它从家庭家族内的财产争夺中跳脱出来走向社会,联系矿山和鲁大海,更有了社会斗争的意义,既反封建又有劳资纠纷反资本剥削的意义。再就是创造鲁妈和四凤还有鲁大海、鲁贵这一家人,让人物关系,还有关系人物的性格命运,更加有了中国文学艺术叙事母题的基因,以及中国作风和中国气派,说到底,中国文化的传统。还有,曹禺不像奥尼尔那样用法律审判来结束卡伯特农场的悲剧,而是用雷雨,用触电导致人物死亡来结束周朴园家周公馆里的悲剧,也更具有中国文化特色了。《雷雨》因而是杰出的艺术创造,青年曹禺无疑是了不起的戏剧文学家,但是,这不妨碍他广为借鉴,拿来奥尼尔的《榆树下的欲望》取其可供借鉴,乃至于能够移植的某些艺术元素,为我所用。这不遮蔽曹禺和他的《雷雨》的光辉。

教我们文艺学概论课程的吕德申先生在课堂上举了《雷雨》的例子来讲"悲剧",分析我们当时采用的苏联学者毕达科夫的《文艺学概论》一书的某种不足。我在课下向吕先生谈了自己的学习收获,说了自己对于《榆树下的欲望》对《雷雨》的影响的看法,吕先生很高兴地肯定了我的思考和见解。不久,系办公室蔡明辉老师通知我,杨晦先生叫我去他家一趟。我如约前往,在他家书房,杨晦先生听我说了曹禺对于奥尼尔的借鉴,十分欣慰地用他那带着东北腔的普通话对我说:"好好读书,好好钻研,天长日久了,经年累月了,你就会明白了,学问就是这样做出来的!"杨先生特别谦逊地说,他的《曹禺论》是十二年前的旧作,有那个时代的局限性,也就是供大家参考而已。我由衷地感佩的是,真正的学问家,在勇于超越前人的时候,也一定是异常谦逊的。为文,就需这样先为人!

那一回去他们家后,过了几天,吕先生上完课,悄悄地,却是非常高兴地告诉我:"杨晦先生说,曾庆瑞这个学生,别看还是个孩子,可是他正当其时,是个做学问的'料儿',不管他将来在哪里发光、闪亮,眼下,这璞玉可供我们好好雕琢!"听到这样的期许,我现在都无法用语言来描述自己那时候是如何激动,怎样抱负,不知道应该怎样悬梁刺股才好了!

可惜,这样的生活秩序,不久就遭遇政治风暴发生了改变。

二

那是我们这一代人都难以忘怀的北大1957年。

6月8日《人民日报》发表社论《这是为什么?》,开始在全国开展反右派斗争。原先的化解"人民内部矛盾"的"整风运动"迅即转变为斗争资产阶级右派分子的你死我活的"阶级矛盾""敌我斗争"。我们年轻的共和国迎来了又一场全社会生活的剧烈动荡。原本平静的燕园不再安宁,连未名湖水也不再是微波荡起轮轮涟漪了。

在那一年的秋天,我们俩身为学生干部,服从系里的强制安排,走进了语言专门化的新班。经过一阵子的情绪波动,倒也稳定了专业思想,走进了汉语言学的新天地。遗憾的是,毕竟是生活在那个年代,阶级斗争注定了是我们生活的主要内容。树欲静,风却依然不止!"庐山会议"后,我们被下放到京郊平谷胡庄,一边忍饥挨饿参加修建海子水库的重体力劳动,一边声嘶力竭开展极"左"的"反右倾"运动。出身富农家庭的山东籍同班同学邢志恒,从饿着肚子修水库,谈到"大跃进"、人民公社对农村经济的消极影响,他实事求是地说出了自己对"三面红旗"的看法。结果,成了批判对象。我们白天劳动,挑着一担担的砂石垒筑水库大坝,晚上就坐在炕头上开他的批判会。一天深夜,在一场闹剧式的批判会上被批判斗争后,留下年轻的妻子和一双年幼的儿女,也留下不再申诉而且当时也无处申诉的冤屈,跑到邻村南独乐河路边的一棵大槐树上上吊自杀了。我与遐秋也参与了对他的批判和斗争。这使我们深感有罪的心灵受到了极大的震撼! 一个无辜的人为我们的时代付出了惨痛的代价之后,当时的北大党委害怕事态扩大,终于召回了自己的学生,我们的"反右倾"运动戛然而止。

眼看可以静下来读书了,又不料,1960年的暑假,我们被号召转移到下一个新的战场,留校编写《汉语发展史》,用以取代"资产阶级学术权威"王力先生的《汉语史稿》。还是要"拔白旗插红旗"!

回看我在北大的九年,还有一次大规模的参加阶级斗争,是1964年10月,按照中央的要求和中央组织部跟北京市委的部署,北京大学组织了一个800人的"四清工作团",到湖北省荆州地区江陵县农村参加"四清运动"。我们中文系1960年、1961年、1963年三个年级的研究生全都在编入列,当农村当了"工作组"。直到第二年的1965年五六月间,我们才奉调回到学校,参加毕业分配。

说到中断学业,除了反右派斗争和"批判右倾机会主义路线斗争""四清运动",我在北大九年,还有不少不上课走出校门的记录。

我记得的有:

1957年1月,到清河,在冰天雪地里,零下20°的严寒天气里挖水渠。

1958年是最忙碌的一年,进进出出、上上下下最频繁的一年。

这一年,春末夏初,参加修建京北昌平县境内十三陵水库的建设。那是一处山区盆地水库,占地面积751公顷,其中陆地面积440公顷,水面311公顷。水库四周群山矗立,特别是北岸巍峨的蟒山拔地而起。水库工地三班倒。我们白天睡觉夜里上工,夜班劳动,挑砂石往卷扬机旁边的料堆上倒,旁边再有人用铁锨把砂石料往卷扬机上送,卷扬机的传送带再把砂石送到水库大坝顶上。

同年夏天,到京西门头沟城子煤矿体验生活,一边下矿井和采掘工人一起劳动,一边在工人夜校给学员上文化课。

同年夏天,城子煤矿回来,到京东平谷县山东庄公社马昌营大队,参加人民公社化运动。

同年秋天,在十三陵200号工地,参加修筑从南口进山通达北大原子能系校区的铁路分线。我在厨房帮厨劳动,遐秋在广播站搞工地宣传。她有一段时间做了北大广播电台台长。可能是这一段经历的缘故,1961年夏天到来之前,我们大学毕业分配时,中央人民广播电台要走了她。我在厨房帮厨的时候,大清早都坐着马车到南口采购。马车途经一片小山丘,坐在车上稍稍直起腰来一点儿,手就能够着两旁柿子树上挂着的一个个熟了的柿子。赶大车的农民天天都鼓励我们随手摘它几个,还说,太多,你们不摘,也会掉下来,烂在地里。在厨房里,我还跟大师傅学了不少的厨艺。除了白案上的发面搁碱再揉面做蒸或炸的面食,还学了一道小菜,直到现在,我们一家老小都特别喜欢吃,那就是在炸好的黄酱和甜面酱里趁热加进去洗净切碎的大葱、小青辣椒和香菜,其中香菜尤其要多,还有就是虎皮辣椒。这道菜并不供应大家,只是炊事班有时做了自己人吃的。

同年冬天,我和施光亨等一共四名同学奉派到保定六十九军军部参加工作两个多月。这是中国人民解放军历史上第二个六十九军。1949年9月19日,国民党绥远省政府主席、西北军政长官公署副长官董其武率部通电起义,原国民党绥远部队改编为中国人民解放军第三十六军、三十七军和绥远军区骑兵第四师,归华北军区建制,由绥远军区指挥,移驻包头、五原地区。后来以六十九军建制开赴朝鲜前线执行工兵作战任务,抗美援朝战争签订停战协议后回国,驻防保定。军长还是董其武上将。我们在军部工作,任务是修改军内官兵和家属在"大跃进"中创作的文艺作品。董其武将军礼贤下士,政委裴周玉将军直接分管我们的工作,两位都对我们关怀备至。记得有一回,我在军营里还闹了一个大笑话。我们武汉有人爱干净的习惯,有一天,晚上临睡前,让我把洗干净了的几件衣服泡在肥皂水的洗脸盆里,搁在宿舍里取暖用的大煤炉上加热烫煮彻底去污,上面还扣了别的同学的一个脸盆。不料,天亮前,一股焦煳的臭味惊醒了我们全体四个人。原来,水干了,衣服烧烤煳了。幸好,没有浇灭炉火,弄出容易惹事的煤气来。

1959年秋天,到京东北密云县参加秋收劳动,收花生、白薯和毛栗子。

同年冬天,到京东平谷县韩庄公社胡庄大队参加"反右倾机会主义路线的斗争"。其间,参加海子水库建设劳动。

1962年冬天,第三次到京东平谷山东庄公社鱼子山大队,驻村,写作《鱼子山村史》。这是我留校做研究生以后上的"与工农兵相结合"的第一课。

这之前,1958年3月,还有一次停课开展"双反运动"。"双反运动"搞了一次自我教育的运动,其中连带着"反右补课",补划"右派分子"。接着到来的是"拔白旗插红旗",搞学术批判,还写书。

1960年暑假,又留校"拔"了一回"白旗","插"了一回"红旗"。

这里还要先说几句的是,1959年夏天,升级到三年级之前,我的人生轨迹里又有一次大的改变。原来,我们中文系的汉语言文学专业下设语言学和文学两个专门化,系里的学生到三年级要划分一次专门化,重新分一次班。以往,这都是系里工作的一个难题。后来,果断决策,从1955级开始,集中从各班中挑选一批党小组长、团支部书记、班长和班委,再加上一些学习成绩好的同学,强制性地编为语言班。当时,"反右""双反"余威还在,也就没有遇到什么阻力了。

三

回过头来说,1958年,我的北大学生生活,是以"双反运动"为开端的。

当年2月17日,《人民日报》头版标题提出"反浪费反保守"的口号。2月18日,《人民日报》发表社论《反浪费反保守是当前整风运动的中心任务》,拉开了"双反"运动的序幕。3月4日,中共中央发出《关于反保守反浪费的指示》,决定"以两个月到三个月的时间,在全国进一步普遍地开展反浪费、反保守、比先进、比多快好省地建设社会主义的运动"。这样,"双反运动"就在全国,特别是在高等教育界轰轰烈烈地展开了。这场运动在高等教育界一般经历了"大鸣大放""大争大辩大整大改""教学整改"等三个阶段。北大的"双反运动",则可以划分为四个阶段:一、准备与酝酿;二、大鸣大放;三、大争大辩、大整大改;四、教学整改。历史业已表明,这个"双反运动",尽管这次运动被认为是"解放后大学中知识分子思想教育运动中最深入的一次",实质上却是"反右运动"以后对没有成为"右派"但在学术思想上被认为是资产阶级学者的又一次批判运动。这次运动持续大约一年时间,运动后期成为"拔白旗插红旗"的运动。

一开始,我们每个学生几乎都要"向党交心",用小字报的形式,写出自己的问题,并且进行严肃的自我批判。这些小字报,都挂在32斋宿舍的房间里。那是在双层床床柱子上拴上一根根的绳子,用曲别针把小字报别在绳子上,让大家看的。当然,这些东西,在班里的小会、大会上,每个人都要再说一遍。

很快,运动转变为对各学科领域学术权威的批判,批判的主要方式是"大字报"。当时,我们北大曾经出版过一套《北京大学"双反运动"大字报汇编》。很快,一些国内出版社都以此为基础公开出版过相当数量批判文章的论文集。

北大的"双反运动"从1958年2月底开始酝酿,党委提出这是"我们与资产阶级知识分子接近最后的决定性的一战"。经过两周的准备阶段,3月10日全校动员以后,一天内贴出八万份大字报,三天内大字报上升到十七万七千份。4月21日《中共北京大学委员会关于北京大学"双反运动"中教授思想改造的情况报告》称,以往批评不得的老教授都被几十份以至几百份的大字报指名批评了,过去人与人之间"隔着的一张纸"已被戳破了,许多受资产阶级思想严重腐蚀的得意门生翻箱倒柜,撕破脸揭底,把导师的肮脏东西都抖出来见阳光。根据市委指示,北大党委动员约占全体教授的三分之一强的教授中的中右分子和没有戴帽子的"右派分子""自动缴械,向党交心",并且讲清:只要他们自动揭发和批判自己的错误言行,可以不按"右派分子"处理。北大为此推出了"谈心会""交心会"的形式,校党委负责人称这是运动中出现的教授们喜欢的、卸掉包袱的好方式。实际上,这是迫使"有问题"的教授"真正烧到痛处",而且事后不少教授还不得不表态,"这次是要烧红不是要烧焦"。

这一次,我们北大中文系主要批判的对象是游国恩、林庚、王瑶、王力、高名凯、朱德熙、朱光潜等教授,对外校的学者如刘大杰、郑振铎、陆侃如、钟敬文等也有涉及。

这一年的暑假前,我们分专门化了。前面,我已经说了,我和遐秋都分到了语言专门化。我们老1班变成了新1班。

一开始,我闹情绪,总觉得,我不是为了学语言才考北大中文系的,你不培养作家,我还可以做文学史论的专家学者当教授啊!

转折发生在三年级新学年开学后不久的山西大同之行。

1959年三年级上学期开学不久,我们语言班去大同实习,调查雁北方言。这是袁家骅教授主讲的"汉语方言概论"课的教学实践环节。跟着袁先生一起带队去的,还有语言学教研室的甘世福、王福堂、徐通锵三位老师。我们住宿在大同铁路中学。请来的雁北地区方言调查发声人也跟我们住在一起。

"汉语方言概论"课是我们系语言专门化的一门基础课。野外方言调查是这门课一个重要的教学环节。

我所在的小组,是袁家骅教授自己指导的。接触多了,像这回会在大同朝夕相处,他隐隐地觉得,比较起来,认为我要是在方言史和方言学史上下功夫,将来一定会有成就的。

袁先生这样的感觉,可能源于,大同期间,或者茶余饭后闲谈,或者休息日我们去云冈石窟参观,抑或上寺、下寺礼佛,途中闲聊,我常常会向他提出一些有关山西方言的历史来源和发展方面的问题。每每兴之所至,我也会大胆地给先生说一点自己的看法。我这样说,先生都会会心地一笑说,你这说法有意思,有意思。

也就是在大同调查方言的日子里,甘世福老师,作为武汉老乡,给我推心置腹地聊过多回安下心来学语言的问题。他知道我闹情绪不愿意学语言。他说了他自己的经历。他也是想当作家或者研究文学的人,后来到丹麦读书,过了一些日子,大家知道的,还娶了一位丹麦太太,因为两夫妇的两种母语背景,引发了对语言的研究的兴趣。一路走过来,他觉得语言研究是可以有所作为的。热心肠的徐通锵老师也加入了这个劝导我的队伍。

后来,我从本科专业毕业,被分配留校做研究生,王力教授和袁家骅教授争着要我入门做弟子。

这要说到1960年夏天我们大学四年级结束后的那个暑假。

那一年,正是所谓的三年困难时期。我们下放到平谷韩庄公社胡庄大队参加"反对右倾机会主义路线斗争的时候",尽管白天参加建设海子水库是重体力劳动,也是靠"大锅清水汤",即稀得不能再稀的玉米渣粥来果腹的。喝粥的时候，都是大碗大碗地喝，喝得肚子胀胀的，几泡尿下来就会饿得浑身乏力。好在晚上，有老乡送的一点冻柿子可以缓解一点饥饿。回到学校，我们吃的窝窝头，玉米面里是掺了玉米棒子核磨碎的粉。馒头发黑，则是加了杨树叶提制的淀粉的。那杨树叶，也是我们自己拿着竹竿在燕园里打下来的。不过，就着一碗漂浮着几片菜叶的酱油汤，好歹还能吃饱，但是，不少同学已经浮肿了。学校按照上级指示，爱护我们，怕我们回家到外省市挨饿，就不让我们放假回家，而强制性地留在学校过假期。1959年冬天那个寒假留校，我们贯彻执行八字方针，劳逸结合，保存体力，无所事事，什么也不干。1960年这个暑假，形势稍有好转，生活也略有改善，于是，留在学校也可以做点事情了。

四

1961年6月，毕业分配方案公布。我们语言班30个人，留北京27人，去内蒙古1人，新疆是去了一对儿夫妇。

这一年的本科毕业，我们的年度收获是一个孩子、两篇文章。一个孩子，就是同年12月8日出生的大女儿曾子犁，遐秋毕业分配前夕，怀上了她。两篇文章，就是毕业前写成的《〈中原音韵〉音系的基础和"入派三声"的性质》《清朝末年的汉字改革和汉语拼音运动——纪念"切音字"运动七十年周年（1892—1962)》。前一篇是毕业后不久发表在《中国语文》杂志上的，后一那篇是毕业后在系里做研究生不久发表在《北京大学学报》（社会科学版）上的。

回看北大中文系本科读书的五年，虽然时代的风云变幻和社会的动荡不安，让我们少读了不少书，但是，耳濡目染我们一代师长的人生道路，感受我们这个学科领域里万千气象，我和遐秋都觉得，最大的收获是，我们知道了应该怎样做人，怎样做学问。就做学问来说，我们已经确定无疑地把北大认定为自己的学术原乡了。这个学术原乡，充分养成我们很多做学问的基本素质。我所领会到的，特别有两点，一是质疑，一是创新。

关于质疑，我觉得，就是做学问要坚持质疑于前人乃至权威的精神。

在这方面，我不能说自己就已经做得很好了。但是，我们可以问心无愧的是，我们尊崇这样的精神，信仰这样的精神，努力追随这样的精神，认真实践这样的精神，还不遗余力地向我们的学生和朋友鼓吹和提倡这种精神，也鼓励他

曾庆瑞（近照）

们实践这种精神，并且可以在实践的时候把"质疑"和批评乃至批判的对象设定为我这个人，真诚地希望弟子们在学术上超越我们。

同样可以问心无愧的是，我们正是这样做的。大学时代我们就"质疑"语言研究所研究员，权威的汉语音韵学家陆志韦先生了。这就要说到《〈中原音韵〉音系的基础和"入派三声"的性质》那篇文章的写作和发表了。

我们这篇文章，二万七千字，写完后，送请魏建功先生两次审阅。《中国语文》全文发表了这篇文章。时任杂志编辑部主任陈章太先生，告诉我当时他的同事有赞成我们意见的，都称赞说："大学还没毕业的学生写这样的文章，实在后生可畏！"当然，陆志韦先生很不高兴。2002年，我听在中国传媒大学的同事张颂教授说，他们播音主持艺术研究方向的博士生，都把这篇文章当作必读的文献资料来阅读的，我真的十分欣慰。

令我终生不忘的还有一件事是，就在这个登门求教的日子里，我多次在魏建功教授的书房里流连忘返。先生家书房是一座知识的宝库，令我大开眼界。就是在那些日子里，还令我大感意外的是，有一次，先生特别对我说："我这些书，你来这里看，或者带回宿舍看，都可以，我对你开放。"乍一听，我懵了，怕是耳朵出了问题，甚至于，瞬间里，怀疑我是不是在做梦？等我清醒过来，竟然不知道说什么好了，只是不停地点头，不住地说"谢谢"，居然不顾时间地点，两眼已然晶莹闪烁了。

另一篇文章《清朝末年的汉字改革和汉语拼音运动——纪念"切音字"运动七十周年（1892—1962）》。我们是作为"创新"的学术实践来对待的。这篇文章有三万字。论题,也来自写作《汉语发展史》的契机。从学科性质讲,这篇论文可以归属于汉语言学史。之所以说"创新",是因为前无古人,没有人对这场运动做过总结式的研究和阐释。好像在这以后,到现在为止,不知道是不是孤陋寡闻,我也还没有见到新的总结性论著出现。魏建功、王力、袁家骅各位恩师指导了这篇文章的写作。经由魏建功先生引荐,我多次拜访周有光先生,周先生也指导了本文的写作。

现在看《〈中原音韵〉音系的基础和"入派三声"的性质》和《清朝末年的汉字改革和汉语拼音运动——纪念"切音字"运动七十年周年(1892—1962)》,肯定还有不够成熟的地方,不过,研究这两个问题,写作这两篇论文的时候,我们还只是在校读书的大学本科学生,我们更加看重的,是锻炼了我们从事学术研究的能力,写作学术论文的功夫。

带着这样的锻炼和收获,我在大学毕业后被分配留在系里做研究生。按当年的情况,学苏联模式,我们攻读副博士学位。记得,本科毕业分配方案的名单上,我们1956级留下攻读这个学位的研究生,一共25人,最后说是经由高教部录取了9人。这9人中,56级1班的5人,分配到汉语史研究方向2人,语言学理论研究方向2人,汉语方言史和汉语方言学史研究方向1人;来自56级2班的1人,在先秦两汉文学史方向攻读;56级3班的1人,在现代文学史方向攻读;56级4班的2人,1人的研究方向是魏晋南北朝隋唐文学史,1人的研究方向是宋元明清文学史。1965年研究生毕业分配时,大家都没有拿到"副博士"的学位,按中央的统一部署,北大在搞"四清运动",没有人还顾得上安排我们写作学位论文,答辩学位论文,授予我们学位。这中间,有一段小插曲,留下我时,王力教授要我到他门下攻读学位,袁家骅教授则要我在他门下攻读学位,两位恩师都坚持自己的要求,互不相让,最后,还是由系里出面协调,决定让我拜在袁门下。

读研究生后,我和遐秋又在《中国语文》杂志上发表了一万字的《〈中国语言学史〉读后》一文。这是王力教授连载在《中国语文》上的《中国语言学史》书稿展开讨论的文章。

1962年上半年,王力先生开始在北京大学中文系讲授"中国语言学史"一课,课程的讲义,绝大部分在《中国语文》上发表。

在我国,研究汉语的历史十分悠久。两千多年的汉语研究成果,是祖国宝贵的文化遗产的一个方面。我国语言科学的进一步发展,语言教学质量的进一步提高,都迫切地要求有一部科学的汉语言学史著作。王力先生第一次提出一个体系来,为促使科学的汉语言学史著作的早日出现贡献了一份力量,是很有意义的。这部《中国语言学史》有一些特点:在科学体系方面,搭起了架子,比过去的研究要全面;注意到社会发展历史和语言文字特点对语言学发展的影响;对古代学者、著作做了一些评价;对有争论的学术问题,既介绍了不同的意见,也明白地提出了自己的看法。此外,作为一部讲义,能比较好地做到简明扼要,重点突出,深入浅出地介绍比较专门的语言学史知识,这也是《中国语言学史》的特点。但是,读完之后,我们也感到还有一些不足之处。联系这些不足之处,我们在如下几个问题上谈了一些看法,和王力先生探讨。这几个问题是:第一,汉语语言学史的性质问题;第二,汉语言学史的对象、内容问题;第三,汉语言学史的分期问题;第四,研究汉语言学史中的历史主义观点问题。

"质疑"我们恩师之一的、母校中文系权威的汉语史和汉语言学史家王力先生,是不是有点大不敬了？或者说忘恩负义了？不能这么说。人们都说:"吾爱吾师,吾更爱真理。"吾爱真理,并不妨碍吾爱吾师。何况,王力先生不失大师风度,并不记仇。等到我要通过开题写作论文前的资格考试的时候,家骅师生病住在北京医院,无法安排口试而改为笔试,我的笔试卷面上,就方言形成的诸多深刻复杂的历史原因阐释自己的看法的时候,对家骅师的学术见解多有"质疑"。结果,家骅师约请王力先生、岑麒祥先生一起阅卷,给了我一个满分,即"5分"的最高分,外加一个上佳的综合评语,除了充分肯定我的独立思考和学术创新的精神与理论研究的结论,对我的学风,则盛赞为"足见用功之勤,用心之细"。

其间,我还跟着家骅师和王福堂师兄一起,带领本科学生,到晋中太谷调查方言。我辅导一个小组。这算是我们的教学实践活动。

那些日子里,我每周一次半天,下午一定会去北京大学承泽园11号,向家骅师讨教。每到那个下午,家骅师都会排除任何友人、同事和别的学生的来访。甚至,师母也不外出,留在家里照应。那种讨教的日子过得十分愉快。家骅师按他在英国生活的习惯,每一回都是在下午茶的方式中度过的。我们一边品茗,有时候也喝咖啡,一边吃着小点心,一边汇报我一周来读书做资料的情况和心得,一边由家骅师用他带着吴语口音、英国牛津风范的普通话,指点迷津,谆谆教导。全过程,都是老北大蔡元培校长和西南联大梅贻琦校长倡导的精神所主导,我们彼此都是思想独立的,发表是自由的,即使分歧意见的彼此讨论,乃至争论,都是师生间平等展开的。

除了山西太谷的方言调查,还有一次京东平谷鱼子山写村史,在去湖北江陵参加"四清运动"前,我有两年多的时间都是在校内平静的生活秩序里学习,为学位论文做准备。

我选定的学位论文题目是《元代大都话的"入声音变"》。除了重读一些普通语言学、汉语言学的名著,以至于经典,绝大多数时间和精力,我都用在搜集和整理两类资料上:一类是,有关北京大都时期的历史、地理和社会生活、人间风情等相关资料;一类就是语料,即语言材料。

对于跟当时的预料息息相关的历史地理人文社会民间生活万象,我要读不少的书,才能有个起码的了解。我记得,读的书,大致上有《马可·波罗游记》,陶宗仪的《南村辍耕录》,明萧洵的《元故宫遗录》,明沈德符的《万历野获编》,明沈榜编著的《宛署杂记》,明李清的《三垣笔记》,孙承泽的《春明梦余录》,清初计六奇的《明季北略》,清初宋起凤的《稗史》,清谈迁的《北游录》,清初潘荣陛的《帝京岁时纪胜》,清末富察敦崇的《燕京岁时记》,顾炎武的《昌平山水记》和《京东考古录》,清末朱彝尊编纂的《日下旧闻》,于敏中编纂的《日下旧闻考》,清项维贞的《燕台笔录》,黄竹堂的《日下新讴》,清励宗万的《京城古迹考》和《日下尊文考》,佚名的《燕京杂记》,李家瑞编的《北平风俗类征》,汤用彬、陈声聪、彭一卣编的《旧都文物略》,顾颉刚编的《妙峰山》,等等。

另外,还通读了《音韵学丛书》和《中国古典戏曲论著集成》里的所有专业著作。

再就是语料的搜集和整理了。除了在刚才说到的那些图书资料里钩沉,我用了海量的时间通读当时能够见到的韵文文学底本,对这些底本的韵脚押韵汉字,按底本为一条,做成卡片。万幸的是,不用我再去搜寻,郑振铎先生,随后是吴晓铃先生,主持编纂的《古本戏曲丛刊》提供了方便。

遗憾的是,"四清运动"使这所有的准备工作全部报废。我被分配到了北京广播学院以后,所有的汉语方言史和方言学史的知识都没有用武之地了。2003年10月25日在北京大学中文系"岑麒祥、袁家骅先生百年诞辰纪念会"上,我以《以先生榜样,做一个本分的文化人》为题发言时说:"今天,中国语言学界的不止一代精英聚会,纪念岑麒祥和袁家骅两位先生百年诞辰,我来发言,显得有点另类,难免汗颜。因为毕业后我没有在这个专业领域里做一点有益的工作。不过,我抱着一种文化寻根的态度来缅怀两位先生,也算是对两位先生的一种告慰。因为,时至今日,做人,做学问,付出了一些努力,取得了一点成绩,做出了一点贡献,我不管在什么场合,永远都会自豪地说,我的文化源头是在母校北大,我知识的源泉是在北大中文系各位前辈师长那里,其中就包括今天纪念的两位先生在内。"

今天,我们入学一甲子之后,编印这部回忆录,我应该向母校汇报的是,2007年,我和遐秋合起来出版了一套18卷集的《曾庆瑞赵遐秋文集》,记录了我们两人文学研究的论著。2008年,我自己记录电视艺术方面的论著,12卷本的《曾庆瑞电视剧理论集》。那以后,我继续研究和写作,增订这套理论集为20卷本的《曾庆瑞电视艺术理论集》,于2018年由光明日报出版社出版。

未名秋思

张永鑫

张永鑫（大学时期）

2016年10月9日重阳节,是我们北大中文系1956级入学60周年的"一甲子聚会"。说来心酸,六十年来,这是我平生第一次参加年级聚会。六十年来,数过京华而难入燕园,年级数度聚会又因而不赴,何则？非狂也,非无礼也,是自惭形秽,亦是燕园为我生命中的伤心地也！是"故用忍情"而已！但这次我终于鼓足勇气,平平静静地践了约,赴了会。"一甲子聚会",沧桑感里留有太多痛苦的记忆。聚会的地点,已是"文史楼"异址的"兆基人文学院"六号楼。进得东校门,秋光似海,金色斑斓,难得的良辰佳日。但是,正当我放眼寻觅之际,楼前那数树鲜红的丹枫却死刺刺地非要忍心地映入我的眼帘,禁不住那句"晓来谁染霜林醉？总是离人泪"竟陡然袭上心头,一下子时光的车轮像倒驰了六十年一样,它硬是要我来重温那腊腊霜枫般的如血如泪、彻天彻泉的历历往事？入学是秋,毕业是秋,聚会是秋,点点滴滴便成了这篇"未名秋思"。

一

"子在川上曰:'逝者如斯夫!'"

藐予小子是遗腹子。素性讷钝,鄙愚谫陋。幼年又迭遭毒疟、白喉之厄,因遗焦郁、孤寂之性。幸遵慈母"自强不息"之训,于1956年由江苏无锡辅仁中学毕业(辅仁中学也就是文化昆仑、学界泰斗钱锺书先生以及闻名中外的史学家许倬云先生、著名音乐史家杨荫浏等等先生的母校),接着居然竟还能进入了北京大学中文系学习。甫入燕园,正是秋阳朗照之日。我们1956级共约120人,分四个班。我在四班,学号是5607065,"56"是届别,"07"是系别,"65"才是我的学号。最难忘的是那学长们笑容可掬的真诚而热情的接待,是那哲学楼前垂柳下的排排单人椅,是那古典式的幢幢大楼,还有那后来才拜谒的未名湖的波光塔影,以及与华表相伴的图书馆的静静的灯影……一草一木,无不散发出文化的智慧之光;一石一瓦,在闪耀着学术的深厚气息。当此时也,是年正是"向科学进军"的梦方翔的美好时光! 有谁不为能在如此著名的圣洁的最高学府学习而不存一丝自豪?

但是,"世间好物不坚牢,彩云易散琉璃脆。"我自江南来,是我第一次孤身离家身为异客。一切都感到分外新鲜与幼稚。记得车过大江,体内的血脉似乎比前骤然增强了;空气里的润湿减少了。我知道北京的秋天是四季中最惬人心意的。然而,1956年我的第一个北京的秋季生活却过得很狼狈。先是唇面燥裂,继之手足皲硬,穿一套学生装何能抵御北方秋气的侵袭! 慢慢地,我才明了,这就是宋玉所说的"悲哉! 秋之为气也"的大自然秋的"肃杀之气"!秋之"戾气"! 这难道会是我五年北大学生生活的象征与预示?

果然,戾气未化祥和,干戈难成玉帛。很快,1956年除夕马寅初校长给全体师生拜年的美好时光一闪而过。继之,1957年的春天就来临了。紧接着,北大迎来了"5·19"! 再接着,开始了一场反右派斗争。1958年秋,我在接受多次批判会后(集中在"白专道路""个人主义是万恶之源"等等),受到了开除团籍的处分。"处分"决定说,"张在'反右'运动中丧失共青团员立场。张参加了一个反动的文学小组。他们要以建立民族精神体系来否定马列主义;并在'反右'运动中接触张东荪,不听彭真同志的报告来对抗反右运动"等等。人孰无过?新环境的人际相处有了极端的变化。我躬自反省,在"反右"期间,似乎还能做到少言不发、一字未写的超越状态。但我在辅仁中学时期,确实有几个过往比较密切的同学。其中一位洪姓同学尤其是全校出类拔萃、品学兼优的学生。他是我们辅仁中学共青团委首位书记,也是当时1952年无锡市级的"三好学生"。到了高中,我们都特别爱好中国文学与哲学,喜爱西方文学并倾倒于19世纪俄罗斯"强力集团"的三大文豪车尔尼雪夫斯基、别林斯基、杜勃罗留波夫;我们奉为偶像而崇拜他们,常在一起阅读交流。高考时,我们辅仁中学1956级同时有七人考入了北大,其中陈、洪两位考入了北大哲学系。进了北大后,生活上我们相互帮助,学习上仍多交流。这种情况,大概就是"决定"所指的"反动""文学小组"了。但何来"成立"?又何来有"小组"?"反右"期间,这两位哲学系同学,不幸都被划成了"右派"。究其主因,是因为陈姓同学写了一篇题为《建立中国社会科学体系》的文章,因被认定是反马列主义的。而我当时根本就不知道这位同学写的文章,当然根本就谈不上拜读它了(直至现在2017年5月我在撰写这篇"回忆录",而陈姓老友已谢世周年之时,我还未了解该文的一字一语)。确确实实只是到了2016年的秋夜,当我读到洪姓同学出版的《客居忆往——哲学人生问答》中,方才仅仅只是知道了这篇文章的题目!但是,就是这篇文章却成了"决定"中所说的"'小组'反动的反马列主义的思想纲领"!因为"近墨者黑",自然也就成了我的一大罪状。另外,我常去哲学系旁听过朱光潜、宗白华教授的"美学"课,有时也会跟随他们去到哲学系老师那里,请教学习问题。有天晚上,洪姓同学邀我同去了张东荪先生那里。当时,我对张东荪先生的政治问题毫无了解,只是听我老同学说张在中西哲学方面很具权威。那次夜谈,我已一无记忆,因为我对哲学一窍不通,确是一言不插,只是木然旁坐而已。但就是因为这次夜访,"决定"也便说成了"小组在'反右'期间接受张东荪的指示"了。另外,那位写文章的陈姓同学,在"反右"期间正好患着比较严重的精神方面的疾患,住在北大校医院。作为同乡老同学,我常去照料,就这样缺席了听取时为北京市市长彭真的"反右"报告(请假找不到负责人),这何止是"组织观念不强"的问题;就这样,也就成了"决定"中所说的我"对抗'反右'运动"的一证。

我于1951年入辅仁初中,即任年级班长之职。同年,辅仁中学建立校团委,我经时任辅仁团委书记的那位洪姓同学做介绍人,入团担任辅仁初中共青团团分支书记。1953年升入辅仁高中,仍任过团支委、团小组长等职。1958年,我"晚节不保"(未至正常退团年龄),我的"政治生命"以印上"污点"而终结。

平生的第一次无妄,却成了我一生永远的痛!人生旅程还未启程,学业刚刚起步,而我因这"污点",便已失去了一生中许多许多美好的东西;反之,却不得不忍受着接踵而至的太多太多舛讹厄运的打击,我的精神几乎彻底崩溃。我尚有自知之明。我确是一个有这样那样缺点的人。但我又不得不回想六年的中学生活,实事求是地讲,我的品德与学业,应该还算是在鲜花与掌声中走过来的。而这一切,已经全被风雨打尽,付之东流。童年已属不幸,青、少时代,亦已全盘否定,此后人生路,如何继续前行?让我再有何勇气去面对我含辛茹苦而寄望予我的慈母,我的亲人。"迩来帘下迫偷生,听彻鹃声涕泗横。此意无人能解得,霜风割面出鸣琴。"这是借李清照"帘下"一词写我1958年后的心境。当时我完全成了一个罗亭式的"多余的人"。自此,我恪遵"夹着尾巴做人"的警示,尽力在"凡是劳动,必须参加"的劳动中努力改造一己的立场与世界观。修十三陵水库,多次下平谷县"三同"劳动,每年的春播秋收,建分校的抢修铁路,朗润园修建游泳池等等,无不有我的身影。最难忘的,在平谷某天寒冬腊月里的凌晨,去水井用扁担铁桶打水时,手碰上担上铁钩、铁桶时粘贴一起而撕裂皮肤,顿时血流不止,接着又凝结在一起的情景;也难忘又一次的担水时因井沿结冰滑向井里的千钧一发之际的艰险自救情景(幸好未曾滑至井底!)……每当静夜仰对长天,我想着《红楼梦》的"加减乘除,上有苍穹";想着同窗之间相处还要"设防"的难以应对的痛苦处境;想过应该痛不出声,喜不发笑;想着任何境遇,都应任其自然,不以物喜,不以己悲,一切随缘;想到人生大抵维艰,行路多难,命途多舛,又何尝不是一件好事?这也使我坚信,凤凰涅槃,浴火重生终有时。跌倒了,就应该有再站立起来奋然前行的勇气。

时间到了1979年。其时我已在苏州大学的前身江苏师院任教。收到了北大团委寄给院系人事部门对我受处分的公函——《改正决定》。《改正决定》主要说,"1958年'反右'期间",对我"所做丧失共青团员立场的结论是错误的,决定撤销对其开除团籍的处分"。但这一决定来得是太晚、太晚了,它何能抵得了我在二十多年中所失去的万分之一！

我的两位哲学系同学,可惜陈姓同学已早早地驾鹤西去,只有北大百年校庆他经陈章良副校长介绍,朗读了他以生命的感悟所献上的《京师赋》,应该还是会一直留在北大的历史长河里震响的吧(我至今仍珍藏着该赋的原稿)！另一位洪姓同学,历经炼狱后,供职于北京市社科院哲学研究所任研究员。至今已是我国著名的当代德国哲学和诠释学专家,山东大学中国诠释学研究中心名誉主任,德国杜塞尔多夫大学哲学院客座教授,成功大学文学院客座讲座教授。他是当今哲学界最著名而有成就的斯宾诺莎学者,他是贺麟教授以来我国黑格尔哲学的研究大家,他是二战后迄今我国唯一获得德国哲学名誉博士的学者。他以德文在德国出版了诸如《斯宾诺莎与德国哲学》《中国哲学基础》《中国哲学辞典》等多部哲学著作,以他对中德文化学术交流的巨大贡献,受到了时任德国总统卡斯顿斯的接见。他学养非凡,著作等身。真是国家有幸,学术有幸,哲坛有幸！我从此似乎懂得了一条道理:所谓人间正道,不过是"沧海桑田事寻常,唯有斯文万古光"！天地人间多少事,尽可一付笑谈中！

我是一个懦弱但尚能有点自知之明的人。进入北大,我最感幸福的,也是最感欣慰的,是尚能生活在一群同窗挚友的友爱扶持的生态环境中。得以能成为彭庆生、蔡根林、张继顺、张仁健等人的同窗学友,实在是我此生之大幸,人生之大福。如果没有他们,恐怕就不可能有我的今日。我的同窗中给我印象与影响颇深的是湘人彭庆生。他生性豪爽、率直。我最钦佩他的是他的坚忍不拔的毅力。他曾以《西厢记》变辞"青霄有路终须到,宇宙无名死不休"自勉。他那在北大12斋孤身、孤灯、孤室研读"楚辞"的感人情景令我终生难忘。他在"楚辞""唐诗"等领域俱有很高的造诣与贡献。他留给人们最大的财富应是那套《增订注释全唐诗》。2008年我们在他北京语言大学家里与张仁健等相聚一室晤谈甚欢。后又同游颐和园,最后回母校北大在32斋与张仁健三人忆旧留念。此次别后几年,得知他身罹重症,未久,竟就乘风归去,未能再在"一甲子聚会"时欢聚。至今思之,难禁仰天顿足长叹之痛！

同窗中沾濡予我甚多的还有彭庆生兄所说的"海徵三英"的浙江东阳的蔡根林、浙江温岭的张继顺和江苏如皋的张仁健三位学兄。"海徵三英"的诗才个个如江如海,个个简直就是"诗"的化身。根林兄以大学一年级新生于1956年

12月16日写成《东阳江》一诗,而发表于北大《红楼》1957年第2期。诗以朴实而震撼人心的诗句,出神入化又独具匠心的构思,形成了特别深沉而厚重的历史沧桑感。任谁读罢此诗,无不让人感到有艾青《大堰河——我的保姆》的神韵,又似乎列宾油画《伏尔加纤夫》中行进在伏尔加河河边的纤夫群像会突然涌现,或者耳畔又会响起聂耳《大路歌》或是夏里亚宾《伏尔加船夫曲》的阵阵歌声。然而谁也不会想到的是,根林兄也竟因这首诗而被打成了"右派",从此走上了十分坎坷的生活道路。在历经两年的农村劳动后,毕业后分配到了内蒙古。到了20世纪80年代初,我们的同班同学、作家韩蔼丽以根林兄为生活原型写出了小说《湮没》。又过了三十八年之后的1995年2月3日,《太原日报》副刊《双塔》又重新发表了这首被历史烟尘掩埋了的《东阳江》,仁健兄一手创办的《名作欣赏》也于1995年第5期将这首诗刊出,并发表了楼肇明、沈泽宜、谢冕等先生的评论鉴赏文章。20世纪末的1996年,这首《东阳江》最终选进了谢冕主编的由北京大学出版社出版的八卷本《百年中国文学经典》,这就足以证明这首诗的历史价值了。2009年8月,根林兄的诗集《东阳江》问世;谁知几个月之后的寒冬里,在与病魔苦苦搏斗了整整五年的根林兄驾鹤西去(根林兄弥留前三天,去电候问时,已不省人事),他把他生命中最美好的东西,他的《东阳江》留给世人,留给了这个世界。我所受到根林兄的沾溉是他人格的尊严与学术的感悟。

来自东海之滨的继顺兄,给我最深的印象是他对生活的极度热爱,他高怀落落,有着海洋的浩瀚胸襟,海洋的深邃潜力,海洋的无止勇力。他一有空便会朗朗吟诵着中外古今的名诗名篇。即使受到1957年夏季暴风雨的冲击,仍是股股清气不舍昼夜地激荡喷薄。大学时期他的《织网婆婆》已显示了他如大海一样的诗才。毕业后,他更成了蜀中的才子,成为四川省歌舞团创作员、四川省曲艺团创作组长、四川省文化厅剧目工作室责任编辑。1969年他以"竹亦青"笔名开始发表作品。1984年加入中国作家协会。于是人们陆陆续续地便看到了《云》《三江流水》等作品的不断问世。他的《琵琶的传说》被收入《新文学大系·曲艺卷》中。可惜,天妒英才,英年早逝。他的《诗歌意境琐谈》一书声名远播,至今我还保留着1985年由他夫人亲署的这本著作,得以在每年的清明时节可以抚书仰望海天,遥叩英魂。

我与张仁健兄可谓是同乡同科、同室同窗、同宗同命、同心同德的"八同"挚友。仁健兄一如其名,仁爱又仁德,真诚又重义;与其过往,如沐春风,如剖肝胆。是一个对每人都能掬心予之的人。我与仁健兄亦可谓相识相知、心仪缘投、时濡时沫、相扶相将。仁健兄予我,如沙漠之绿洲、风雨之港湾、乡愁之家园、事业之灯塔。我们年级的邵璧华兄在谈到他对仁健兄的亲身感受时说:"仁健兄名如其人,名至而实归,真是人之健者也!凡接触、相交的人,有共同而深刻的印象。他是位淡定知足,宽厚仁慈,与人为善,德行纯白,不藏机心,整天乐呵呵,蔼蔼然的一位忠厚君子。其纯白如赤子般的纯真无邪。所以他的人缘深厚绵长。仁健长有菩萨相。相由心生,因他有一副菩萨心肠。"因此,1984年春,同在山西又在同一系统工作的李清洲同学患脑溢血突然谢世,留下了一双正在北大上学的儿女。仁健兄不仅筹措主持了清洲兄的丧仪,还想方设法筹得了一笔资金,帮助清洲的一双子女完成了学业,后来孩子们事业终有所成。谁知90年代,清洲的夫人又离世,又是仁健兄全家协助为其办完了丧事。1984年春夏,继顺兄不幸英年早逝,仁健兄一接到噩耗,便立即飞往成都,与彭庆生兄一起办妥了继顺兄的丧事。事毕,又与单位交涉协商,使继顺兄的儿子得以顶职。后来继顺兄的儿子亦很成器,考上了上海戏剧学院,也事业有成。在继顺兄谢世后,仁健兄又常专程远赴浙江温岭祭奠他的英魂。仁健兄不正是一个可以生死相托的高尚君子吗!此情此意,凡有人与仁健兄相交者无不为之深深感佩。而我更是一个鄙陋谫识之人,与仁健兄相交,得益何可胜数!最值得回味的先是"5·19"风暴刚起之际,我曾受仁健兄之托,为他的《放开嗓子唱》写成大字报,然后贴在校园里。又在毕业前写作毕业论文时,仁健兄不吝指教,对我的毕业论文题《〈西厢记〉的结构艺术》谈出了他睿智的独到意见,使我的论文有了一定的特殊点。最大而最重要的则是在仁健兄创刊《名作欣赏》后,为我提供了一个写作平台。我最为感动的是他在俯允为我的《论诗说赋集》作序时特别谆谆叮嘱我"像以往那样,拼却老病之身发余光余热,已万万要不得不必要了。健康长寿,顺时而为,乃是上善之策"。所有这些,也就是仁健兄对待同窗的至诚心意的平常表露。我在北大学生生活的这一生态环境里的真实历史记录,尽在初入学时与仁健兄、根林兄、继顺兄、史秀章兄、曲林启兄拍摄的几张合影里。真是感激苍天,还得以能保留至今,成为那一段短短的历史时期里不灭友谊的见证!

二

说来可怜,虽说是大学五年的学习生活,但基本上都是在接连的政治运动、批判斗争、生产劳动中蹉跎而去的。真正坐在教室里能聆听师长讲授的时间,竟不足两年。在北大五年的生态环境里,最最难忘的还有深似海、大如天的如甘露般的师恩。

最初接触的是吴小如师。小如师师从俞平伯、朱自清、游国恩诸大师,而吴小如师给我们讲授了"工具书使用法"。这实在是我们最难得的幸福。这种幸福,不是每一个学子都能得到的。"工具书使用法"这门课看来平常,似乎只是一门不起眼的基础课。但小如师对我们说,王充在《论衡·谢短篇》中说:"知古不知今,谓之陆沉。知今不知古,谓之盲瞽。"古代文、史、哲不分家,学文学尤其是学古典文学的,至少总要把经、史、子、集了解和泛读一下。即使只就古典文学本身而言,那也是应把诗歌、散文、小说、戏曲四大部类都有所了解一下,所以阅读和资料及其收集与运用也就很重要了。"工具书使用法"其实就是一门读书与治学的导引课。有了这一认知,我们学习这门课程,就有了方向。后来,这门课再结合小如师所倾力参与的由北京大学中国汉语言文学系主编的《先秦文学史参考资料》《两汉文学史参考资料》《魏晋南北朝文学史参考资料》这几部书联系起来学习,确实就能找到打通古典文学学习的扎实功底与学术研究的初步门路。比如读书与研究,首先就要掌握资料;要掌握资料,就必须读万卷书;要了解某一古籍的大概,又可先阅读这部古籍的"序"与"跋"等等,这些都是治学如何多多占有资料的既基本而又是最好的一种方法。

不久就到了毕业前夕,我做了个《〈西厢记〉的结构艺术》的毕业论文,后来知道批阅的老师就是小如师。幸运的是,小如师在我的论文上做了一些批注,让我对论文的不足及其之所以不足有了深刻的认识;举一反三,进而了解了一些为文的必由之技。

到了20世纪70年代,学姐李泉邀我一起准备为秦川兄的四川人民出版社出版《水浒全传校注》一书,审稿者除了王利器先生外,小如师也是审订者之一。小如师特为我们破解了诸如"虾须帘""等身靠背"等难题,得以使此书出版后成为学界中"注释翔实,搜罗完备,后来居上"的"水浒全注本"。

在20世纪80年代初,小如师又俯允江南大学中文系之邀,风尘仆仆地曾来锡讲学达一周之久;我们师生得以又一次劫后重逢,我也遂有了一次执弟子之礼以侍奉师长的机会。小如师在锡讲学的题目是《从字词谈中国古典文学》,从中国方块字讲到中国文学,从中国文学讲到中国美学,其深刻、广博、精深的讲演,使我立刻想到文化昆仑钱锺书先生给黄克先生的一段谈话。钱先生说:"清人论学,以'义理、考据、词章'鼎足。窃谓文学即'词章',而自有其'考据',版本、生卒、来历是也;亦自有其'义理',文艺理论是也。文心诗眼,赏心析异,斯则'词章'只本分。当世所谓'文学研究'者多致力前二事,忽略词章本分,其故由于天分不足,乏文心诗眼也。于是'文学研究'遂成历史学、美学之附庸,而不能自立门户。"这次讲座就是小如师把"文学研究"由"历史学、美学之附庸"中"自立门户"的精湛实践。正是对于当时身处荒漠的文科大学生的一次如播甘霖的启蒙教育。讲学结束将离锡之际,小如师手里拿着20元讲课金对我说:"永鑫,这点车马费,还远远不够我到上海的车钱啊!"接着,我们相视苦笑。当时,"文革"桎梏未除,所谓"搞原子弹的不如卖茶叶蛋的",有谁会顾及到顶级学者讲学的价值与讲学者的尊严。好在我当时在九三学社无锡市委当着职,知道小如师是九三学社的重要成员,我便立即把小如师的情况向时任九三学社中央副主席的金开诚老师反映,方才解决了小如师由锡经沪返京的旅费。至今回忆此事,唯有深深的感慨!读到天寅兄悼念小如师的文章,其中写到小如师的诗作在获几十万元的最高大奖"诗歌奖"后所说的"我的退休工资还付不够保姆费"的话语后,无尽的感慨之外,就是长长的心痛、心碎!这就是一位著名专家、学者的生活真实!

我对小如师深切的怀念,一是我珍藏着他给我的一幅墨宝:"不尽长江滚滚来自与一江春水向东流不同。"在我要偷懒或懈怠的时候,它一直鞭策着我振作前行。二是,在小如师九十大寿时寄去了一首小诗:"春来血铸李桃魂,秋去汗浇蕙芷根。重比高山深似海,寸心何以报师恩?"作为对小如师的菲薄感铭。

吴组缃师给我们补授过宋元明清文学。组缃师是著名的小说家。1943年发表的《鸭嘴涝》(后更名为《山洪》)是中国现代文学及组缃师的经典、里程碑式的作品。他讲到江西诗派的黄庭坚的诗时,只用黄的"孔方兄有绝交书,管城子无食肉相"两句诗,就使我们对江西诗派的特点有了深刻认识,因而毕生难忘。毕业前夕组缃师还特意给我们开了"小说史"。组缃师说,自《庄子·外物》的"饰小说以干县令"的"小说"一词一出,经两汉《汉书·艺文志》的小说家者流"出于稗官、街谈巷语、道听途说"的引申,于是中国古代文学中的小说就分向"文言小说""白话小说"两大系统发展。"文言小说"以"志怪"的干宝《搜神记》为代表,以"志人"的刘义庆《世说新语》为代表。再发展为唐宋传奇的如《会真记》之类的作品。而以清蒲松龄的《聊斋志异》为其高峰。"白话小说"中,以短篇的宋元话本(含说话、讲史、说经、合生之属)是白话小说中的重要发展阶段;而至明清时期的以长篇章回体小说为其高潮。其中,《三国演义》《水浒传》是群众与文人两结合创作的典范。组缃师以"拥刘反曹"为《三国》之纲揭旨;以"官逼民反"则为《水浒》立论推演,并以其"忠""孝""节""义"断为《水浒》的最大缺陷。组缃师又断《红楼梦》是文人创作的高峰,对《红楼》的主题论定为写了贾林的恋爱悲剧与贾薛的婚姻悲剧;对恋、婚两大悲剧的致因、发展的起、中、终阶段的分析可说是独具只眼、无人能及。组缃师以著名小说家的眼光来研究中国古典小说,故尤能抉微探幽、精辟深邃,可以说无人能望其项背。组缃师还特别以《史记》所提出的"不虚美,不隐恶"(裴骃:《〈史记〉集解·序》,班固:《汉书·司马迁传》),以及刘知几《史通》所总结的"爱而知其丑,憎而知其善""妍媸毕露"(《史通·惑经》)等具有极为深广而严肃的现实主义精神,来论定伟大的曹雪芹就是以我国传统文化中史传文学的创作经验来塑造《红楼》诸多人物的。组缃师的中国古典小说研究的研究论断,可以说具有难以动摇的科学性与权威性。

  1963年,当时我在郑州大学中文系,组缃师竟能屈驾来郑州大学中文系讲学。我亦有幸能再一次亲聆吴师的教诲。组缃师在郑大对中文系全体师生及河南省府干部做了关于《红楼梦》《三国演义》《水浒传》的三次讲演。这几次讲演,简直轰动了整个郑州城,大家都为组缃师不辞劳苦亲临瘠野的中州大地播撒学术种子的义举深深感动。当时系里让我与另一青年教师合作,对组缃师的三次讲演,做了全程记录。后经整理,编订成册,取名《吴组缃的中国古典小说研究》,编次为《谈〈水浒传〉》《谈〈三国演义〉》《谈〈红楼梦〉》。这可能就成了当今世间罕有流传的组缃师中国古典小说研究的孤本。送别时,我们在当时郑州最高级的酒店"广州酒家"欢聚。师生会面,在1963年民生凋敝的天时、地利背景下,竟有如此人和的环境,当时激动得只是热泪盈眶。组缃师和蔼可亲,平易近人。他老人家还完全能记得我们的名字,并不时细细问及我们的学习、进修等日常生活情况。时至今日,当时情景犹历历在目,永未褪色。六十年后,我唯有以"风雨沧桑六十年,无言桃李荐芳妍。征尘洗罢堪凝睇,永忆春晖化育天"一诗中的"永忆春晖化育天"来深谢组缃师!

三

1961年秋毕业了,我的去向是河南。毕业常常是几家欢乐几家愁的再演,正所谓是"冠盖满京华,斯人独憔悴"。更何况我是个带有"问题"的人。告别燕园时的情景也实在十分狼狈。同去河南的几位(另三位均是"调干生")早已代我运走了行李,才发觉错把仁健兄的行李当作了我的行李,于是只得再把它运回32斋,一去一来几乎差一点误了当日的火车。南去的列车隔日近午才能抵达郑州,不意车上臭虫奇多,袭扰得一夜无眠。就这样,拖着疲羸的身躯与带着落落的心情到了郑州。到了河南省人事局,已是午后。接待员一查公函,竟非常爽捷地回说:"先全去郑州师范学院吧!因为它已与郑州大学合并了。"郑州大学建于1958年,由山东大学协助培训、输送师资。郑州师院的师资则大多来自老河南大学(其时的开封师范学院,今之河南师范大学)。因此,20世纪60年代初郑大与郑师合并为郑州大学后,郑大的社会科学专业便得到了更快的提升与加强。

1961年秋,我有自知之明。对于人生的又一个起点,我告诫自己要背着"负罪感"与戴着"紧箍咒"在郑大开始新生活。

然而,毕竟现实是复杂而严峻的。到郑大中文系报到的有两位原是二班的调干生,我与另一同窗调干生则是四班的。我班的这位同窗,是当时年级运动的领导小组的干部之一,对我的情况当然熟知。其时我们都分住在同一"单干楼"(教工楼)。我的邻室住着一位由川大中文系毕业而教授文学理论的青年讲师。可他的阶级出身极"坏",但禀赋孤清而怀江海般的诗才。他授课又常旁征博引,滔滔洒洒,指点品评,深为众多学子所倾倒。但因他有《咏雪松》之"自有孤芳奇节,韶华不倚春风"句,当时领导便联系其出身,竟被"塑为漏网'右派'、代表资产阶级跟党争夺青年的典型、反社会主义分子",以致沉冤近二十年。对此,我确实一点都未感觉到。我只是既敬慕其文才,又拜服其学识,故常有弹屝请益、交流、倾谈之举。又因我躬践助教之职,多与学子批改作业、释疑解答、谈为学事,以为尽责而已。渐久而学子常排闼登门,以至夜自修后我陋室尚荧灯煌煌、高朋满座、絮语续续。又有同来郑大的二班同窗袁兄与我合作在当时的《河南日报·副刊》发过一篇《悲愤诗人蔡琰》的文章,在1966年郑大"文革"初起时,竟被冠以"借古人而发悲愤的反党反社会主义的大毒草"而遭痛批。来郑大后我与川大讲师相与事及学子夜间访谈学业事,不知为何竟很快为系领导所掌握,于是系总支书记两次找我"谈话",十分严肃地指出"实非小事","必须接受'以往'教训,加强改造世界观","不宜于课余与学生频繁接触"云云。我当然十分感谢领导对我的教育和爱护。至于那张"大毒草"的大字报,据说虽是学生所为;然而它却联系到了我在燕园的创痛,显然还是要揭我的"疮疤"。凡此,不过是我新的履冰临渊生活的点滴而已。如此说来,我的修养实在缺失,所谓的"自知之明"还是要大打折扣啊!

20世纪60年代初,人们对河南实在有点儿惊怖。当时全省上下实行"休养生息"政策,提出"保命"措施。全河南省大学的开学日期也被延迟到了11月。因为当时物质条件实在太差,不久,我就得了"浮肿"病,每月以此病的证明得以享受一斤红枣的营养补助。物质条件虽然极不理想,但我却觉得已很满足。一方面,我过惯了清贫的生活,还算养成了能吃苦耐劳的本性。因此,面对困境,似乎并没有让我皱过眉。另一方面,在我负有"创痛"的重压以后,庆幸自己居然还能遂了在高校任教的心愿。我还会再有任何一点点的奢求?

积中州整一十四年的生活,以"劳动自救"似乎成了我的主课。课余与固定的劳动时日,我们就在分给每个教研室的垄亩上种胡萝卜与红薯,以此来贴补短缺与匮乏的粮食。后来,学校在临近湖北的郧城县营造了一块农场,青年教师们便分期分批轮流到农场,在田间力作。于是我们早晚挽着粪筐、手持粪铲在村里拾粪积肥,上午、下午在田间劳作。我学会了顶烈日、忍雨淋而蹲着薅草、薅秧;学会了灌溉、施肥;学会了蒔秧、除稗;学会了耧地、耙地、耘稻、打

张永鑫夫妇

谷;学会了打场、晒场、碾磨;学会了赶车、修仓、放牧。也曾雨露巡夜,星霜护场;也曾充樵夫而腰镰缘岗,任渔夫而敷筌涉湍。确实体悟了"君子所其无逸,先知稼穑之艰难,乃逸"与"粒粒皆辛苦"的真谛。此后,还有过近数月在郑州螺钉厂以学徒身份劳动锻炼的经历。又有带领五十名解放军学员为写焦作矿史而下矿井身当采煤、运煤工长达三个月的煤矿工的经历。从此,我的生活里至少也留下过"为农""为工""为兵"而流淌了血汗的浅薄印记。

中华民族文化发祥地、伟大的母亲河黄河所哺育的中州,她是我事业的始发地,我永远感恩她,像我的第二故乡永远热爱她。到郑大后不久,中文系王碧岑主任曾先找我谈话。忠厚长者的王主任德高望重,慈眉善目,儒雅庄重。他对我说:"我了解你的情况。但我只有一句话,就是希望你不要有任何思想顾虑,不要辜负了学校对你的期望。"我深受震撼,也深受感动。试问,嗟古今,二难四美,几个曾经? 因为这是1958年落难后我第一次领受过领导如此亲切而知心的谈话。而且,王主任希望我到外国文学教研室任职,还能让我提提自己对专业选择的要求。我在历经教训后,已经下定决心远离我所擅长和热爱的西方文学,决定转向古典文学。王主任似乎十分体谅我的心情,终于很顺利地让我去了古代文学教研室,并成为先秦两汉魏晋南北朝文学教学的助教;教

张永鑫（近照）

研室主任就是唐代文学著名李白研究专家耿元瑞先生。当时综合性大学的古代文学课程是采用了历代文学作品课与文学史课分讲的方式授课的。我用自己的努力，在做好助教的同时，还能顺利地教了一遍先秦两汉文学史课。据大多数学生反映，"楚辞"一章尤给他们很深的"印象"与"得益"（数十年后师生相会，他们第一句话就是"您老师给我们讲的'楚辞'讲课笔记还保留着，至今还能背诵出《离骚》的片段……"）。我也让学生们第一次知道了中国第一部《中国文学史》的著者是京师大学堂的林传甲；让他们从文学史角度来审视作家与其作品；从对古代作品、作家的感性认知如何提升到理论研究等等。与此同时，我在中州的一十四年中，也在万难之中，居然还能排除了一切干扰，挤出一切可以利用的空余时间，尽量多的读了些书，决心拾回被"文革"失去的至贵青春与光阴，写成了《离骚集注》《九歌集注》《诗品补注》等三部书稿（在北大时，曾通过在清华的辅仁同窗，从清华图书馆借得宋版钱杲之的《离骚集传》及明汪瑗的《楚辞集解》等难以读到的古籍，辑成了部分《离骚集注》《九歌集注》两书）；在郑大图书馆还意外地发现了一批鸳鸯蝴蝶派的作品，以及特别惊喜地发现了洪秋蕃著的《红楼梦抉隐》。我在郑大的挚友、元明清文学专家、郑州大学中文系教授陈抱成先生于我离别中州四十年后赠我诗说："早岁风华擅豫州，秋风莼菜动乡愁。烟月五湖归棹后，梁溪杨柳唱枝头。"四十年后，使我深深而久久感动的，是他用了"早岁风华擅豫州"这一句概括了我一十四年的中州生活。

诗人王粲云："昔尼父之在陈兮，有归欤之叹音；钟仪幽而楚奏兮，庄舄显而越吟；人情同于怀土兮，岂穷达而异心！"又是1974年的秋天，我为能更好地侍奉慈母，克服重重困难，终于叶落归根，又调回到临近无锡的苏州，到了江苏师范学院任教。不久,江苏师院更名为"苏州大学"。又到了1983年的秋天,我又为报慈恩,又决意离苏大而真正回到了家乡无锡的无锡教育学院(今之江南大学)任教。在苏大的十年间,我更懂得了什么是真正的教育,什么是教师真正的责任。"身正为师,学高为范","血铸师魂",这也许正是积郑大、苏大与江大近半个世纪的高等教育实践所给我最基本的感悟。平生一无所有,唯有写得几百多万字的著作与遍于大河上下、大江南北数以千百计的学生为最大财富,舞文一生,执鞭一世,想此生亦不枉、不虚度矣! 在苏大、江大期间,我的最大收获就是一直处于教学第一线,"逼上梁山",能把中国文学史(包括作品)这门课程从先秦一直讲到明清。同时,在"文革"解禁后,由教学而科研,开始做些研究性工作,在《文学遗产》《文学评论》《名作欣赏》《古籍整理与研究》等刊物上发表了诸如楚辞、辞赋、杂剧、小说等方面的文章。

20世纪80年代初,我首先出版了《汉魏六朝小赋选》,此书曾列为香港书展书籍,亦被学界评为"打破了传统选学的樊篱,开拓了选本的新路子的一本填补空白的作品"(1986年9月30日《文汇读书周报》)。自此便引出了国内一波古代抒情小赋的出书潮。接着,《汉乐府研究》出版,获第七届全国图书奖。继之,与李泉学姐合著的《水浒全传校注本》出版后,再由台湾里仁书局请著名画家戴敦邦先生做插图后在台湾出版,"施耐庵纪念馆"并以此作为重要收藏本。还有为"古委会"的"文史名著今译丛书"与刘桂秋先生合著了《汉诗选译》与《陆游诗词选译》两书。百万字的《历代赋选注》,原是应台湾"里仁书局"约而完成的一部赋注集。正当签约付梓时,书局的主编却突然要求加入"楚辞"作品;但"楚辞"是"诗","赋"是有别于"诗"的另一新文体,如何能混同一体?结果书局方却坚持己见,《历代赋选注》的出版就此作罢。这部手书百万余繁体字的著作就此束之书阁,藏之陋室了。在2007年中新出版社出版的《中国当代思想经典》一书中,列条"张永鑫学术思想"时,以"乐府探新理,楚骚窥宥神"为标目,即以"一在乐府""二在辞赋"概括推介我的学术研究领域。退休后,我庆幸自己还能写出百余万字的《论诗说赋集》《〈启祯野乘〉与东林》《贺双卿诗词文集注评》《张浦杂记》(团结出版社2016年线装点校本)等著作,生命不息,舞文不止。近半世纪的教育生涯,我自信平凡而忠诚,尽心而尽职,无怨而无悔,最终获享了国务院突出贡献专家、曾宪梓教师奖、劳动模范、优秀教育工作者等称号,还算能不负母校与恩师教诲,学着清清白白做人,朴朴实实行事,平平淡淡生活。曾诗云:"桃李成蹊径,春华自醉心。风霜间雨雪,秋实更陶人。"

江南大学移新址于环境优美、景色秀丽的水乡南方泉,校内有"长广溪",校方欲于溪头构亭一,因征求亭"名"与"联"。我遂以庄子"鱼乐之辩"的"濠上"名之,为"濠上亭";又拟"知者似水达理而周流无滞,仁者如山安义而厚重不迁"为联悬于两旁。德厚似清山巍巍,慧智如白水涌流;勉莘莘学子,更亦自勉也。人生如此,亦足乐矣!

燕园的梦

张日凯

张日凯（晚年照），在长篇小说《悠悠玄庄》研讨会上发言

北大，是一代代青年孜孜以求向往的学府，因为它是科学家、教授、学者的摇篮，具有历史和现实的诱人的魅力。

我是1956年考入北大中文系的，1961年毕业。五年的燕园生活，虽有反右派的风雨，却是我生命中最为珍贵最为难以忘怀的岁月。北大是一座勇锐进取和丰博知识的圣殿。朝朝暮暮，五载寒暑，师门薪火，同窗苦读。我的学识和才智在这里得以成长，我的文学之路虽是荒原上的一条小径，在这里扬帆起航。四十余年过去，回首往日，仍历历在目。

当我和来自四面八方的同学踏进庄严的北大西校门，朱门金匾，石雕雄狮，凝聚着民族的古典与雍容，使我精神为之一振！两尊巍巍挺立的华表，诉说着历史的沧桑，我仿佛听到红楼民主广场的呼号。未名湖以未名而闻名，这个称谓本身就体现了名与实的思辨。湖光塔影为燕园一胜景，湖心岛在绿丛中隐现，湖岸树木森森，层楼幢幢。"静"，在这里营造了一种独特的文化氛围，几代名师大家曾在湖畔漫步冥思。我们尊敬的马寅初校长，见了同学总是和蔼地称兄道弟，燕园里处处留有他的身影。这里有现代著名女作家、诗人冰心的足迹。红学家周汝昌先生曾在湖畔4号楼收到一代学者胡适先生托人送来的国宝《甲戌本石头记》，而为之怦然心动！莘莘学子曾在湖岸孜孜晨读，我也曾和同学在这里畅谈读书心得和未来的理想。

更使我铭记在心的是一代宗师授课的风采。他们有着知识分子正直清廉的品格，历经世事沧桑，满腹经纶，治学执教严谨执着，对我们学子循循善诱，诲人不倦。杨晦先生讲授《文心雕龙》，和颜悦色，广征博引，深入浅出。游国恩先生一身中式裤褂，咏吟屈子《离骚》，抑扬顿挫，将其深奥的楚辞剖析得鞭辟入里。王瑶先生虽有些口吃，但讲鲁迅侃侃而谈，还不时有几声豁达的笑声，仿佛要将满腹的学问尽情倾诉，传授给我们。萧雷南先生穿一件灰色长袍，讲先秦诸子，魏晋诗文，一脸严肃，一丝不苟。吴组缃先生魁梧的身材，宽阔的额头，给人留下京剧舞台上"黑头"的形象。他讲《三国》《红楼》，擘肌分理，见解独到，滔滔不绝。1994年1月20日，我与数百位同学含泪向吴老师告别，他静卧在鲜花和万年青中，睿智的双目似乎没有闭上，因为他倾注毕生心血的《吴批〈红楼梦〉》尚未脱稿，赍志而没。追悼会上一副挽联道出了他从文从教的一生和此时数百名学子的缕缕情思："学富五车说稗声声犹在耳，文雄一代雕龙笔笔总关情。"

北大给了我知识和力量，燕园赋予了我们一代学子之梦。我们这一届的多数同学执着于研究中国古代、现代文学，我却志在做一名文学编辑，为繁荣当代文学尽其绵薄。1998年5月4日，北大百年庆典，同窗相聚燕园五院中文系，个个已是两鬓白霜，甚至有的相见不相识，但悠悠岁月，不论走过的路多么坎坷，绝大多数同学都已圆了燕园之梦。

甲子回眸

诸天寅

诸天寅（大学时期）

我从1956年考入北大,到今年已经整整六十年,一个甲子过去了。1956年,我从北京六中高中毕业,当时正是国家号召向科学进军,鼓励应届高中毕业生积极报考高等学校。我们中学响应国家号召,160多名毕业生几乎全部报了名,而且绝大部分是报考理工科。就在距高考不到一个月的时候,一天六中党支部副书记阎崇年找我谈话,我不知道为什么找我,怀着忐忑不安的心情到了阎老师的办公室。进去后,阎老师很客气让我坐下,先问了几句备考复习的情况,然后开门见山对我说,现在国家缺少东方语言人才,北大东方语言系负责培养东语人才,让中学推荐一些品学兼优的高中毕业生报考。我们经研究打算推荐你去,你有什么想法,愿意不愿意,有什么困难？当时我刚加入共青团,觉得这是考验我的时候,我应该无条件服从组织决定,就毫不犹豫地答复说我愿意,没有任何困难。阎老师听了很高兴,就说那好,你就准备参加文科考试吧。就这样我顺利地考入北大东语系。

开学前三天,我带着行李到天安门广场找到北大迎新站,由卡车接到北大,到东语系报到注册。每个报到新生都发了一本《迎新手册》,里面有校史简介、校系领导姓名,以及校园建筑分布图,对于我们新生来说挺实用。当时校长是马寅初,东语系系主任是季羡林。到校的头两天由于有的老生还没走,宿舍没腾出来，我们新生被安排在第二体育馆大厅地板上住宿。晚上我们打开行李卷，铺在地板上，每排之间只留一尺左右的通道，起夜时需要小心翼翼走过，生怕踩着别人的头。头一夜，我失眠了。原因是换了一个环境不习惯，有的同学倒头就睡着，还鼾声大作；外面树上的鸣蝉知了知了不停地叫。我思绪翻滚，想着自己将在这里生活五年，以后的情况不知会怎样，又想到自己的家庭经济很困难。父亲失业，母亲双目失明，家里的经济来源全靠刚参加工作的哥哥微薄的工资，我的学费和生活费怎么解决？越想越烦，越烦越睡不着，索性睁开眼瞪着天花板熬时间。很快天就蒙蒙亮了，简单洗漱后，拿着昨天发的临时饭卡，去大饭厅吃早点。早点很不错，大木桶里有豆浆、大米粥，主食是大筐箩里的馒头、花卷，还有咸菜丝随便取。系里的工作人员召集我们新生到外文楼系办公室开会，谈分专业和申请助学金事宜，这正是我最关心的两件事。

先说分专业，那时东语系共分九个语种，大语种四个，即日语、印地语、印尼语、阿拉伯语；小语种五个，即泰语、缅甸语、越南语、朝鲜语、蒙古语。大语种学习的人数比较多，小语种则学习的人较少。分专业时每人可以填报两个语种，我从将来的用处出发，填了日语和印地语。没想到公布分配方案时，我被分到了朝鲜语专业。看到这一结果，心里有些不高兴，认为朝鲜语用处不大，然而既然已经分了，没法再换了，只好认了。再说申请助学金，批下来我是一等助学金，每月16元5角，其中12元5角是饭费，4元是零花钱，可以购书、文具、肥皂、牙粉等。这下子解决了我的燃眉之急，从此可以安心学习了。到了冬季，我没有御寒的棉衣，我的表舅陶念新（觉悟社陶念钊之兄）给马寅初校长写了一封信，说我的祖父和蔡元培先生系金兰之好，现在我家生活有些困难，缺少过冬的棉衣，希望帮助解决一下。这封信还真起作用了，不久，学校特批我一套棉衣，发了布票、棉花票，还有钱，我自己到学校的缝纫部去做了一身很合身的棉衣裤。我原来的旧棉衣已经穿了多年，棉花都板结了，穿上一点也不暖和。我从心底感谢国家对我的照顾，暗暗决心一定要好好学习，报答党和人民的关怀。那真是难忘的1956年，我们安稳地在良好的环境里学习。那时有一首顺口溜形容我们的学习、生活情况：一个书包一个碗，饭厅宿舍图书馆，三点成一线，天天来回转。这说的是每天大家都背着书包，还有一个布袋。里面装着一个搪瓷碗，据55级同学说这种碗还是马校长到国外开会时为北大学生专门定制的。那时到食堂吃饭需要自备碗筷,所以这个碗袋就随身带着。当然这里讲的是除了上课之外,主要的活动地点就是饭厅宿舍和图书馆这三个地方。那时除了大图书馆外,各系都有本系的阅览室。但座位还是不够,需要一开门就去抢占座位,去晚了就没有座位了。往往从开门到闭馆,可以说都是座无虚席。由此可以看出学习积极性之高。

我们朝鲜语科只有十一个人,两名女生、九名男生。我们男生住在29楼1层东北角的一个半房间。那时一个房间有三张上下铺床,住六个人,剩下三个人和二年级同学一起住。我们的课程朝鲜语分语法和口语两门课,语法课由韦旭升老师教,口语则由朝鲜族的朴成禄老师教。其他课程有现代汉语、语言学引论、政治、体育等,和中文系一年级有不少相同的课程。我们班上有两名党员,其余都是团员,选出一名班长、一名团支部书记。同学之间都很团结,相处关系融洽,学习也都很努力。期末考试各门功课的成绩大都是优良,没有不及格的。我们的课余生活也很丰富多彩,中秋节我们在教师楼前的草地上开了联欢晚会,用班费买了月饼和水果,大家边吃边谈,在皎洁的月光下,畅想着美好的未来。新年在大饭厅有全校的团拜会,新年的钟声刚一响过,马校长和其他校领导登台向全校师生百年,马校长双手抱拳给大家作揖,嘴里不住说着恭喜发财恭喜发财。教职工还表演文艺节目助兴。给我留下深刻印象的是中文系教师林焘、朱德熙两位先生表演昆曲节目,先是林先生吹笛,朱先生唱《玉簪记》中的《琴挑》一折,然后换成朱先生吹笛,林先生唱《宝剑记》中的《林冲夜奔》一折,他们的精彩表演受到热烈的欢迎。我们还利用星期天到天桥观看摔跤、民间戏法,品尝豆汁、灌肠等北京小吃,南方的同学喝不惯豆汁,说有一股泔水味。我们还到天桥剧场观看了朝鲜歌剧《春香传》。那时几乎每周在棉花地都有露天电影,放映一些中外优秀电影,比如《青春之歌》《红旗谱》《早春二月》《静静的顿河》《第四十一个》《红与黑》《大卫·科波菲尔》等。大饭厅周末还邀请国内外一些艺术团体来校演出,像中央乐团、德国警察乐团、匈牙利艺术团都来演出过。

这种平静的学习生活维持了不到一年,到了1957年风云突变。先是传达了毛主席《关于正确处理人民内部矛盾的问题》的讲话,又听说苏共二十大上赫鲁晓夫做了否定斯大林的秘密报告,在社会主义阵营还出现了匈牙利事件。5月19日是个星期天,晚上过大团日,请于光远讲向科学进军的问题,讲完后已是九点多钟,送走了于光远,听讲的同学还不肯走,请校领导对开展整风运动表个态。校党委副书记崔雄昆当场表示欢迎同学帮助党整风,可以用四大的形式,即大鸣、大放、大字报、大辩论。天啊!第二天清晨只见大小饭厅周围的墙上贴满了大字报,有如"忽如一夜春风来,千树万树梨花开",内容五花八门,比较引人注目的有,中文系学生张元勋、沈泽宜的诗《是时候了!》其中有一段:"我含着愤怒的泪,/向我辈呼唤,/歌唱真理的弟兄们,/快将火炬举起,/火葬阳光下的一切黑暗!"这样一首充满激情的政治诗,点燃了许多北大学子的心。还有物理系学生谭天荣贴出的大字报《一株毒草》《又一株毒草》,他还以百花学社——黑格尔-恩格斯学派的名义在大饭厅前发表演说,与听讲者展开辩论。另一处站在饭桌上的是一位身穿海魂衫的女讲演者,她不是北大的学生,是人民大学的学生林希翎,她说三害的根源是制度问题,只听底下有人喊:让她滚下来,不许她放毒!也有人喊:让她说完,捍卫她说话的权利!……面对眼前的一切,我感到迷茫,无所适从。到了5月25日,校党委书记江隆基发表谈话,认为运动基本上是健康的,要求全体党员一定要虚心听取群众的意见,不要沉不住气,要继续支持大鸣大放。

可是到了26日,广场上出现了"反对恶意煽动诽谤!""马列主义卫道者万岁!"等标语,新的辩论更加激烈地进行着。6月8日《人民日报》社论《这是为什么?》发表,公开指责章伯钧、罗隆基提出的政治设计院是要与共产党分庭抗礼,储安平所提的党天下是要复辟资本主义,是"右派分子"向党进攻。当时我想既然党的政策是"言者无罪,闻者足戒",怎么人家刚说了几句,就扣了好几顶大帽子?于是我于6月11日冒昧地给《人民日报》写了一封信,题目是《应该怎样对待这些言论》,我首先声明我并不同意章罗和储安平的意见,但我认为应该找一个大的场合,召开辩论会,让他们充分发表意见,真理越辩越明,对的意见应吸取,错的则摒弃。随着运动的开展,我越来越担心,如果这封信,被报社转了回来,那后果不堪设想。我在鸣放期间,贴出两张大字报,一张是贴在小饭厅门口,题为《迷途的羔羊》,那时我正在看郁达夫的同题小说,就借用了这个名字。内容是要求转系,原以为学东语可以当外交官,可实际上以前的毕业生当外交官的极少,尤其是朝鲜语,延边大学的学生口语、笔语都挺好,是很

诸天寅拜访季羡林

好的翻译人才,用不着北大再培养很多朝语人才了。所以我希望转到别的系学习。另一张大字报是建议把校史馆里罗蒙诺索夫的塑像换成蔡元培的塑像,我觉得校史馆应突出蔡元培先生的地位,而不应突出俄国化学家罗蒙诺索夫的地位。后来系是转成了,但认为我的第一张大字报有不满现实的倾向,不满现实就是不满党的领导,所以有反党的倾向。至于第二张则扣上一顶反苏的帽子。"反右"后期我因这两张大字报收到团内严重警告处分。1957年7月东语系要求转系的学生代表和季羡林主任座谈,参加会的还有校长助理严仁赓教授和一位高教部司长胡沙同志。经协商,季先生同意一部分学生转学。

我们朝语科十一个人转走了六人,其他日语科、印尼语科、阿拉伯语科也有转走的。暑假后新学期我就转到中文系二年级上课了。由于东语系和中文系一年级很多课相同,所以我转过去就上二年级,并没耽误一年。我转到中文系后,如鱼得水,王力先生讲古代汉语,下午一点四十五分上课,十二点多就得到大教室去占座。教室的前三排是给留学生和听课的干部留的,还有别的系校外的来听课的,去晚了就没有座位了,讲台旁、过道上都坐满了人,没有座位只好站着听课了。其他像游国恩先生讲楚辞,吴组缃先生讲中国小说史,林庚先生讲唐诗,王瑶先生讲现代文学史,也都是很叫座的课。我在中文系聆听第一流学者讲课,涵泳在古今文学知识的海洋中,感到无比幸福。在1958年和1959年我们两次到平谷参加农村社会主义教育活动,通过和农民同吃同住同劳动,我们受到很大教育,了解到中国农民勤劳、朴实、善良的美德,以及他们贫穷艰苦的生活。改变农村的落后面貌是我们长期奋斗的目标。

  1960年,适值三年困难时期,国家贯彻"调整、巩固、充实、提高"的八字方针,教育界也平静下来,我们又可以踏踏实实坐下来读书了。然而,突然发生一件事,对我打击很大。1960年10月的一天,我们班团支部书记找我谈话,让我再交代1957年给《人民日报》的那封信,说以前对信的内容交代的不详细,现在需要详细交代一下。我问他为什么现在又要重提那封信了?他说你那封信当时就转回东语系了,因为你已转了系,东语系团委书记桂智贞把信放到档案柜最底层,作为待处理的信件没有及时转出,否则就凭你这封信足够划你为"右派"的。最近东语系清理积压的档案,找出了你这封信转到中文系来,系党委很重视这件事,让我们团支部重新处理一下这件事,所以让你再交代一下,你一定要端正态度,认清这是党在挽救你,要珍惜这次机会,把你的问题交代清楚。当时我表示感谢党团组织对我的关心和挽救,我一定好好交代问题。随后我又详细写了一份交代材料,交给团支部后,团支部书记又和我谈话,说你这份交代材料只交代了信的内容,缺乏认识,所以团支部开一次会,帮助你提高认识,以利于今后改正。很快团支部开了一次批判会,会上对我进行了严厉的批判,说我就是一个漏网的"右派",辜负了党和人民的培养,今后一定要洗心革面,重新做人。我表示虚心接受大家的帮助,一定要深刻挖掘思想根源,改正错误,报答党和人民的培养。最后团支部书记宣布团支部决议,说由于已经过了"反右"时期,就不再划我为"右派",但根据我的错误性质,决定开除我的团籍,以观后效。经过这一次打击,我变得灰溜溜的,抬不起头来。我埋头学习,期末考试,各门功课全部五分。本来我想报考研究生,后来有人对我说,你对你的政治条件应有自知之明,想考研究生,简直是痴心妄想。我觉得说得对,于是放弃了报考研究生的念头。1961年6月,北京市委派宣传部部长杨述同志到北大蹲点,主要是对肃反、"反右"、插红旗拔白旗等运动中受到批判的人进行甄别。我向当时北大团委提出申诉,希望减轻对我的处分,团委书记刘琨找我谈了一次话,他说校团委研究了我的申诉,认为不能改正对我的处分。他勉励我接受这次教训,认真改造思想,争取重新入团。一直到了1978年我接到北大落实政策办公室的通知,说取消1960年开除我的团籍决定,恢复我的团籍。这时我已经40岁了。毕业后,我被分配到一所中等学校教语文,后来又转到一所普通中学教书。直到粉碎"四人帮"后,我才考入北师大分校中文系任教。我一直感谢东语系团委书记桂智贞同志,是她无意压下了那封信,免于我被划为"右派"的厄运。可惜虽经多方寻找,也没找到她,失去当面向她道谢的机会。我喜欢一副对联:升沉有数人难挽,造化无心事总平。是啊,一个人的际遇似乎都是命中注定,大自然是无心的,受一些委屈不要怨天怨地,而要保持平静的心态。

一个甲子过去了,很怀念在北大读书的日子,怀念马寅初校长,始终牢记他的"知难而进"的教导;怀念季羡林先生,感谢他答应我们转系的要求;感谢中文系系主任杨晦先生,他在"五四运动"时,是最先跳进赵家楼曹汝霖家的勇士;感谢中文系党总支程贤策书记,他和蔼可亲,勉励我们为祖国健康工作五十年,可惜他在"文革"中遭受到非人的折磨,年仅38岁,就用烈酒和敌敌畏结束了自己的生命。我也感谢母校在将近二十年后,为我平了反。

我爱北大,始终坚守北大人的操守:认认真真做事,清清白白做人。我祝母校兴旺发达,为国家培养出更多优秀人才。

2016年9月27日于北京

辑二 经世历练

有时遇到特殊情况，一连几天吃不到东西，
每年都有七八个月在这样的途中度过。
几千里长路呵，日复一日，靠它们的四只脚走过，
无垠的草原呵，年复一年，靠它们的汗水浇灌。
它造福人民，不自矜其功，它长途跋涉，而坚韧不懈，
它历尽艰辛，无烦怨之色。
是它们，在还没有路的地方，走出了条条道路；
今天，当高原上有了连结四面八方的金色飘带，
公路上有了奔驰的汽车，田野上有了欢唱的铁牛时，
牦牛还在默默地为人类贡献着奶和血，
贡献着它那无尽的力。

——姚梦林

记陈纪峰
——一位靠自身努力绝地翻身的好同学

陈耀庭

1957年,在北京大学"轰轰烈烈的反右派斗争"中,一位刚刚进入北大中文系1956级二班的高中生,在刚满20岁的时候,被打成了"右派分子",并且开除出了中国共产主义青年团。这位同学就是来自上海的陈纪峰。

纪峰遇此厄运,据说就是因为他在日记里写了一首未曾发表的打油诗。打油诗有句说北大的生活是"日日冷板凳,夜夜辩论会",于是有人就上纲上线说他对政治运动不满,反对党的领导。除此以外,还有就是他在学习中暴露思想,向党交心,说到他对民主和自由的向往。他平时喜欢阅读西方文学的名著,嘴里有时会哼唱西方的名曲《马赛曲》的片段旋律,加上他自传中坦言的工商地主的家庭出身。

从被打成"右派分子"以后,陈纪峰就开始蒙受思想和肉体的无尽折磨,还不幸染上了肺结核病,被单独隔离居住,直到1961年毕业被分配到北京京城子煤矿,一边劳动,一边"改造自己"。

陈纪峰高中毕业于上海高桥中学,那是一所上海市的重点中学。在中学阶段,陈纪峰受到很好的文理科知识教育,打下了扎实的文理课程基础,同时,培养了对文学和艺术的浓厚兴趣。他是满怀着对未来的美好憧憬进入北大的。可是,从被打成"右派分子"那一刻起,他不得不痛苦地抛弃他所有的理想,为了苟且生存而度日如年。到京西矿务局城子煤矿以后,他从1965年到1970年,一次次被安排到井下劳动,在带病的井下劳动中,他失去了右手的食指和中指,成了残疾。在矿工生活中,他管理过工地材料,学会了土建工地的水电安装。他不得不放弃所有文学和艺术的爱好,拿起粗大的扳头和管钳,踩着工地上一个个水坑,天天穿着胶鞋,泥水里来,泥浆中去。

但是,不管井下有多么昏暗,纪峰从没有对生活失去信心。他顽强地生活,相信自己蒙了冤,总有重见天日的一天。他边劳动,边"改造",边自学新的谋生的本领。他自学了有关住房设计、施工和监理等建筑专业的全部课程,学会了建筑施工的各种技能,从1973年4月到1980年3月担任了京西矿务局城子煤矿的土建办公室的技术员,先后担任了京西采空区之上建设三万平方米生活园的总体规划和施工技术工作,负责过矸石山绞车房、充电车间、山上供热工程等工业建筑的施工技术工作。由于他对工作认真负责,任劳任怨、呕心沥血,1978年、1979年因工作成绩突出被评为北京矿务局先进工作者。

所谓采空区,指的是地下储藏的煤矿已经采空,地下留有无数掏空的断层。在采空区的地面上盖房子,让人居住,就好像房子盖在气球上一样,随时随地都会发生因为地陷而房屋倒塌的生命危险。在20世纪90年代,纪峰已经成为上海市住宅建设总公司安全处副处长,由于建工部工作借调需要,在逗留北京期间,他再次回到京西矿务局城子煤矿,特意考察了由他主持设计施工的采空区三万平方米生活园。纪峰告诉我,采空区的房子有的倒塌,有的倾斜,有的成了无人居住的危房,可是由他设计和建造的三万平方米的生活园仍然平平安安,没有塌陷,没有走样。他心里特别安慰。他说,百年大计,安全第一,我没有对不起和我一起下井挖煤的兄弟。

1979年京西矿务局城子煤矿根据中央文件,为已经是先进工作者的陈纪峰落实政策,平反了他被打成"右派"的冤案。

1980年3月,纪峰被调入上海市住宅建设总公司。从1981年2月到1992年1月,纪峰出任上海市住宅建设总公司安全处科长。纪峰担任领导工作,负责全上海住宅建设中的质量标准制订和检查工作,负责安全标准制订和检查的工作,编撰这些专业的技术杂志,进行质量和安全专业知识的普及宣传工作。纪峰以一个文科大学毕业生的身份,从事这些专业技术工作,不仅毫无惧色,而且桩桩件件做得圆满成功。纪峰说过,北大教给了我学习的方法,这些方法也帮助我自学建筑的知识和技能,加上高桥中学给了我比较扎实的理科知识的基础,这才让我得以靠自学的方法,学会了我主管专业领域的技术本领,在一个完全陌生的领域里绝地翻身。

1985年任《建筑安全》主编,建筑业人手一份。

1987年历时一年主持编写五十万字,印发四万册的《上海市建设工程施工安全技术手册》后多次加印,成为全国建筑业的施工安全技术的工具书。

1992年1月到1995年8月,纪峰出任上海市住宅建设总公司安全处副处长。

由于他在建筑安全领域的卓越成就和资深地位,1994年12月被聘任为中华人民共和国建设部首届安全监督员、中国建筑施工安全专业委员会秘书长、上海市建设安全协会常务理事。1995年5月被评为高级工程师。1997年被上海市劳动局、上海市总工会评为上海市安全生产先进个人。

1995年8月到1999年3月,纪峰出任上海市住总(集团)总公司工程管理部副经理、安全监督站站长。

1999年3月起,纪峰出任上海市住总集团总公司驻重庆办事处主任,直到2000年3月退休。

2000年退休后任上海市施工现场安全生产保证体系第二审核认证中心的主任及法人代表,其间亲力亲为参与施工项目的审核,并培养了一批优秀的建筑安全人员,备受同仁下属们的尊重。还定期参加亚太地区施工安全与卫生协会、全国建筑施工安全生产研讨会、华东地区建筑安全会,一直到2011年第二次退休。

2016年6月20日,陈纪峰在上海逝世,享年80岁。

纪峰的绝地翻身,靠的是自己坚定的信念与顽强的意志。纪峰的苦尽甘来,还靠的是他贤淑的妻子与和睦的家庭。纪峰的妻子是在他最困难的时候从天而降的,她是一位朴实的厂校教师。她认定纪峰是个好人,被打成"右派"是蒙受了冤屈。因此,在同纪峰喜结连理以后,夫妻始终相互信任,相互帮助。从他们相濡以沫开始,纪峰的妻子经常到庙里烧香。纪峰并不信佛,不过当他得知妻子烧香只是为了祈求菩萨保佑,早日洗清纪峰的冤情,夫妻身体健康,阖家幸福平安,他也不加阻拦。纪峰有个女儿陈萍,陈萍学习优秀,像纪峰一样,事业有成,兴趣广泛,友朋众多。在搬进上海龙华西路的新居以后,陈纪峰还把年迈的岳父接来一起居住,方便照顾,直至岳父终老。

陈耀庭(近照)

在20世纪90年代,陈纪峰多次被建工部借调到北京,参与全国其他地区的住房建设考察和检查工作,参与制订建工部颁发的有关住房建设的质量和安全规程的技术文件。陈纪峰的妻子和女儿都能帮助陈纪峰出色完成他承担的各项工作任务。熟知他的人都知道,陈纪峰能够在极端困难的环境中,保持信心,坚持自学,出色工作,绝地翻身,他的夫人和女儿,以及他的家庭都给了他无可替代的力量和支持。

陈纪峰尽管在大学时代受到不公正的待遇,受尽了磨难,但是,他对于大学时代的同学始终抱有手足之情。关心在沪的同学,热情接待路经上海的同学。而且在聚会中,从来很少提及当年受到的折磨和痛苦。有一次,我和陈纪峰一起招待来自北京的老同学。因为我们已经连续聚会多次,纪峰很严肃地对我说,他一定要为这次招待买单。宴席还没有结束,纪峰就说家中有事,匆匆离席。等宴席结束,被告知,宴席的费用已经有人全额付清。

那付款的当然就是好同学陈纪峰。而这样慷慨的不计宿怨对待旧知的,也就是陈纪峰。

(执笔人:陈耀庭。本文曾经陈纪峰女儿陈萍修改和增补)

给我自己写点东西

徐 朴

自打四表兄逝世后,我与他家失去联系,只知道他有个儿子在电视台工作,其他情况全不知道,其中我成了他小时候他父亲励志他的榜样,他一直并不以为然。后来人到中年偶然在网上查到我,发现我原来竟是一个有五十多种译作的儿童文学翻译家,与任溶溶先生齐名。感叹之余,说我默默耕耘收获颇丰,是珍稀动物,要加以保护。还说我很低调,低调到尘埃里,尘埃里开出花来。我当然受宠若惊。但细细想来,退休以来二十多年我一直在译书,而且在稿费历史上最低的情况下不去计较,出的书比退休以前还多,这一点确实不容易,应该让大家知道。我翻译书并不是为了稿费也并不是为了出名。我应该给自己写点东西,不想让别人仰视或俯视我,只希望人们能够平视我,把我当作朋友,理解和支持我和我的工作。

我父亲徐亚倩给我取名徐朴,自然希望我为人质朴,当然也希望我有些才华,取得一些成就。我小时候就体弱多病,上幼儿园的头一天就给打发回家,直到五年级才上学,功课很平常,只有语文还可以,因为在家的时候

徐朴年逾不惑与夫人邹建芬喜结连理

读过不少儿童书。六年级的时候父亲每天让我写一篇作文,天天晚上让我站在书桌边看他一边修改,一边讲为什么这样改。记得有一篇《我的书桌》,我写在大人督促下我的书桌有几天整整齐齐,可过不了几天,书本打抽屉里探头探脑,铅笔钢笔橡皮在桌子上乱跑,铅笔盒张大了嘴管不住它们。父亲看了以后很高兴,特地奖励我一包糖炒栗子。小学毕业以后,我考上海中学,因一篇作文出色和口试对答自如而录取,这在当时就像科举考试中考中举人一样不容易。可是当时校规过于严格,填鸭式的教育方式我很不适应,因此功课只能勉强跟上,身体倒因为有很多体育活动而强健起来。到了初二已是上海解放,学生不是开会就是游行,上课极不正常,我星期四有垒球比赛到市里,赛完便不再回校。到星期一才回去。在学校里也时常逃课,在体育馆里打球。因此旷课竟达二百多节。当时抗美援朝,号召参加军事干校,无心读书的我首先报了名,因我母亲到校一闹,此事没有成功。后来龙华分局到我校招人,我毫不犹豫瞒了年龄报了名,做了人民警察。半年以后我不适应那里的生活,闹着要回学校去读书,当时团组织警告我,这是脱离革命,你走可以,团籍要留下,我哪里管这种利害关系,坚决要走。于是我在家里待了半年又回到上中念完初三。这下我老实了,读书很用功,而且在父亲帮助下开始学俄语。上中因我有这一段历史,不让我直升高中,我一气之下,考了震旦(即后来的向明中学)。高中阶段三年是我最开心的时候,我轻而易举地占了头一二名的位置,作文比赛屡屡得奖,在运动会上大出风头,铅球在中学生运动会上得第一。不仅如此,我在父亲的帮助下,从俄语翻译了一本叫《在库班的田地上——一个拖拉机队长的自述》的书,先由中华书局出版,后来在时代和三联也出版过。高三的时候还翻译出版过《倔强的驴子》和《小战士》两本儿童书。

临近毕业,自恃俄语有些基础,便做起留学苏联的梦来,谁知我们班有三个名额,我竟落空,这对我来说是一个打击。但是更糟糕的事还在后边,完全想不到我在高考中竟然落榜!那是政审最严的一次高考,许多人莫名其妙被拒之于高校门外,我也百思不得其解,苦思冥想还是因为"脱离革命"这一段历史。1956年高考以前我在家中待了一年,俄语和英语有很大的提高,而且帮父亲做了不少工作。我头一年报考生物和医学,父亲建议我第二年改考中文,因为我显然更适合学语言,而且我国对中文的研究虽然不少,但从其他语言不同的角度比较研究却还刚刚起步,大有可为。于是我第二年三个志愿都报考了北大中文系。报考以后我有点后怕,万一别人看了我的报考单,以为我过于狂妄,把我的报考单抽掉也说不定。

好在1956年高考政审最为宽松。我考中了,我父亲非常高兴,说置备行装不必吝惜,我得的稿费全部用掉,因此样样东西全是新的。这样做其实伏下了祸根。原来我的同学多半家中条件不佳,有的行装只是一条毯子,一条席子,一个脸盆和几件衣物,因此我显得格外突出,比调干生都要好,人家以为我一定出身资产阶级,对我的感觉异常复杂。头一年学习非常紧张,但是到了1957年5月份,大鸣大放和"反右"便开始了。我因为是匈牙利留学生辅导员,在匈牙利事件中站在同情匈牙利同学一边,说了一些话,被班上批判,因此当时同学写大字报和集会我都避在一边,只是专心在念我的法文。有一个批斗会,开到深夜,追问被斗的对象这一天到什么地方去,遇见过什么人,反反复复,我已十分疲倦,不耐烦地插一句,"多无聊!"当时有几个同学便以为我是打横炮,调转枪头,斗起我来了。给我罗织了许多罪名,连我在墙报上写的调侃文章也成了毒草。这样一来,到了1958年初我就被戴上了"右派"帽子,留校察看。后来1979年复查的时候,留校同学查档案,发现我当时没有写过一张大字报,也没有一次发言,想不明白为什么戴我帽子,后来得出结论,那是因为我生活优越,许多人都看不惯,对我有不少成见。1961年毕业临近我被摘了帽,但是毕业分配京西矿务局,当时许多学校毕业的"右派"都被分配到那里,算是格外开恩,依旧当干部使用。我被分配在工程处一个木材加工厂做统计工作,一个月只有三五天忙碌,其余时间闲得无聊。办公室里有一架旧式的计算机,我玩得出神入化,一手摇计算机,一手算盘核实,十分热闹。揽了同事的许多活。后来上班只是应个卯,便钻到处图书馆里去看书,一直看到吃午饭时,再到办公室照个面。下午在办公室看报闲坐,没有人的时候,偷偷学些外语。

这时父亲也摘了"右派"帽子,有书译了,但年事已高,眼力不济,希望有人帮忙,所以我和他商量以后,便提出辞职,工程处正在下放精简人员,当然欣然同意。其实我贸然加入下放行列,也就是脱离了干部队伍,再想恢复难上加难。而且我也不了解当时户口流动的情况,从北京来的人也不能马上报进上海户口,父亲为我联系的一个民办中学,就因为户口问题而搁浅。父亲是自由职业,以译书为生,戴帽以后不让他译书,断了收入,坐吃山空,家中情况一落千丈,摘帽以后译书恢复了半年,又因抵制西方文化而中断,实在养不起我一个闲人。因此我报上户口以后便代了一段时期课,后来因为工作时有时无,干脆去做临时工。我因为是运动员的身体,再加上在北大的时候,有过不少下乡劳动、修水库、修铁路等劳动锻炼,做工倒并不惧怕,因此我做过搬运工,修过锅炉,做过漂工,后来在一家纸芯厂做高温工。在水产市场做搬运工,有时也要参加腌鱼加工,身上一股味道,洗多少个澡都洗不掉,坐公共汽车和看电影总有人要掩鼻问"什么味,什么味?"修锅炉是修炼钢炉,里边钢渣还没有冷却,要浇湿了工作服冲进去用镐头敲几下就要出来,在鼓风机下吹半天才能再进去敲几下,一个班也敲不了几百下,但是那个让人透不过气来的滋味实在不好受。这些活我都扛了下来,而且干得很出色,得到带班的好评,在三友实业社做漂工,我两次加工资,加到一天两元两毛,一月下来,加上奖金不比大学毕业生差。我的姑母是三友实业社退休的,当别人问到我时,我姑母冲口而出:"别提这家人啦,大的'右派',小的'右派',小的娇生惯养从小裤子笔挺,皮鞋锃亮。"等到她觉得不对,又说我几句好话,谁知已经来不及了,当时正好"四清"开始,厂里不说原因就辞退了我。

　　后来到了纸芯厂,那是做纸线轴的厂,把十几层纸用糨糊粘起来的线轴需要烘干成型,因此烘间热加工是很重要的一道工序。这个厂只有一百多人,是几家私营合并而成,却是上海甚至全国唯一的一家,因工序简单技术含量不高,用的多半是女临时工,由于我工作卖力,待人和气又乐于助人,所以很容易跟人打成一片,我在那个厂干了五年多。那个时期起先"四清"运动和后来批判海瑞罢官,再后来"文化大革命"便开始了。1964年以前,我父亲和我东托人西托人,好不容易让我翻译出版了《趣味动物学》《趣味植物学》和参考资料——西德总理写的《来自竞争的繁荣》,以后翻译工作就再也没有了,我也不再希望得到这种工作。家中收入只有父亲政协四十元津贴和我的做工收入。到了"文化大革命"开始,父亲的津贴也没有了,全靠我的工钱维持。那时父亲的一位朋友,在大学退休,他因是学徒出身,阶级成分好,没有受到冲击,工资不受影响,知道我家情况,所以每月帮助我三十元,借口是要我帮他编英语字典,他已经编到L字条,让我校对一下,然后誊清。我参考几本原文字典提出一些意见，他都很认同。他继续编下去，但因为年事已高，家中事又多，进度很慢，我一个星期只要化半天时间，便能应付，但是这三十元钱帮助我家生活在极端拮据的情况下还能勉强维持下去。

造反队成立之初，为了迅速扩大队伍，有一天一个头头找到我说："听说你也想加入造反队是不是？"我不好承认，也不好否认，支支吾吾，就这样我也领到了一只红袖章。到了清理阶级队伍时，一个头头来跟我说："以你的身份，不宜参加造反队。"我也就顺水推舟说："那好，我退队。"我还当我的逍遥派。抄家那阵子，厂里谣传很多，石攸山家里抄出了金台面，有一吨多重；某某资本家把几十颗金刚钻吊在几个孩子的小鸡鸡上，想逃过革命群众雪亮的眼睛。这些谣传我并不太信，不过也知道一个老同学的老爸一听到敲锣打鼓，就将几张存折揉成一团，丢在炉灰里，等到锣鼓声远去，才忙不迭又捡起来抚平，可见当时恐怖的一斑。抄到后来，连厂里几个小业主也都网罗在内。听说黄货一律作为四旧，连有些金银首饰的工人也紧张起来。我当时也很紧张，一来家里有好几书橱的书，好几柜子的唱片，目标太大，而且我还替老同学的妈妈藏了几根条子和十几个小黄鱼。我想金银藏匿起来还容易，那么多书也只能听天由命了，最难办的是唱片，我挑了最最心爱的六部，有贝多芬的《小提琴协奏曲》《钢琴协奏曲》，柴可夫斯基的《第一钢琴协奏曲》《第六交响曲》，里姆斯基-科萨科夫的《天方夜谭》，德伏夏克的《新世纪交响曲》，藏在老朋友妈妈的家里，她是一个寡妇，没有单位，想来不会抄家，谁知他们的里弄住的都是高干，他们的太子，组织了一个造反队，她家也就成了对象，把这些唱片敲得粉碎。

后来我家也抄了，连语言唱片包括列宁和斯大林演说唱片全都拉去了，书也拉去不少，只是黄鱼车不够，外文书暂时不拉，只是书橱贴了封条。其实我家黄货还是有的，除了朋友妈妈寄存的，我的妈也还有最后几件首饰。那些寄存的，我搁在临街一扇有百叶窗的窗棂上，那是一扇大窗，分上下两层，因为大房间隔成两间，后面又是马桶间的缘故，已经封死，下面的玻璃窗还能打开，上面的百叶窗无法开启，窗棂上的灰尘长年累月已经结成一团一团的。我把大条和小黄鱼缝在长条的深灰色口袋里，伸手出去，搁在窗棂的灰堆里。老妈还有黄货，我事先并不知道，不过老妈有两次抄家的经验，一次日本宪兵来抄，她刚好在生煤炉，镇静自若地把一些重要的信件按在了炉子里，结果日本人什么也没有抄走，倒把我的几本儿童读物，《木偶奇遇记》《安徒生童话》《格林童话》等顺手捞走了，想来日本人是带给他们孩子去看的。中华人民共和国成立前夕，老爸参加民主党派的地下组织，人是逃到周浦去了，因为通缉他也抄了家，老妈把一些宣传品和马列著作藏在米缸里。这回想不到又会抄家，她把几件首饰混在一堆要洗的衣服里，浸在木桶中。这回抄家最凶，最彻底，马桶间的那扇窗子自然逃不过他们的眼睛，不过打开了迎接他们的是一口灰尘，连忙又关上。所有的热水瓶都倒了倒，生怕藏有什么变天账，所有的墙壁都敲过一遍，其中一处有壳壳的声音，就敲开了一个大洞。我家箱子有一大摞，一个个打开，其中不是破棉絮就是旧衣服，令那些兴致勃勃的人大倒胃口。后来查到老爸的厚厚一叠出版合同，有人拿算盘来一算，问老爸这些钱到哪里去了，老爸两手一摊，说："都修了五脏庙。"这一点老爸没有说实话，可这是说实话的时候吗？过去生活好的时候，他虽然收入不少，但是开销也大，高朋满座，还接济了不少人，你要是实说了，人家就要追问跟什么人来往，接济什么人，难免要牵连很多人。还有他在嗜好方面也花了不少钱，他喜欢买书、买唱片、买邮票、买性能好的旧照相机，以及像美国西洋镜之类的玩意儿，"反右"以后，没有了收入，值钱的东西陆续卖了不少，但是他不想提醒这些人，他的这些旧东西有的还很值钱。

  后来他们还发现一大叠当票，都是家里揭不开锅时，老妈偷偷把衣物送进了小额贷款的当铺里去了。老妈从来没有跟我提起过，而且当的全都是她自己的衣物，老爸和我的衣物一件都没有。我当场就流下泪来，别人还以为我为抄家感到了委屈，喊了许多老实交代的口号。他们还在老妈的衣柜里找到一个小小的盒子，里边放着我中学大学的毕业证书，俄语广播学校结业证书，各个年级的成绩报告单，作文竞赛的奖状，中学三好学生的奖状，运动会的奖章，还有几份我出书的出版合同。抄家的人都仔仔细细查看，还在其中发现了一份预备役军官的证书，那是当时北大一年级时发的，他们好不奇怪，传阅了一遍。老妈很为自己的儿子骄傲，所以都很小心地收集在这个盒子里珍藏着。我看到这些更心酸了。我的旧照相机和一些照相器材，两把吉他和一台旧的大无线电和唱机总算没有抄走，我看见几个头头叽叽咕咕商量了一阵子，才做出了这个决定，不知道是因为这些东西很难算是四旧呢，还是其中跟我很有交情的头头说了情。后来才知道,原来我用我的相机拍过许多工人的照片,用我的吉他弹过许多《大海航行靠舵手》《我爱北京天安门》之类的许多革命歌曲,还有那时地下音乐会之类的说法还没有流行起来,因此说情还能管用。抄到后来,那些人已经趣味索然,有的干脆坐在楼板上翻书,只有几个头头还在缠着老爸要他交代问题,也不知道要他交代什么问题,到了下半夜,这些人才闹闹哄哄地走了,留下几间满地狼藉的房间。我在老爸的唉声叹气中茫然若失。最后我愤然撕掉了书橱上的封条,去睡觉了。

第二天出门一看,外面墙上贴满我的大字报,我也懒得去看。第三天我去上班,出门一看,这些大字报都给撕掉了,也不知道是谁撕的。几个星期以后,厂里的工作队说摘帽"右派"不属于抄家对象,书和唱片予以发还,让我借了黄鱼车自己拖回去。但是唱片很多打碎了,书也丢了一小半,大概抄家的人各取所需了。还来的书中竟还混入了一本裸体相册,和一本冯玉奇的黄色小说。我推着黄鱼车回家的时候,左邻右舍都来问长问短,说了不少安慰的话,因此我疑心那些大字报也是他们撕的。

厂里自从来了工作队,有一阵子经常停产开斗争会,连厂长支部书记都成了走资派,还少不了开批判大会,厂长学徒出身,旧社会里做过好多厂,可谓见多识广,以老上海自居,做报告时常说一些俏皮话,他做人十分通情达理,这样的人也要揪出来批判,我百思不解。结果驴唇不对马嘴的揭发,把俏皮话当作反动言论批判,差点让我在群情鼎沸的时候笑出声来。不过我也注意到有几个女工一边喊口号,一边在流泪,这让我很吃惊,也从此对这种声嘶力竭的逢场作戏有了一些领悟。我倒担心自己加工钱的事会在会上提起,因为我深信不疑那是厂长决定的,把这件事跟我的身份扯上关系,不难上纲上线。不过还好,这件事倒没有人提起。后来开会,往往一奏东方红,我就晕晕乎乎,一坐下来照例就睡着了,要瞌睡半个多小时才能清醒过来。原来厂里开大会铁定由我来做记录,那是支部书记指定的,现在不要我做了。因为停产扫尾工作要我来做,我总是最后一个来参加会议,礼堂里挤不进去,只能坐在外面,所以打瞌睡也没人注意。清醒过来,我总是望天发呆,觉得白云的变化百看不厌。

厂里出什么大字报,照例有我抄写的份。这些大字报,除非让被揭发的人有些紧张,其他的人都很漠然,倒是对抄写的字很感兴趣,往往品头论足,很欣赏我的字。造反队参加工总司的冲冲杀杀少了，一般工人上班下班相安无事，增加工资奖金无望，但是上班干活照样很卖力，市里常开公审会，公审的名单越来越长，布告贴得满街都是，每次公审总要全市转播，厂里照例要停产，工人干活能喘口气，谁都高兴，觉得事不关己，光喊几声口号也还划算。我这个"阶级异己分子"，没有人管，倒也逍遥自在。恰恰相反，我手下有几个人倒要我管，两个小业主下放到我班组，几个社会青年在我那儿劳动，还有几个车间里无法安排的女工，1964年进厂不久我就成了不是班组长的班组长。以前也有过几个正式工管过这一摊子，都自以为是班组长，指手画脚，还老向上面要添人，老叫跟不上形势，要锅炉间加大热气，结果烘出来的几炉都是废品。我来厂不久，厂长把正式工全都抽走了，光让我带一些老弱残兵，也不宣布我是什么班组长。你可以说，厂长这样安排并没有意识到这个班组是整个生产线的关键，但你也可以说这是厂长有意重用我，知道我能摆平这个班组的活。上面生产出来的东西，有我都能及时处理，绝不积压下来，造成上面停产，下面无法吃饱。这都是因为无论刮风下雨，我都有办法让这条流水线畅通无阻，质量有保证。要做到这点，全靠我科学地积累经验，为了摸索最佳的温度湿度和时间，我做过个把月的详细记录。还把运筹法用在了操作上，把无用工压缩到最低限度。什么时候预热，什么时候吹风，什么时候加大热量，加大进风量我都有控制，要加大热量的时候，锅炉间跟不上，我亲自去催，有时还帮忙加煤，因此那里的两个师傅也很愿意跟我配合。而且我也不隐瞒烘好产品的经验。我的工作因为抓得紧，总有一些闲暇，我总是到车间转转，帮些小忙，看到有的女工干得吃力，我总喜欢在一旁观察，点拨她们的手势或操作的衔接方面有什么小问题，她们将信将疑地试了试，果然干起来轻松得多。所以车间里的女工无不跟我很热络，我叫年纪大的老阿姐，叫年纪小的小阿妹。

对下面的几个人，我也从来不隐瞒自己琢磨出来的窍门，不嫌其烦地解释给下面几个人听。根据天气变化，温度变化，风向变化，操作起来就要有微调，这些关节，手下的几个人就不耐烦学，也学不会。在我的调度下，手下的几个老弱残兵居然也干得井井有条。当然我也很注意照顾他们，什么重活累活都由我担当。其中有一个年纪很大的小业主，以前在这个部门干过，不免倚老卖老，不服从调度，但是期间一长，他也很服帖我。我检查质量，只要把半成品用手一撸，便能说出个子丑寅卯来。找出毛病出在那儿，操作有什么不当。这一点连车间里的女工都佩服得五体投地。我还有一个特点，就是不管工作有多多，快下班的时候，班组的工作已经差不多了，我总是派一部分人去帮助车间里的人做一些扫尾工作，这些工作都很轻松，这些人都乐意去做，车间里的人当然更欢迎。在我的影响下，车间和我的班组总是能提前十多分钟结束一切工作。家务繁重的工人最最看重的就是这点。因此工人们提到我无不翘翘大拇指。我为我屈辱的地位赢得了尊严。当然这些我都是在默默无闻地做，我从不汇报，上面也从来不问，我只是一个临时工，要是正式工那就不一样了，说不定劳动模范我早就当上了。这一点并没有半点夸张，后来我入狱以后，我带出来的徒弟，按照我的流程操作，真的当上了劳动模范。

不过总的说来，那个小厂似乎处在这场斗争的外围，除了一些小头头跟女工瞎搞，家里的男人打上了门来，倒也实在没有什么大事。这也是我能过另类生活的根本原因，也许我在知识分子成堆的地方，早就不太平了。在别人的眼里我已经掉到了社会的底层，人家也就不去计较了。而跟普通老百姓我是很容易沟通的。我笑脸常开，助人为乐，因此别人都愿意跟我来往。别人知道我会一套摄影的本领，拍的照跟照相馆拍得一样好。家里有什么婚事喜事，都愿意叫我去拍几卷。我保证弄得大家都很满意，看见一大摞照得笑逐颜开的照片，人们向往美好生活的永远渴望又抬头了，那些声嘶力竭的口号声似乎已经远去。他们送上喜糖的同时不忘送上一些胶卷或者放大纸，冲洗的材料，照相本之类的东西。有的知道我会弹琴，还会托人买一些吉它的琴弦送我。因此我玩儿摄影并不要什么开支，当然相机，放大机是我原就有的，放大机和印相机都是我和几个朋友用一些旧材料制造的，效果还都不错。

我有一个朋友叫张海洋，也是北大的毕业生，因为不服从分配，闲在家里，靠香港的父母接济生活。他常到郊区为乡下人拍些照弄一些小钱，还有他是全市寄售商店的常客，行情特别熟，还弄到了几本价格明细册，所以往往能买进卖出，赚一些差价。因为我的几本艺术摄影集经常在小范围里借览流传，所以认识了他，张海洋来跟我交流一些逆光摄影的方法，我回访的时候，发现他是一个很有趣的家伙，竟还能在夹缝里弄到一些小钱，还另类到在研究麻衣神相和周易，想靠算命弄些旅游的钱。一个北大物理系的毕业生，他的生财之道给了我启发,休息天除了到各个感兴趣的地方物色镜头以外,也骑着我的"老坦克"到乡下转转,给男女老少拍拍照,说是免费服务,答应过一个星期给他们送去大大小小的照片。阿乡们拿到照片都十分满意,往往塞给我一些农产品或土布,农产品多半是鸡蛋和时鲜蔬菜。我还发现社会上那时玩儿照相的人越来越多,左中右各式人等都有,不光是我那样另类的人。放大纸和各种照相材料市场供应很充分,一种法国依尔福牌的超微粒的胶片也能散装买到,那是电影制片厂因为不拍电影了,处理胶片,买回来的,价格也很便宜,虽然是过期的,质量没有变。我还替这种底片找到了它专用的显影剂配方。因此放大出来的照片粒子更加细,层次更丰富,效果更加好。我每年精选十张得意之作放大到十寸十二寸,收入影集,这些影集也就成了人人争相浏览的活动影展了。我的相册也是我自己做的,抄家以后还回来的唱片有许多敲碎了,我便利用旧唱片夹做了相册。为了摄影技术的提高,我很想有一只曝光表,我在一家寄售商店里看中了一只,很便宜,一打听光电池已经用完。我又想到了有一家照相器材店有光电池处理,才一元钱一片,我抱着试试看的心理,买了一片接在那只曝光表上,谁知那只表一下子就工作了。只是那片电池面积较大,是圆的,你得把它夹在两片硬塑料里,作为那只表的附件,这使表看上去总有点不大雅观。好在那时有许多制作毛主席纪念章的高手,他们替我出主意,给曝光表镶上颜色相同的边框,然后把光电池粘在上面,就好像是一个很美观的整体了,就是体积稍微大了一些。石磊如法炮制,伙同张海洋组装了不少曝光表抛售。他还跟搞机械的老同学和六级钳工的朋友小董用市场上的处理材料制造了一盏闪光灯,样子很漂亮,正在我们准备缩小体积,多做几个卖出去小打小闹赚些零用钱的时候,社会上谣传要打仗,寄售商店的东西卖不出去,堆积如山,终于纷纷歇业,我们也只好满足于让那只唯一的土闪光灯发挥作用了。

我的另类生活可谓丰富多彩而且非常紧张,一天工作下来,回到家他就捧起吉他弹上一个多小时,晚饭以后就替刘伯编字典,或者进修进修英文,那是说星期一、星期二和星期四晚上,星期三晚上那些玩吉他的朋友上我家来,或者我上别人家,不是弹琴唱歌就是我跟他们讲故事。我讲的都是一些外国名著的故事。我在大学里的时候,因为学英文,一星期买一两本苏联出的英语简写本,那都是袖珍本,两三毛钱一本,藏在口袋里抽空看看。几年下来,竟有一百多本,这些书有的是经典的名著,有的是英美法的二流小说。参照原作,这些书就成了我讲故事的资本。我讲得最多的是《基督山伯爵》《三个火枪手》《悲惨世界》《笑面人》《混血儿》《怒吼》《神罐》等等。由于我突出某些细节,加上一些人物的评价,所以讲得很生动,人人都爱听。

我爸爸因为我从北京回来找不到工作,他自己又接不到稿子,嘴里老说自己走错了路,不断地抽烟,不断地在几个房间里走来踱去,唉声叹气,不肯理发洗澡,不肯换衣服,更不肯出去。实际上他得了忧郁症。最最让心痛的便是父亲这种情形,父亲说来也是半生从事革命的人。他很小的时候祖母就死了,祖父因为经营不善,又抽鸦片,把家里弄得拮据不堪,他的后娘便把父亲送到茶馆店里去学生意,小小的孩子要提一个大大的茶壶,体力不支,生了一场大病。后来他奋发读书,吃饭上厕所走路都舍不得放下书本,省里会考一篇文章,他居然考了头名,后来进了第二师范,那时无疑等于考中状元。生活和求学一下子都不用愁了,每学期还能省下两块大洋,他都用在了买英文书上,因为他喜欢读英文,在四年的时间里,差不多读了十几本英文的名著。毕业以后他在公部局小学任教,那时薪金四十大洋,已经算不错了。后来又在西城小学任教,这时,他就开始跟几个师范里的同学创办少年书局和《小朋友》杂志,后来这本杂志甚是有名,一直出到现在。北伐战争开始,他投身革命,在家乡松隐办读书会,秘密加入了共产党,国民党清党时,当地的领导人侯绍裘被装在麻袋里打死,他逃到枫泾跟吴绍澍和吴开先一起躲在外婆家的咸鱼铺里。后来又一起逃到上海,那两个姓吴的都投靠国民党,做了大官。他找不到组织,在陈陶遗先生介绍下进了中华书局,因为编一套"南洋教科书"又到南京教育部任职,在南京师范学院听课,成了陈鹤琴先生的学生。

上海沦陷后,在申报馆工作,为逃到重庆去的吴绍澍家和几个朋友做掩护,后来又帮助几个青年去重庆参加抗日。这个时候他开始学习俄语,天天都到襄阳路的东正教堂去上课。与一些共产党的外围组织有联系,因此受到日本人的注意,抓进了日本宪兵司令部,在多方营救下才出狱。抗战后,在吴绍澍的推荐下,做了《正言报》的主编和业务经理,《新闻报》和《申报》复刊后,《正言报》举步维艰,他提出大报小报化的主张,增加副刊,在《读书会》的副刊上介绍《资本论》等著作。后来引起国民党注意,汤恩伯赶到报社,扇了吴绍澍和他两个大耳光,他就此辞职,投身民主运动,参加了民主党派的地下组织,以翻译儿童读物为生。

　　新中国成立前夕,他列入通缉名单,不得不躲在周浦。新中国成立以后,本来要吸收他做民主党派工作或统战工作,他却选择做自由职业,专门翻译儿童文学作品,一不上班,二不开会。谁知"反右"以后糟糕了,他一无单位,二无工资,戴了"右派"帽子,无书可译,起先以为一两年就会过去,家里开支依旧,后来发现苗头不对,积蓄已经全无,只能靠变卖度日。坐吃山空,这话一点也不假。1960年他摘了帽子,出版稍稍有了松动,他又有了工作,我专业不对口,也就让我回上海,想两人一起重振家业,谁知不久批海瑞之风越演越烈,终于殃及出版,又没了工作,又因为我工作难找,消沉之极,得了忧郁症。我越来越理解老子,对他的遭遇百思不解,他虽说后来脱了党,但是他始终处在先进的行列,做着有益的工作,不说政治,作为知识分子,他孜孜不倦追求学问的精神着实令人钦佩,他那文字的造诣也让人仰望。这一点我最清楚,接触过一些教授,觉得父亲跟他们在学问上不相上下,虽然有些理论不及他们。他还鼓励我写伟大的祖国,说爱国从来是具体的,光提一口号未免空泛,应该对祖国有很多实实在在的了解。徐霞客做出了榜样,他把祖国的山川描写得多么秀丽,如此气势磅礴,让爱国主义之心油然而生。我们祖国的山川那么多,地下还埋藏着那么多文化,都值得好好写。他说你可以半年游历,半年在图书馆收集资料并写作,一个一个题目写,写长江,写黄河,写长城,写成了对后代功德无量。他在这种万马齐喑的形势下,宁祖国负他,他绝不负祖国的爱国主义精神钦佩得五体投地。他在最最困苦最最压抑的几年中,对照英译本读了那么多俄文的名著,对那么多有名的译本做了批注,密密麻麻写了那么多翻译笔记,这些他都希望我以后能读一读,在翻译的道路上可以少走弯路,多做贡献。后来这些东西都在抄家中毁掉了,我还没有来得及看,后悔莫及。

　　后来这几年里,看看儿子把这个家撑了下来,老妈也不再东借西借,家里虽然受到过一次冲击,倒也没有什么事,因此倒安静了不少,儿子打字读书写字的时候,他总默默地坐在一旁,好一会才叹口气走开去,重复他的老调和走马灯似的转来转去。我看到父亲这个样子就心如刀割。

　　我对这种另类的生活倒还适应,觉得唯有不放弃文学,不放弃读书,将来正常了,中国又走上正轨,自己说不定还能派派用场,做些贡献。我自以为不是一个才华横溢的人,但一些小才华还是有的,我在运用文字方面自信有独到之处,在理解外语方面又快又准,但是我的译文跟父亲的译文相比,总觉还相去甚远。我正在这方面偷偷地努力,翻译了一些英美的短篇小说,想让父亲教我一些翻译的技巧,我想这样也可以让父亲有些事情干,可以减轻他的病情。谁知这个时候父亲的脑子倒清楚起来,很狡黠地回答我:"还学什么,不是知识越多越反动吗?你吃的苦头还不够吗?"我没有办法,只能自学,每译成一篇便在抽屉里放上一个时期,然后拿出来修改,修改好了再放进抽屉,就这样一次次修改,一直改到满意为止。我每次修改好都要大声朗读,偷偷地观察父亲的表情,摇头的话,就是说还要修改,点头的话,就是差不多了。我也拿给朋友们看,其中小董虽说是钳工,但父亲是个文人,小时候逼他学过不少古文,至今还能背诵,因此自以为趣味很高,文字方面很挑剔。他看了以后总不满意。我也不以为忤,总是偷偷地琢磨他的挑剔有没有道理,改到小董没有话说才松了口气。这种三人之行必有我师的精神,使我得益不少,我也因此很看重这个朋友,有些人以为小董老气横秋,喜欢教训别人,还自封万宝全书缺只角,老要显摆自己,我却不以为然。

1969年下半年,我这种另类生活算是过到了头,当时追查地下音乐会,找到了我们这个圈子,后来就办了学习班要我们交代,问题逐步升级,直到拘留审查。我在拘留所和市监两年,在劳改一队扳头厂做铣床六年。

我入狱以后,精神没有消沉,静下来,还常常默默吟诗,记下我的一些感受,我用这种方法,写了许多诗。当然不可能写下来,只能一遍遍默念,每隔几天便一首首要复习一次,只是我的监狱生活又起波澜,渐渐多半遗忘,只有一首《晚霞》因为印象深刻,留在了记忆中。那是我被打断锁骨,送进市监医院治疗,在五楼窗口眺望时吟诵的:

> 落日的余晖给朵朵云层
> 涂上绚丽的色彩,
> 云隙间的天空依然一碧如蓝,
> 却又抹上淡淡的胭脂。

那云仿佛是装点火树银花的彩船,
艘艘载着一个四体慵懒的丽人,
支颐托腮万种风情,
斜卧在蓬蓬松松的软垫上,
随着似是无声却有声的神曲,
渐渐在天边的金波玉浪中隐去。
这时整个天空像是一个巨大的舞台,
缓缓扯上华丽的紫红色丝绒幕布,
徘徊不去的云
有的浓妆艳抹,
有的搔首弄姿,
成了幕布上的花纹和褶子。
而城市的万家灯火,
给它打上了脚灯。
那是正剧的上演还是落幕?
一个囚徒期待着月亮和星星,
叙说更美丽动人的故事,
他觉得自己登上了一览无遗的高山之巅,
回到了大自然的怀抱,
和天靠得那么近,
上帝的魔杖一挥,已经隐去窗上的铁栅,
他也希望城里的芸芸众生,
能在忙忙碌碌之中跟他一样,
欣赏这大自然的奇景。
可是他明明知道他们不会,
不是无情的钢骨水泥建筑挡去他们的视线,
就是心中的羁绊让他们视而不见。
他搜索枯肠,想给晚霞的美,
找一个恰当的比喻,

可是他发现世人只用晚霞的美，
去形容其他的美，
而它的美恰恰无法形容。

平反以后我的英语能重新拾起来，得益于我在监狱中的一次"接力"。既然我坚信把我这样的人关起来，国家是一定出了毛病，也总有一天会恢复正常的。我学的东西一定能派上用场，我想我的英语绝不能就此荒废，一定要弄本字典。在劳改一队的车间里，是犯人和厂员一起劳动的，厂员就是刑满以后留在厂里的人，他们能到社会上去，因此我给一个关系跟我较好的厂员一套运动绒衫，让他给我弄一本英语小字典和一本英语的毛主席语录，我偷偷带入监房，每天夜深人静，其余人都入睡以后，我在被窝里看那么一两个小时。我的铺位在靠窗的地方，那里十分明亮。有一次被巡夜的队长发现。问我在看什么，我只得递出窗去，他翻了翻，又默默地递回给我，只说了一句，"早点睡"，便走了。这个队长是老监狱长，"文革"以前监狱里是允许犯人学习外语的，所以他放过了我。这样将近一年，我每天深夜背字典，碰到日常用语，还造许多会话的句子，听报告的时候，上面在讲，我在下面给他翻译。不管是否正确，只要能译得出一些就行，我发现这样背单字的效果很好。我偷偷摸摸的行动终于引起了注意，犯人组长盘问过我好几次。可是我警惕性很高，把字典和语录藏得好好的。有一次要上工的时候，我警觉到要抄监，便把字典和语录放在衣服里，后来看见要搜身，就偷偷地让它们滑入裤裆，这才蒙混过关，后来就一直套上塑料袋，放在铣床的变速厢里，刑满释放以后我便带回了家。

平反以后我依旧回纸芯厂，后来调入线带公司技研室做科技情报翻译工作，对我来说，这完全是外行，我科技方面不懂，这方面的英语也不行，那怎么办，只有学呗。我开始背科技英语单词，那时我的儿子已经诞生，下班以后也很忙，只有利用深夜和其他一切空隙时间，在公共汽车上更是不肯放过，因此我常常到站下车匆忙，忘了携带的东西，伞也丢了不少吧！不过一年后竟然能胜任了。而且我翻译的资料总是念给几个搞技术的师傅听，跟他们弄清其中的术语是否译对，所以我译的东西他们都愿意看，觉得从中得益不少。我得出一个结论，科技翻译，一定要懂得技术，懂后用最最明白的语言复述出来就行，不必考虑用词的讲究。那时我父亲的学生在少儿社工作,找到了我,让我校对修改《海豚岛》一书,修改完了,对我的工作非常满意,便要调我到少儿社去,但是线带公司因我已经胜任,不肯放人。一年以后纺织局复查政策落实,我去找了他们,这才调动成功。

　　1978年年底我平反,结束了我二十多年屈辱的生活,1982年我踏进少儿社,做外国儿童文学的编译工作,算是归了队。虽说最初的时候,我也和社会上许多人一样对这个工作认识不足,认为有些小儿科,认为进译文社和进大学研究外国文学才是正道。可是这个工作做了多年以后,越来越觉得要做好这个工作不容易,同样需要投入毕生的精力。我发现我国对儿童文学深入童心的理解不够,总被教育作用所左右,因此辛勤耕耘距离巨大的收获还很遥远,所以得不到国际的认可。外国儿童文学的翻译更成问题,总认为懂一点英语便能翻译儿童书,其实是极大的误解,且不说原文作家文字的深浅有很大的不同,有的所用文字很深,几乎与成人文学没有什么差异,有的用的是普通的文字,但是他为了突出儿童的心理,儿童的用语特点,以及儿童千奇百怪的幻想,创造出许多变形谐音的字来,给译者制造极大的困难,翻译古代英语还有字典和资料可查,这却要求你使出浑身本事独立解决。入少儿社以后,因为我是新人,自然一些难活,难以修改的本子都交给了我。这些本子都得逐字逐句校对,像改小学生作文一样。有的译者还敝帚自珍,往往引起无休的笔墨官司,后来我读了不少翻译原理的书,为什么这样修改有据可查,他们也就不再找我的麻烦,几年下来我发现自己理解原文的能力有很大的提高,翻译起来把握性更大,译文也更为流畅了。

　　我渐渐定下心来,努力工作,并想多译一些书,做出一些成绩来,以弥补二十多年的荒废,对得起自己,也不枉是北大的毕业生。可是有办公室的地方总有一些办公室的倾轧,我并不想当官,却总有些人以为我想当官,给我一些莫名其妙的压力,说我应该把精力放在本职工作上,自己要少翻译一些书,其实我译书都在深夜或清晨,并不占用工作时间。有一次主编接来一部稿子,质量极差,被我做退稿处理,主编就不通过我编的一本很好的书,连我翻译的一本书也压着不批。我的顶头上司暗示我,收回那本退稿修改一下,红灯便变绿灯了。我照他说的去做,果然灵验。但是给我翻译的书依然很少,那时我的工资低,家庭负担重,就指望一点稿费收入,逼得我没有办法,只有到上海大学去兼课,课时多半在下午,我吃了午饭便骑车到体育场附近的上大去上课,路上十分困倦,有一次竟然在马路上打瞌睡摔了一跤。

我教的是英语会话和英语翻译,通过教课,我的口语有很大的提高,竟然流利起来。我教的学生中有几个都为少儿社译过书,其中一个叫韩文的译得最好,她后来去了美国,给我寄来许多史帝文森的书,希望我重译。到了20世纪90年代我的工作开始得到同事们的认可,我编的彩色童话销路很好,多次得奖,我译的几本书也得到好评,收入也比较好。但办公室的无形压力始终存在,一是多次出国的机会都被人顶替,二是我提出很好的建议和编出的好书时常被否定,接待外宾要我去,却常常给我说许多戒律。有一次美国文化代表团来访,要我去帮助翻译,并要我发言,我在会上讲了讲中美儿童文学如何加强交流的问题,受到代表团热烈的鼓掌。事后美国人又争先恐后地跟我合影,那都是因为我用英语发言的缘故,但是我看出来两旁的同事都神情警惕,生怕我有什么出格的言论。

我对办公室的倾轧虽然知道了不少,但是不屑于计较,更不屑于花时间去应付,我总觉得要在翻译方面做出一些成绩来,对得起自己,时间老是不够用,我原来爱好挺多,摄影、吉他、桥牌,后来逐渐都放弃了,只有书法还不曾放弃。退休以后除了先后在上大、华师大等几所大学教过一些课以外,一直在翻译书,那时北京、浙江、河北、广东、湖北、湖南、山东等地的少儿社纷纷出外国儿童文学书,有的还出经典100种和典藏本等成套的外国儿童文学作品,他们都知道我,请我为他们工作。因此我退休二十年以来译的书比我在退休以前还要多。反倒是上海少儿社,很少出我的书,自我退休以后竟然撤销外国儿童文学组达十年之久,不知他们是怎么想的,少儿社是靠外国儿童文学的译介起家的,这一部分书虽不能畅销,但是常销是非常稳定的,十年以后又重新恢复,却发现原先的领先地位已不复存在。造成这一局面,这是我在少儿社人微言轻的缘故。我总觉得有些对不起自己的社。我在墙内不开花,在外地却渐渐有了一些小名气,北京称我是童书翻译家,与任溶溶并列,在译介外国儿童文学上做出了贡献。

我出书的总量达六七十种,其中浙江文艺的《培根随笔》版本有五六种,其

徐朴(近照)

中一种印刷达三十多次,出版数量很惊人。但是我觉得我在造诣上总有欠缺,我的文字追求朴实,在活泼上不及任溶溶。我在翻译理论上有些见地,也写过一部稿子,出版社因我不是这方面的权威,要我自己掏钱出书,我自己也觉得写得不够理想,修改了几次,一直搁在那儿。还有我想把我国的民间故事介绍到国外去,用英语写了一部 Chinese Wondering Book 的稿子,收了《柳毅传书》《张羽煮海》等十几篇民间故事,打算给外国小孩读,也让到国外去留学什么的人有些中国故事可以讲给外国人听。这部稿子我在三十年前就完成了,也托过一个美国犹太朋友到美国去出版,没有什么结果,我想精读几本名著,提高一下英语水平,再花番力气好好修改。谁知一晃几十年过去了,已经到了耄耋之年,恐怕已经来不及,只能留下遗憾了。

有人说我是一个幸运的"右派",我听到这话当时很生气;但后来一想,倒也是,与有些"右派"后来的遭遇相比,我还算幸运的,他们有的被迫害致死,有的潦倒终生。我很早就摘了帽,除了那八年牢狱之灾,其余日子虽然有点屈辱,却还能过有自尊的自食其力的生活。二十多年坎坷以后我一直很顺,很幸福,很满足,回到了文学工作岗位上,靠我的一些才能,争取多做出一些成绩。我的妻子对我的工作很支持,各方面也照顾得无微不至。我的儿子和媳妇都是医生,在有名的医院工作,孙女已经五岁,孙子也即将诞生,我们的关系也非常融洽。

去年金秋,我们同学做入学花甲之聚时,我因脑梗未能与会,会后张仁健等几位同学热心倡导并联络,让同学们都写一些自己,让我们都向母校汇报一下自己,具体组稿的要求他寄给了我,却因为我搬家的缘故没有收到,就想当然地写了上面的那些。想想我的一生总算没有辜负北大毕业生这个名号,包括我自食其力做临时工的时候和在监狱里劳动的时候,我都没有消极对待,维护了自己的尊严,取得了别人的尊重。

我在西藏二十年
——谨以此文献给母校北京大学诞辰120周年

姚梦林

姚梦林（大学时期）

1961年志愿援藏的大学毕业生，先到兰州汇集，然后分批经柳园进藏。

来自北京大学的我和中国人民大学、沈阳医学院等16人，乘坐一辆解放牌货车。车上没有座位，大家只能背靠车帮坐在行李卷上。10月中旬，海拔2700米的格尔木已是朔风料峭、沙石扑面，路上行人已戴皮帽、穿大衣。出格尔木，汽车缓慢地爬着坡。入昆仑山口，便是万里雪飘、千里冰封的银色世界。车顶上的绿色帆布篷怎抵得住呼啸刺骨的寒风，不知"愁滋味"的大学生紧裹棉衣、披着棉被，说笑着。1300年前文成公主就是沿着这条路进藏的，那时最好的交通工具就是马和轿，比之现代的汽车简直是天壤之别。有人唱起了《毕业歌》，大家随和着唱起来，车厢里燃烧起旺盛的青春之火。

一天，驾驶员原想按计划到五道梁投宿，不料那里已无床位，只能去八九十公里外的二道沟了。五道梁虽无力接待住宿，却为旅客准备了包子、热粥，同学们为此而心满意足。到二道沟时，已是凌晨两点钟了。

海拔越来越高，空气越来越稀薄。沈医的小张同学，体质较弱，出现了高原反应，呕吐不停。她未婚夫陆建国，采取了一些措施。司机闻讯也停车安慰道,不远就到青藏路最高点了,过去之后一路下坡,高原反应会逐渐减轻。可能是心理作用吧,小张呕吐轻多了。不多时,司机停车说到唐古拉山口了。大家兴高采烈地跳下车看那标示牌,上面写着海拔5231米。举目远眺,振臂高呼:"拉萨,我来了!"爬上车去,不约而同唱起"向前向前向前!我们的队伍向太阳,脚踏着祖国的大地,背负着民族的希望……整齐步伐奔赴祖国的边疆"。从柳园至拉萨1800多公里的路上,洒满了同学们的欢笑和歌声。经过八天八夜的颠簸,终于到达实现理想的目的地拉萨。

1961年10月28日,我被分配到《西藏日报》记者部,从此开始了西藏20年新闻记者的生涯。而后走上山东16年出版编辑之路。

马是朋友

当时记者部由新华社西藏分社和《西藏日报》社联合组成,这使我有幸一开始便多次跟随新华社资深记者景家栋、格来、赵家烈采访,有机会听郭超人讲怎样写新闻导语,稿件都经过组长宗子度、主任袁定乾修改审定。由于他们热诚地传帮带,我较快地熟悉了业务,自1961年11月11日起到次年6月21日的七个月里,独立采写新闻消息通讯54篇,其中头条6篇。此后,便走出拉萨去山南、林芝、日喀则记者站,对马一步步加深认识,产生了感情。

在拉萨市采访工交、文教单位,骑自行车比较方便,采访对象大部分是汉族职工和懂汉语的藏族同志,不存在语言交流问题,也无食宿之忧。一旦做驻站记者,交通、语言、住宿等,都成为去农牧区采访必须解决的难题。

从专区到县,尚可搭乘顺路的货车,往下去区乡基本靠马。一般县区没有招待所,记者出行一定要配备装有被褥的马背套,自行解决住宿的御寒问题。没有马,在缺氧的高原背着马被套靠"11"号双腿去农牧区采访,几乎是不可能的。

1963年6月,我与日喀则兽医站的一位兽医搭伴去谢通门,提前给县里发电报请雇两匹马,三天后马才到日喀则。两人系好马鞍,搭上马背套,骑上马出发了。大约走了一个半小时,乘船过了渡口,还没走上雅鲁藏布江江堤,一匹马口吐白沫倒在沙滩上。兽医说不打紧,歇息一会儿看。过了一会儿,马站起来了。我们两人牵着马缓慢走出沙滩,上了江堤。兽医去近处一户农家买了一抱马草和一包盐，他拉出马舌撒上盐，揉搓一阵，从药箱里取出一枚针刺上去，放出一些暗红的血，接着马有了食欲，吃起草来，可没吃几口就停下来。随后，兽医拿出我们准备的饼喂它，吃了两个，精神好多了。兽医说可以上路了，但不能骑。心想只要它能驮着马背套往前走就好，可不成想它走了一会儿就停下来，兽医也无招可使，再取饼喂它，又走起来。就这样，走走停停，喂喂走走，天黑才走到距谢通门尚有一半路程的塔马，我俩路上食用的饼全喂了马。

供销社一楼一底，一层是门市，二层放些杂品。供销员让我们住二层。先请供销员给马买些草料，再请他帮我们买些可以果腹的食品。他说不凑巧，收购的鸡蛋下午刚运走，也没有其他食品，过了片刻说你们有香烟的话，去农民家里能否换些鸡蛋，于是给了他一条飞马烟。过了许久，他返回说去了一些人家，仅用三盒烟换了三个鸡蛋。两人连声道谢，毕竟有了三个鸡蛋做晚餐。值得欣慰的是，马吃了夜草，休息一晚好多了，可以驮着马背套上路了。两人牵着马慢慢腾腾走了一天，总算到了谢通门。经过两天饥饿跋涉，十分疲倦。可如果没有马就是四天也走不到，不能忘记马是在病痛中负重前行的，它那"鞠躬尽瘁"的品格令人敬佩。

记得初骑马时，雇过一匹个子不高的马，心里多少有些失望。马的主人觉察到这一点，提醒说兔子腿短也能翻过高山，不要小瞧了，这可是一匹好马。跨上马去，走得不快，很平稳。走了一段路，夹紧双腿，勒紧缰绳，一挥手臂，它便会意地昂头奋蹄，飞跑起来，让人品尝到英姿飒爽的愉悦。但意想不到的事情发生了，它骤然嘶叫一声，戛然而止，在惯性作用下，我被猝不及防地掀了个仰面叉，摔在地上。脑海里闪过一个念头：完了，马若迈步，蹄会踏进胸膛。好在危险的情况没有发生。出了什么事？我站起身举目望去，不远处的山岗上有三只狼，虎视眈眈，挡住去路。我拔出驳壳枪，子弹上膛，朝它们扣动扳机打了两枪，枪声后狼落荒而逃。至此，我完全确信马主人所言，这是一匹既善奔跑又善处置应急情况的良马。

8月的一天，结束在甲措的采访后，骑马返回拉孜县委所在地。起初得沿拉孜河左岸前往渡口，待过了河，再沿右岸继续北行一小时左右才能到达。说是渡口，其实没有桥也没有船，只能蹚水过河。七、八、九三个月是西藏的雨季,天像孩子的脸说变就变。就在到达渡口准备过河的时候,身后响起雷声,南边的乌云已经压上来,霎时刮起了我从未见过的龙卷风,飞沙走石,天昏地暗,伸手不见五指,人抓扶着马鞍才可站住。龙卷风过后,接踵而来的是倾盆大雨,人成了落汤鸡,马鬃一缕缕淌着水。风雨荡尽黄沙,看得见路了。河水暴涨,翻滚的波浪已经冲上堤岸。天色渐暗,雨仍下个不停。尽管河面不宽,但水较平日深多了,骑马过河已无可能。人和马都冷得发抖,不能在这里坐以待毙,必须铤而走险。于是,我一手紧紧攥住马尾巴,一手重重在马屁股上击了一掌,大喝一声"走!"马心领神会地跳下河。湍急的河水没过了马背,它高高昂起头,拖着记者悬浮的身体,奋力凫水前行,艰难抵达彼岸。心有余悸的我,想到如果没有马的拼命一搏,怎能过得了河,在风雨交加中度过饥寒交迫的漫长黑夜。马啊马,我会永远记住你这拯救于危难中的朋友。

兄弟情深

在远离家乡的西藏,友情是非常难能可贵的,它给人以温暖、激励。漫长岁月里,交了许多藏汉族朋友,有的甚至只有一次短暂的接触,每每忆起那些"四海皆兄弟"的情景,都历历在目,激动不已。

1972年10月,两个孩子随我们进藏,在柳园候车等了半个月。天空已飘起鹅毛大雪,客运站客房里已生上用汽油桶做的炉子,昆仑山、唐古拉山上的寒冷可想而知。身上的路费已不富裕,就是发电报向报社求助,也远水解不了近渴。我正在犯愁时,同行的聂拉道班工人李有善,并不了解详情,只是看到我脚上仍穿着一双单布鞋,主动拿出100元钱递给我说:"买双毛皮鞋,免得过雪山时冻伤脚。"他这么细心体贴人,着实令我感动,100元是当时一个普通工人两个月也挣不到的。看我犹豫不决,接着说:"我带的路费充足,到拉萨还我就是了。"这钱解决了途中所有困难,16元买了一双毛皮鞋,其余解决了食宿费用的不足。

家里至今珍藏着一个打着补丁、绝不漏气的大汽车内胎。1975年6月,我们夫妻带着三个孩子进藏,大的八岁,小儿子仅五个月。孩子们能否经得住青藏路上高原缺氧的考验?因为缺氧,不少孩子被夺去了生命。工人朋友董学昆五大三粗,铁匠出身,但非常细心,他不仅找了一部可供我们一家人乘坐的大驾驶室日产柴油车,到柳园接站,还随车捎着一个充满氧气的汽车内胎,以备孩子路上发生缺氧时所需。柴油车速度快,从柳园到拉萨仅需五天,客车起码要八天,且能根据需要快速越过危险路段。唐古拉并非危言耸听,在那里眼看着小儿子嘴唇发青,喘不上气来,立即给他吸上氧气,保住了幼小的生命。

董学昆工作之余的爱好是读书写诗。读他的诗似乎可以听到铁锤的撞击声,看到飞溅的火花。在我做文艺副刊编辑的两三年里,常同他切磋修改诗稿。他的诗深受读者的喜爱,被《工人日报》看好,80年代初被调去做了记者。我离藏时走得急,学昆让他已决定调外事处开小车的弟弟学建,开最后一次大车把我送到柳园上了火车。另一位工人朋友杨守信,每每开车从内地返藏,总要带些新鲜蔬菜给孩子。当得知我将离藏,主动把自己备下的包装箱木料送我用,说他自己是司机,还有时间再买。谈何容易!买木料要驱车到400公里外的林芝,还得托关系才能办到。情长纸短,还有许多汉族朋友的深情厚谊,只能鲜活地保存在记忆里。

女儿出生后缺奶,报社多吉家里饲养了一头奶牛,他每天拿着还散发着热气的鲜奶,送到我家。女儿由于先天性心脏病,经常晕倒,一次上学路上晕倒,一位过路的阿爸背着她小跑到报社,抢得了施救的时间。

沿雪巴县朱拉河上行到达朗达村。这里是一块依山傍水的谷地,秋末冬初,河岸山上低处生长着竹子、青稞和矮小的酸枣等灌木,往上是青翠欲滴的松林。我随区委书到朗达,正赶上农民积肥。按通常做法是和群众"同吃、同住、同劳动、同商量",便积极投入积肥。将厕肥、圈粪、草木灰、铡碎的秸秆等,搅拌后投入砌好的池中,洒水封土,经过一冬沤制,春播前便成为上好的有机肥。我和户主阿爸桑珠一家在共同劳动中建立了感情,晚上围坐在火塘旁,喝着飘着羊油花的土巴(粥),吃着加了酥油的糌粑饦和手抓羊肉,谈笑风生。更出人意料的竟然还有微火炖了很长时间的熊掌,那是阿爸为保护庄稼狩猎的收获。我第一次吃到这样的美食,不由竖起拇指称赞阿爸的好枪法。他说以前从未见过记者,感谢毛主席派人看望。并让我向他老人家汇报:旧社会我一无所有,能带走的只有自己的影子,能留下的只有自己的脚印;现在吃穿无忧,日子过得比蜜甜。最后,他说如果我愿意留在朗达,就把女儿嫁给我。

告别朗达返回林芝记者站,两天后去派区。由于首次去那里,边走边问路,在羌纳渡口又等了一阵子,从早上出发已经骑马走了近五个小时,腰背酸痛,口干舌燥,在一村庄下马打听,说这里叫丹娘,离派区还远着哩。一户人家敞着大门,大院北面凉棚下两个姑娘正咔嗒咔嗒织氆氇,我站在门外喊大姐给点水喝。她们停下织机相视而笑,朝我说"绸(水)敏都(没有)",听得出这是在逗趣。我用刚刚学的简单藏话微笑着回答:"绸敏都,雅古敏都;绸都,土吉其。"(没有水,不好;有水,谢谢。)年龄稍长些的姑娘走下织机,把马牵进院,示意我随她进东屋,让了座,便忙着打酥油茶。她站在茶几前问道,好喝吗?我很想说很浓、很香,但说不出,只说很好喝。接着她抿嘴一笑,说了几句话,见我听不懂转身走进套间,随后拿了两个烤得金黄的饼给我,说了句什么,见我仍听不懂,干脆要回饼又折身进了套间,再出来时但见两个饼上都抹了一层厚厚的酥油,馨香的鲜奶味扑鼻而来。我起身接过饼,原本只想讨杯水喝,现在不仅有酥油茶,还有饼充饥,真是大喜过望,便按佛教徒的礼节双手合十放胸前,躬身致谢。临走时,拿出些钱放在茶几上,她笑容可掬的脸一下子阴沉下来,拿起钱塞给我,不高兴地推我出门。姑娘的这份盛情,怎能以钱计量,我真蠢!

一把驳壳枪瞬间卸成部件堆在桌上,接着被一件件擦得铮亮,然后眼睛蒙上一块布,双手摸索着组装,像变魔术一样,霎时一把完整的枪又呈现在眼前。掌握这熟练技巧的是记者悦登平措,巴塘人,十八军进藏时为侦察排长。

20世纪60年代初,平叛结束不久,偏远地区尚不够稳定。为安全起见,要求下去采访的记者佩带武器,教我使用保养驳壳枪的正是悦登平措。他教我学藏话的方式是把常用语编成顺口溜,朗朗上口,便于记忆,如"天是囊,地是萨;太阳叫尼玛,月亮叫达娃;喝茶说恰通,吃饭就说卡拉萨……"聊天时,便轻松地介绍些民俗:在牧区住在帐篷里,夜晚小便千万不要去帐篷后面,牧民认为那是菩萨神灵的地方;群众请你喝青稞酒,第一、二碗用唇抿一下即可,第三碗要一饮而尽,不然主人会认为你不尊重他;等等。接触多了,我们成为推心置腹的朋友。悦登平措浓眉大眼、高鼻梁,如雕塑般的脸有棱有角,少言寡语,十分严肃,可内心却有着似水的柔情。冬日飘雪的一天,他到我家串门,见屋里挂着晾不干的尿布,我蹲在电炉边烤尿布,二话没说转身走了。不一会儿,拿着一个双人床单来了,要给我女儿做尿布,随即展开一撕两开:"这么冷的天,没有干尿布会冻坏孩子。"当时,布凭票供应,穿衣尚不够,哪能备下很多尿布! 1980年10月,我连续申请内调终被批准,正紧张地做离藏准备工作。一天傍晚,悦平在院子里遇见我,说:"要走快走,什么也别问。"当时,他已经是报社党委常委,一定知道内部消息,才这样提醒。离藏前,女儿走路经常晕倒,妻子手脚浮肿,我体重也由进藏时的130多斤降到102斤,的确不能再坚持下去。当晚我就去交通厅找朋友联系车,第二天下午装车,随车先行,妻子儿女候机票离藏。刚装好车,悦登平措见我说:"考虑到你可能是第一个被留下的……"他欲言又止。紧接着区党委办公厅干部、原报社资深编辑郝志崇到我家,说:"办公厅领导希望你留下去那里工作。"我回答:"行李已装车,明日一早就走。"他默然无语。事后才知道,区党委决定凡内调业务骨干,没走的不放,走了的追回。

每当严冬即将逝去,我都会换上黑色氆氇呢裤过春节,禁不住想起藏族兄弟白玛顿典。他原是新训班学员。由于"文革",偌大的中国已摆不下平静书桌,中国人民大学刚办起的西藏新闻训练班夭折了,学员们返回报社。1966年11月21日,拉萨记者站恢复工作,我是负责人,白玛顿典、索朗次仁、米玛分配到站工作。在首次会议上,白玛顿典发言:"大家要有勇气,把拉萨记者站建成一个红色记者站。"并希望老同志热情传帮带,年轻同志虚心学习。大家热情高涨地投入工作,可惜不到三个月,记者站在"一月革命"的风暴袭击下撤了。就在这短短的时间里,白玛顿典和我结下友情。1967年底妻子将分娩,拉萨零星武斗时有发生,且呈愈演愈烈之势,物资供应日渐紧缺。白玛顿典要我们去他老家扎囊,吃住方便,绝对安全。考虑到暂时可能不会发生大规模武斗,尽量不去麻烦他及其家人。可他还是回老家帮助买了一百七十多个鸡蛋,带回拉萨,保证了妻子产后的营养需要。当时,莫说副食品商店、市场上鸡蛋也已经绝迹,就连享受着"资产阶级法权"的高干的餐桌上也很少见到,这份"雪中送炭"的情意是千金难买。离藏前夕,他还送了一块他家人亲手纺织的氆氇呢给我。之后,他又乘车一直把我的妻子儿女送到贡嘎机场,看着他们登上飞机,才招着手恋恋不舍地离去。他给人的不是"人走茶凉",是情更浓意更深。这就是我的藏族兄弟!

采编余韵

西藏日报社是"文革"重灾区。1969年自治区革委决定全区5000多名党政机关干部去林芝、波密办毛泽东思想学习班(实际是五七干校)。其中就有报社的118人,70%是业务人员,报社在拉萨仅留四名文字记者。学习班实行军事化管理,边劳动边清队整党,报社人员被编为十一连。次年2月,尼西发生森林大火,报社和其他单位学员奋不顾身投入灭火战斗,经过近八个小时连续扑打,火场已无明火。指挥部通过高音喇叭命令学员立即返回驻地,学员们陆续下山。万万没想到,山风转向,死灰复燃,风助火威,火借风势,反扑上山,几分钟内吞噬了兄弟连队五位同志的生命,稍后下山的十一连侥幸躲过一劫。自治区革委决定大力报道这次灭火战斗,在全区开展学习,由十一连组成报道组,我是报道组五名成员之一。在总结这次灭火报道时,报道组五人全被颁发学习毛泽东积极分子奖状。经过十个多月的反复审查,学习班的大多人政治上是可以信赖的,参加灭火报道组的同志业务上也是过硬的。但是,被准予"毕业"了,却违背哪来哪去的原则,强制将大家遣散到西藏各地去。这一延续极"左"路线的做法遭到抵制,可是学习班一推了之,大家半年领不到工资。直到1971年4月11日中共中央下发了27号文件,有关部门才不得不落实政策,让原记者编辑回报社。他们在"文革"中经过了血与火的洗礼,再次获得了工作的权利,倍加珍惜。

粉碎"四人帮"如一声春雷,驱散了笼罩的重重阴霾,党的十一届三中全会像灯塔指明了前进的航向。大家都决心把失去的时间找回来,以加倍的工作弥补损失。报社人少事多,实行采编合一,大家既当记者,又做编辑,在做好采编工作的同时发挥痛打落水狗的精神,积极投入揭批"四人帮"的斗争,写批判大字报,准备会议发言稿。

1979年《西藏日报》政法组七个人,从组稿、编辑、组版直到画版,每周出两个版之外,还担负着重大政法会议、事件的报道任务。这期间,我还写了二十多篇编者按、编后、短评、记者述评、评论员文章,将那些对全区工作有意义的内容生发开去,以期产生更好的宣传效果。在8月9日至8月15日,我被抽调和别一位记者承担了自治区人大二次会议的报道任务,一周里写出了12篇报道。粉碎"四人帮"后,总是忙里偷闲写点诗、散文、杂文、小说,抒发胸中的愉悦、爱憎和希望。其中发表在《西藏文艺》的散文《牦牛赞》,获中国作协西藏分会西藏自治区粉碎"四人帮"1976—1980年四年文艺创作三等奖。

附记

《我在西藏二十年》草稿是在延祜兄一再鼓励下于病中断断续续写成的,大量斟酌、修改、润色等工作,都仰仗延祜及同仁明功夫妇之力。在此,对他们的热忱相助一并致谢。

西域边陲文存拾零

姚梦林

本人大学毕业后,入藏在新闻传媒工作多年,没有学术研究成果呈献母校、师长、学兄学姐,只得选了几篇边陲文存献丑小作,以期略做经世历练的一段难忘人生的回眸性的汇报。

牦 牛

记得在小学上地理课的时候,当老师讲到"高原之舟"——牦牛,曾引起我许多奇异的想象。牦牛,莫非真像扬帆的小舟,飘浮在高原冰河上;抑或如振翅的雪橇,滑翔在茫茫雪原。它是怎样在高寒的世界屋脊生活,又怎样得到"高原之舟"称号的呢?

进藏途中,在翻越海拔5300米的唐古拉山时,寒风的呼叫压倒了汽车的吼声,气温也更低了。车上的人们不时搓着手,跺着脚。由于氧气更加稀薄,有的同志鼻梁发青了,有的呕吐了。好恶劣的气候呵!这种地方,恐怕很难有生命存在。

"瞧呵,那就是'高原之舟'——牦牛!"

姚梦林、陈秀荣夫妇

随着一位"老西藏"所指,大家一齐向窗外望去。在雪山环抱的牧场上,一群群牦牛在安详地吃草,一些小牛犊还蹦蹦跳跳,翘着尾巴撒欢哩!旺盛的生命的画面陶冶着人们,有反应的同志停止了呕吐,脸上泛起了朝霞般的红润。

后来,在拉萨郊区的秋收季节,我又看到了成群结队的牦牛,那是牧民们来进行盐粮交换的。他们从藏北出发,先到青海盐湖驮上盐,然后涉冰河,翻高山,跋涉数千里,到拉萨甚至更远的农区去交换。到了农区该歇息一阵了吧?不,卸下驮子还没消一消汗,它们又去帮助农民踩场,之后,把碎玉般的食盐留给农民,将黄金似的青稞驮回牧区。一路上,夏秋的泥泞,冬春的冰雪,它们和自己的主人一起晓行夜宿,有时遇到特殊情况,一连几天吃不到东西,每年都有七八个月在这样的途中度过。几千里长路呵,日复一日,靠它们的四只脚走过,无垠的草原呵,年复一年,靠它们的汗水浇灌。它造福人民,不自矜其功,它长途跋涉,而坚韧不懈,它历尽艰辛,无烦怨之色。是它们,在还没有路的地方,走出了条条道路;是它们,给汽车尚未达到的农区牧场,送去了人民的必需品;是它们,在过去的漫长岁月,为人们减轻了繁重的体力劳动。今天,当高原上有了连结四面八方的金色飘带,公路上有了奔驰的汽车,田野上有了欢唱的铁牛时,牦牛还在默默地为人类贡献着奶和血,贡献着它那无尽的力。

牦牛在我的记忆中是难忘的,然而更难忘的,是那些与牦牛同患难共欢乐的人。旺堆大叔就是这千万个人中的一个。

从区委书记那里,我听说过旺堆大叔的身世。大叔出生在扎西岗一个贫苦牧民家里。父母为牧主当了一辈子牧工,有过十个儿女,九个在贫病交迫中夭折。他们梦想着有一天会有自己的牛羊,于是给唯一的儿子起了个象征着拥有权威的名字"旺堆"。可是,他们到死也没有看到自己的牛羊,留给旺堆的全部财产是一个当锅用的没有了耳朵的破瓦罐,一顶站起来碰头、躺下去露脚的破帐篷。旺堆十二岁就失去了双亲,成为抵债的奴隶。他为牧主放牧,牧主却不给他吃的,只好趁放牧的机会,挤一点牛奶喝。牛奶产少了,又要遭毒打。牦牛陪伴他,喂养他,他和牦牛相依为命。有时饿得发晕,只好流着泪在牦牛身上放血充饥。有一次,牧主发现了牦牛身上的伤痕,用鞭子狠抽旺堆一顿不算,还把一支牛角甩到他的头上,使他鬓角上留下了仇恨的伤疤。草原虽大,没有他插帐篷杆的地方;草原上的路虽多,没有一条是他的活路。幼小的旺堆,心底燃烧着复仇的烈火,滋长着生存的愿望。开始,他用俄尔朵(像鞭子一样用牛毛绳或羊毛绳编织的投石器)甩出的飞石打兔子、掷飞鸟或水中的游鱼。后来,又向老猎人请教结套子、挖陷阱捕捉野兽的方法。无数次,他把捕获的猎物送到贫苦兄弟手中。有一次,他在牧主往返的路上设下陷阱,把牧主栽了个鼻青脸肿。

民主改革后,旺堆大叔才彻底翻了身。现在他是扎西岗公社党支部书记。不久前,他从牧区驮来牛羊粪支援农区,又从区委附近的农区驮上麦草回牧区。正巧,我因工作要去扎西岗一趟,就跟上他们的牦牛队伍出发了。

到扎西岗有两天路程。头天下午,牦牛队伍开始进入荒山野岭之中,我们一行三人跟在后面前进。白色头牛脖子下的铜铃"当啷""当啷"地响着,敲得人心慌:它们会不会走错路?

"大叔,牦牛也像老马一样识途吗?"

"没错。明天天亮时,它就会把咱们领到石河边,然后领着我们爬悬崖、溜滑坡,一直到达扎西岗。"

草原上的气候是多变的。入夜,狂风呼啸,雪花飞扬。这天夜里,我们找到一个避风的山凹住下来。夜深了,旺堆大叔还没进来。帐篷外牦牛的咀嚼声,细细脆脆的,使草原显得更加宁静。

突然,一声清脆的枪响,把我从朦胧中惊醒。在雪光的映照下,我看见旺堆大叔横端着枪站在雪地里,眼睛搜索着远处的山坡。

"大叔,出了什么事?"

"多亏牦牛报警,我才发现了狼,打死了一只,其他的都吓跑了。"

"牦牛还能报警?"

"枪是猎人的武器,牦牛是牧民的耳目。夜晚,牦牛总是把小牛围在当中,自己在四周。为了防止野兽的侵害,它们休息的时候,有专门担任警戒的。在黑暗中,牦牛能看得清远处的异常现象,听得到周围细微的声音,嗅得出野兽的气味。一旦发生情况,一声吼叫,唤醒全体伙伴,竖起锋利双角投入战斗。"

我的睡意全消散了,就请旺堆大叔再讲个故事。然而大叔却只顾吸鼻烟,再也不吭一声。倒是民兵队长热情,不顾旺堆大叔的阻止,讲了一个最近发生的有关大叔的事儿。

这一次,旺堆大叔带人去青稞林烧木炭,就在树林里下了套子。这既能为牛羊除害,又可以增加社员副业收入。

那天清晨,大叔向树林深处走去,老远就听到呻吟声。野兽落套了吗?大叔加快了步伐,一看,呵,套着个人!大叔不知套获过多少野兽,可套着人却是第一次。

那人哼呀哼呀,吞吞吐吐,前言不搭后语。大叔寻思着从地面拾起了那人挣扎时掉在地下的一包东西。好大的芳香味呵!打开一看,里面包着七个麝香。问他哪来的,又支支吾吾答不上来。大叔便随手抽出腰刀割断套绳,把那人放下地,叫他到区里把问题说清楚,就放他走。那人心中有鬼,想着逃脱的办法,忽地从右腿上拔出匕首,朝大叔的心窝猛掷过来,就在这千钧一发之际,只听"当啷"一声,大叔手中的腰刀早将飞来的匕首拨落在地。那家伙见势不妙,转身就窜,偏偏又被树枝挂住了衣角,挣不脱,见这情景,大叔平静地说:"看,我给你解脱。""嗖"的一道寒光穿过,挂住的衣角被割掉,腰刀直插在对面的大树上。在威慑之下,那家伙惊慌地吐了下舌头,向插着腰刀的大树扑去,欲夺刀反击。

"咔嚓",扳动枪机的声音。"这枪可不是烧火棍子!"那家伙只好乖乖地当了俘虏。

事后查明,那是个专搞投机倒把的坏蛋。民兵队长说,旺堆大叔就像夜晚的牦牛一样,始终保持警惕。

天麻麻亮,一条清澈见底的河流果然出现在眼前。河底布满了大大小小的石块,一些石缝黑洞洞的,深不可测。凭着以往的经验,就是战马涉过这样的河,也会发生腿折的危险。然而,在白色头牛的带领下,几十头牦牛却平平稳稳地渡过了石河,没有一点意外。民兵队长像猜透了我的心似的说:"牦牛步履稳健,一步一个脚印,腿又粗,蹄子大,一般不会像马那样掉进石缝,也不会发生折腿的危险。"

想起昨晚民兵队长讲的故事,我止不住望了望健步走在前面的大叔的背影,他显得更加稳重和高大了。

渡过湍急多石的河,开始翻山了。随着山势的崛起,路越来越险,就像一条窄窄的带子,时隐时现地缠在山梁。这哪里是路呵,分明是猴子也不敢攀的峭壁。事实使人信服:走平路牛比不上马快,可爬这样的山,马就没有牦牛机敏、耐力和稳健了。

山更高了,天空又飘起雪花。汗水在我的眉毛上结成了冰花。牦牛不知劳累地爬着。旺堆大叔呢,一面爬着坡,一面把掉在地上的麦草拣起来,塞进肩上那个鼓囊囊的牛皮口袋。

前面就是一道横卧的冰川滑坡。我提醒大叔,是否先撮点土垫路,免得牦牛滑倒。大叔说:"牦牛不需要这样,你看——"随着大叔的一声呼哨,一个奇迹出现了:在白头牛带领下,一头头牦牛有次序地一阵小跑冲上了滑坡,迅速跷起蹄尖,像把把冰刀插在滑面,只听一阵"嚓嚓嚓"的声音,溅起朵朵飞花,霎时跃过了滑坡。滑坡上留下一串串整齐的"刀痕",为我们三个开拓了道路。在我的印象里,牦牛是笨拙的,想不到它们竟有如此高技。人有"大智若愚"的,料不到牦牛也有这样的智慧!

在红彤彤的朝阳照耀下,我们面前出现了一道壮观的过水桥,宛如一道彩虹飞架在深山峡谷之中,淙淙的流水声像一曲动人的歌。

"设计这座过水桥的工程师是咱旺堆大叔,带领大伙儿修桥的也是他呢!"热情的民兵队长见大叔又走前面去了,便吸了撮鼻烟,跟我说了起来。

前年春天,旺堆大叔说,要想高速度发展牧业生产,就必须大搞草原基本建设,提高草原载畜量。而首先又必须解决缺水问题。可到哪儿去找水呢?有的人说:"祖祖辈辈住在扎西岗,都是靠天养畜,周围要有水,爹妈早发现了!"大叔没回答,像领头的白色牦牛一样,领着几个年轻人带上糌粑口袋,找了七天七夜,终于在40里外的高山顶上,找到一个湖,湖中间还有暗泉向上喷着水花。好大的水呀,要能把它引到扎西岗,保管牧草兴旺,牛羊肥壮!可是,引这股水不单要修40多里长的水渠,还得架一道一百多米长的过水槽桥。阶级敌人煽动说:"神湖动不得,凡人喝了神水会肚子痛,牲畜喝了神水不会怀胎。"也有的人伸出舌头说:"呵啧!马脖子再长也吃不到山那边的草。"还有些人说:"抹在鼻尖上的酥油,舔不到就别舔了吧!"大叔不信那个邪,他又领着一支水利专业队上了山。经过近两年的奋战,终于把"神湖"水引到了扎西岗牧场。

现在,我们的牦牛队,已在晚霞的映照下,到达了扎西岗。

扎西岗草原,沟渠纵横,牛羊满圈。缕缕炊烟飘向天空,挤奶的妇女不时发出银铃般的笑声。春天就要来了。今年,"神湖"水给扎西岗插上了翅膀,牧草会更旺。牛羊会更壮。人们对美好的未来,充满了信心。

晚上,旺堆大叔忙了好一阵才陪我回帐篷。咕咚一口喝了碗酥油茶,起身对我说:"我得去开会了,尽快把纸上的规划,铺到草原上!"

大叔让我先休息,我怎么能睡得着?在温暖的帐篷里,我又想起了牦牛,想起了大叔。牦牛呵,它在漫长的历史中,和藏族人民有着多么密切的关系。在这风雪之夜,人们歇息在温暖的牛毛帐篷里,怎能不想起那卧在草地上的牦牛呢!……

也许有人会说,高原上的牦牛太多了,多而不为贵。是的,它既不像梅花鹿那样漂亮多姿,也没有獐子生长名贵麝香的本领;而一旦发火,怒目圆睁,威风凛凛,即使是凶猛的草豹也要被吓得倒退三步。一个个珊瑚虫虽然朴素无华,微不足道,但正是它们在海底长成珊瑚礁,露出海面形成壮观的岛屿陆地;一块块石头确实是普普通通的,但正是它们堆积如山,造成巍峨的珠穆朗玛。而牦牛,就是具有这种特性的一种动物。

我赞颂牦牛。我更赞颂像牦牛一样勤劳、朴实、聪慧而又坚强的旺堆大叔。

(原载《西藏文艺》1978年第2期)

天 湖

提起西藏高原,人们就会自然地想起那万仞摩天的珠穆朗玛峰,一泻千里的雅鲁藏布江,但却往往忽略那世界屋脊上的海洋——天湖。

自拉萨北行二百多公里,就来到当雄、班戈两县之间的西藏第一大内陆湖,中国第二大咸水湖——纳木措,又称腾格里海。藏语"纳木"即天,"措"即湖,"纳木措"就是天湖的意思。藏族人民称她为天湖,不仅因为她雄踞高山之巅,湖面海拔4718米,湖面面积达2500平方公里,骑马绕湖一周也得六七天,而且由于她在那万里无云、风平浪静的日子,湖水与蓝天辉映,万里碧空都呈现在湖底。

据传说,纳木湖是位美丽的少妇,是海拔7048米的念青唐古拉山的妻子,正是在丈夫那乳汁般的雪水滋润下,她才变得分外妖娆,风情万种,站在高山上,与丈夫念青唐古拉山不弃不离,世代守望。秋高气爽,阳光灿烂,雪山环抱中的纳木措就显得更加奇丽壮观。极目远眺,湖水初呈银色,而后入绿,再渐变深蓝,宛如深湛无边的海洋。湖中有三岛,其中最大的岛叫扎西朵。扎西朵仅有一路直通岸边,给旅游者带来极大兴趣。观者登临扎西朵,犹如置身湖中,眼前浪花飞溅,卷起千堆雪;远处浪击长空,水面耸起一座茫茫长城;耳边惊涛怒吼,似金鼓齐鸣,万马奔腾,把人带回那难忘的战争年代。

1959年,三千多名叛匪在中国人民解放军的沉重打击下,溃不成军,抱头鼠窜,最后逃到了纳木措,妄图凭借扎西朵的天险,负隅顽抗。扎西朵岛上有崛地而起的高山,奇峰如刀砍剑削,直插云霄。山下更有许多岩洞,深不可测。叛匪来到扎西朵,变成了瓮中之鳖,我人民解放军向这股叛匪发起进攻,其势如疾风扫落叶。顿时,有的叛匪举手投降,有的被击毙,有的被迫从悬崖上跳入纳木措,葬身鱼腹。

纳木措渔产丰富。罗萨河、打尔古藏布等河水注入,每当水温回暖,鱼汛一到,湖边的港汊河口游鱼便成群结队而游,牧民的孩子往水里甩一块飞石可以砸到鱼。渔民乘船捕鱼,网开鱼满,一时吃不完,就把鱼晒干磨成粉备用。到了春季,湖上天鹅翔集,野鸭竞游,在湖边岛上随手可以拾到天鹅蛋和野鸭蛋。雨季,湖畔草滩上,生长着俯拾皆是的蘑菇,它们有的洁白如璧玉,有的橙黄像琥珀,镶嵌在绿茸茸的草地上。

纳木措,滋润着它周围的牧场,调节着附近几个县的气候。纳木措边牛羊膘肥肉满,毛光泽而富有韧性。可是,在封建农奴制度下,这美丽而富饶的地方,却是一片荒凉饥饿。位于湖东北岸的色德公社,那时就流传着这样的歌谣:"深秋草梢刚发黄,饥饿牛羊快断肠。待到湖水结冻时,牧民清茶喝不上。"民主改革以后,在党和人民政府的领导与关怀下,这个地区的自然条件逐步得到利用,生产有了很大发展。像上面提到的色德公社,牲畜总头数较民主改革以前就增加了一倍多,牧民的生活已有显著改善。

纳木措是壮丽而富饶的,她像整个西藏高原一样,几乎是未被开垦的处女地,等待着开发。据党的十一大代表、当雄县委书记龚达希同志说,当纳木措结冰的时候,他曾几次带领牧民从冰上走到平时无法达到的两个岛上去收割野草,他发现一种奇妙的现象,就是每次当他履冰到达中途时,他的手表指针便停止不动了。这是为什么?纳木措里有磁铁矿吗?纳木措有多深?纳木措的形成和西藏高原的形成有什么关系?湖里是否还生活着原始动物?这些谜,至今尚未揭开。纳木措以极大的诱惑力吸引着科学家和有志于边疆建设的革命者。可以预料,总有那么一天,纳木措湖畔会出现食品工厂,将这里丰富的牛羊肉、鲜鱼、蘑菇等进行加工,运销祖国各地,为祖国四个现代化贡献她的力量。

(原载《工人日报》1979年2月22日)

逢凶化吉有所为

周佩

近十年北大同学多次约写回忆录,我都谢绝了,觉得往事不堪回首……

回顾此生毕竟没有白过,对社会人群还算有点贡献,却主要是在年过半百、欣逢改革开放以后,乃至花甲古稀之时。尤为吊诡的是,个人对社会人群与子孙后代的微薄贡献,在花甲退休、游戏余生时期似乎比年轻力壮、拼命奋斗时期略大一点。

一 即使调皮捣蛋,也要真诚相待

周佩《华声报》工作期间(1984-1995)

六中的老师给少年的我留下深刻印象,六中第一位党支部书记刘万焕,数学老师徐墨林等为人都很真诚,教育我们要好好学习,老实做人,不许撒谎,与知识分子家庭、做医生的父母对我的教育一样,对我一生为人处事均有很大影响。

徐墨林老师外号"墨猴",因为他讲课非常生动,讲几何定理居然能产生"相声"效果。开学第一课讲"两点间以直线为最短",他说:你去买个肉包子,逗逗狗,然后朝远处一扔,请注意:以狗的起跑点为一点,以肉包子的落地点为一点,你去丈量吧,肯定是两点之间的最短距离。为什么呢?因为连狗都知道,抢肉包子绝对不能绕弯儿,两点之间以直线为最短………这就是著名的"狗定理"。其言外之意显然是,你要是记不住这个数学定理,岂不是连狗都不如吗?

同学们在哄堂大笑之余,觉得有点不对劲,心想:这不是骂人不带脏字吗?敏感而又淘气的同学觉得自己吃了亏,便给老师起绰号,待徐老师再次跨进学校的一个平房小院、距离教室还有三十步之时,便齐声高呼"墨猴"!但在徐老师跨进教室门槛的一瞬间,便全都不吭声了。徐老师仪态端庄,面不更色,从容走向讲台,只见全班学生昂首挺胸,正襟危坐,鸦雀无声……徐老师很明智也很大度,对学生淘气捣蛋概不追究,因为他自知讲课效果甚好,所有的听课学生都很喜欢他。

二 是"拔尖子",还是地方本位主义?

本人自幼勤奋好学,上中学时文科理科都比较好,可以说名列前茅,学习成绩不比保送留苏的优秀生差,同时在政治上比较早熟,追求进步,14岁入团,17岁入党。初中时骑着自行车上学,当时老百姓很穷,有辆自行车就是"小康",全班只有4人有自行车,被同学戏称"四大少爷"。高中时担任学校团总支宣传委员、书记,是个"孩子头"。可是,保送留苏名单上没有我,甚至不让报考大学,因为在团总支工作时被团区委看上了,让我在高三上半年,即到共青团西单区委工作。

1956年党中央号召"向科学进军",周恩来、陈毅做报告,号召青年干部考大学。我在听报告后,决定考大学,可是团区委书记竟然不批准,坚持让我留在区委工作。我心想党中央领导亲自做报告号召我们考大学,你还敢阻拦,便给党中央写了一封反映此事的人民来信。此信转回北京市委,转告西单区委,显然有批评之意。团区委书记只好"放行"但不给复习功课的时间,临考前几天我还在八里庄古塔主持中学生暑期射击训练班,每天清早在解放军教官指导下实弹射击,打三发子弹。上高中时我更喜欢理科,如果保送留苏或参加高考,我的第一志愿是地质学,准备跋山涉水为国家寻找宝藏,可是在团区委工作两年半,又没有复习时间,数理化几乎全忘了,只好改报文科。1956年我已经在报刊发表短文,有时还发表小品文批评讽刺官僚主义,也培养了对文科的兴趣。因此报考大学时只选一个学校一个专业,即北京大学中文系,并在第二志愿栏填写回原单位工作,以表示对曾经劝阻我考大学的团区委书记的安慰。

1956年9月我离开团区委去北大中文系报到,因为档案上有团干部经历,一进校门即被指定为中文系文学专业三班团支部书记。不料八个月以后即爆发了反右派运动。

事后有人对我说,你小子要是不离开团区委,很可能也要划"右派",因为团区委干部由三部分人组成:一为地下党出身,搞过学运,有政治斗争经验,且多为领导;二为优秀青年工人,工厂团干部出身,特别听话;三为青年知识分子,比较爱争论,敢讲话。团区委二十多人划了三个"右派",都是解放后参加工作的年轻知识分子,其中一个是我的好友、宣传部副部长小刘;一个是接替我工作的原师大女附中团委书记小许。我与他们通常观点相同,爱争论,也敢给领导提意见,更何况早在"反右"前一年,我就在报刊发表批评讽刺官僚主义的小品文《厕所会议》之类。

三 还没分清"左派""右派"又被调动提拔了

在北大读一年级时,党中央毛主席号召整风鸣放,我所在的三班党小组,立即响应号召,又贴大字报,又召集座谈会,带头鸣放,真诚的帮助党整风。5月下旬北大"三角地"大饭厅天天夜晚出现千人鸣放集会,轮流有一人挤上两层饭桌搭起的擂台讲演。某天夜晚我也挤上去了,首先大声疾呼要向官僚主义等"三害"开火;然后说,现在同学们响应党的号召,又贴大字报,又开会提意见,不是挺好的吗?今天又有人号召罢课上街游行,我不知道是什么意思,"想干什么";如果明天真的上街游行,连海淀区的交通秩序都会被扰乱……我大声疾呼:"坚决反对罢课游行!"

当时多数同学鼓掌叫好,不料有人拽我腿,想把我赶下擂台;在一片骚乱中,有同学大呼"讲得好","让他讲下去"。

当天午夜,北大党委派人把我从睡梦中叫醒,派校车送我与几个同学到台基厂北京市委会议室开会。原来是市委书记刘仁召见北大、清华等重点大学"左派学生代表"开座谈会。在这个下半夜座谈会上,市委书记很激动,说得多,学生说得少,我没发言。但从此以后我就成了北大党委团委重点保护的"大熊猫",即使有人再揭发我十条"右派言论",也只是"左派"犯错误而已。

可是中文系党总支与学生党支部的几个"调干生"却不这么看。他们认为

"三班党小组"犯了右倾错误,包庇了几个同学,只划一人为"右派"(后据北大党委书记指示又划一个敢投书《人民日报》,批毛文艺讲话的复员军人),而包括我在内的几个党员都有"右派言论"(党小组召开的鸣放会记录是我力主上交的,因为是光明正大的提意见,为什么不上交呢?)结果是"三班党小组"五个党员,两人受党记处分,一人取消预备党员资格,我即使已"半脱产",调到校团委编《北大青年》杂志,在接下来的"反右倾"运动中仍被要求回中文系参加下放劳动,接受"反右倾""再教育"。"文革"过后,清理档案,有人告诉我,你档案里乱七八糟的东西真不少,居然还有"(此人)思想右倾,今后不得担任正职"之类的条子。我估计是北大中文系党总支或学生党支部的人往档案里塞的。

在1959年"反右倾"以后的三年困难时期,即在北大党内对我究竟是"左派"还是"右派"还有争议的时候,我却一再受到"提拔重用",先后担任《北大青年》月刊副主编(实际主持编务)、北大学生会专职秘书长(实际负责学生会工作)、北大团委宣传部部长、副书记,几乎像后来的民谚说的,"跟着组织部,年年有进步"。

1962年我执笔写的独幕话剧《毕业前夕》由学生文工团排练,在北大礼堂上演。陆平校长听说此事,便与戈华副校长一道召见我一个人,热情谈话,给予鼓励,要求我努力写一部对青年学生进行革命理想教育的多幕话剧(后因北大搞所谓"社教运动"而未完成)。

当时我与中文系同班同学洪子诚合用一个笔名——子愷,连续在北京几家报纸的副刊发表励志短文,如鼓吹在困难时期坚持革命理想,在批判"白专道路"后仍要敢于读书,等等。据说其中有几篇受到读者欢迎,引起团中央领导的重视。1963年冬,团中央常委、中国青年报社长兼总编辑孙轶青到北大团委找我谈话,给予鼓励,并征求意见,希望把我调到团中央即将组建的思想理论小组去从事研究与写作。1964年共青团"九大"以后,我作为一名29岁的新干部到团中央工作。后来有人告诉我,你小子要是还在北大,肯定要进"黑帮队",住"牛棚",挨批斗。在"文革"初期北大系总支书记以上中层干部除了聂元梓以外,几乎都被打成"黑帮",只有我因调动工作,躲过了人生的又一劫难。

"文革"初期在大字报上给我加的罪名,除"陆平黑帮分子"外,还有"漏网右派""文艺黑线黑苗子"等等,还指责我"用资产阶级腐朽生活方式腐蚀毒害

周伩(左)与胡启立

青年",证据是我抓学生文工团时发表剧本,得了稿费就让人去买点心,让饿着肚子排练节目的同学们吃夜宵。

四 而立之年破除迷信,学会独立思考

1964年秋到团中央组织部报到,没想到又当了一次驯服工具。原先是中国青年报提名,孙轶青同志谈话,我一门心思想到报社或思想理论小组从事研究写作,没想到组织部负责同志说,有一位"团的九大"以后分管文教的书记,需要一个熟悉学校工作的秘书,如果你不是很不乐意的话,希望能服从工作需要……那年头怎么能对代表"组织"的人说,我很不乐意呢?我只好又一次也是最后一次当了"驯服工具",留在团中央书记处当秘书。

更没想到的是,我的第一项工作是管理"省军级"文件保险柜,天天看文件;有时要参加有关学校工作的文件、讲话的起草或修改工作。看到中央领导人与外宾谈话的原始记录稿,可让我开了窍,原来公开发表的全是有利于塑造伟大光辉形象的部分内容,另外还有许多绝大多数干部群众都看不到的有趣内容。

由此窥秘,从三十岁起,我的脑袋才真正长在自己的脖子上,这可是必将影响一生的大事。

1966年,"文革"爆发,我在北大相处多年的领导与同事们,包括每个月都要在一起开会的系总支书记以上干部二三十人,几乎全受尽凌辱,关进了牛棚。据说"造反派"给我贴的大字报也不少,还有人跑到团中央来,要把周某人"揪回"北大去批斗,但负责接待的人说,他在我们这儿是刚进门的年轻干部,数不着、轮不上(批斗),你们有什么揭发材料可以转过来由我们处理……

"文革"初期,我在团中央机关大院属于二等"审查对象":"二等"不关"牛棚"分散住集体宿舍,但要"隔离审查",不许回家,被勒令限期写出检查交代材料。我的"床头岗"是刚从上海调来的全国学联副主席。我的罪名是"陆平黑帮干将""漏网右派""文艺黑线黑苗子"等等,还有人说可能是"陆平反革命集团派到团中央来的"。

坦率地说,因为心中无鬼,我对自己很有信心,心想:大家都闹着玩吧,还不定谁是流氓,谁是反革命呢!说起来也怪,上述受审查的处境,只维持了两个月。我又有在会上发言与写大字报的权利了,便给自己取了一个笔名叫"周甘牛"。其表面含义自然是鲁迅说的"俯首甘为孺子牛",谁也不敢反对;其双关含义则是"甘为牛鬼蛇神",谁也不便往这儿猜想。我与学校工作部的十来个同志一道,也奉命造反。随着所见所闻及对形势的反思,心中对"文革"的决策与许多反常的做法疑问越来越多,反感越来越大,决定今后不表态少说话,与"主旋律"保持距离,很快就变成了一个自己思考的"逍遥派"。

1969年突然"一锅端"随团中央几乎全体同志下放河南潢川原劳改农场,名曰"五七干校"。我是个"能吃能睡能劳动"的三能干部,还能写点"顺口溜"快板诗之类的节目交干校文工队排练演出,并尽量挤时间看书,思考国家大事。曾写万言书批驳红旗杂志发表的上海大批判写作小组全盘否定中外文学遗产的重点文章,说他们是形左实右的"左倾"机会主义,宣扬民族虚无主义,完全违背了马列毛的教导,也不符合历史事实。

"文革"后期重新分配工作,有所谓"盘里盘外"之说。我是所谓"查过三代"审查了七八年的"年轻骨干",可以留在"盘里"即可在重建的团中央系统工作,并根据我的志愿,分配到《中国青年报》社被指定为"青运部"(实为机动记者部)召集人。可是我"不识抬举",坚决要求"调离团中央",而"调离"的理由又不能明说。

人事部门先后为我联系新华社与人民日报,新华社社长与人民日报均表示欢迎,我都说"不去",因为不愿意与当年胡说八道、红得发紫的梁效之流打交道。人事部门的好人说,你是学文科的,新华社、人民日报可是文科能去的最大单位,连社长都亲自"批示"了,你还不去,你究竟想上哪儿呢?

我说,我自己找地方,想去人民美术出版社与画家打交道,编写"小人书"。去"人美社"的决定当然有远离政治斗争、避祸的因素,可没有想到的是,专政的体制有如天罗地网,揭发我"思想反动"有十条反动言论的检举信也跟着来了。

说起来也是怪事,在条条框框甚多的现行体制下,你要是循规蹈矩努力工作,未必能干出成绩来,还可能违反了什么潜规则而"犯错误";你要是发狠说"老子从此不干了"跳出旧体制的约束去玩耍,倒没准儿真能玩出名堂来。

五　玩物未必丧志,终于玩出名堂来

1995年初年满六十退休时,我如释重负,居然很开心。因为从此以后,我就可以用全部时间读古书、访名家、玩收藏了。在多次拜访、请教古瓷鉴定大师耿宝昌先生后,我为《收藏》等三家刊物撰写介绍他的事迹与鉴定经验,随即收到六百多封读者来信。我为两家热门报刊撰写连载文章介绍"京城鬼市"潘家园与几位有成就的民间收藏家。当《古玩市场今昔考》结集出版的时候,原国家文物局长孙轶青为此书作序,北大名教授吴小如先生主动写书评。

从1999年起,我三次赴美探亲,在美国旅居两年多,自己开车跑了几万里,到十几个州观光,考察城乡古玩市场,搜集近现代艺术陶瓷标本,同时为国内报刊撰写介绍美国风情与古玩市场的连载文章。

2003年回国后,我向祖籍故乡山东安丘市博物馆无偿捐赠250件欧亚美二十余国近现代艺术瓷,王照华、孙轶青、耿宝昌等老师都到我家观赏过这些"洋瓷",并高兴地为出版捐赠陶瓷画册作序、题词、赋诗,称赞此举为"中国第一家中外艺术陶瓷对比展"。

又经友人介绍,向山东荣成市博物馆捐赠420件明清民窑青花瓷,当地政府与博物馆承诺将为此举办永久性展览并出版彩印画册《明清青花瓷画》。两

年后我去观察捐赠品展览情况,发现他们在一间位置显要的大展室,为这些瓷器制做了一系列钢化玻璃柜,长年展出、很受欢迎。

中国改革开放的先行者之一、原福建省委书记项南同志生前与我做过数十次推心置腹的交谈。近年听说项南故乡福建连城民间集资建造的项南纪念馆落成了,我便从过去收藏的老窑瓷中挑选了19件器型较大的秦、汉、唐、宋、辽、金典型器,无偿捐赠给项南纪念馆,为这家民办纪念馆增添一点文化内涵。

因为多年追随孙轶青老师写文章批评已过时的"文物保护法",2002年又为此事给朱镕基总理写过批评信,在人大常委召开新"文物法"立法论证会时,破例给我这个"民意代表"发了邀请函,并允许我在这个争论激烈的会上做了一个超时间的发言,我说:从秦始皇到蒋介石还没听说制定过禁止百姓玩收藏、文物市场全由政府垄断的法律——后来在修法时采纳了孙轶青与我的批评建议,在"新文物法"中增加了开放民间文物市场,允许公民收藏、交流文物商品的内容。此事对全国百万古玩个体户、千万民间收藏者可以说是又一次"解放";否则动不动就被"公安"抓住,以"倒卖文物"罪名罚一笔巨款。此法修改后,再也听不见这类新闻了。

在退休后我又出版了几本书,如《周俪选集——边鼓与印痕》《闲逛美国——多元文化视角中的观察与思考》《周俪选集之二——冬苗与老姜》《韩国风情与国情》。德高望重的李锐老师,著名作家邵燕祥,原记协书记、《胡耀邦传》作者唐非,原记协常务书记王哲人等老师兄长,先后费神为我的新书写序,给予热情鼓励。

六 反思

若以一个人的行为是否有利于社会进步与大众福利的标准回顾自己的七十年,似乎可以说此生还算是做过几件积德善事,但在"指哪儿打哪儿"的驯服工具时期,我也做过一件伤天害理的整人坏事,即1957年夏天在上级党组织布置"抓右派"后我所在的中文系56级三班党小组经集体商议,认定一位姓李的广东同学为"右派",在上级批准后组织全班同学批判斗争他。后来李同学被划为"极右派"开除学籍,回原籍去了,迄今失掉联系。近年北大老同学聚会,多次谈及这件缺德事,这个无法挽回的罪孽。

回顾自己的大半生，主要缘于从小受到家庭与学校的良好教育，使我养成乐观开朗、真诚坦诚、与人为善、助人为乐的性格，加上个人运气较好，一生所经历的学校与工作单位的多数人素质较高，因此无论是顺境还是逆境，我总是能得到多数人的理解、同情和支持，多次遇到逢凶化吉、柳暗花明的转机。要说感恩的话，我首先要感谢家庭父母长辈，学校老师从小对我的养育教育之恩；感谢我所经历的每个工作单位，与我一道工作的团队大多数人的理解、同情与支持合作之恩。

2011年1月26日—29日初稿
2017年7月7日略有增删

附记

因为回忆录涉及几位迄今健在的原单位负责人，此稿已经刘文兰（北大原团委）、胡启立（原团中央）、陈白皋（国务院原侨办）等老同志的审阅。

此稿是几年前为出版北京六中纪念文集而作，当中文系56级编书组征稿时，我便取出这篇唯一的万言回忆录，此次加以修改补充后投稿。

寻找桂智贞学姐
——60年后又相逢

诸天寅

诸天寅（2016年主持庆祝入北大60年聚会）

我在《甲子回眸》一文中曾提到由于1957年6月我曾给《人民日报》写过一封信，引发了一系列严重的后果，直到1978年西城区教育局革委会给我平反，撤销"文革"中犯有严重政治错误的结论，并且焚烧掉所有揭发我的材料。1978年底我调到北京师范大学分校任教。当时我想应该感谢一个人，那就是"反右"时北大东语系团总支书记桂智贞，如果不是她压下了我给《人民日报》的那封信，我无疑会被划成"右派"，她在无意中做了一件善行义举。那时我到北大打听，说她早已调离北大；我又打听她调到何处，说她调到北大分校（后更名北京联合大学应用文理学院），我赶紧托人到北大分校打听，回信说没有此人，于是我感到，恐怕难以找到她了。没想到峰回路转，事隔六十年后居然找到了。

事情的经过是这样的，我在退休后，帮助联大老教协的刊物《青松》做点审稿工作，这样接触联大离退休的老同志就较多。2016年底，有一位联大旅游学院离休干部叫张奇生，一次他在电话中和我谈及旅游学院历史的一篇稿子，说1985年从北大调来一位女同志叫桂智贞，任旅游学院党委书记，这真是踏破铁鞋无觅处，得来全不费工夫。我当即询问桂智贞的后来的情况，张老说，桂书记在联大工作了五年，1990年就调到新建的中华女子学院当院长去了，在那里一直干到退休。我赶忙问张老现在和桂智贞还有没有联系，张老说他们一直有联系。我真是喜出望外，赶紧询问桂智贞现在的地址和电话，张老一一告诉了我。我和张老简单说了一下我正在寻找桂智贞，现在万分感谢他提供了联系信息，拜托他先给桂智贞打个电话说我正在寻找她，然后我再直接给桂智贞打电话，以免她会感到太突然。2017年1月3日我和桂智贞学姐通了电话，彼此都很激动，我向她表示感谢，说她是我的恩人；她说对压下那封信的事，一点印象也没有了，压下那封信纯属偶然，并非为了保护我。后来把那封信转到中文系，给我带来一系列后遗症，现在想起来很觉得过意不去。但有一点是肯定的，那就是从来不整人。我和她约定过几天去她府上拜访。2017年1月20日上午10点左右，我专程到北大承泽园拜访了桂姐，相隔六十年后重逢，紧紧握手，细细端详，如果路上相遇，谁也不认识谁了。她向我介绍了老伴崔海亭教授，崔教授毕业于北大地质地理系，毕业后留系做了团委书记。由于都是团干部，工作上接触较多，日久生情，终结连理。他们有两个儿子，长子在北大信息技术系工作，有一女，已上大一，次子曾经留学日本，回国后在一家公司工作。

桂姐在"文革"中受到冲击，后下放江西鲤鱼洲五七干校三年多，学会了种稻，从插秧到收割全过程都做过。那时她以为回不去北大了，就在干校当农民也挺不错的。谁想又让她回北大，"文革"后她回东语系任系党总支书记，首要任务是平反工作，东语系在"文革"中冤假错案多，她逐家逐户去落实政策，做了不少好事。1985年她已50岁，服从组织安排，调到北京联合大学旅游学院任党委书记，老干部张奇生为副书记，二人团结协作，密切配合，把学院建设得很有成绩。五年后她又调到新建的中华女子学院任院长，负责全面工作并主抓基本建设5年，60岁退休。

退休后她以练习书画自娱自乐，2012年出版了《桂氏三姐弟书画集》，是她和大姐桂智贤、弟弟桂志成三人的书画合集，北大书法家杨辛教授在封面题写了"翰墨丹青寄深情"的书签，她赠送了我一册，还送我一幅小画《傣乡》。中午

诸天寅与桂智贞学姐合影

他们留我午饭,崔教授到附近的教工食堂选购了溜丸子、烧茄子两个菜,桂姐亲自下厨房掌勺做了番茄菜花炒鸡蛋、香菇油菜,一共四个菜,主食是米饭,简单的家宴充满了亲情。没想到60年后,当年的学子能坐在一起吃饭,边吃边聊,共叙各自的经历,共祝彼此的友谊长青。饭后又聊了一会儿,我起身告辞,互道珍重。并说以后五四校庆和春节校友返校还会有见面的机会。我怀着依依不舍的心情辞别了桂姐、崔兄,回去后赶紧记下这一段颇具传奇色彩的故事。

辑三 追日奋进

当其时也，有幸与新中国同属一个生肖但痴长一轮的我，伴随着新中国曲折坎坷的步履，呼吸与共，命运相关地走过了近三十年的火热而不无蹉跎的岁月，尤其是经历了那十年"文革"浩劫，回首既往，不由惊心动魂地发现，我的人生之旅，已跨进了孔圣所指不惑之年的门槛了。

屈指数年，当是锁定目标，拿定主意，所谓不惑，当是锁定目标，拿定主意，解放思想，放开手脚，不畏缩，不迟疑，为国为民也为己干一番愿干而能干好的事业。

幸好，那是一个百废待兴，只要有志有能，实事求是，事可竟成的时代。

我在不惑之年干不惑之事的美梦果然成真了。

——张仁健

读刘月华《汉语语法和对外汉语教学》感言

何九盈

今年是我们56级语言班入学北大六十周年,恰逢同班同学刘月华的大著《汉语语法和对外汉语教学》在北大出版社出版,我受命作序,一时百感丛生,不知从何说起。文本昭昭,人人可读,何以序为?我想,不如写点读后感言,或许更有意义吧。

六十年,这是一个什么样的概念?似乎很短,又似乎很长。飞光无痕,月华依旧,昨日种种似乎仍在眼前;桑海余生,饱经风霜,老同学有三分之一已永无再会机缘!短耶长耶?

何九盈(1961年)

六十年来,老同学无不习惯性地称月华为小哈。尽管在夫君府上她已是太皇太后级人物,在学界已是知名教授,而在老同学这里,外号早已变成了昵称,如再改称学名,就显得生疏、见外了。有小哈,就有大哈。是的,大哈就是何乐士。据小哈《怀念大哈》一文所言:"我和大哈都是来自北国冰城哈尔滨。大概大家觉得哈尔滨这个城市的名字有些特别吧,就把大哈叫大哈尔滨,把我叫小哈尔滨。"大小二哈为终生好友,乃当代语言学界女性双璧。从学术定位而言,大哈是古汉语专书语法研究第一人,小哈是对外汉语教学语法第一人。她们都善于在学术发展的节点上,抓住机遇,准确地找到自己的学术定位。

遥想当年,我们的孔圣人说:"道不行,乘桴浮于海。"对一个"三月无君则皇皇如也"的官迷来说，这不过是牢骚话，说说而已。大小二哈可真的"浮于海"了，只不过目的与孔子大不相同。大哈"浮"到了欧洲，在欧洲汉学界大行其"道"；小哈"浮"到了美洲，在美国中文学界大行其"道"。她们的学术人生在海外大放异彩。她们在西方世界播种汉语文化、中华文明，孤身两往，载誉而归。然而，风光后面也有忧伤，有艰辛，有种种不必写出来的文章。今日读小哈文章，感及往日大哈，非涉笔成趣，实乃事出有因。大学毕业后，数十年间，难得一见，而学术江湖的翻云覆雨，人所共知。我能为老同学庆幸的是，从"万山不许一溪奔"，到"堂堂溪水出前村"，是母校、也是先师，给了你们永不言败的奋斗精神和过硬的学术本领。

20世纪五六十年代，北大中文系组建了共和国语言学第一大重镇。燕京、清华、中山大学的语言专业人才合并到北大。于是，王力、魏建功、岑麒祥、袁家骅、高名凯、周祖谟、杨伯峻、朱德熙、林焘诸先生，得以聚首燕园，可谓"汉之得人，于斯为盛"。请想一想，中国现当代语言学的众多领域，有多少个"破天荒"，多少个"破题儿第一遭"，多少个新概念、新结论、新体系，多少门新课程、新教材，以及国家多少个重大语文建设项目，跟他们的名字联系在一起。他们以言传身教，为我们树立了三大优良学风：

第一，靠自己的著作立足于学术之林。自己写书教学生。不攻人短，不矜己长，不立山头，不设关卡，不垄断学术资源。

第二，提倡独立思考，养成缜密的、一丝不苟的科学精神。

第三，痴迷于专业研究，以学术为生命。即使在极其艰难困苦的条件下，也珍惜光阴，力求有所作为。

这三大优良学风，是九位先师留给北大语言专业最为宝贵的精神财富。传统继业者，代有其人，仅以本科毕业生为例，如52级的徐通锵、王福堂，54级的曹先擢，55级的陆俭明，56级的何乐士、刘月华，57级的蒋绍愚，62级的江蓝生，他们都赶上了汉语专业的黄金时代，都是诸先师的及门弟子，在《中国现代语言学家传略》中，他们的名字，赫然在目。今日呼唤先师传统，别有深意在焉。

三百多年前，清初学者顾炎武曾对自己的外甥、门生说："与君辈相处之日短，与后世相处之日长。"在一封给友人的短札中又说："吾辈所恃，在自家本领足以垂之后代,不必傍人篱落,亦不屑与人争名。"这是何等学术自信,人格清高。因为"自家本领足以垂之后代",故"与后世相处之日长"。逻辑关系如此简单,当今能以如此简单逻辑律己者,还有几人?"傍人篱落""与人争名"者,满坑满谷。

九位先师已先后作古,他们的精神是与顾炎武相通的。我读刘月华的书,探求字里行间所律动的规矩、气质、悟性、风格,我无以名之,始且称之为"先师精神"。她在北大,有过将近十年的学术训练,有本科时期的科研经历,有研究生阶段的名师熏陶。一旦有机会登上能施展本领的学术平台,就能发出耀眼的光芒,令人刮目相看。

刘月华这本专著收了三十几篇论文,有二十一篇发表于1979年至1988年这十年间。那时,她在北京语言学院任教,从事对外汉语教学。

中国的对外汉语教学,历有年所,可定性为一门独立学科,则始于20世纪70年代末期。参与学科建设的主要是一批中青年教师。刘月华脱颖而出,成为里程碑式人物,她的治学经历对后人有何启示呢?所谓"里程碑",根据又是什么呢?

我一向认为,学人研究学问跟军事家指挥战争,其根本原理是相通的。最重要的是要有战略观念,全局意识,对客观现状有清晰的判断;其次要洞悉具有全局意义的重点、难点是什么,知道自己应当干什么,尤其是知道自己不应当干什么。这两条加在一起,就是人们通常所说的聪明、智慧。成功不能光凭聪明与智慧,最后一条就是下死工夫、笨工夫,不惜一切代价,勇于斩关夺隘,直至胜利。我观刘月华的学术韬略,亦大抵如此。她跟何乐士一样,干起学问来,一点也不打哈哈,大处不糊涂,细处同样不糊涂,二哈不"哈",有真正的工匠精神。

刘月华清楚地知道,对外汉语教学的艰巨任务是教材建设。教材建设的难点在哪里,不在语音,也不在词汇,难点也就是重点是语法。她就向语法发起进攻了,进攻就要有突破口,她选择了补语,一炮打响,势如破竹。

我们先看她1983年发表的《关于汉语作为外语教学中的语法研究和语法教学问题》,这是一篇纲领性的文章。文中对当时流行的甚至是权威性的语法著作在对外汉语教学中的种种不适用有深刻揭示。她说:

到目前为止,国内出版的汉语语法著作几乎都是为母语是汉语的人编写的。我们在教外国人汉语的过程中,普遍感到这些语法书不能满足教学的需要。有些在语法书中花费不少篇幅讲的,甚至是长期以来争论不休的问题,在我们的语法教学中并不是困难所在。……而我们教学中常常遇到的、迫切需要解决的许多具体问题,在这些书里往往找不到或很难找到满意的解释。

实践出真知。"迫切需要解决的许多具体问题"是从实践中提出来的,如何"找到满意的解释"是要靠研究。通过数以百万计的语料,对补语问题进行了全面调查,写出了一组有关补语的文章。如《可能补语用法的研究》《趋向补语的语法意义》《几组意义相关的趋向补语语义分析》……后来,又从400万字的语料中搜集趋向补语的用例,主持编著了一部56万字的《趋向补语通释》。其他如《状语的分类和多项状语的顺序》《定语的分类和多项定语的顺序》以及《动词重叠的表达功能及可重叠动词的范围》等等,都是为"满足教学的需要"而作。刘月华进入了科研与教学完美结合的境界。

20世纪80年代,由她领衔与另外两位作者合著了《实用现代汉语语法》。此书在海内外产生了广泛影响,深受读者欢迎,韩、日都有译本,台湾还出版了繁体字本。一位日本教授说:日本的汉语教师手头有三本必备书:一本是《汉和词典》,一本是《现代汉语八百词》,另一本就是《实用现代汉语语法》。《实用》紧贴汉语实际。"凡是外国人难以理解和掌握的语法现象,本书都做了尽可能详细的描写,对某些容易引起混淆的语法现象还做了比较分析,指明正误。"(《前言》)吕叔湘先生在序文中赞扬"她们说到做到,有不少内容是别的书上不讲或一笔带过,而这本书里有详细说明的。……还有别的书上也讲,但是没有这本书讲得仔细的"。行文至此,"里程碑式人物"的论断乃实至名归、隐然可见,确乎有据的了。在对外汉语教学这门学科的建设中,刘月华有这样两大贡献(本书及《实用》),我不能不为之"感",而有所"言"了!

从1989年起,刘月华赴美访学。先后在卫斯理学院、麻省理工学院、哈佛大学从事中文教学。她主编的《中文听说读写》,成为美国用得最多的一套中

何九盈(近照)

文教材(现已出第四版),也受到欧洲、加拿大、澳大利亚、新西兰以及中国香港、大陆一些学校的青睐。美国中文教学界称赞她是"最受尊敬的老师之一。美国的中文老师对她编写的汉语语法专著及中文教材都相当熟悉"。2003年11月全美中文教师学会在费城召开的年会上,颁发给刘月华教授终身成就奖。这是美国中文教学界的最高荣誉。此后出版了《刘月华教授荣退纪念论文集》。所有的这一切,使"里程碑式人物"形象变得更加丰盈、饱满,其影响更加深远。母校、先师的培育之恩更是须臾不可忘怀的了。她的这本大著交北大出版社出版,也表达了"胡马依北风,越鸟巢南枝"式的情怀吧。

汪曾祺说:"北大的学风是很自由的,学生上课、考试,都很随便,可以吊儿郎当。我就是冲着吊儿郎当来的。""中文系的学生更为随便,中文系体现的'北大'精神更为充分。"真是此一时也,彼一时也。20世纪50年代的北大中文系,再也不能"吊儿郎当"了。"随便""自由",流风犹存。所谓"随便",即学生自主意识的张扬;"自由"即学术民主空气浓烈。上课、考试缺席是不允许的,而课堂发问、递条,甚至要求换任课老师,这是常有的。但考试无须监考,绝对无人作弊。我们班自编《汉语发展史》,刘月华也是一员干将。同学们也常为学术问题争得脸红耳赤。都是来自各地的学霸,不经过反复较量,谁肯降心相从,甘拜下风?刘月华还多年担任班文委,应该记得,我们是如何勤工俭学自筹班费建立班金库的。春日到圆明园北门外一生产队的稻田除草，冬日到颐和园整修鱼塘，夏夜东操场放电影，何乐士领着女生卖冰棍，我们也时有大块文章在报刊发表。劳动所得和稿费，一律交金库。办壁报，举行文艺晚会，秋日全班去香山看红叶，登鬼见愁，月夜泛舟昆明湖，全部由金库开支。我们的集体观念、合作精神，就是这样锻炼出来的。测试劳卫制，为了人人达标，往往全班上阵，呐喊助威。

历经六十年的漫长岁月，我们也遭遇过大风大浪，急流险滩。坦坦荡荡，昂首前进。寄愁天上，埋忧地下，无愧于天地国亲师！

晚年的刘月华，与夫君北大哲学系教授王永江长居美国加州圣地亚哥。他们相知于燕园。哲学与语言结婚，天作之合。如今，他们秋回春去，劳燕双飞。大洋彼岸，今夜又是他乡月色，在时光雕刻的记忆碎片上，王刘长念自家的燕园春秋。湖光潋滟，岸柳婆娑，小哈初嫁时，风仪楚楚、布拉吉翩翩。知否、知否？未名情结，原是另一种文化乡愁！

2016年10月27日（时年八十又四）

王叔珩《山竹诗文》集序文

同学何九盈序

叔珩,是诗人,是学者,也是语文教育家。人生能有此三种成就,可问心无愧矣!然而,你可知道,这成就后面,有多少坎坷,多少辛酸,又有多少忘我无私的日夜奉献!

叔珩已是垂暮之年,且重病缠身,他多么渴望将平生"发愤之所为作"结集问世,以免"文采不表于后世也"。

今年8月14日,他嘱咐来京办事的女儿韫梅传话,命我为即将出版的诗文集作序,我欣然应诺。叔珩与我,既为同乡,又为大学同学。多年来,每逢想起叔珩,就禁不住要想起康熙年间顾贞观寄赠吴兆骞的《金缕曲》:"季子平安否?便归来,平生万事,那堪回首!"

遗憾的是,"我亦飘零久",虽"缁尘京国",却非"乌衣门第",泥塑过江,自身难保,"总输他、覆雨翻云手"。

叔珩是幸运的,他毕竟归来了;还有多少无辜者,永远走上了不归路。

我不知道,命运这种东西,究竟是有还是无。时运这种说法,应该是可信的吧。我们这一代学人巧逢了旷古未有的升平国运,又遭遇了史无前例的大灾大难。康德的"二律背反",让我们时喜时悲,乍沉乍浮。回首前尘往事,可叹书生习气,幼稚愚蒙。说什么"天才""人才",无力去祸远灾。"百无一用是书生",是耶?非耶?书生太单纯,几曾研究过生存艺术、生存原则?书生,尤其是血气方刚的书生,不愿意"三缄其口",不看重"沉默是金",不认真思考"时然后言";分不清是应该"危言危行",还是"危行言孙","君子一言以为知,一言以为不知,言不可不慎也"。古圣贤给了我们那么多的教导,我们一点也听不进去。为什么?因为我们的心已经交给了别人,我们不再属于我们自己。人一旦失去了自己,怎能不"总输他、覆雨翻云手"!何况"血统论""唯成分论"曾是统治思想,门第"黑暗"者,怎能不俯首低眉、夹起尾巴做人!生存永远是一门艺术,而这门艺术是一辈子也学不完的。生存永远是人生第一原则,一切违背这个原则的所谓"原则",都是应当唾弃的。当我们在夕阳的余晖中,回首那充满陷阱、充满危机的漫漫长路时,我们不能不慨叹:我们之所以活得这么累,这么艰难,这么多灾多难,在很大程度上不就是我们不懂得生存这门学问吗?魂兮归来,找回自己!

17世纪法国科学家布雷兹·帕斯卡尔(Blaise Pascal)说:

"人只不过是一根芦苇,是自然界最脆弱的东西;但他是一根能思想的芦苇。用不着整个宇宙都拿起武器中才能毁灭他;一口气、一滴水就足以致他死命了。然而,纵使宇宙毁灭了他,人却仍然要比致他于死命的东西高贵得多;因为他知道自己要死亡,以及宇宙对他所具有的优势,而宇宙对此却是一无所知。

"因而,我们的全部尊严就在于思想。"

在"史无前例"那样的时代,我们生而为人,却没有了自己的思想,当然也就没有了尊严。那是魍魉世界,人不如芦苇。《老子》第五章说:"天地不仁,以万物为刍狗;圣人不仁,以百姓为刍狗。"圣人如何变百姓为刍狗?就是剥夺百姓的思想。

新时期到来之日,就是刍狗时代结束之时。从此,人才成为人,人才找回自己的思想,找回自己的灵魂,找回自己的尊严。叔珩终于彻底平反,可以放声歌唱了,可以"舞文弄墨"了。打不倒磨不烂病不死的王叔珩,晚年进入了诗文创作最活跃最有成就的时期。文人的生命就在于文。你看那位东坡先生,刚一出狱,还戴着"管制分子"(或曰"内部专政对象""内部控制使用")的帽子,立马就忘了"梦绕云山心似鹿,魂飞汤火命如鸡"的悲情,又唱出了:"却对杯酒浑是梦,偶拈诗笔已如神;此灾何必深追究,窃禄从来岂有因?"吟罢此诗,他自己也掷笔笑道:"我真是不可救药!"

"此灾何必深追究",是何等宽广而又充满自信的伟人胸怀!人,不论遭遇多大的苦难,总要振作奋发,轻装前进。叔珩不负众望,不负北大对他多年的培养,以顽强的毅力,步步前进。作为语文教师,他写出了有深度的教学论文;作为陈亮的异代知音,他写出了《陈亮三陷大理考》等优秀论文,还出版了《陈亮政论词选注》。记得此书问世之后,他给我来了一封信,信中说:"关于陈亮的小书终于出来了,也算我留在这个世界上一个小小的纪念品吧。"我很能理解孔圣人也有过的那种"君子疾没世而名不称焉"的痛苦。清代学者钱大昕在《养新录》卷十八中说:"圣人以名立教,未尝恶人之好名也。"20世纪下半叶曾经要把"名"和"利"批倒批臭,那是何等荒谬和愚昧!

而今的人文科学是如此之不景气,叔珩的这本诗文集要想图"利",很难很难。但我敢说,这本书的出版价值,不在于"利",而在于它有着长远的史料意义,有着深远的学术意义。

这本诗文集反映的是一个完整的王叔珩,这是最难得最可贵的。因为王叔珩不是一个孤立的个体,他是社会的一个成员,而且不是普通一员;他的跌宕起伏的人生,就反映了中国近四十年来的重大变迁。社会前进他前进,社会倒退他倒霉。在"千万不要忘记阶级斗争""阶级斗争要年年讲、月月讲、天天讲"的"极左"年代,在怀疑一切、冤假错案处处有的荒唐年代,无可选择的家庭出身,就注定了我们这种人不能不倒霉。加之叔珩又不能韬光养晦,急流勇退,倒霉之运终于一再降临。开除团籍,开除学籍,"文革"遭迫害,十余年间,是不堪回首的非人岁月。如今,他虽已恢复清白,还成了一名共产党员,但时来运转终究无法弥补永远失去了的青春岁月。作为个人,遭遇了那个倒霉的年代,只能自认倒霉;而更为痛切的是希望后之来者,不再遭遇同样的命运!五十年后、百年后的读者,将从那个光怪陆离的世道中,受到启迪。永远要尊重人;人,不是任何人的工具;自己活,也要让别人活。这才是最重要的。

有如此深远的启迪,我们还不应该支持这本诗文集问世吗?我乐意为此书作序,原因也在于此。

2004年10月9日

作者自序

当丁玲的"一本书主义"被批判得体无完肤的时候,我还是北京大学中文系一年级的学生。"文革"十年中,康式昭和奎曾合著一本《大学春秋》,虽然未成大名却也平安无事,令劳改中的我暗中羡慕不已,觉得"一本书"也不一定就是坏东西。改革开放时期,老同学纷纷出书。比较出名的是韩蔼丽的小说集《湮没》和何九盈的语言学专著《中国语言学史》,相清、仁健、烈茂、庆生、光亨、绍新也都有好几本书问世。不甘寂寞的我拖到90年代,总算也出了一本小册子。现在看起来,"一本书"既不是洪水猛兽,也不是什么"经国之大业,不朽之盛事"。它至多只是人类文化的一个小小的细胞而已。

病眊七年,山居寂寥;整理平生所习文字,终于在电脑中留下了这个二十几万字的小册子,可算是又一本书吧。

这本书分三大部分。《山竹诗草》收集了我从1950年到2005年的主要韵文习作,近三百篇作品,跨越了半个多世纪。我的文学活动其实是从诗歌开始的。"红楼"时期的政治鼓动诗和讽刺诗一时风靡北大校园,与程相清联名发表的《是行动的时候了》被誉为"吹响了北大'反右'斗争的号角",《没落的晚筵》也在北京广为流传。在康式昭的领导下,我主持北大文学社的工作,主编《红楼》月刊和《红楼之窗》诗传单,一时间我和相清被称为"左派诗人",与"右派诗人"张元勋、沈泽宜齐名。不过,这昙花一现的光荣很快就被运动的洪流所淹没,出身不好的我与"右派"一起被扫入了"历史的垃圾堆"。"文革"中,我青年时代的全部诗词被江陵县用大字报广为公布,称为"反动诗词《十年》";其中一些篇章却又被说成"少年漂泊者的心声",不胫而走。十年"文革"中,我为各级各类毛泽东思想宣传队编写了数不清的韵文作品,早已消失在江汉平原广阔的黑土地上,但最后一篇《沂蒙甘泉》却几乎传出省界,走向全国,纯粹由于偶然的原因,它又被湮没了。三中全会以后,我的主要精力放在语文教学和陈亮研究上,诗词习作纯粹为了自娱,不想日积月累竟又有了几百首,成为这一部分的主体。我终于没有成为诗人,留下这以旧体为主的诗草,作为我个人大半生的影子,也许不是毫无意义的;而作为毛泽东时代和邓小平时代(主要是邓小平时代)的一面小小的镜子,可能还比较真实。

《山竹文存》收入的则是从1958年至1996年三十八年间公开发表的全部论文。20世纪50年代是一个政治风潮迭起、中国社会动荡不安的时期,北京大学又是矛盾的聚焦点之一。刘少奇、周恩来、邓小平、彭真、陈伯达和胡耀邦都到北大做过报告。1958年夏天,原铁道部部长陆平取代江隆基出任北大党委书记,康式昭也调走了。《红楼》改名《北大青年》,党委任命我班党支部书记陈键取代了我的岗位,接着更以"情绪反动、名利思想严重"等罪名开除了我的团籍。在我极度苦闷的时候,党支委、自称能见到康生的刘竹立却动员我参加学术大批判和"大跃进"式的科学研究。这就是我在《光明日报》上发表两篇论文的由来。两篇论文虽然以联名或集体的名义发表,但谁都知道是我的手笔,不过稿费是全部归公了,对我个人也无半点积极影响。而且,半年以后,我被秘密开除了学籍,遣送原籍监督劳动。我青年时期荒唐的光荣就这样莫名其妙地悲惨结束了,留下这两篇论文算是学生时代的一点点痕迹。80年代的中国全面进入了改革开放时期,我有幸度过了断指切胃的大难,迎来了此生中最好的十年。我得到过胡耀邦、王汉斌、彭佩云等中央领导人的帮助,北大给我补发了毕业文凭。这一时期的二十余篇论文多多少少体现了一些自由意志,我把它们分为"教学论文"和"文学论稿"两组,算是反映自己在语文教学和中国古典文学研读方面的收获。

《高岭杂记》收录几篇回忆性的散文,都是90年代以后的作品。想对自己的一生有点轮廓性的交代,并给影响了我的重大事件和重要人物留下一点粗糙的记录,是我写作这些文章的意图。这种意图实现的圆满程度和客观效果,则只能由仁慈的上帝来判断了。

面对当今中国寂寞的诗坛和"热闹"的文坛,我不知道这本书何年何月才能出版,也不知道出版后人间还有多少读者,但我仍然确信,它既然凝结着我大半生心血,就不会是毫无存在价值的。为此留下这篇序言,以表达年逾古稀的我一丝尚未泯灭的希望。

2005年1月于湘潭高岭

江陵二中学生谭勋虎等序

2006年的劳动节长假,我们原江陵县二中86届文科班同学在母校举行"二十年后重聚首"联谊会,同学们都因不能重睹王老师叔珩先生慈颜,再聆先生的教诲而惆怅萦怀。烟雨红尘,廿年一梦,大家常年为俗务所累,已渐渐与老师音讯相违,只依稀记得老师在我们毕业两年之后回到了三湘故土,任教于湘潭电大,大部分同学与老师失去联系已经整整二十个春秋了。

翌日,江滨铁牛矶午餐之际,辗转得知老师的电话,同窗们纷纷停杯投箸,不能竟食。八名同学代表立刻分乘三车,启程由鄂赴湘看望老师。落霞染天,雁飞鹤鸣之渚;暮春三月,车渡白螺之津。江阔水净,炊烟绕村;关河远阻,心如电驰。一路上连缀起记忆的碎片,老师的风度气质,犹在目前。然而,想到老师半世飘零,文章抱负,无由施展,时光荏苒,已逾古稀,大家又感慨万千,唏嘘不已。

"十三离故土,南岳习诗文。十六失怙恃,四海独飘零。"(《芳兰赞》)先生青少年时期依靠大姐的帮助坚持求学,其时大姐家中的生活因姐夫英年早逝且遗有两儿两女而日渐窘迫,却仍然时时资助着珩师及乃兄的生活:"悲辛我大姐,独力抚四孤;更有诸弟妹,个个皆需扶。"(《芳兰赞》)长沙学院街东学巷大姐的家成了先生心中的避风良港、麦加圣地。不管是青年时代从北大蒙冤离校,还是"文革"中遭受断指切胃的苦难,耿介书生、热血男儿的块垒心曲总是在这里一吐为快:"秋色凄清愁绪多,环灯话旧泪滂沱。"(《潇湘离歌序》二)。青少年时代的聪颖好学和骨肉亲情,为珩师奠定了事业和生活的雄厚基础。

先生大半生的活动,几乎与共和国的历程同步,也是国家和时代的真切见证。中华人民共和国成立伊始,先生初中毕业旋即投笔从戎,1951年至1954年从军委七局中专训练班毕业授予少尉衔,弱冠之年转业至古楚国之都江陵的江滨小镇郝穴,执掌一厂之政。杜门闭户苦读一载之后,昂首考入北大求学,专攻汉语言文学专业。当其之时,恰遇改天换地,国运升平之际,先生意气风发,激扬文字,于洪流之中任北大文学社社长兼校刊《红楼》主编,《骑士赞》《是行动的时候了》《没落的晚筵》等诗歌一度风靡北大校园,并广为传诵。由先生主笔的《评"屈赋考源"》《浅谈陶渊明的思想及其作品的人民性》等学术论文先后在《光明日报》上发表,显露出了深厚的学养、缜密的思维和尖锐的思想。中流击水,心逐浪高,一时风华显红楼,才名播燕园。然而在那个"血统论""唯成分论"主宰一切的陆离光怪的年代,先生却难逃挨批挨整的厄运:先是被秘密开除团籍,而后在京郊土门遭人构陷褫夺学籍。投身革命十年,燕园苦读四载,一纸便条般的《通知》,便将其化为乌有。书生戴罪,颠沛流离。随之而来的"文革",又将先生从江汉平原的一所农村中学赶进了砖瓦厂的牛棚。在六年的炼狱中,先生身心俱创,先罹断指之灾,后遭切胃之疾。厄运连年,困难重重,但先生从未俯首折腰,凛然而顽强。

先生面漠心热,一生重情。诗文之中,既有以苍生黎民为念的赤子情,也有相濡以沫的结缡深情。贯串老师洗冤过程的,始终是浓浓的同窗情;殷殷寄语弟子,再入燕园,行吟未名湖畔,满纸眷眷的师生情。愈久愈浓,铭记一生的是与大姐相依为命的姐弟情;晚年更有为绕膝稚孙起名赋诗的舐犊之情。先生对于生活和文字,均有常人所缺乏的执著纯真,无论新诗旧韵,纪事抒情,莫不出自真性情。而文字之优美沉痛,又岂是常人所能体会?吾辈驽钝,却在一个偶然的时空与老师相遇,耳提面命,心智顿开。王门两载,一个人的不幸,竟然成了一群懵懂少年的大幸。呜呼,幸耶?悲耶?先生学识渊博,治学严谨,作风民主,胸襟豁达,全班同学高山仰止,心想而景从。吾辈本没有资格评判老师的经历和学问,但在老师《山竹诗文》付梓之际,仍然禁不住将些许往事及此次重逢的经过予以说明,诚惶诚恐,语无伦次,唯有无限感念,聊慰师心。

先生处世,磊落光明,以南宋思想家、爱国词人陈亮为友,并对此贤有精深的研究。让我们把先生咏陈亮的诗援引过来作为本文的结尾!因为这首诗正是老师大半生孜孜以求的目标,也是老师坎坷人生的写照:"书生自古多痴狂,报国全凭血一腔。献策京师群小妒,哀吟大理后人伤。儒冠不是乌纱帽,直道难防黑手帮。莫谓文章空议论,千秋青史有衡量。"

江陵二中86级文科班
执笔:谭勋虎 张卫东 束小梅
2006年6月18日

编者按

　　王叔珩同学,才具不凡,毕生奋进,迭经坎坷,迟暮追日,尤不懈怠,终于2006年10月,将其自选集《山竹诗文》由武汉大学出版社出版面世。生命履迹,命运传奇,为人情性,得显一斑。本回忆录征稿时,多次以多种方式与王叔珩亲属联系,不幸再度失联。编者只好将其自选集的三篇序文收入转载。此刻书稿即将付梓,方获悉他已于前两年作古。悲夫!特加此按语,以表存世同窗的悼怀。

李文初文集序、后记

李文初

《汉魏六朝文学研究》自序

20世纪60年代初,我从北京大学中文系毕业,有幸留下做研究生,师从游国恩教授攻读先秦两汉文学。那时的想法很单纯:用三年时间认真研读先秦两汉的典籍,为日后研究中国古典文学打下一个坚实的基础;因为《诗》《骚》及子、史毕竟是中国文学之源,也是中国文化的"根"。

头两年的研究生生活还算平静,在导师精心规划和指导下,切切实实读了一些原典。北大二十九斋(研究生楼)的书斋生活,的确令人神往。每当更深夜阑之时,我都会合上发黄的线装书,带着全身的疲乏走出斋门,在大院中作短暂的松弛,这时候总有一道独特的景观展现在眼前:密集的学生宿舍楼群中,唯有二十九斋的层层窗户依然灯火通明,其余都湮没在沉沉的夜幕中了。我曾抚心自问:这究竟是人们常说的"苦读",还是一种真正的人生乐趣?

到第三年,这种平静的书斋生活终于被外界"阶级斗争"的浪潮震碎了,刚刚进入状态的毕业论文写作被迫中断,接着是下乡参加"小四清""大四清",一晃就是年余。1965年夏,当我们接到通知,从湖北江陵"四清"前线返回北京时,"四清工作队"早已进驻北大。奇怪的是我们最关注的毕业论文从不见人过问,"反修""防修"成了当时最热门的话题。后来得知,我们这批(九人)应届毕业生是被当作"修正主义苗子"处理的。当时,我的论文尚在草创未就之际,匆忙中只好把部分论文初稿呈交游国恩先生,总算是个交代;没有答辩,没有评分,更谈不上学位(那时尚无学位制度),就这样带着既依恋又遗憾的复杂心绪,告别北大九年的苦读生涯,乘上南下的列车,远远地去了!

到暨南大学中文系一年(主要在高要县参加"四清"),还未走上讲坛就碰上史无前例的"文化大革命",风雨飘摇,朝不保夕。开始是停课、停招生,打打闹闹,冲冲杀杀,接着是教师下乡、下干校,最终暨大四分五裂被肢解……这样动荡了十年,莫说个人的专业、前途、发展,能苟全性命,就算万幸了。等到这场人为的世纪性灾难结束,安下心来从事自己花了九年时间修习的古典文学专业时,才发觉岁月是何等的无情,"行行向不惑,淹留遂无成。"(陶渊明诗)一种无奈的历史迁逝感萦绕心头,久久挥之不去。

由于根底薄,起步晚,再加上人所共知的大环境,我自知在专业上不可能成大器。虽然近二十年来也发表了一些论文,出版了几本书,但比起20世纪前期那些为中国学术的现代转型做出重大贡献的前辈大师们,无论才性、气魄、学养、视野、成就,都是望尘莫及的。

撇开客观环境和主观条件不谈,作为传统文化重要分支的古典文学,它本身的专业特性和研究历史,也多少影响到我们这一类学人的命运。从专业特性说,古典文学的研究对象始终不变,不像当代显学如经济学那样,今天"计划经济",明天"市场经济",后天又"知识经济",总有谈不完的新话题,这就为人们出奇创新提供了源源不断的机遇。古典文学的研究,尽管也可以通过理论和方法的更新,或者视角和突破口的转换等途径,不断向前推进,但研究本身始终不能离开屈原、陶渊明、李白、杜甫、苏轼等名家构成的学科体系。所以,自20世纪初,经王国维、梁启超、胡适等大师运用西方现代科学思维和方法建构起新的学术范型并取得重大突破以来,后之继者尽管竭尽全力,一般也只能在前贤开创的天地中徘徊。我们这一代学人,似乎正处于学科自身调适,并寻求新突破的困境中;何时出现新的局面,至少我个人是甚感困惑和渺茫的。

在我国文学发展的长河中,汉魏六朝的文学主潮是诗和赋。就诗而言,主要是五言诗孕育、形成、成熟,乃至绝唱诗坛,又逐渐向律体演化的历史;而赋则经历了从盛到衰的全过程。这一切,实际上都为唐代文学的繁荣做了各方面的准备。我这本《汉魏六朝文学研究》的内容,从时限上说,主要是研究汉魏六朝八百年中的一些个案,个别较为宏观的问题,虽然在时限上或前或后有所超越,但重心无疑都在这个时段内。这些研究,自知谈不上"突破"和"超越",但毕竟是自己二十年来苦读研习的点滴心血,敝帚自珍,别人如何评说,那是不必计较的。好在广东人民出版社雅量,能在出版业走向市场、学术论著濒临危殆的情况下接纳本书出版,即此一端,也就足以令人欣慰和满足了!

李文初

2000 年 5 月 30 日于暨南大学寓所

《三昧斋随笔》后记

我在大学任教三十多年,平时授课之余,主要从事中国古典文学的研究工作。这本文集多是业余随手写下的短文,学术固然谈不上,与文艺也只能说沾边,姑名之"随笔",取其随意——不拘矩度之义也。

李文初(2011 年近照)

全书分两部分:上卷名《东瀛随笔》,是根据自己在日本九州大学(在福冈市)文学部任教期间(二年)的见闻写成,共 50 篇,大多写于 20 世纪 90 年代初。下卷名《世纪随想录》,原是 1999 年应香港某报写专栏文章。专栏延续五个月后突然终止,而我似觉意犹未尽,欲罢不能,于是继续写下去,直至 2002 年 6 月,断断续续写完 100 篇。百篇短文的内容多是世纪之交人们关注的热门话题,但更贴近的还是与本人专业相关的文化思考。总之,上卷多为见闻,下卷多属思考;反映在表述上,则上卷偏于记叙,下卷时有议论和抒情。

本来，这些在旁人看来也许是鸡零狗碎的东西，难登大雅之堂；在我却别有一种珍惜之情，因为它们毕竟是自己人生旅程中一段经历和思索的点滴记录，敝帚自珍，本是人之常情。其间，也曾数度托人联系出版，都因种种原因而搁浅，以至于渐渐地断了这种俗念。心想，"藏之名山"固然是一种梦幻式奢望，"束之高阁"（我住三楼），陪伴自己，说不定往后老得不能动弹了，顺手取来浏览，还可以勾起些许美好回忆呢。没想到今年年初出现了新的转机，有幸获准付梓，这是要特别感谢那些热心的朋友们的，是他们为本书的出版付出了辛勤的劳动，令我终生难忘。

三昧斋主人
2005年4月

和老同学一起编书的难忘经历

吴小林

吴小林（大学时期）

我于1961年大学毕业后，被分配到中国人民大学中文系，从事中国古典文学的教学研究工作。

我们北京大学中文系1956级的毕业生，分到高等院校、文化出版单位的人较多。他们利用工作的有利条件，刻苦钻研，在学术上成果累累，多有建树，这从下面这个例子就可以得到证明。

2016年10月9日，我们年级在北大中文系会议室举行入学60周年联谊活动，到会的同学有近30人。他们都是些八十上下的老者，有的已接近九十岁，这样的年纪，不少人已在家含饴弄孙，颐养天年，可是他们却埋头研究，笔耕不辍，时有新著出版。正式活动前，有一个同学们向母系赠书的环节。出乎我的意料，当宣布赠书后，同学们十分踊跃，你一本我一本，纷纷把自己的著作送到北大中文系领导的手中，书很快在桌子上摞得很高，粗略估计有几十本之多。会后，中文系的工作人员费了很大的劲，才把这些书搬离会场。这是十分感人的一幕，我为之喝彩，也为之骄傲。在这一幕里，让人们看到的是老同学在学术研究上的傲人成绩，体现的是同学们老而弥坚，在学术道路上永不停步的北大人传统精神！

在我本人著书立说，进行学术研究的过程中，既受到同学们学术成就的激励，又得到同学们和师友的莫大帮助。这里尤其要提及的是李泉、李延祜、秦川、马正明、林薇、诸天寅、胡冠莹等同学和吴小如先生、新加坡学者陈荣照先生对我的帮助、支持，通过两次和老同学们一起编书的经历，我对此感触尤深。

一

大约在20世纪80年代初，我班秦川同学担任编辑的四川文艺出版社，准备出版古典小说《三国演义》《水浒全传》《西游记》的新校注本，要求注释比人民文学出版社版更为详细精准，并由秦川同学主抓。秦川就想让我们年级一些在大学教古典文学的同学来搞，后来决定由安徽师范大学中文系的朱彤兄、安徽大学中文系的周中明兄校注《西游记》，由苏州大学中文系的李泉、张永鑫同学校注《水浒全传》，而我则负责《三国演义》的校注。另外还聘请原人民文学出版社的资深编辑陈迩冬、王利器先生和北京大学的著名学者吴小如先生为顾问，担任三书的审订工作。当时朱、周二兄已在古典小说的研究上取得不俗的成绩，李、张两位同学也是古典文学功力深厚，著述甚多。至于陈、王、吴三位老先生，是名副其实的专家，在古籍整理、研究上卓有成就。显然，这是一个十分强大的阵容，足可以保证这次编书任务的圆满完成。

在注书期间一共开了两次会，第一次主要是商讨这套书的要求、体例和具体做法，在苏州举行，参加的有秦川、朱彤、周中明、李泉、张永鑫五位同学和我。苏州是我的故乡，而我一直有着浓重的思乡情结，对苏州我是百去不厌，这次听说开会地点在苏州，令我十分高兴。

到了苏州，我们入住南林宾馆，这是当地一家非常著名的饭店，不仅住宿条件优越，而且餐厅的饮食更是一流。俗话说，吃在苏州，苏州的美食素来与广州、成都齐名。苏式菜肴味道偏甜，清雅多姿，鲜美可口。这些特点在南林宾馆餐厅的饭菜中都有很好的体现。在南林宾馆每次用餐之后，我总赞不绝口。这次苏州之行，南林宾馆给我留下了美好的印象。

不仅吃在苏州，而且游在苏州，苏州有众多的名胜古迹，尤以园林著称于世。开会之余，在苏州工作的老同学们陪我们游览了许多地方，如虎丘山、寒山寺等。在苏州的园林中，我尤喜网师园，它小巧精致，古朴幽雅，在无数园林中别有韵味。游网师园时,我们流连忘返,拍了许多具有纪念意义的合影。

第二次会是审稿会,1983年8月在成都举行,除秦川、朱彤、周中明、李泉同学和我参加外,王利器、吴小如两位老先生也去了。张永鑫同学、陈迩冬先生因故、因病未出席。四川文艺出版社很重视这次会议,请我们住进当时成都条件最好的锦江宾馆,社里的领导与我们见面,并在宾馆前合影留念。

会议期间,出版社还邀请我们做校注的全体人员和进行审订的王、吴两

左起:马正明、李泉、周中明、吴小林

位老先生游览峨眉山。考虑到老先生的安全,秦川同学让他们留在报国寺休息、游览,我们几个老同学上山。头天在游览了万年寺、清音阁、一线天后,在洪春坪住下。分别多年之后,这么多老同学住在一起,大家觉得十分难得,也非常兴奋。外面正下着雨,我们在屋子里先是聊天,海阔天空,东拉西扯,时而回忆过去,时而畅谈未来,聊得十分痛快。当聊天还不足以尽兴时,于是又唱起歌来。我搬出的是拿手好戏苏州评弹《蝶恋花》,虽然嗓音欠佳,倒也唱得别有风味。当时其他同学所唱歌名,现已全忘,只记得朱彤兄声音洪亮,唱得最好。同学们你方唱罢他又唱,不断轮流高歌。其时,谈笑声、唱歌声与山中的夜雨声交相融合,谱成一曲美妙乐章,传达出浓浓的同学情。大家几乎通宵未眠,在峨眉山上度过了难忘的一夜。

在编书过程中,和陈迩冬、王利器、吴小如三位老先生有所接触,并受教于

他们,是我平生一大幸事!

陈迩冬先生是人民文学出版社的著名编辑,在当时汇聚了众多专家学者的古典文学编辑室里,陈先生是独具个性的一位。他见多识广,博学多才,既是今诗古诗兼擅的诗人,又是创获颇多的古典文学研究家。有《苏轼诗选》《苏轼词选》《宋词纵横》等书问世。1986年出版的《闲话三分》,虽是一本雅俗共赏的小册子,但书里不乏发人之所未发,道人之所不道的创见,因而端木蕻良先生称陈先生是一位《三国演义》和《红楼梦》的"正牌知己",请陈先生担任《三国演义》新校注本的审订工作,是最适合不过了。

我负责搞《三国演义》的校注,因此常到他府上拜访求教。陈先生一向身体不大好,这时每况愈下,时常卧床休息。但我去时,他都很好接待,给人以平易近人,亲切热情的强烈印象。由于他博闻强记,饱读诗书,因此对我提出的问题都能给予令人满意的解答。每次去他府上请教,回来总感到获益匪浅。

王利器先生早年研究生毕业于北京大学文科研究所,是我们的老学长。后在北京大学等处任教,1954年调至人民文学出版社,直至离休。王先生是著名的国学大师,著作数量惊人,已逾两千万字,号称"两千万字富翁"。他博古通今,满腹经纶,可是在成都审稿期间,我常常看到他书不离身,一有空就埋头苦读,正如他自己所说的"数十年如一日地读书",为我们树立起一生以看书、写书为乐的学人榜样,从中我受到极大的启示和激励。

王先生不仅是大学问家,而且还是美食家,是中国烹饪方面的著名专家。他是《中国烹饪》杂志的顾问。1983年举行的全国烹饪名师技术表演鉴定会上,他与王世襄、溥杰先生一起成为大会特邀的品尝委员。王先生把一生奉献给了国学研究,而他的名字也和中国美食紧紧联系在一起。通过成都之行,我们对此也有所体验。他曾在成都骡马市著名的餐馆请我们吃饭,饭馆的人受宠若惊,热情招待。席间,王先生对所点菜肴,一一介绍、品评。这次品赏美食,使我大饱口福,大开眼界,由此对中国的饮食文化和舌尖上的成都有了进一步的了解。

吴小如先生是学术上的多面手,甚至堪称全才。他在古文献学、中国古典文学、俗文学、戏曲学、书法艺术等诸多方面都有很高的造诣。而在中国古典文学领域,则是诗词、散文、小说、戏曲研究并擅。他还善写诗、作文、唱戏。在以上各方面均有很多成果面世,可谓著作等身。吴先生作为我们读大学时的名师,博览群书,文史兼通,又富于诗文创作实践,故为我们开设的中国文学史、工具书使用法等课程,为我们编写的《先秦文学史参考资料》《两汉文学史参考资料》(吴小如先生参与编写并最后定稿)等教材,都能触类旁通,阐幽发微,我们从中获益良多,终生受用不尽。

吴先生与我们年级同学的关系一向很好,在学术上,我们得其帮助甚大,受其影响颇深。原本我和他接触很少,自从与他一起参加古典小说的校注工作后,联系逐渐增多。我一有新著出版,总会寄给他请求指教。我曾在撰写《唐宋八大家》时搜集的材料基础上加以扩充、丰富,编成一本《唐宋八大家汇评》的书,由齐鲁书社于1991年出版。当时我认为这只是一本资料汇编性质的书,不太重要,就没有寄给他。后来吴先生不知从哪里听说此事,写信要我寄一本给他,我马上照办,由此亦可知吴先生十分关注我的著述动向。

吴小如先生是超一流的多产学者,据说仅在《文史知识》一本杂志上,他发表的文章就达66篇之多。因此,当我参加主编《中外名诗赏析大典》《中国历代民歌鉴赏辞典》之类图书时,就邀请他当特约撰稿人,他都慨然允诺。吴先生是诗文鉴赏的行家里手,他的赏析文章构思严密灵动,行文老辣活泼,并能将释词语、明典故、度情理、解作法结合起来分析作品,深中肯綮,时出新意,深受读者的欢迎。他所赐文章,为我参加主编的这些图书生色不少。

受其父亲、著名书法家吴玉如先生的影响,吴先生从小就苦练书法,中断一段时间后,又重新刻苦练字,自称生平三大嗜好是作诗、看戏、写字。苏州的湖笔很有名,吴先生常托在苏州大学任教的李泉同学在苏州买毛笔捎给他,亦可见他练习书法之勤。既有家学渊源,又加上自己执着努力,吴先生后来终成书法大家,整理了《林宰平先生帖考及书画集》,并出版有《吴小如书法选》《吴小如手录宋词》等书。我知道吴小如先生的字好,十分仰慕。正巧,1983年10月吴先生送我一副嵌入我名字的嵌名联:

  小雨如酥润,
   林花向日红。

我如获至宝,至今一直挂在我的书房里。我很喜欢吴先生的墨宝,每当有客来访,要摄影留念,我总会选择在这副对联前拍照。在吴先生仙逝之后,我有时望着这副笔风清劲秀逸、疏朗圆熟的对联,眼前就会浮现出吴先生的音容笑貌,想起他在我著述上给予的种种帮助。

秦川同学于1983年10月调至四川省社科文学研究所工作,但他依然十分关心这套古典小说新校注本的进展情况。后经多方努力,《三国演义》《水浒全传》《西游记》的新校注本在1986年、1987年先后出版。这套书在社会上得到较好的反响,产生了一定的影响,并引起台湾出版界的关注。

二

多年之后,有的台湾出版机构邀约我们对此套书进行修订,准备在台湾出版。为商讨这套书在台湾的出版事宜,周中明、李泉和我以及朱彤兄的家属在苏州又开了一次会。这时朱彤兄已经作古,他在峨眉山洪春坪引吭高歌的声犹在耳,可是多年不见,竟永远离开了我们,对朱彤兄的英年早逝,我们痛心不已,当面向参加这次会议的朱彤兄的家属表示深切哀悼。

会后书的整理修订工作进行十分顺利,我们很快就交上书稿。我的《三国演义校注》于1994年9月在台北出版,朱彤、周中明和李泉、张永鑫同学的《西游记》《水浒全传》校注本亦先后问世。

第二次苏州会议之后,与会的老同学参观当地的名胜古迹,依然由正明兄陪同。这次游览,给我印象最深的是,在游虎丘山时拍了一张周中明、马正明、李泉和我的合影。我很喜欢这张照片,每当拿起这张合影,我总百看不厌,爱不释手。当时我们岁数在六十上下,还相对年轻,照片上的四个人,个个神采奕奕,面带笑容,完全沉浸在老同学携手共游"吴中第一名胜"的喜悦之中,堪称我和同学合影的典范之作。过了二十余年,再来看这张照片时,四人中马正明、李泉同学已先后谢世,我扼腕痛惜,唏嘘不已。

马正明兄既是我的同班同学,又是苏州同乡,所以在大学求学期间我们的来往较多,关系颇为密切。大学毕业后,正明兄被分配到八一电影制片厂,这是一个很不错的工作岗位,可是由于他妻子在老家居住、工作,为了解决两地分居问题,他不久就调回苏州。当时我曾为他惋惜过,但后来想想苏州是江南名城，素有"天堂"之美誉，是非常适合居住、生活的地方，在工作、家庭不能两全的情况下，为了照顾家庭而回苏州，也不失为是一种好的选择。他曾在苏州电视台等处工作，各方面还比较顺利。

马正明同学为人慷慨大方，乐于助人。我们几位同学校注古典小说时，他虽然没有参加，但非常支持我们的工作。第一次在苏州开会时，他尽地主之谊，热情接待，全程陪同我们参观游览，在一些合影中，都有他活跃的身影。为商讨台湾出书事宜，在苏州开第二次会议时，他依然十分关心，积极支持，并在他夫人工作的招待所餐厅设宴款待我们，使我又一次品尝到美味可口的家乡菜，令我和同学们万分感动。

正明兄调回苏州工作后，我回乡探亲时多了一个去处。每次去他家拜访，都受到热忱招待，嫂夫人对我也极好。有一年我回苏时，曾住在他养育巷通和坊的家里。一次同他出门时遇上熟人，他向熟人介绍我说是他北大求学时的同班同学，这位熟人颇感诧异，就指着我问正明兄："他看起来比你年轻得多，怎么会是同学呢？"我就向他解释，正明兄是调干生，我是中学生考进大学的，年龄要相差好几岁，所以我看起来要年轻一些。他说："喔，原来如此。"当时的人，对这样的解释还能明白，而现在的年轻人对"调干生""中学生"这些具有特定含义的历史性名称恐怕已一无所知了。我十分钟爱苏州评弹，这是一种用苏州方言说唱的传统曲艺形式，在江浙沪一带非常流行。我平时总通过磁带或CD光盘来听，有时上海或苏州评弹团来京演出也都是在北京音乐厅之类的大剧场举行，听得不甚解渴。这次利用住在马正明家里的有利条件，有一天晚上，我到附近北局的书场里去听评弹。果然，这里听评弹的气氛、味道大不一样，听得很是过瘾，和多年后在新加坡讲学时巧听邢晏春、邢晏芝兄妹演唱评弹一样，印象极为深刻，至今难以忘怀。

在20世纪的最后几年，我大部分时间不在国内，与正明兄的联系变少了。后来当我得知正明兄已于1999年突发脑溢血亡故，年仅65岁，我简直难以置信。因为在我印象中，他总是笑容满面，乐观开朗，身体一向很好，怎么说走就走了呢？我锥心般地痛，自怨自责，追悔莫及，为这几年未能多和他联系而深感愧疚。我想以后要好好关心马兄的家人，以求有所弥补。这时马兄家人已搬离原来的住处，不知去向。后来有一次回苏州，我想方设法，费尽心思，在苏州的大街小巷不断奔波、询问。老天不负有心人,最后终于打听到他们的新址。当我和妻子登门造访,他们依旧非常热情,吃饭时以正宗的阳澄湖大闸蟹相款待。以后,我过一段时间就会致电问候,了解他们的近况。马兄的遗孀已85岁高龄,身体很健康,其女在《苏州日报》任职,其子是一家旅行社的总经理,工作生活都很好,我想可以告慰正明兄的在天之灵了。

李泉也是我大学的同班同学,毕业后几经波折,于1981年调到苏州大学任教。苏州大学的前身是东吴大学,是我国南方一所久负盛名的学校。记得我念苏州高级中学时,曾到那里开过会,看到学校设备先进,环境优美,当时就想,将来我要是能到这里当一名大学生该有多好啊!这是求学者、求职者梦寐以求的地方,我为李泉能到那里教书感到高兴。因为她在我故乡工作,又是同行,我和她的联系就慢慢多了起来。

我们书信来往颇勤。她老说我和老同学关系好,与老同学联系多,所以在信里常问我一些老同学的情况,我便一一介绍。我们还在信里或交流教学研究心得,或通报京苏两地新闻,或商讨约稿有关事宜,范围广泛,内容多样。后来我整理旧书信时,发现李泉给我的信函有数十封之多,通信已经成为我们当时联系的重要方式。

我返乡时常去探望她,她来北京与女儿团聚时亦来看我,还带来一些我爱吃的苏州特产。去苏州相访,李泉有时还叫上马正明兄,在外就餐。三位老同学聚在一起,分外高兴,我们边吃边聊,边聊边吃,过了很长时间还意犹未尽。间或,我去她家里,看到她一个人因教学和写稿忙而吃些速冻食品,就劝她说,老吃这些东西对肠胃不好,以后要少吃,最好不吃。有一年,我应邀去常熟理工学院人文系做讲座,路过苏州,我和妻子在她家住了两天,想不到这竟是我和李泉的最后一次见面。

李泉能讲会写,业务能力很强。我参加主编《中国诗学大辞典》《中外名诗赏析大典》等书时向其约稿,她总是有求必应。她思路敏捷,文笔流畅,写稿又快又好,都能按时高质量交上。在老同学中,她是我参加主编的图书中应邀撰稿最多的一位,给予我极大的帮助,成为我圆满完成主编任务的有力保障之一。

2006年李泉患上肠癌后,我很为她担心。后来听说她的病已基本治愈,我为她感到庆幸。再后来,听说她病情有所恶化,我又转喜为忧。在李泉生命的最后一、二年,她有时在电话中对我说,感觉不好,人没有气力,头晕,恐怕将不久于人世。我就劝她,要坚信现代医学一定能治好你的病,保持平和心态,努力战胜病魔。2012年她来北京和女儿一起居住,治病调养。过了一段时间,到了2013年元旦,她在电话中告诉我住在北京不大习惯,人还是不舒服,老头晕,想回苏州。我劝她说,北京医疗条件好,身边又有女儿、女婿照顾,对你治病大有好处,回苏州你只有保姆相伴,孤寂无助,会很危险的,要她三思。5月间,我给她北京的住处打电话,已无人接听。我又把电话打到她苏州的家里,李泉接了,说已回苏州。2014年元旦我去电时,她虽然还是有气无力地说话,但似乎精神还不错,身体状况有所好转。农历大年初二,即阳历2月1日,我打电话去拜年,家里没有人。第二天我再去打电话,是她女儿李迁接的,说她妈妈已在昨天因肺部感染过世了。我听后,头轰了一下,对这个噩耗很难接受,因为元旦我们通话时她的病情已有起色,怎么过了一个月人就这么走了呢?我哀伤之极,马上把这噩耗告诉班上的一些老同学,他们听后也和我一样非常难过。

李泉离世之后,当我看到抽屉里存放的李泉写给我的一封封书信,翻阅我参与主编的图书中署名李泉的一篇篇文章,想起李泉一生的曲折经历,回忆我们交往近六十年来的种种往事,不禁悲从中来,伤痛之情久久难以平复。

三

我退休之后,想发挥余热,于是就继续爬格子,从事一些著述活动,不时有成果问世。经过两年半的苦心经营,我主编的《唐宋八大家文品读辞典》出版后,打算多休整一段时间。不料2010年10月,河南中州古籍出版社的梁瑞霞编辑来电约稿,要我为他们社主编一套休闲性的小品文赏析丛书,挑选一些作者来编写。我说可以,请她把出版社的具体设想用电邮发给我,以做进一步的考虑。

接着我一面查阅大量相关的图书资料,细化这套丛书的总体设想,一面考虑组织班子,挑选参加编书的作者。为了便于联系,我在北京各高等院校从事中国古典文学教学研究的老同学中,物色了林薇、李延祜、胡冠莹、诸天寅等人。他们过去和我合作过,都曾在我主编的一些书籍中应邀写稿,帮过我不少忙。于是我分头给他们打电话力邀,李、胡、诸等同学欣然同意,林薇同学开始婉拒,后来又表示愿意参加,我对此十分高兴。

林薇,中国传媒大学教授,是著名学者林纾的后裔。她的才华在我们年级同学中有口皆碑,吴小如先生常夸赞她的文笔。她在我主编的图书中所写的文稿,亦时获责编的褒奖,被定为样品,要其他撰稿人学习参考。著有《百年沉浮——林纾研究综述》《文化启示与艺术灵犀》及选编《畏庐小品》等书。李延祜,北京语言大学教授,他才思敏捷,多才多艺,在学术研究、文学创作两端皆有佳作。著有《中国古典小说的微观世界》《语文趣事漫谈》等书。在《人民日报（海外版）》发表的诗词佳句的赏析文章,颇受欢迎。胡冠莹,中国政法大学教授,对中国古典散文的研究用力颇深,尤以明代散文的著述享誉学林,有《明代散文赏析》等书出版。1999年8月我与她一起参加由安徽大学举办的第三届中国古代散文国际学术交流会,她在会上发表的《从李贽、三袁到张岱》一文,得到与会学者的充分肯定。诸天寅,北京联合大学教授,是位"杂家",他知识广博,才能多样,从古代文学到现代文学均有涉猎,从学术评论到传记写作皆有创获,在古典文学方面,有《唐宋八大家名篇赏析与译注》（韩愈卷）等书问世。由这样几位老同学搭班组合,形成了一个编书的绝佳阵容。

与责编几经沟通磋商后,把书名定为《闲雅小品丛书》。本来要出十种,由于操作上有困难,就先出五种,分别为游记、尺牍、笔记、杂说、序跋小品。在书名、分类确定后,我就着手拟定丛书的《编写要求及体例》,以便统一写法和风格。在我写的这份《编写要求及体例》中,关于收录范围,强调要着眼于"小"和"闲雅"三字,即收录闲适淡雅,潇洒飘逸,轻松活泼一类小品文中的优秀者,而不是什么名文和小品文都收。对赏析部分,则要求避免学究气,文字要写得活泼优美一点。

接下来,2011年1月9日在北京老广酒楼举行出版社编辑与作者的见面会,出席的有林薇、李延祜、胡冠莹、诸天寅、我和出版社的梁小霞编辑、卢海山副编审。我这些参加编书的老同学都年逾古稀,体弱多病。林薇同学是我们中间的最年长者,身体虚弱,腿脚不便。胡冠莹同学亦有病,要吃药医治。李延祜兄则家人有病,要悉心照料。可是他们都步履艰难地从老远赶来与会,令我非常不安和感动。会上先由我介绍各位作者,梁编辑简要说明社里出书的设想,然后对丛书的分类、要求、写法、选篇等进行颇为深入的讨论。大家发言踊跃,气氛热烈,对编好这套书充满信心。

我与责编商量后,决定由林薇同学编写《游记小品赏读》,由李延祜兄搞《笔记小品赏读》,由胡冠莹、诸天寅同学编《杂言小品赏读》,诸兄有事退出后,由刘洪姝与胡合作,《尺牍小品赏读》和《序跋小品赏读》则找了两位外地的作者来做。分工明确后,作者们便分头拟定篇目,撰写样稿。在此期间,作者们查阅大量图书,精心选篇,埋头写作。李延祜同学还专门从语言大学跑到西单图书大厦,购买不少小品文方面的书籍,十分辛苦地抱回家去,以做参考,足见同学们对编书的态度是何等积极认真。

后来交上来的篇目和样稿,不太令人满意。主要是没有严格按照《编写要求及体例》来写,用力不够。为了解决这些问题,在我家里又开了一次在京作者会议。在会上我指出篇目、样稿上存在的种种问题,强调一定要严格按照《编写要求及体例》来拟定篇目,撰写样稿。还在会上传阅了李延祜兄与另一位外地作者写得较好的样稿。由于胡冠莹同学住得较远,会后我请她在外就餐。在聊天的时候,叮嘱她多保重身体,编书要量力而行,劳逸结合。

经过反复修改,基本确定篇目,通过样稿后,各本书的作者就进入了撰稿阶段。他们冒着酷暑,废寝忘食,潜心写作,甚至熬夜苦干。有次林薇同学给我电传文稿,看到电脑上标明的时间是半夜三点,又一次令我非常感动。到九十月间,作者们陆续交稿。接着我又是审阅各书的前言,抽审书稿,又是撰写全书的《总序》。在几经审阅、修改后,全套书终于定稿,并于年底前出齐校样。2012年4月,由《游记小品赏读》等五本书组成的《闲雅小品丛书》出版。

我的几位老同学在这套书的编写过程中,个个刻苦努力,所写书稿活泼生动,优美流畅,普遍受到好评。责编对林薇同学的评价是:"文笔清丽,神思飘逸","是我编过书稿中最优者"。李延祜同学所写的书稿,灵动自如,情趣盎然,富于感染力。胡冠莹与另一位作者合编的书,难度较大,不易出彩,但经过努力,亦写得很好,做到了哲理性和文采兼胜。他们对《闲雅小品丛书》的成功出版并获得良好口碑,贡献甚巨。

这套《闲雅小品丛书》虽也存在一些瑕疵,如把一些不属于小品文的散文(尽管是名文)收入其中,对书的学术性有所损害。但总体而言,它形式内容俱佳,是一套很不错的书。出版以后,引起较大的社会反响,《中国图书商报》《北京晚报》《文汇图书周报》《古籍新书报》等刊发书评,并上了当年的新浪读书榜单。其发行量亦相当可观,在2012年4月第一版第一次印刷后,又在2016年4月作第二次印刷。这套书还获得了国家优秀图书普及奖和河南省优秀图书奖。

正当我紧锣密鼓地主编《闲雅小品丛书》时,在2011年3月,突然接到我在新加坡国立大学中文系讲学时原系主任陈荣照教授的约稿信,说新加坡青年书局计划出版一套《国际汉学研究论丛》,由他担任主编并向我征稿,书稿可以是新的,也可将已在期刊、学报上发表的论文编辑成书。我回电邮告诉他,我正在主编一套丛书,无暇另撰新著,但可以从已发表在学报、学术期刊及中国古代作家、作品研究论文集的众多论文中,选择二十篇汇集成书,约25万字,题名为《中国古典文学论集》应征。陈先生随即来电邮表示欢迎,要我尽快把书稿复印后寄去。于是我一边忙于主编《闲雅小品丛书》之事,一边抽空复印书稿,并进行校对整理。好在工作量不大,费时不多。到4月下旬,我就把论文集的稿子托人捎到新加坡交给陈先生。他收到书稿后,经审阅、排印、校对后,又把校样寄来请我再仔细校勘,其间多次往返。最后,我的这本论文集《中国古典文学论集》作为《国际汉学研究论丛》的一种,于2012年6月由新加坡青年书局在新加坡出版。

在同学们的帮助和新加坡学者陈荣照先生的支持下,时隔两个月,我主编的《闲雅小品丛书》和我撰写的《中国古典文学论集》相继问世,可谓双喜临门。2012年,成为我出版著作的丰收年。

未了未名情之不惑创名刊

张仁健

1978年底,中共中央召开划时代意义的第十一届三中全会。扭转乾坤的邓小平高举改革开放的伟大旗帜,率领劫难重生的伟大中国人民再次迈上新时期的新长征之路。

当其时也,有幸与新中国同属一个生肖但痴长一轮的我,伴随着新中国曲折坎坷的步履,呼吸与共、命运相关地走过了近三十年的火热而不无蹉跎的岁月。尤其是经历了那十年"文革"浩劫,回首既往,屈指数年,不由惊心动魄地发现,我的人生之旅,已跨进了孔圣所指不惑之年的门槛了。

所谓不惑,当是锁定目标,拿定主意,解放思想,放开手脚,不畏缩,不迟疑,为国为民也为己干一番愿干而能干好的事业。幸好,那是一个百废待兴,只要有志有能,实事求是,事可竟成的时代。我在不惑之年干不惑之事的美梦果然成真了。那就是:传承名作精粹,引领时代风尚的《名作欣赏》杂志,由我动议创办应时应运诞生了!

1980年金秋十月,惠风和畅,丹桂飘香。一份厚重的大型文学杂志,在其封面的居中,以遒劲的老宋方笔"名作欣赏"四字组成方正阳文大印赫然标示刊名引人注目地拂浴着新时代的曙光,在娘子关内的黄土高原上破土而出。

1981年11月5日,《名作欣赏》诞生一周年后,在北京新侨饭店,约请首都文艺界、文化界的六十多位领导、学者名流和中青年专家举行座谈,请他们慧眼辨良莠,妙手洒雨露,促使《名作欣赏》这株新苗能以更茁壮的新姿,更旺盛的生命力成长于文苑刊林。两位文化部副部长先后抽身与会,国家出版局代局长陈翰伯扶病与会,并率先热情诚挚发言说:"我是《名作欣赏》的忠实读者,每期我都仔细阅读,刊物确有自己的特色。刊物在进行美育、智育的同时。可以担负起潜移默化地进行思想教育的任务。"中国第一部现代文学史著者王瑶教授说,浏览《名作欣赏》如同走进王府井大街工艺美术商店,给人以高雅的美感享受;老翻译家、老作家、老文学评论家李健吾形象化地赞誉说:"黄土高原的山西,枣树繁茂,我爱枣花甚于桂花,枣花不仅清芬沁人,且能结出养人的佳果,《名作欣赏》就如香而有实的枣花。"会上共有十七位与会者热情发言,对刊物的办刊方向、路子,刊物的特色、格调,给予了充分的肯定。一致认为,该刊办得适时、必要:经过十年动乱,努力办好这样的刊物,给读者提供最佳的精神食粮,帮助他们陶冶情志,提高艺术欣赏水平和审美能力,抵制低劣作品的传播是十分必要的,是一项不可或缺的文学基本建设工作。

我作为《名作欣赏》的创办动议者,后来又由社办丛刊的责编转为正规期刊的主编、社长,对于承办的这个期刊一经问世便引起如此巨大的轰动效应,而且一枝独秀,引领着20世纪八九十年代文艺鉴赏、艺术审美热潮的勃兴,确实有点始料未及。

如今回顾,实话实说:《名作欣赏》的呱呱坠地,似乎并未感受到十月怀胎的艰辛、一朝分娩的阵痛。

2010年,我的北大中文系同窗、终身挚友彭庆生教授为拙著《舞文杂辑》挥毫作序开笔伊始即纵情回顾三十年前《名作欣赏》初创时的旧事。他说:"我翻开了《名作欣赏》最初的三期,那作者队伍中,有一批闻名遐迩的作家、学者和艺术家。如萧军、施蛰存、李健吾、程千帆、王瑶、沈祖棻(遗作)、陈瘦竹、蒋和森、黄秋耘、吴奔星、吴小如、钱谷融、马茂元、刘逸生、周煦良、谢冕、陈逸飞、蔡若虹、柳鸣九、张英伦、吴熊和、丁景唐等,还有一些当时出道不久,后来成为名家的新秀,如袁良骏、张永鑫、吴功正、周溶泉、徐应佩、李如鸾、胡德培、金志仁、刘文忠、毛时安等。余亦何幸,得附骥尾。一份刚刚问世而又远在娘子关内的期刊,竟能聚集如此众多的文化精英,用一句时髦话说,可谓是豪华的'黄金组合'。"

正因为当时的老、中、青几代文化精英情有独钟的深切眷顾,《名作欣赏》有如天赋不凡的宁馨儿,赢得世人的喜爱。其实该刊创办三十余年,始终不乏当代文化精英的关怀眷顾,他们源源提供精湛之作。个中缘由何在?从第一次北京座谈会上领导与精英们的发言中,我们清醒地认识到,刊物出手不凡,名噪中外,并非我们能量超群,炒作有方。成功缘由,用一句话说是时势使然,诠释一番,可归结为二:

其一,抓准先机,应时势所需,在"文化大革命"所造成的人类先进文化、优秀精神文明被横扫、禁锢、焚毁的荒漠与废墟上,率先以文学艺术名作这一人类优秀文化遗产的重要组成部分的本来面目重新示于国人,率先恢复了文艺名作不可玷污不可抹杀的瑰宝价值与历史地位。

其二,不惑地认准文艺的内在客观规律,确认必须用审美眼光把文艺作品作为产生于作家头脑中的一种特殊的社会意识形态来审察,而不是做钦定的某种社会意识形态的传声筒、照相机来肢解剖析。勇于顺应品评文艺作品的审美法则,率先摒弃"政治第一,艺术第二"的割裂提纯式的文艺批评的"左倾"教条,旗帜鲜明地高标人性人文关怀的真、善、美的美学原理,提倡对文艺的名作做有血有肉、主客一体、情理交融、欣然有得的审美观照、艺术赏析。

实践证明,这样一来,就使在"文革"风暴中手捧"红宝书"目染"样板戏"的一代知识青年耳目一新,惊喜不已地领略到人类数千年来凝聚美学理想,在并不完美的现实土壤上精心构筑起的真善美和谐交融的精神家园,从而如饥似渴地从这本刊物中吮吸着精神的乳液,提升艺术审美的能力与艺术创造的能力;

这样一来,使一大批学养丰赡早就长于此道而长期无用武之地的老专家与新秀们倍感振奋,他们不约而同地倾心支持这本刊物,将他们压在箱底或蕴于心田的精粹之作倾囊相授。于是,造就了《名作欣赏》问世以来,连续而不断档的名家新秀荟萃的"豪华黄金组合"的作者阵容。

天时(时势提供的机遇)、地利(山西与首善之区相距不算遥远)、人和(给力的作者,买账的读者、努力的编者)客观与主观三合一的力量,创造了《名作欣赏》多年一枝独秀,独领艺术审美鉴赏一代风骚的局面。

说起精英作者眷顾《名作欣赏》,给予该刊支持力至大至广至久者,似乎我的母校北京大学当属于首屈一指之列。我的业师王瑶先生、吴组缃先生、吴小如先生,未受业而承教的袁行霈先生、褚斌杰先生、陈贻焮先生、谢冕先生,先我毕业的孙绍振学长、孙玉石学长、张厚余学长以及柳鸣九、张英伦、朱虹等原西语系学长,均系时赐"名"刊以名作的中西文坛的名宿名流。至于与我同科同窗的张永鑫、彭庆生、袁良骏、朱彤、徐朴、王叔珩、刘烈茂、齐裕焜、邵璧华、李延祜、王育生、周宏兴、周偁、黄候兴、薛宝琨等，不仅对我的求稿求助有求必应。而且，对我这个一身风尘、贸然来访的不速之客，总是亲如家人般的热情接待，并大力推荐刊物，拓展读者层面。凡此种种，令我情难自已地向好奇文友戏言自炫道：别看我编的这个刊物是在贫瘠的山西黄土高原上破土发芽，但它的根系却紧连最高学府北大，借用五粮液集团为推出"五粮春"的一句广告语："她系出名门！"

《名作欣赏》本属全国较早的社办期刊之一。创刊时隶属于山西人民出版社，1984年后隶属于北岳文艺出版社。书刊相兼的体制，理应体现出书刊互补互促的优势。也就是说，在该刊最为鼎盛的前十五年间，其精华读本就应分门别类适时问世。深以为憾的是，由于当时办刊人手较少，在勉力从事刊物的编校印发之余，还得编发社内交办的一些图书，实在无暇无力他顾。蹉跎到2002年，我这已延聘四年的主编，完全返居林下后，变刊为书，书刊互补的美梦，只能是一枕黄粱，无限遗憾了。

谁曾想到2010年，我年逾古稀之际，应邀参加《名作欣赏》创刊三十周年的庆典，说出了这宗久积于心的未了憾事，已归山西出版集团报刊中心的《名作欣赏》期刊社的社长赵学文先生和执行主编续小强先生却在会后极为上心地组织了《名作欣赏》三十年精华读本的精干编选班子，精心谋划，精细选编，历时近两载，从办刊三十多年，出刊三百余期，近两万篇赏析文中，选编出三百万字容量的精粹文章，以时代为经，文学体裁为纬，中外有别，各有侧重的分类法，分为十二个篇幅字数大体相等的分册一次性推出面世。令我尤为惊喜的是：此套精华读本的出版方，既不是山西人民出版社，也不是北岳文艺出版社，而是出版学术著作声名显赫的北京大学出版社。

于是，我在为这套书作总序时，对我的母校北京大学说出了这样一段感恩的肺腑之言："北京大学中文系，在20世纪50年代接纳了我这个不才学子，成为我的母校，并于20世纪80年代，以包容兼爱的胸怀深情眷顾《名作欣赏》，助刊物健劲成长。而今又机缘投合地成为《名作欣赏》精华读本的最佳出版方。北京大学与《名作欣赏》数十年的深厚情缘，既在往昔助我办刊，又在今朝遂我出书夙愿，怎不令我感奋良深！"

未了未名情之迟暮招诗魂

张仁健

张仁健（2016年摄于北欧旅游游轮上）

或许是因爱作对联，惯用对仗句式，本人的回忆文，按照分段连缀，各标篇名的整体要求，不太经意地拟定了四个五言对仗型的篇目标题，即：舞文话疢笞、濡沫忆故友、不惑创名刊、迟暮招诗魂。写罢前三，自觉题文虽不严丝合缝，尚可榫卯粗合。但第四篇临纸下笔时不免踌躇了。古人云："诗无达诂"，本人的篇题，够不上是诗句，但有可能产生歧义性的二诂，第一诂是："一辈子写诗，晚年终于招来掌控了诗的精魂，成就了当诗人的夙愿，真可谓大器晚成也！"；第二诂（即本意自白）："虽然早有写诗的冲动、当诗人的梦想，但因无才、无能、无缘在年近古稀前深涉诗海，只在近年老夫犹发少年狂学步吟诗作对，招惹诗魂，怡情遣性，不致老无所为，过早痴呆，坐待死神也！"这第二诂，乃鄙人实事实情，实话实说。谓余不信，有诗为证："年少不知天高远，笔名弃石怨女娲。无才补天坠荒埂，有笔着地好涂鸦。遵命舞文云过眼，为人作嫁锦添花。望八吟哦犹未已，破寂投网觅方家。"这首拙诗，落款署童真老叟并标明时年75.8周岁。题为"舞文投网自白"。诗的前四句是说少年气盛无知,妄想恃才补天,舞文建功立业,孰料天本无缺需补,已亦非冲天而起的五彩炼石,只能成为一块不起眼的弃石,漏过天网,在荒埂贫瘠的大地上,靠一支秃笔舞文耕作谋生。"遵命舞文云过眼,为人作嫁锦添花"一联,实事求是地将在山西文化界舞文以"文革"前后为界分为被动为主与主动为主的两个阶段。"文革"中期,径由"中办学习班"下放至中条深山十余户的小山村落户务农两年,秃笔失落,锄头在握,一日三餐,全村轮派,刨黄土、住土屋、睡土炕,心无旁骛,倒也逍遥。1972年春,犹如惊蛰毛虫,衔命重返省城,秃笔刮垢,参与编写《昔阳建成大寨县》一书,奋笔四载,不顾艰辛委屈,终在粉碎"四人帮"前夕,勉力遵命完稿,交由中央与晋省的两级人民出版社同时付梓问世。但此遵命舞文之"劳作"真如过眼之白云变幻、苍狗随世事之剧变,烟殁无痕。所幸汗水研墨,终于换取了在出版界"为人作嫁锦添花"而舞文的一纸资格证书。此后,我的舞文生涯终究在《名作欣赏》这方安身立命的沃土上多半自主地顺当地度过了二十余载的晚年时光。

所谓"为人作嫁锦添花",在我的心目中,不仅仅指编书编刊,不遗余力为他人之作润色包装的女红式的劳作,而且,包括了我步入社会涉足文坛所写的公开发表过的有关戏曲表演艺术、文学评论、名作赏析、文友书序等方面的专著、论文、文章等。一句话,凡我为他人的文艺劳作做审美观照之作,均属为他人作嫁衣或在锦绣嫁衣上添花之作。凡以意象思维方式将自我的主体世界与大千的万象世界融会起来做审美的观照,做真、善、美的艺术表述,这才是个人可追求的自制嫁衣、自创作品。此类作品,多有佳作问世传世,方可称作者为作家。

也许是受父母基因的无形遗传,或从小受家庭、社会文化氛围的熏陶,我自初中二年级始即有了写抒情诗文的冲动与尝试。父亲因我考初中时的命题作文《夏天的扇子》能结合解放前后的社会时势与民心感受写得洋洋洒洒颇有诗意而赞赏有加后,一反严父的常态,促膝拊掌告我:他在"五四运动"高潮期,就读于如皋高等师范学校,受北大返乡学子魏建功先生等人的影响。作为本县的唯一中学生参加了魏先生等组织的"平民社",在其社刊《平民声》上发表了几篇鼓吹五四精神和新文化运动的白话诗、白话文。"五四运动"低潮期,父亲被军阀政权开除了学籍,魏先生资助并亲手做了封面为父亲出版了一本题为《无酒的酒杯》的诗集;我的母亲李文芝晚我父亲一两年就读于如皋女子师范,生我半岁,即因寒冬夜逃日寇入侵之劫难,受了风寒与惊悸,染病不治辞世。父亲告我,他与母亲结褵,也可说是以诗为媒。当年,演绎《古诗为焦仲卿妻作》(即《孔雀东南飞》)的"文明戏"风靡一时。父亲所在的如皋高师演出《孔雀东南飞》,由父亲反串刘兰芝,演出颇为轰动。母亲所在之女师排演此剧即由母亲饰演刘兰芝一角。父亲被请来辅导母亲。父亲发现母亲对其饰演之刘兰芝似过于投入,演到其兄逼其改嫁时总是失声大哭,难以为继。询问之下方知,母亲出生于如皋城的一户书香门第,父亲为晚清举人,薄有资产,逝世后由独子支撑寒门。但他不善生计,穷困潦倒,便一味强逼才貌俱全的母亲嫁给县里的一位要员为继室。母亲对我父亲一见倾心,在他被校方开除,离开如皋,到南通谋生时,孤身私奔南通,父亲虽不愿过早成家,但为母亲逃脱封建婚姻的罗网,便毅然接受了她的爱情。为宣告自由恋爱自主婚姻的合情合法,也为移风易俗,我父母专门在家乡唱大戏、做庙会的城隍庙的大戏台上首次举办了万人空巷观礼的新式结婚典礼,成为至今尚有翰墨与口传的一席佳话。……

听了父亲津津乐道的青春时期的回顾,翻阅了家中书柜中存留的陈旧现代书刊,尤其是一知半解地读了母亲两本恭楷书写的文言作文与两本恭楷书写的数十首唐诗与千家诗,我的尚未开垦耕耘的心田中便悄然萌发起写诗当诗人的稚气而又难抑的冲动。记得读初三的那一年半载,我隔三岔五任初开的情窦自然宣泄,以一位同班相处甚为愉悦的女同学为暗恋的对象,写了若干情诗与之暗通情愫。这算是我学写新诗的青春发轫吧!在江苏省南通中学读高中时,奋发求学,再无初中时的稚气浪漫之举。只因作文一贯不差,仍遵师命在重大节日,曾有幸与当今的著名画家范曾同学,文编美编合璧办过几期大型壁报,壁报上也曾登过我所写的颂党、颂国、颂新风之类的两三首新诗拙作,准确的记忆早已模糊,只记得我高中毕业前夕,获准入团,办班上和校内的壁报是我思想进步的重量级砝码。

1956年,我考入北大中文系,所怀的最美好的梦想便是将来能当上闻一多、徐志摩、林庚老师那样的既能写又能讲的学者型的现代诗人。凭我当时幼稚朦胧的想法,大学中文系的高头讲章是培育不出长于虚构编造、善于叙述故事、精于情节描摹的小说、戏剧大家的,因为小说戏剧作者的根基在社会、在生活、在尘世而不在高等学府的高头讲章里;而诗人,尤其是泱泱中华诗国的诗人,想从诗经、楚辞、汉赋、乐府、唐诗、宋词、元曲等三千年传承发展滚滚而下的诗歌海洋中峥嵘现身,你不在"太学堂"中扎几年猛子,经一番洗礼,先知后行,何能言诗作诗? 机缘巧合的是,入学之初,少怀诗才的蔡根林、张继顺以及对中国古典诗歌浸淫较深的彭庆生、英语基础较好对外国文学包括外国诗歌兴趣较浓的徐朴、张永鑫几位来自南国的应届高中生偏偏与我同班同窗,又同住十斋的一幢集体宿舍中,相处不久,便自然而然地气味相投,过从甚密起来。尤其是在中学期间已发表过多首现代诗作,一入北大而在校刊《红楼》上刊发一首艾青风格的长诗《东阳江》而名噪燕园内外的根林兄,更成为我心目中的偶像。我十分憧憬他的诗才和似乎与生俱来的那种悲天悯人、多愁善感、寡语内向、吐属惊座的诗人气质,作为"粉丝"与之结为挚友。大一那年,课余潜心研读的多半为现当代的新诗名作,偶有诗魂缠身,便暗中将所写的诗作,录存于一册高中毕业时学友相互题言惜别的精装笔记本上,自惭形秽,不敢轻易示人,更无勇气投寄报刊。不幸的是,1957年下半年开展的反右运动,却莫名其妙地将根林所发的抒写桑梓沧桑之感与乡愁情怀的与政治了无关碍的《东阳江》列为反党反社会主义的大毒草,大加挞伐,不仅他被打成"右派"停学劳教两年,我与张继顺、张永鑫几个根林的追随者,亦被列入班内右倾反党小集团成员先后被开除团籍。自此,噤若寒蝉的我,除情郁于心,不吐不快之时,偶伏上铺床上,在笔记本上偷写了几首类似"题一方珍藏之来信邮票"(见拙著《鳞爪集》186 页)的忆旧、思乡、怀亲之作外,岂敢妄握笔杆,染指诗国,恣肆高唱。但就是这样一本尘封箱底、录存自个青春逆境一己情怀的诗作笔记本,"文革"中还被杀进单位的由环卫工人组成的山西工人决死纵队十六团的造反好汉们破门入室,连同所有的书籍、文稿一股脑儿被得心应手地扫进历史的垃圾堆中,再无踪影。1986 年,我与根林兄同到浙江温岭石塘镇凭吊英年早逝的亡友张继顺的依山面海的墓茔时,在海滩漫步、山崖凝望,海浪心潮,交相撞击,迸发出诗的火花,即兴写出《海隅杂拾》三首现代诗。当时只想把心中忽然冲动喷发出的褒山贬水的情怀真实地不加任何修饰地起录下来,返并后,便将手稿一字不易地封存于书柜的箧中。直至 2015 年底,搜罗零星诗文杂碎出版时,加上已谱过咏叹调默唱多年记忆犹新的那首题一方邮票的诗,共四首现代诗作为我学步写新诗的近半个世纪的雪泥鸿爪捡拾入集,觍颜面世。

在新时期,我对风靡诗坛的现代派诗歌,因艰于解读,便难以效法,而五四以来白话现代诗的传统诗歌似又日趋式微。红色歌曲、影视歌曲、流行歌曲的经典之作,在宣教性的文化部门与媒体的着实推介下,尚能在读者群体中俘获部分粉丝,但纯阅读欣赏吟诵性的诗作精品出版物与重量级的大诗人却几乎如凤毛麟角难得现身于诗歌殿堂。而由毛泽东领唱唱响唱红于海内外的中国古体诗词却在几位老革命家和现当代古典文化素养较深厚的文人中时有不绝于耳的动情感人的吟哦;教改愈深化,从小学到高中的语文课本与课外读物中,古诗词的比重越来越大;央视举办的诗词大会,越演越精彩,越来越吸引大众的眼球。这些不争的事实,使我相信,中国古典诗歌的生命力、感染力并没有断绝;中国古典诗歌所开创、并渗透于整个中国文艺的独领风骚的美学原理、审美法则、价值追求乃至艺术技法不仅传承数千年,而且尚有发扬光大的可能。一句话,中国古典诗歌的精魂,亦即是中国艺文的核心魂魄,是不可数典忘祖,轻易丢弃的。窃以为:有志于中华诗歌振兴崛起者,必当在学步吟诗的过程中逐步认知并掌握中国特色诗歌的精气魂魄。

我于20世纪80年代后期,因工作关系,数次参加了唐代文学研究会的研讨活动,深受与会的鸿儒泰斗们知行合一式的鉴赏吟咏古诗词的卓绝功夫的感染,便中止了不成气候的现代诗的写作,索性一头钻到老祖宗的诗歌情怀中,附庸风雅,步趋古体,偶抒情兴。但因古文字声韵学的基本功底较薄,虽独钟近体律、绝,但对声调格律的法度规范难以熟练把握,自如运用,常为表意与协律的矛盾不能两全其美而纠结苦恼,调谐一字之平仄,吟安一句之声律,常常搞得中宵无眠,坐卧不安,待到兴味索然时,翰墨安能肆意挥。我自《舞文杂辑》出版后,筹划《鳞爪集》诗联专著问世前的这段岁月中,为大幅度充实诗联旧作时,便自我放宽了诗联的琐细而不合当今时宜的格律严限,以追求意境、情韵、风骨的中国诗魂,易懂、易诵、易记的传播效益为指归,能顺意合律,则表意协律双赢,绝不因律妨意,舍本逐末。因时代生活的古今剧变,我从学步吟诗的实践中体悟到:今人写古诗既要继承又需求新,不可泥古不化,古奥自鸣。近年来,有幸拜读了聂绀弩老前辈所写几大本旧体诗,有幸拜读了我的乡贤词家诗翁顾浩先生自创"八韵体"的亦诗亦词,长短句规律组合的新体式的力作,我又理性化认识到:循中国古典诗歌的基本框架或由其衍生改进出的新框架,将常态化的现实生活意境化、情韵化乃至哲理化地镕铸其中,并以鲜活的中等文化层面的大众喜闻的诗歌语言表达出来,这就堪称今人学古诗词的尚品了。

　　与此相反,五四新兴的白话现代诗,基本上是西方非格律式的分行韵文体式的搬用,是对中国古典诗词,尤其是对近体律绝苛严格律的彻底颠覆。其无规少矩、自由任兴的口语化的表抒,不易上口朗读,艰于复诵记忆,离较高层文化水平受众的传统审美习惯与需求有较大差距,只有像同时接受中国古诗传统熏陶很深的闻一多、徐志摩、郭沫若、郁达夫、林庚、吴奔星等学者型的新诗大家所写的一些具有旧体韵味格调的现代诗作才能在中华诗国的圣殿上占有一席之地。兴想及此,我不由期待中国现代诗人的现代诗作,不妨适当向古诗靠拢,适度用古诗格律的通常规范约束一下过于散漫的手足,吸纳融汇一些国色天香的中国元素;而古诗今作不妨从过紧束缚的格律"镣铐"中适度解放一下,以便手足轻灵洒脱地舞将起来。如此这般,当今的新、旧诗之作,或许能走出象牙之塔,置身于大众化的读者群体之中,三千年的泱泱中华诗国,也许能从当今的式微,走向未来的再度崛起。我的这个"迟暮招诗魂"的不思量自难忘的痴心迷梦,正是我赘写此文与现存同窗暨海内文友诗国贤哲絮叨切磋一番的一大夙愿。

辑四 铭心感悟

我常常看到一些大树被砍伐下来,

因为交通不便,无法运出山去,被遗弃在山道旁,慢慢地腐烂。

我曾经以此来比喻我们这代知识分子。

所幸是在我们即腐而尚未腐的生命末尾,

逢上了历史的一次转折。

在一个人才断档的空缺中,重被挑拣出来。

如那些尚未尽腐的木头被运出山去,劈劈削削还可以权充一点用途。

我是在毫无准备的情况下回到学术岗位的。

暌隔二十载,要接续起二十年前在燕园梦想的事业,

实在有点力不从心。

我仿佛昨天刚走出校门的一个老学生,凭着二十年前那一点校园知识,

跌跌绊绊地从头做起。

常常想起北大那一段意气风发的日子,但毕竟已是岁月不再了。

在庆幸和感激之余,不免有点遗憾和感慨。

——刘登翰

心中的北大

刘登翰

北大百年校庆,我从福州回到母校。整座燕园,从西校门到南校门,从三角地到未名湖,到处是人,熙熙攘攘,潮水般一波一波涌过。虽说是高等学府,百年名校,在我的感觉里,却宛如乡间赶墟的一个大集市。

其中两类人最招人耳目。一是刚毕业三两年的学子。青春的稚气尚未褪尽,他们是燕园的熟客,回娘家似的,乍见面搂胸抱肩,大呼小叫,旁若无人。再是须发尽白、步履蹒跚的长者。他们或是西南联大的老学生,或是昔日燕园的旧主

刘登翰(近照)

人,甚或还有当年沙滩红楼的前辈,在满园年轻人的映衬下,独成一道风景。风华岁月已离他们远去,埋藏在这里的一缕遥远的记忆,或者辉煌,或者遗憾,也已云烟般淡淡散尽。他们步履缓慢,在这谁也不认识他们的校园里,踽踽独步,是要从自己生命的末梢追回青春的初始,去寻找什么呢?

我属于上述两类人的中间一辈,即无长者漫长人生历练所形成的那一份慨然和淡定,却比年轻学子多了一点人世沧桑。台湾一位著名的诗人商禽说过:人死之后,灵魂会循着他生前走过的地方去收回一路撒下的脚印。这位从四川宜宾被捉丁、脱逃、再捉、再逃,浪迹了大半个西南,而最终难逃命运的作弄随军到了台湾的超现实主义诗人,发愿要在他有生之年循着来路重走一遍,提前捡回自己抛撒的脚印。然而他的晚境并不如意,疾病缠身,这一愿望恐怕

只能落空。那么对于尚还未臻老境的我们,重踏燕园,潜意识里是否也有一点捡拾昔日脚印的意思呢?

是的,燕园里留下我们太多的记忆。这里的每一条大路小路烙下过许多先贤智者、硕儒大师的脚步,在你不经意间与你擦肩而过。杂沓在这些前辈的踵武间,也有我们几行稚嫩歪斜的脚印。在通往文史楼阶梯教室的路上,在图书馆某个你惯坐的角落,在未名湖柳条初绽的堤石上,在某个月光如星星般从叶隙间筛下的树林子里……这里有过我的快乐、我的冲动、我的鲁莽、我的错失、我的茫然和我某些永远的隐秘……这一切已经过去,但又未能全都逝去。它凝结着我人生的一段黄金的岁月,沉甸甸地坠在我生命的深处。

这是我心中的北大!

我是在离开母校之后,才感觉到母校在我心中的分量。

我实在没有料到,当我兴冲冲地离开燕园回到福建时,我会分配在闽西北大山中的一座小城,而且一待二十年。如今想来,这有那个时代的政治的必然,也有那段年月的时机的偶然。据说,原先来北大要人的福建哲学社会科学研究所,在我报到的前几个月已经下马,我的人事档案便转到省人事局等待重新分配。要害是我从人事局分配简表的备注栏里看到一行小字:"该生海外关系复杂……"就是这个"海外关系",在当时的政治环境中成了一种原罪;偏又是在1961年蒋介石叫嚣"反攻大陆"的紧张战备时期,厦门正向山区疏散人口,于是便判定我不能回厦门。我拒绝留在学校读研究生而要求回福建,本来就是希望对我那个已多年失去父亲音信,仅凭母亲含辛茹苦抚养我们兄弟四人的家庭,能有所帮助。而现在,连这点最小的愿望也已落空,我只好听从命运的安排服从分配来到三明。

三明在近年有了一点小名声,但在半个世纪前,它还是一个只有五千人口的小镇。1958年的"大跃进",使它突然变成福建省的"工业基地",十万民工进三明,很热闹了一阵子。然而当1961年的秋末我搭着夜车到来时,它正处于"大下马"的高潮,新建的钢铁厂的高炉准备炸掉,数万来自农村的工人被动员返乡生产。我目睹了那些心有不甘的工人临走前把车间、宿舍里的设备、家具,能拿的拿,能拆的拆,骂骂咧咧地都带走,好像一场战役之后从前方溃退下来的败兵。整个三明放眼望去,到处是冷清清的杂乱的工地和用油毛毡、毛竹篾搭盖的简易工棚,可以称作楼房的建筑没有几幢。我分配在一所才开办一年多的工业专科学校教语文。这所只有一百多个学生的工专,在我到来的半年多以后,也宣布撤销。我再一次亲历了那种溃退的场景。送走了学生,我被调到每周只出两张四开小报的报社当编辑。如此在这座小城一待竟将近二十年。

这段人生的落差太大了。如今想来,原也没有什么。中国那么大,什么地方都得有人去,谁也不能保证总是让你幸运地选择最好的环境最好的工作。只是当时心情特别压抑。我看到与我同时分配来的一些朋友,抽烟酗酒,在生活的厄遇面前,很快就认输了。我感受到了生活吞噬人的那种巨大的恐怖的力量。我唯一的希望是不要让自己沉沦下去。我的办公室在底层一间阴湿的小屋,我从食堂借来一张板凳,把靠背椅退还总务处,为的是让自己不太舒服地每天夜里坚持读点、写点,说实在话,当时能够支撑我坚持下来的,就是北大两个字,是我常常想起我曾经是北大的学生。北大是什么,是一种精神、一种气度,一种能够屈伸吐纳的大襟怀。我相信一种"皮球"哲学:皮球和石头不同,石头一扔进水里,就一沉到底;而皮球充满了"气",按到水底,手一放,它又浮上来了。什么是皮球的"气",就是一种坚持、执着的精神。我曾经与许多先贤智者、硕儒大师一样,呼吸过北大的空气,尽管我多么微不足道,处于随时都可能被生活吞噬掉的落魄的边缘,但我不能放弃,这点没有不同。

北大在我心中有了一种神圣感,这是我从底层的坎坷人生中强烈感受到的。

三明二十年,东挪西调,下乡过,下放过,在基层当过农村干部,也在政府机关打过杂,而打杂主要也是下乡。粗略一算,这二十年里竟有十一二年时间是在乡下度过的。并非生活全不眷顾我,有时恰恰相反,是生活过于眷顾,使我长留在这里。我已经习惯了把自己当作一个山里人,一个以农村为对象的基层干部。我必须学会插秧、辨认稻种,学会一点在农村谋生的知识。我从惶惑、惧怕到安心和习惯。相信生命中这段二十年的岁月,同样会留下难忘的记忆。只是有时中夜醒来,思往抚今,会十分烦躁。这应当是一段最具有创造性的宝贵的青春岁月呀!

在闽西北山区,我常常看到一些大树被砍伐下来,因为交通不便,无法运出山去,被遗弃在山道旁,慢慢地腐烂。我曾经以此来比喻我们这代知识分子。所幸是在我们即腐而尚未尽腐的生命末尾,逢上了历史的一次转折。在一个人才断档的空缺中,重被挑拣出来。如那些尚未尽腐的木头被运出山去,劈劈削削还可以权充一点用途。我是在毫无准备的情况下回到学术岗位的。暌隔二十载,要接续起二十年前在燕园梦想的事业,实在有点力不从心。我仿如昨天刚走出校门的一个老学生,凭着二十年前那一点校园知识,跌跌绊绊地从头做起。在庆幸和感激之余,不免有点遗憾和感慨。常常想起北大那一段意气风发的日子,但毕竟已是岁月不再了。

北大沉甸甸地堕在我生命的深处,伴随我走过坎坷人生的那段幽暗的日子。我怀念北大,不在于北大给了我多少知识,而在于我生命中拥有了北大这段经历。北大也有许多使我伤心的荒唐事——比如我档案中那句改变了我大半人生的"海外关系复杂"的话,但我只记住北大的好。是的,北大的一切都可以忘却,但北大是不能忘却的。

在时下,怨恨、调侃和诅咒都成为一种时髦,而我所说的这一切似乎有点不合时宜,甚或还有点肉麻,但它是我内心的真实,我不能讳对真实。

回首来时路,阳光风雨后
——暮年随笔

邵璧华

曾记得,"文革"中的1968年秋的某天,我被作为全县宽严大会的从严典型,以喷气式押上闻喜大礼堂的舞台,宣布重新戴上"右派分子"的帽子。

而在1982年2月6日,也在同一舞台,我被县上评为全县仅有的两位特等劳模的一位,受到表彰,披了红,戴了花。我的发言,被多次热烈的掌声打断。

真是人生如戏,人生如棋啊!朱墨之变,苍黄之易,犹如手掌的翻覆。

古人把人的命运的休戚归因于:"一命二运三风水,四称阴德五读书。"很有些玄虚,也叫人难以相信。但如果把"运"理解为"时运""时局""形势""时代潮流",那么还是不能不信的。不然何以要讲"审时度势"呢?回首一生,从1958年在北大被"右派"到"文化大革命",这二十多年,风刀霜剑,冰雪坎途,苟活于困顿之中。是1978年的十一届三中全会的召开,是邓小平同志的拨乱反正,是胡耀邦同志主持了中央工作,才拨正了中国这艘航船的航向,开创了改革开放的中国历史新纪元。继其中央纠正了一大批冤假错案,改正了反右运动的严重失误,落实了党的知识分子政策,才重拾了党心、民心。世易时移,中国的大形势变了。而改革开放,事实上也包含着对禁锢的人性、思想、精神的开放。是时代潮流的变易迎来了春风骀荡、日暖花开。臭老九变成了香老三,我也随之迎来了时来运转。

1982年是我人生的转折点。不仅被评为全县的特等劳模,还光荣地加入了中国共产党,又被任命为主持教学行政工作的闻喜中学副校长,此后又在高校任院长、校长。前后一十八年,除了终生的教师职业外,又开启了一种新的职场生活,充盈了自己的生命内涵。到1986年还被评为全国的先进教育工作者。也可谓是"风正一帆悬"了。

  1984年正当拟议让我任闻喜中学校长时，运城地委行署于4月调我到了运城教育学院。原来与行署领导谈定，我只当个教师，不搞行政工作，但一到学院就被宣布为主持教学行政工作的副院长。到1986年又任命为院长。1998年运城地区的三所高校，省管的师范专科学校、地区管的地区教育学院与河东大学正式合并组建为运城高等专科学校，我被任命为首任校长和党委副书记。合校甫定的1992年春夏之交，我又被调到临汾的山西师范大学任了一名副校长。在宣布班子的大会上，我曾放胆直言：1962年秋，我不想离开晋南师专，却硬生生让我离开了；70年代后期，我很想回到临汾师院，但就是回不来；现在，我已不想再回师大，却又偏偏让我回到了师大。真是老天也难随人愿！到了师大，副校长有四位，我叨陪末座，也久未分工。后来分了学报、附中、图书馆三项，也不知如何着手分管，等于赋闲。为了消闲吧，我在师大首开了一门"传统中国文化"的选修课。没想到，选听者竟达240人之多。我一个外省人，在山西地方上工作了几十年，可能是领导照顾，让我最后退休到省城吧！于1994年冬调我至山西省教育学院任副院长，分管教学工作，还任《教学与管理》杂志社主编。自知这是谢幕前的最后一站了，所以在宣布职务的会上，坦然地说："我将五十五岁了，鸠占鹊巢，挺不好意思的。"我是按把教育学院办成"五个中心"的精神开展工作的，但1999年1月，船到码头车到站，我也到龄退休了。同年，省教院、山大师院、太原师专合并，更名为太原师范学院。没想到的是，新成立的太原师院于2000年筹组建教学指导委员会，竟委我为主任。而按章程规定，教指委是两年一换届，我这个主任竟干到学院水平评估完全结束后的2008年冬，我也过了七十的年齿，才应请辞去了主任职务。至于退出杂志编审工作则是2013年了，前后也够一十八年。

  我的人生发生转逆后，有同志曾经问过我。你对自己的遭遇真没有过怨恨吗？说真心话，有惋惜，但没有怨恨！惋惜是不言而喻的，那正是芳年华月的二十余年啊！说没有怨恨，盖原因有几：其一，发生反右运动这样的冤错，从根本上说，是一种社会局限和时代局限，仅仅归错于个人，怕不合历史的真实。其二，自有人类社会以来，大概没有冤假错案就不成世界吧！但能真正得以纠正的却为数极少，共产党能纠正自身的偏失，不正说明了她的非同一般，证明了她的无私与伟大吗？其三，任何社会、任何时代的进步与发展都要自身付出牺牲做代价的，社会需不断总结教训才能得以前行、发展与新生。现如今，强调以法治国，公平正义，以人为本，民主和谐，不正说明是社会在汲取经验教训后，在进步和发展吗？其四，既然人类社会最理想最美好的阶段还未到来。理想社会都是美满的，但现实社会终归会有缺失和不足，牢骚和埋怨能补正缺失和不足吗？无济于事！只有靠全社会各界同心勠力，竭力防止历史悲剧的重演，不断推动社会前进，才是正确的人生态度。"如烟往事俱忘却，心底无私天地宽。"陶铸同志这两句诗，或许可成为我们的座右铭。所以说我没有怨恨。

回顾一生，具体的教学和行政工作不必多说，得失是非，自有旁人评说。我谈点自身的人生感悟或许是合适的：

其一，人，活着应有个立身之本，应该有一个信念，即要有益于社会，有益于人民，有益于家国，有益于民族。唯有如此，生活才会充实，生命才有意义。即使处于逆境，也不会消极沉沦，一蹶不振。比如，在我第二次戴上"右派"帽子后的劳动改造岁月中，一个人同时承担了：为学校灶房磨面，做豆腐，供师生用餐；同时还喂着猪，最多时大小三十几头，还顺便帮着喂一匹马。一个人顶几个人干活，而且样样都干得不错。当时我并不是想下半辈子以此为职业。只是觉得这些工作，总得有人来做；既然让我来做，就应认认真真做好。在这人生最艰困的时期，我还是坚韧地走过来了，没有沉沦，没有气馁，没有混世度日。而在我站讲台的岁月，多数课文我都熟读到能够背诵，像古文的长诗《孔雀东南飞》、论文《过秦论》，现代文的《祝福》《论"费厄泼赖"应该缓行》这样的长文，当时都是会背的。靠着这样的认真与努力，赢得了学生的认可，直至现在，在闻喜留下了好的社会口碑。这一切皆缘于有以上这个信念在支撑着我。我也无愧，这一生还是为我们社会、民族和人民做了一些有益的事，活得也算有些价值。在我1982年入党宣誓后曾说："我不会给党抹黑。"我入党已36年了，事实证明：我做到了！

其二，路是需自己走的，人生之路正如同地上的路，不都是笔直如弦、坦荡如砥的，而是时曲时直，时陡时平。当你遇到曲折的、陡峭的路，唯一的办法是不怨天、不尤人，埋着头，咬着牙，坚韧地走下去，以期达到终点。想有夸娥氏二子为你搬开太行王屋,孙悟空一个筋斗云,把你送上青云,那只是神话幻想。

其实波折、挫折、逆境、困顿、不幸……的本身,都是真实人世生活的一部分,只有经历这些遭遇与存在,才算有完整的人生,才能成为个人的精神财富。这大概就是"功不唐捐""艰难困苦玉汝于成"的哲理吧!可能正因有二十几年的劫难,才使自己心境较为淡泊,不做世俗的攀比,不慕名利与人争竞,能随遇而安,也不做戾老族,乐享晚年。

其三,要摆对个人与社会的位置。人是社会的动物,人不能离开社会而存在。不应把个人和社会的关系,看作卖主与买主的关系。"玉在椟中求善沽",一手交钱一手交货,讨价还价的态度是不可取的,我们应把自己置于社会服务者的位置。我想《老子》的"天地所以能长久者,以其不自生,故能长生"。其中的哲理是有启迪的。我在学校前后工作了五十余年,看重自己的信誉,爱惜羽毛,也能廉隅自守,清白做人。至今尚能获老学生的爱戴和社会的公允评价。我想是得益于这种处世态度吧!

我喜欢苏轼的这几句诗!它总能给人一种慰藉和人生的热度:

参横斗转欲三更,苦雨终风也解晴。
云散月明谁点缀?天容海色自澄清。

补写于2018年4月13

未了未名情之舞文话疚咎

张仁健

自打迈入北京大大中文系的门槛,此生注定与舞文弄墨生涯结下了难弃难离的不解之缘。

1956年秋,在令新中国知识界着实大为感奋的"向科学进军"的号角声中,我这个来自滚滚长江东流入海口的江北之滨的毛头小伢子,满怀着当作家、学者的豪情壮志,有幸跻身于人文环境一流、学科与师资水平一流的最高学府北京大学中文系的最高育才的文学殿堂,开始接受长达五年的语文学习的高等教育。生性较为疏懒的我,虽不似最为投缘的同窗彭庆生、张继顺、张永鑫诸君那样废寝忘食如饥似渴地刻苦求读,但也如鱼得水、甘之如饴地开始吮吸着

张仁健(1956年9月进北大,摄于西校门前)

古今中外文学名著中的芳香四溢的墨液精髓。在燕园如诗如画的湖光塔影之下,在古典幽静的教室及图书馆之中,率性而不甚勤奋,愉悦而不知忧烦地度过了不足一年的最为美好的青春学子的读书年华。而今追忆,这段光景,总算是为此后的舞文弄墨,垫了几方小小的基石。

1957年的春天,自上而下刮起的春风,神州大地风生水起的春潮,波及了未名湖的一池春水,打破了燕园往昔的静谧,更引逗了我等少不更事的学子小伙子们发扬"五四"民主精神的春怀蠢动,始料未及的最终结果是:搁浅了整个春春期的美好春梦。

那一年的5月19日,中文系的学长沈泽宜、张元勋首先吞饵跃出水面的《是时候了!》诗唱大字报在大饭厅的东墙上贴出后,一夜之间以"五四"民主精神继承发扬者自诩的北大学子群起响应,民主的心声、助党整风治国理政的言论以舞文的形式如春风吹放的春花,绽开在"三角地"的民主墙上。入大学后,以诗才横溢的同窗挚友蔡根林、张继顺为楷模,以家父在"五四"初期,紧随北大返乡学生魏建功老伯以诗文高倡"民主科学"精神而被如皋师范开除学籍的"光荣"历史为榜样的我,便任凭一时冲动,不惶推敲地写了首题为《放开嗓子唱》的稚嫩拙劣的小诗,经由张永鑫兄抄写,几位投缘同窗签名,硬着头皮张贴出来。也许是自惭形秽吧,这张并不大的诗唱大字报是在某日暮色苍茫中张贴在并不十分起眼的墙角,幸好没引起左派人士的多所关注。否则,我这公开舞文的咎由自取的后果,绝非是与"右派分子"蔡根林过从甚密,与同班某些党团领导相处不睦而以"反党右倾小集团"成员的名头开除团籍所能了事的。其实呢,我那"放开嗓子"所要唱出的只不过是入学以来自以为专业的追求被班上政治领导所压抑的那股不平不忿之气罢了。诚如改革开放后沈泽宜学长对我坦言的那样,他俩所写的所谓"是时候了",实指是:在选拔留苏深造人才时,冲破"唯成分论"的藩篱,给德才兼备者一平等进取机会的民主权利,已经是应该到来的时候了!但是,这等实质性内容,以涵泳含蓄、联想浮翩的诗体民主高唱舞弄而出,经时髦的"上纲上线"手法剖析解读,那罹祸之致命之咎,不是"号召反党反社会主义是其时也",又是什么?按同样的逻辑判断,我那要"放开嗓子唱"的,不是"反党反社会主义"的反革命之心声,又是什么呢?联系你非根正苗红的家庭出身,你的司马昭之心,不是昭然若揭吗?事后自思自想,要怪则怪:亏你枉以北大高材生自诩,连"诗无达诂"的古训,都被冲动的魔鬼赶出头脑,昏昏然写诗放声高唱,活该咎由自取!经此,当时我收获的直接教训是:自今尔后,切莫轻易公开染指政治色彩浓厚的又难达诂的诗歌。诗的北大,并非是诗的伊甸。倘若技痒难熬,不妨将一己之情,悄然写在自己妥存的诗册上,无聊时孤芳自赏,自叹自适。

吃一堑,长一智。反右中的亲历、亲见、亲闻,令我这个政治幼稚、思想单纯、不辱"大傻瓜"稚号的愣头青,为保舞文自存,获取了如下深层次的教益:

当今之世,舞文如同是在意识形态领域使枪弄棒,自以为武艺高强,但内功(政治修养)不济,又不尊奉领导的指点,舞弄不得法,定当自取其咎,就像投笔"乌龙"自点命门大穴,捧砚自砸双脚经脉一般;党的领导是具体而微的,即使是现下班级的党团行政领导也休得恃才小觑;只有遵命舞文,方可舞将起来;不辱使命,方可舞将下去!

舞文的悟性提升了,舞文的内外功兼修了,舞文的社会人际关系厘清了,在党指导下的舞文机遇便不期而至了。

1958年初,反右斗争炮火甫一尘埃落定,惯于在同"天地人"的斗争中感受到乐趣的各级领导,便又在高校中发动起批判资产阶级学术权威,唯心史观学术思想的群众运动。我们这些"三娘教子"尚未成才之学子,立即拿起笔作刀枪,演练了一出"子教三娘"的有声有色的喜剧。我班是以"毛泽东文学社"的旗号挥戈上阵的,除划为戴帽"右派"的四位另类与两位因病休学者,余众皆为文学社成员,在以党支书陈键同学为社长的社委会领导下,首列科研课题便是批游国恩老师兼及武汉大学刘永济教授的楚辞研究的论著。批游之《评"屈赋考源"》在批判组的研讨基础上由王叔珩、陈键署名在《光明日报·文学遗产》上发表后,陈键决定,首战告捷,乘势挥戈,再战批刘。没有想到,他竟把批判刘教授的重任交给我和洪成玉同学,并明确告我说:"洪成玉志在学语言,你的文学造诣与笔下功底稍强,批刘文章由你执笔,好自为之噢!"我当时尚未从"反右"的政治阴影中走出,洪兄是根正苗红的中左人士,陈键把他和我配对安排,指定我执笔,确是关顾我而又颇具深心的政治老到之举。他对我的破格任用,令我由颓唐而振作,为自己今后的舞文出路计,心想定要在批刘之役一显身手。怀此不纯动机,我对刘先生楚辞研究中所倡争议性学术问题应不偏不倚,求同存异持以折中态度的明智主张,硬生生地视同阶级斗争的政治立场,牵强附会地"上纲上线",以《在折中的幌子后面》这一火药味十足的标题,力批刘教授《九歌》"呵壁"说的荒谬;力主屈原借用民间传说元素创作《九歌》说的可靠,从而大肆挞伐刘先生在折中幌子后面隐藏的是抹杀屈赋思想价值的叵测用心。如此这般的强词夺理之作,居然在北大公开出版的某期大批判集中煌然署名刊出。

立此"战功"后,确有立功自赎的欣然飘然之感。其后,在若干科研课题中,我便忝列有舞文资质与能力的参与者。借此机遇,我又相应有了泡图书馆看书整理资料充电的权利,不再惧怕有走"白专道路"之嫌。

走出校门,步入社会后,迭遭受人无妄致咎之灾,偶翻我首次在纸质出版物上公开致人之咎的这一舞文遗存时,将心比心,内心的负疚与自责之感便油然而生,拂之不去。时势所使然的违心之言,令我负疚;为一己之私,有意混淆学术问题与政治问题的界限,恶意践踏一位老学者的人格尊严,踩在他的身上以攀舞文自荣的光环,那就不能不为自身人性的异化与人品的自污而深自疚愧了。己所不欲,反施于人,无异涉嫌犯下"故意伤害"之罪。这应当说是我舞文多半辈子以来,唯一的负疚自责,终生悔恨交加之举。记取这一教训,终生受益无穷。即使在"四大民主"闹翻神州大地的"文革"那年那月,我虽逼上梁山加入"造反派"的行列,不时充任口诛笔伐急先锋的角色,但总是牢记"己所不欲,勿施于人"的古训,对所谓当权派也好,"黑五类"也好,对立面咄咄逼人的"文攻武卫"也好,我多半是以嬉皮士方式,或冷嘲热讽幽然挖苦一番或得理下笔不伤人,无理胡搅蛮缠打一场口水墨汁仗而已,虽气得对立面声称要"矫正我的怪舌",但我的怪舌秃笔,却始终没有无据、违理出口伤人、用刀笔砍人杀人;无能面对对立面引入的工农武斗雄威时,我的基本策略是"逃为上计",不是赴京逃亡至彭庆生在人民文学出版社的小街斗室,便是在五台山的佛光寺的禅室中快活逍遥达一月之久。

我在整人成风的"文革"岁月中,能"活学活用""己所不欲,勿施于人"的古训,并非是在语义层面上加深了对此的领悟认同,而是对"文革"初期大咎幸免经历的铭心体悟。事情是这样的:"文革"前,我作为"四清"老手,在连续的第三个年头,已荣升为社教工作队副队长,分派到大同县御河边的一个名为利仁皂的大村大队,参与"四清"工作队舞文与动口方面的领导。后期着手村领导班子调整时,多数村民强烈要求对几年前在"反右倾"翻案风中被错整开除党籍下台的村支书与村长昭雪平反,恢复党籍原职。众口一词说,只有这样,本村才能重振"朝纲",恢复元气。经查核,二人被开除党籍的主要"错误"是:1958年抵制了县委立即毁庄稼搞深翻的指示;消极应付县委工作组开展的"大跃进"运动(其实是没有充分满足工作人员多吃多拿的需求)。后者引发起工作组的强烈不满,加上个别村痞趁机进谗,这两位优秀村干部便在大势所趋的"反右倾"翻案风中蒙冤被整,被开除党籍下台。我负责平反的专案调查,并将由我起草的平反材料,包括村民的联名上书,送交时任的县委书记。书记刘某审阅了报送材料,承认对二人当年的处理不当,建议让二人重新入党,但拒绝重做平反结论。其时,我们即将奉命回省城原单位参加"文革"运动。县委书记的推诿,引起了我年轻气盛的仗义之情,拂袖而去时,撂下不识时务的大话:回省后,我要为含屈者向省委甚至向中央代为申诉,定要讨回公道!岂料我回省文化局后,应对史无前例的"文革"的惊涛骇浪已是自顾不暇,而政治手腕老到的大同县委却先下手为强了。某日早餐毕,返回机关大楼,只见一楼门厅的正面纸糊竹墙前人头攒动挤看一张大字报,近前一看,大字报的标题是《把破坏"四清"运动的现行反革命分子张仁健揪出来示众!》,罪状是指控我趁右倾翻案妖风,在本县开展"四清"工作,利用职权为开除党籍的蜕化变质分子原村支书、阶级异己分子原村委会主任翻案,并在申报材料上恶毒攻击三面红旗、党的阶级路线……大字报落款是大同县委。两旁已贴满对立面红卫兵组织的呐喊声讨的标语口号式的大字报。其中,少不了翻旧账揭老底的所谓出身剥削阶级家庭,父亲是老国民党员,本人是漏网"右派"等"下石""扔砖""吐唾"之类的卑污笔墨。

呆立在这张大字报前的我,顿时两眼发黑,心惊肉跳,冷汗淋漓。回到单身宿舍,把尚在背包中装回的向县委申报材料副本取出细看,我坚信在"四清"中按民意申正义,据事实辨黑白是维护党的威信,而不是反党的右倾翻案,更不是反革命的罪愆。兴想及此,便振衣理冠,拿着材料,求见了省里派驻的"文革"工作组的负责人。谢天谢地,这位负责人也是近年搞了两期"四清"的熟知农村情况、政策水平较高的领导者,他笑着对我说:"你们工作队的所作所为是职责范围内的事;办事程序与手续,是符合规定的;申报材料是有理有据的。局里的革命群众,不明真相,我们工作组负责解释清楚。你手头的申报材料,如果相信我,我将在方便的时机代转有关上级部门。"对此,我当然求之不得,感激不尽。后来事实证明,对立面一些过激者的喧嚣很快便口缄声消了。但申诉材料的下落与结果,我无暇也无能关切了。

此番的大咎幸免,虽属侥幸,但对我的启示与我的感悟却是终生难忘受用不尽的。舞文舞得超级出色,固可誉之为"经国之大业,不朽之盛事",但功力不济心术不正,既可致咎于他人,亦可获疚于自身,至甚者还可能对人对己造成政治性命灭顶之虞。前者的崇高境界,我侪今生无望企及,后者的立身处世感悟,当应铭记终生。

其实呢,我絮叨一通,从入大学的阵阵秋寒历练获取的一点人生感悟,不是早已由母校那"博学、审问、慎思、明辨"的八字校训明白点醒过吗?对此,我含笑答曰:只怪我们降世过晚,那年那月,我们目睹耳熟的众校一词的校训不是"团结、紧张、严肃、活泼"那八个大字吗?

(此文系由拙著《舞文杂辑》之跋文改写而成)

一段往事

赵遐秋

1957年开展反右派斗争的时候,我是北京大学中文系汉语言文学专业一年级学生。我们年级有四个班,我在一班,任团支部书记。

作为学生,我经历了反右派斗争的大鸣大放、批判斗争和后期处理三个阶段,也就是说,经历了一个完整的过程。

我记得,那一年的6月8日,《人民日报》发表了题为《这是为什么?》的社论。第二天,我们一班党小组讨论了班上批判"右派"的斗争,决定全班先开会批判曹国臣的"反党反社会主义"言论。最终党委给他定了两条"罪状"。曹国臣是共青团员,批判会的形式是团支部扩大会议,非团员列席参加,我这个团支部书记就是当然的批判会的主持人。

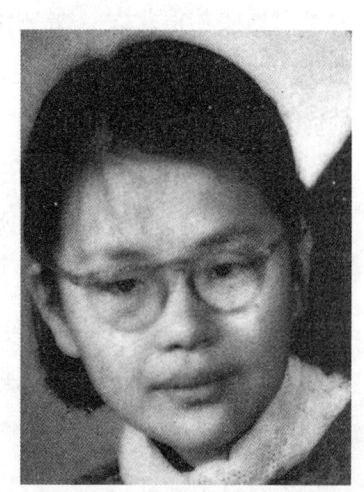

赵遐秋(大学时期)

一开始,我庆幸主持会议,误以为主持批判会就像中学开会的司仪一样,报告一下发言的程序而已,自己不做批判发言。说实话,当时我很困惑。一方面,我觉得应该做到党指到哪儿就打到哪儿;另一方面,我又觉得曹国臣固然有这样或那样的错误看法,动机却是好的,是善意的批评。动机与效果是一致的,好的动机,怎么会有坏的效果呢?就当时的思想状态是,我乐意主持会议,不想发言。

哪知,批判会开得很激烈,发言的调子很高。党小组长写了纸条递给我,要我做总结发言,进一步提高士气,以利再战。可是,散会以后,党小组长说我的总结只是发言论点的客观梳理,没有归纳提高,没有战斗性,语气平平……

当天夜晚,我想了又想,还是百思不得其解。

第二天早晨,在食堂,我遇见了马正明。他把我拉到食堂一个角落里,关切地问了问我的想法,而后给了我当头一棒!他的话,让我后怕了起来!从此,我想问题的思想变了。我接受了马正明的批评。我觉得我的政治立场确实有问题。眼前,关键之关键是我要绝对地相信党相信毛主席,具体说,就是要绝对地要相信北大党委,相信中文系党总支,相信我们年级党支部,相信我们班的党小组,相信我们班党小组长和别的党员,相信党组织是伟大的、英明的、正确的,不会做错事的。

可是,我万万没有想到,班上开第二次批判会的前夕,党小组长通知我,批判会改由另一位党员主持。这对我无异于当头一棒。我害怕极了。我想,我再不积极表现,我这个预备党员真的不能转正了,我的党籍真的保不住了。怎么办呢?我必须给自己立下一个死规矩,对毛主席的话,对党组织的意见,决不问"为什么",怎么说就怎么做,决不含糊。

于是,我"义正辞严"地批判了曹国臣的"右派言论"。上纲上线绝不留情,声色俱厉自不待言。

于是,对于班上另一个被划为"右派分子"的同学,同样,我的批判也"义正辞严",也上纲上线,声色俱厉。

不仅是对"右派分子"曹国臣等的批判,对于班上没划"右派"却被认定为"思想右倾"的同学,以及被认定为"有严重思想和品质问题"的另两位同学,在开展批判的时候,我也是紧跟在党小组长的后边,上纲上线,声色俱厉,显得"义正辞严"的。

没有别的,我就是要证明,我是立场坚定爱憎分明的,我是紧跟党中央紧跟毛主席的,我无愧于共产党员的光荣称号,我是一合格的共产党员。后来,当"文革"浩劫降临,我自己挨"整"了,我对挨"整"有了切肤的同感了,我才知道,当初,我参与"整"人是一种什么样的"恶行"了。我确信了,我被人在"吃",可是,我也曾参与了那"吃"人的"盛宴"。

31年后的1988年5月,我在武汉大学再次见到了曹国臣。迎面走来,老了,瘦了,也矮了些,我都不敢相信自己的眼神了,他是曹国臣吗?我想,这要是走在大街上,我真的不敢相认。让我难过的是,他的言谈举止无不透出那郁郁的伤感,连他的笑都散发出一种苦涩的味道。当着老同学们的面,我忍不住,站起身来,向他一鞠躬,向他道歉,我为自己参加了对他的错误批判,痛感万分羞愧……

我在1957年的表现终于被肯定了。

1958年反"右"后期,党支部大会通过并报北大党委批准我按期转正,我成了一名正式的共产党员。

反右派的斗争给我留下了什么呢?从表层看,那就是要永远和毛主席、党组织保持一致。对毛主席的话,对党的指示,我总要积极主动从各个方面,找出之所以正确的种种理由,以心安理得地去执行。

从深层看,我成了他人思想的奴隶,失去了自我独立意识。

刑志恒(左一下蹲者)

我开始成了一名服从一切的驯服工具。于是,等到接踵而至的又一个运动来了,我继续参与了"整"人的"恶行"。那是1959年10月,北京的天气凉爽多了。有一天,在北大文史楼二层会议室,年级党支部开会,气氛压抑得让我觉得跟刚刚过去的"秋老虎"一样,令人窒闷得很。

赵遐秋(近照)

会上,党总支传达了《中国共产党八届八中全会关于彭德怀同志为首的反党集团的错误的决议》和《为保卫党的总路线、反对右倾机会主义而斗争》的文件。除了上述两个外,还有《关于开展增产节约运动的决议》《关于撤销黄克诚同志中央书记处书记的决定》。听传达,先是吃惊,接着而来的是困惑。

有了"反右"的"教训",我不敢说出内心深处的困惑,随大流又不痛不痒地在支部会上表了态。

会后,我反复想,越想越紧张。像我这样一个刚入党的人,该需要多大的努力来改造自己,才能不犯大的错误。我想,要不犯错误,唯一的保证就是任何情况下,要跟毛主席、党组织保持一致。在这样的思想状态下,我参加了"反右倾"运动。那年暑假,我们班上的同学郭成韬回福建老家。返回北大以后,说了许多农村存在的严重问题,转述了他父亲正确而在当时却认为是"右倾"的看法。我立即把他所说的和党中央八届八中全会的精神联系起来,立即把郭成韬的言论和彭德怀的"右倾"言论相对比,错误地认为这是一股"右倾翻案风"在共青团内的反映,迅速地出了一期专题壁报《听党的话,还是听爸爸的话》,错误地批判了郭成韬。

紧接着,我们年级被下放到京郊平谷县,配合农村的社会主义教育运动,也就是反击右倾翻案风的斗争,并且继续开展我们内部的"反右倾"斗争。

2007年11月,在18本集的《曾庆瑞赵遐秋文集》出版的时候,庆瑞和我在

《文集》的"前言"里,痛心地写下了这么一段文字:

> "庐山会议"后,我们被下放到京郊平谷胡庄,一边忍饥挨饿参加海子水库的重体力劳动,一边声嘶力竭开展极"左"的"反右倾"运动。出身富农家庭的同班同学邢志恒,一天深夜,在一场闹剧式的批判会上被批判斗争后,留下年轻的妻子和一双年幼的儿女,也留下不再申诉,而且当时也无处申诉的冤屈,跑到邻村南独乐河路边的一棵大槐树上上吊自杀了。我们俩也参与了对他的批判和斗争。这使我们深感有罪的心灵受到了极大的震撼!一个无辜的人为我们时代付出了惨痛的代价之后,当时的北大党委害怕事态扩大,终于召回了自己的学生,我们的"反右倾"运动戛然而止。

确实,邢志恒的自杀,极大地震撼了我。

我深感有罪,创巨痛深!

我的悲剧,在批判曹国臣、郭成韬他们的时候,主导行为的主要是思想,是认识上的错误,而在胡庄批判邢志恒,却是严重的个人主义思想在作祟。

下放到胡庄,我十分吃惊!

1949年到1959年,中华人民共和国成立十年了,农民的生活仍在贫困线之下。我们和社员一起,打破了传统的日出而作、日落而息的常规,经常夜战。整天干着重体力劳动,每日只能吃上两顿饭,每顿只能喝上稀稀的棒子渣粥。当时喝得饱饱的、肚子鼓鼓的,上几趟厕所,肚子就瘪了,而后咕咕叫个不停。夜里,躺在床上,饿得睡不着,就精神会餐。脑海里出现各种各样的食物,北大食堂的饭菜香味,似乎扑面而来,母亲为我做的葱油饼的葱花香味,常常伴我进入梦乡……

在胡庄,班上党小组讨论开展"反右倾"运动的时候,我先是沉默,到了不能不表态的时候,我违心地说了一通拥护开展"反右倾"运动的套话、假话。

就是这套话、假话,让我四十多年来,一直深深地自责。

我自责,是因为我也参与了对邢志恒的批判,就是那场批判逼迫他走向了绝路。

"文革"中,在我遭难的日子里,我常想起了邢志恒。只有在那时候,我才真切地感受到他的冤屈有多大,我才真正地体会到他的无奈、迷茫和锥心蚀骨的痛苦。

我不会忘记,那是批判邢志恒的第三天,我不能不发言了。我知道,发言、不发言、发什么内容的言,都在表现自己的政治立场,关联着自己的政治前途。发言吧,明明邢志恒所说的,符合农村实际,我怎么说呢?要说,只能说假话。不发言,更是个态度问题,至少是政治立场不鲜明不坚定。那天中午,左思右想,我竟为个人的所谓政治前途,迈错了一步,做出了一个永远也不能原谅自己的抉择——下午,我发言了。

我说了一番连自己也不信服的话。为了表现自己的"觉悟",我的发言,调子之高,帽子之大,嗓门之响,结束语里一改批判曹国臣时所说的"我提醒……"而用了"我警告……""我正告……"俨然是个"斗士"的模样。发完言,我松了口气。

然而,转头看见邢志恒,他耷拉着脑袋,一声不吭,一副任人宰割的可怜的样子,我心酸了,后悔了!我觉得自己很恶心,是个小人,是个欺侮人的小人。我为自己说假话、讲歪理、装腔作势而感到羞耻。

我不会忘记,就在那天午夜,几位男同学叫醒了我们女生,他们焦急地喊着:"邢志恒,不在了!"我惊恐不已,一个不祥的念头闪过我的脑子。那一刻,不容我多想,匆匆穿好衣服,赶到男生住地。全班分了几个小组,分路去找。

"邢志恒——邢志恒——"一路上,我们使劲儿地喊着他的名字,随着那穿过夜空的呼喊声,我的心在下沉,下沉……天大亮了,噩耗传来,一位邻村的农民兄弟在南独乐河路边,发现一棵大槐树上吊着一个学生模样的人……

那时的我,欲哭,不敢哭!

那时的我,含泪,不敢流!

我想起了那可怕的批判会,想起了我那可诅咒的发言。我在想,是我发言中哪句话,哪个说法,"逼"他走向了那棵大槐树的?那时的我,从心灵深处萌生了有负于他的犯罪感;今日的我,已经认识到,我有罪,参与了"吃"他的"盛宴"。在"反右倾"运动中,作为人,我的思想,已经在异化了。

辑五 萦梦情怀

那时游先生刚谢世不久,北大在"文化大革命"中被摧残的情形我也早有所闻。听说"文化大革命"中燕东园、燕南园被"工宣队""军宣队"以及其他革命群众进驻了,被视为"资产阶级学术权威"的老教授们被扫地出门,处境十分凄凉。我明知游先生已乘鹤西去,他的家人也不知流落何方,但仍下意识地朝燕东园走去,往日幽深宁静的气象早已荡然无存,西班牙式小楼凋敝不堪,前后堆满杂物,狼藉一片。我在游先生曾经住过的小楼前徘徊良久,还绕着小楼察看了一番,美好的回忆和眼前惨象不断交错在一起,说不出是什么滋味……

——李文初

思念翟世祯

白崇仁

白崇仁（大学时期）

每当看见案头上的老版《汉语辞典》（商务印书馆1963年版），就想起学友翟世祯。

1961年初夏的一天上午，大学毕业分配名单就要公布了。就在名单公布前一小时，班上的老大哥龚希光叫我坐到他在宿舍靠窗的床上。当时我俩住同一宿舍（32斋416大房间）。他对我说："你分到中央民族学院。和你分到一起的还有翟世祯。你知道他患有白血病。系里将他分配到中央民族学院，因为北京的医疗条件好，民族学院的医疗条件可能更好一些。我希望你能照顾好他。"我当即表示，请他放心，一定照顾好翟世祯。

到民族学院报到后，他被分到语文系，我被分到艺术系。后来，民族学院新建汉语言文学系，我和老翟都被调到汉语系古典文学教研室。

翟世祯是河南人，父母早亡，亲人中只有一个姐姐翟世初和孪生哥哥翟世禄。他们都在外地工作，所以他是孤身一人在北京。

翟世祯虽然知道自己患有重病，但他并没有萎靡不振，而是以坚强的意志与病魔做斗争。他的生活颇有规律，每日清晨都到民族学院西门外一个小树林练太极拳。中午午睡，下午晚饭前外出散步。他为自己起了笔名"战白"（战胜白血病），并以此名在《民间文学》上发表了一篇关于中国一则传说的论文（1964年）。他是汉语专业第最早发表论文的年轻教师之一。

我经常到他宿舍,还一起练习毛笔字,有时还陪他到民族学院附近散步。他当时的精神状态非常好。1962年夏,我妻子生下一女,翟世祯似乎和我一样高兴。我俩翻字典为小女起名。记得那天下雨,最后他给小女起名"水"。他说,白水为泉,上善若水。至今我还和女儿说起翟叔叔给她起名字的事。那时,我经常邀请翟世祯到家里来玩(当时我住在前门外一条胡同里),每次他来都拎着水果或儿童玩具。

1964年10月,我参加了学院组织的"四清"工作队,远赴四川马尔康。第二年初秋返京后,才知道翟世祯已住进北医三院。我每月都去看望他。他虽重病缠身,但仍对生命充满希望。他多次和我说:"我一定坚持到研制出一种新药。"

不久,"文化大革命"的风暴席卷而来。这时传来噩耗,翟世祯与世长辞了,时为1966年6月6日。

当时无法联系他的家人。我作为他的挚友,全权处理了他的后事。我为他挑选了一方大理石骨灰盒,并将他的骨灰盒寄存在北京八宝山公墓(5年期)。从他的遗物中发现他哥哥翟世禄的通信地址(四川三线某工厂)。我写信通知了翟世禄。不久,翟世禄和他姐姐翟世礽来京,取走了老翟的所有遗物。我只留下一本《汉语辞典》作为纪念。这本辞典的扉页上写有篆书体"战白"两个字,我在尾页上写上"见物思人"四个字。几十年来,我一直将这本辞典放在案头。

"文革"初期,我由于说了江青和林彪两句大不敬的话,不想成了我的罪行。1971年初,我被打成"5·16分子",关押在民族学院12号楼四层一间宿舍里,失去了人身自由。吃饭有人打,上厕所有人跟,家人更不许探望。

1972年秋天,专案组通知我,八宝山骨灰堂通知,要我必须在十天内将翟世祯骨灰盒取走,过期不取将做深埋处理。工军宣队同意了我的申请,由专案组看管我的权伍泽跟随我去取回翟世祯骨灰盒。取回后,我便将老翟的骨灰盒放在我的床下。

1973年春节后,工军宣队派人押送我到湖北沙洋"五七"干校。临行前,我将翟世祯的骨灰盒委托专案组保管。1975年我从干校返京后去找专案组索取老翟的骨灰盒。他们说由于人员变动,翟世祯的骨灰盒已经找不到了。

时光荏苒,一晃就到了80年代。1983年春,当时民族学院汉语系总支书记徐炳焕找到我说,在清理语文系仓库时,发现了一个骨灰盒,是不是翟世祯的。第二天我到了仓库,一眼就认出了那方大理石骨灰盒。由于我当时已在民族学院分得一套两居室楼房,所以就把老翟的骨灰盒取回家,又放在了床下。

白崇仁在叙利亚海滨

经过了十年"文革",不知翟世祯的姐姐和哥哥身居何处,无法联系。我想,翟世祯在中央民族学院工作又在中央民族学院去世,不如让他长眠在民族学院。当时民院图书馆前有一块较大的绿地,绿地周边种有青松,中间筑有花坛。冬天青松傲雪,春夏绿草如茵,秋天郁郁葱葱。花坛里的玫瑰、月季等鲜花盛开,飘飞着阵阵清香。翟世祯长眠于此,也算好的归顺。

我找到同在民院汉语系的学兄刘俊田(北大中文系1955级)商量,他同意我的想法,并决定当晚将翟世祯的骨灰盒埋在图书馆前的绿地里。晚上十点,明月当头,微风徐徐,月光如水,绿地周围一片寂静。我和俊田兄在绿地南侧从西数第三棵松树下挖了一个深穴,将翟世祯的骨灰盒埋入穴中。我和俊田对他说:"老翟,你就在这里安息吧!"

1984年,我从民族学院调到中国作协,家也从民院家属院搬到了大羊宜宾中国作协宿舍楼。不久,中央民族学院改名为中央民族大学,又大兴土木,盖起多栋高楼。我几次回校参加活动,图书馆前的那块绿地依然青松翠柏、鸟语花香,从未翻动过。我想世祯依然沉睡在安静的花草之下吧!

翟世祯已走了51年了。那本纸页已经发黄的《汉语辞典》仍然放置在我的书桌左侧,和《康熙字典》《辞海》《现代汉语词典》叠放在一起。每每翻查《汉语辞典》,都在扉页上看到"战白"二字,也会在尾页上看到"见物思人"四字。这时,一股思念之情就在胸中涌动。

2017年2月11日元宵节

父亲蔡根林

蔡北国

蔡根林、洪淑芳夫妇

在很多人的心目中,父亲蔡根林是一位诗人;在学生们眼里,他是一位好老师;而在我们的眼里,他是一位慈父,一位热爱生活的好男人。

父亲1936年出生在浙江东阳,他从小爱好文学,爱好写作,从中学时代就开始诗歌创作,1954年在《当代日报》上发表《站在地图面前》,1956年在《浙江文艺》杂志上发表《铜锣山的故事》,同年在《东海》创刊号上发表《一扇小窗向我打开》,诗作均获广泛好评,成为浙江省文联会员。

1956年,父亲考入了北京大学中文系,1957年在《红楼》第2期发表抒情长诗《东阳江》,引起了大家的关注和好评,那时候,父亲在大学一年级学生。1995年,《名作欣赏》第5期将这首诗重新刊出,并发表了文学史家、评论家谢冕、楼肇明、沈泽宜等的鉴赏文章。谢冕先生认为:"《东阳江》通篇散发着那种率真的自然和不加修饰的纯粹感。读这诗,让人陷入一种梦也似的沉迷状态。对于自然的热爱和对于乡情的专注,是这诗的精神所在。"楼肇明先生认为:"《东阳江》是艾青两大诗美学支柱'诗的散文美'和'诗是生活的牧歌'的忠诚的实践成果。"沈泽宜先生评价这首诗:"把自己儿子般的爱、童真、善良连同父老乡亲的快乐和忧愁一起写进了诗里,如此的生动,如此的明亮,如此的忧伤。它是一颗未曾设防的纯洁灵魂的自语,以才华横溢的丰富性、生动性让人过目难忘。"钱理群先生(2008年)认为,"这首诗里所显示的,与生养自己的土地和耕耘其上的父老乡亲的血肉联系,以及从父辈那里流传下来的'爱'与'反抗','沉默'与'爆发',或许是这一代人生命中更为内在与根本的东西,而诗中所流露出的心灵的忧郁、悸动和不安,也同样传递着某种时代的信息"。父亲的长诗《东阳江》作为50年代中国诗坛代表作品入选谢冕、钱理群主编的《百年中国文学经典》(8卷本,北京大学出版社,1996年版),确立了其在文学史上的重要地位。

2009年8月,在张继定先生及父亲诸多好友的帮助下,父亲的诗集《东阳江——蔡根林诗选》由大众文艺出版社出版。这本诗集选取了父亲不同时期的诗歌共42首,共分三辑:第一辑是父亲1957年之前发表的诗作5首;第二辑是60年代以后陆续发表的诗作26首;第三辑是本诗集首次发表的诗作,共有11首。诗集包括《东阳江》《根》《爸爸给我讲的:缸覆笋》(选一)、《潮的传说》《八面山》《星星们》等诗作。经历了生活的磨砺与积淀,父亲后期的诗作表现出更加凝重而深刻的寓意。父亲一生勤于耕耘,创作了大量的诗作,但遗憾的是,大量的诗稿都没有发表。父亲的挚友,北京语言大学的彭庆生教授在《感时伤世话舞文——序张仁健〈舞文杂辑〉》中这样写道:"在漫长的岁月中,他几乎停止了歌唱,是江郎才尽了吗?非也。他1992年所作的《根》,那粗砺的土壤中涌动的生命意识,那对命运的顽强抗争,那意象,那语言,都闪耀着当代诗坛难得一见的灵光。"

2010年10月,中国社会科学院的薛鸿时研究员赴美国亚特兰大华人笔会做专题演讲,介绍了蔡根林的诗作《东阳江》《根》《火焙羊》等,在海外华人中引起了很大反响,得到了一致赞誉。薛伯伯介绍说,《东阳江》这首诗写得非常优美,字里行间流露出青少年对生活的热爱和对未来的遐想,那无忧的童心和精妙的比喻很富有感染力。这首诗不仅有静止的或形式上的景物美,更有动态的和内在的思考力量。我们仿佛看到了诗人紧锁着眉头,张开双臂,面对旷野,他要聆听乡人的叹息;我们仿佛听到了诗人深沉的呼唤,那浑厚的声音像是阵阵春雷。

父亲一生辗转南北,1962年毕业于北京大学中文系,后分配到内蒙古呼和浩特市,曾在呼和浩特七中、二十七中等中学任教,1985年调回浙江,先后任职于浙江师范大学中文系和《浙江师范大学学报》编辑部。父亲和母亲在大学时代相遇,产生了浪漫的爱情。母亲大学毕业后分配到温州的一所中学,而她为了父亲,调到了呼和浩特。他们的爱情经受住了艰难生活的考验,相爱相守一辈子,养育了三个儿女。如今父亲母亲的孙辈们已经长大,长孙硕士毕业参加了工作,外孙外孙女也已经考上了大学。

在孩子们的眼里,父亲首先是个哲学家。父亲最大的特点就是勤于思考,他的诗作大都是他对人生、对社会的感悟。所以,他的作品不仅表现出一种力量,更富有哲理。父亲的很多诗句,比如"我拥有一切色彩,所以我无色;我听到一切声音,所以我沉默"受到了很多年轻朋友的喜爱;我们的三舅洪武平在《诗人蔡根林》中这样写道,父亲有"高士的淡泊,哲人的透彻,隐忍者的抗议,过来人的洞察"。浙江师范大学校友、北京大学新闻与传播学院院长陆绍阳教授在浙江师范大学2016年的新生开学典礼上曾这样说:"28年前,当我一个人拎着一个帆布皮箱,坐船去一个连做梦都没有到过的学校报到时,我随身带的笔记本上,抄录了师大历史上最杰出的一个诗人蔡根林老师的几行诗:

  我梦见,
  我是一颗野生野长的树
  是春风在遥远召唤
  还是本能醒悟?
  当皮肤皲裂,年轮交叠
  却有冲动从心里复苏
  再向上生长一截啊
  让生命哪怕再迈一小步!

父亲非常重视友情,在我们的记忆中,无论到哪里,他总是有很多好朋友,这些挚友,遍布天南地北,影响着我们三个孩子,成了我们成长中不可缺少的部分。帮助过我们并且给我们关爱的有北京语言大学的彭庆生叔叔、施光亨叔叔、王绍新阿姨、李延祜叔叔,山西的张仁健叔叔,中国社科院的薛鸿时伯伯和楼肇明叔叔,中央戏剧学院的何韵兰阿姨,上海的徐朴伯伯,浙江师范大学的很多叔叔阿姨,比如黄云生叔叔等等,他们之间亲如兄弟姊妹,我们孩子们更多感受到的是他们的关爱。

父亲是好教师,父亲从教多年,最欣慰的是看到学生们的成长。父亲用他正直的品质、穿透心灵的诗歌影响着一代一代的青年人。父亲的学生们都非常敬重我们的父母。父亲的学生宋一帆曾经录制了《根》的配乐诗朗诵,优美的声音当中体现了师生之间的情感。

蔡根林、洪淑芳夫妇(晚年照)

在很多人的眼里,父亲是个忧郁的诗人,可是在我们孩子们的心目中父亲是个乐观的人,父亲热爱生活,对待生活细致认真,勤于思考,不放过任何细节,父亲对新事物充满好奇,并且虚心学习。记得父亲很早以前就换笔,他会置办整套的电脑设备,用电脑创作并打印出来,享受创作的快乐。父亲热爱自然,他笔下的风景从东阳江、八面山到内蒙古大草原,诗中倾诉了父亲的真挚感情和对生命的思考。

2010年1月18日,父亲永远离开了我们,世间少了一位用生命歌唱的诗人,我们失去了慈祥的父亲,留给我们的是无穷无尽的思念。父亲的学生写下的挽联"八面大禹山斫断云霄始为空,一曲东阳江唱响红楼终成谶"。父亲的好友楼震旦在纪念父亲的文章中这样写道:"你的生如夏花之绚丽,死如秋叶之静美。一首《东阳江》,足以使你生命之树常绿,诗人声名永在。你的诗魂将长驻在故乡的土地上,你深沉的咏叹将永远飘扬在美丽的东阳江两岸……"感谢李延祜叔叔的关心和信任,让我们有机会以此小文,寄托对父亲深深的思念。

2017年8月31日

参考文献

1. 蔡根林.东阳江[J].名作欣赏,1995(05):23—24.
2. 蔡根林.东阳江——蔡根林诗选[M].大众文艺出版社,2009.
3. 蔡根林.根.名作欣赏,1993(02):69.
4. 楼肇明.在沙滩上留下一行通向树丛的脚印——重读蔡根林的《东阳江》[J].名作欣赏,1995(05):25—30.
5. 钱理群.论北大[M].广西师范大学出版社,2008.
6. 沈泽宜.沧桑做证——评《东阳江》[J].名作欣赏,1995(05):31—34.
7. 汪亚明.建国初期浙江四诗人论[J].浙江师范大学学报(社会科学版),2008(01):29-32.
8. 谢冕.重读《东阳江》[J].名作欣赏,1995(05):35-36.
9. 张仁健.舞文杂辑[M].北岳文艺出版社,2010.

附

东阳江

蔡根林

"廿年江北,廿年江南……"
对岸柳树下歌声悠扬,
归鸦把身影投在江面。
我呆呆地站在沙滩上,
小手指含在嘴里,
望着远去远去的江水
快要触到下垂的晚霞;
我忽然想做一个风景画家,
或划一叶小船,探索江头是什么地方……
东阳江是我童年时的伙伴,

沙滩,愈到江心愈绿的江水,
对我都像母亲一样的温和大方。
我们把整天时间都在她身上度过,
我喜欢从高岸纵身跃入江心,
睁着眼像一条小鱼在水底匍行;

钻出水来偷拿了他的衣裳,
在沙滩上留下一行通向树丛的脚印……
玩倦了,开始专心地拣选石块,
像秋天在地里采撷豆荚;
威严地站着,用揶揄的眼光,
瞟那狭窄的木板桥,
或是发出一声惊叫,
去吓唬胆小的姑娘……
啊,金色的日子是这么短促,
不久,江水带走了无忧的童心。
于是我喜欢忧郁地在树丛穿行,
任错杂的灌木钩破裤腿,
穿过树丛,站在江边,
瞩待着东边出现一片白帆……
我羡慕散搭在沙滩上的,
像旷野里长着的蒲公英一样的帐篷,
和那些成年在江上流浪的撑排人;
我随着在水里结识的小伙伴,
到他们家里去做客,
软软地躺在帐篷下,像喝醉了酒,
阳光在外面燃烧着沙砾,
小伙伴们在装着打雁鹅的铁子,

谈论昨夜结队而过的野狼的噪声。
而我却想象着——
夜晚,帐内点起小蜡烛,
揭开帐角偷看外面的蓝天,
有红色的狼眼睛
和星光一道,沿水面眨闪……

午夜,撑渡人的灯火熄了,
小伙伴们偷偷解开船缆,
随着一声轻曼的口哨,
江面摇动了细碎的波纹,
星星在江心叮当地碰撞。
抑住声音,抑住心跳,当心前面……
有时船鲁莽地窜入柳树丛,
柳枝溅起的水点湿了一身,
听,附近有水鸟扑扑飞向对岸……

东阳江,你用机警大胆的乳汁
哺养了我的童年;
你启发了我去探索更宽阔的天地,
我穿着你的水珠浸湿过的
你的沙砾灌满过的
草鞋,未长大就踏上流浪的途程……
东阳江,如同它沿岸的乡人,
如同在山间生长的野猪,
长期地沉默沉默……
而当被撩拨得难以忍受,
它也会凶猛地爆发:
它吼叫着,撕裂轰轰倒坍的堤岸,

纵情地在野地上奔跑——
村庄成了一座座孤岛,
渡船从门口摇到对村的门口,
乡人们脱去衣裳,大声喊叫,
从浑水里打捞家具,
有时拖上一只挣扎的小猪……
娶亲的花轿歇在村口,
新娘子在轿内打瞌睡……

那时节,渡口的犬吠在黑夜惊扰,
星星点点的灯笼在岸上游移,
偷鱼的船悄悄擦过水面,
逃壮丁的青年急急泅过水面,
也有无法生存的寡妇,
在这里埋葬了青春……

水退时,从上锈的铁环,
辨认出系缆的渡口;
从满挂着污泥的树杆,
寻找着旧日田亩的痕迹。
搬开抛散的木桥的残骸,
乡人们把木犁插入泥中,
咬住嘴唇重新顽强地生活,
只在精疲力竭的夜,
闻到浆腥味时才发出痛楚的叹息。
为了争夺涨水后的土地,
两岸的乡人在岸边渐渐聚集,
江面映出了竹叶枪的红缨……

东阳江,南方丘陵中的江啊,
你教我像你一样去爱人类,爱阳光和云霞,
你教我像你一样去忍受和沉默,
爆发和反抗,发出像你一样粗犷的吼声。
从家乡来的人谈起你现在的面貌时,
我多么想来看看你手臂一样的
新建的堤坝,眼睛一样明亮的孔桥;
看看成群的打鱼的童年的伙伴,
成堆的织网的弟媳和嫂嫂。
东阳江,你的小伙伴如今又高又大,
当我一天回来,一定使你惊奇地赞叹。
那时,我将掬起你的水,
濯洗我远归的风尘,
我的响朗的歌声将在你水波上飘荡……

1956年12月16日

(原发表于北大《红楼》1957年二期,
1995年2月3日重新发表于《太原日报》副刊《双塔》,
转载于《名作欣赏》1995年第5期)

记郭丙于
——一位淡泊人世、无牵无挂的兄长

陈耀庭

一

2013年2月23日,1956年级老二班同学郭丙于,病逝于北京北大医院干部病房,享年78岁。此时,我正在澳洲悉尼,并不知晓。后来,我才得知丙于兄已经先走一步了。

2016年,当我在香港讲学,准备赴北京参加1956级同学毕业六十周年聚会的时候,我想到了北京后,要用传统仪式祭拜丙于兄。于是,我请洪希刚同学打听丙于兄的长眠之地在何处。据告知,丙于兄生前

郭丙于

留有遗嘱,他的骨灰不保留,因此,丙于兄在人世间没有留下供人祭奠的所在。

2017年,我看到了丙于兄的手书:

"我死后,一切从简:不要举行任何仪式(追悼,告别),不要保留骨灰。不要购置寿衣鞋帽,可以用原有的衣(灰色中山装和白衬衣)、鞋(布鞋)、灰帽子。只告诉一直有联系的亲友和同事。"

丙于兄工整遒劲的书写笔迹,我是熟悉的。我知道这个遗嘱毫无疑义,我

们都必须尊重和照办。

看着他遗嘱,"不要购置寿衣鞋帽,可以用原有的衣(灰色中山装和白衬衣)、鞋(布鞋)、灰帽子",我就像看到丙于兄穿着朴素的衣衫、戴着陈旧的灰帽,站在我的前面。

看着他遗嘱,"不要举行任何仪式(追悼、告别),不要保留骨灰",我就想到他一生时时处处为党和国家的利益着想,为帮助别人解决困难着想,热情主动,细腻周到,无私无欲,无牵无挂的笑容和语态。

我怀念丙于兄,是因为六十年前,我从踏进北京大学校门,就得到了他的关心和帮助。

六十年前,1956年,我考进中文系,当时只有十七岁。因为我少年丧母,家境贫寒,无力置办旅行装备。所以,我是提着一个三十年代母亲出嫁时用的铜环纸板箱来到北大的。记得我入住十斋宿舍以后,郭丙于就找我谈话,了解我的家庭情况。郭丙于原来是山西省委宣传部的干部,他响应国家的号召,克服寡母独处的困难,来北大上学。大概他从小生活艰苦,很能理解我的处境。我如实地告诉他,我出身道门家庭,上有祖父母和父母,下有兄弟姐妹5人,家里只有我父亲的固定收入60元,生活艰难,最穷的时候,8个人围着一碗菠菜度日。这次来北大,旅费都是靠亲友的接济。郭丙于听了,情同身受,上报系里以后,学校给了我全额的助学金,包括生活费和零花钱。直到1961年初,我病休离校,一直获得学校的资助。我是十分感谢丙于兄在我踏进校门以后就给我的亲如手足的帮助的,使得我几年学习没有后顾之忧。

丙于兄关心同学,从1956年到1957年同全班同学和睦相处,在班级建设、班务工作中,做了大量细致的工作,还推荐我担任班级的生活委员,推荐我到《红楼》杂志做行政工作,让我小小年纪获得锻炼的机会。

我怀念丙于兄,还因为五十七年前,我身患重病的时候,得到过他的关心和帮助。

五十七年前,1960年的2月,我得了急性肝炎,在校医院隔离治疗了三个月未见好转。校医院安排我到北京医学院三院的肝脏病门诊做进一步检查。可是我,在北京没有家属,没有亲戚,除了同学没有一个亲人。那一天坐在救护车上陪同我的,不是别人,而是不怕被传染的、兄长般的同学郭丙于。

北医三院的肝脏病治疗的权威大夫郑芝田教授,开出了收治我进病房的通知书。又过了几天,还是郭丙于陪同,他不嫌我久不洗澡,身上都长有虱子的肮脏,他拿着我的转院通知,提着一个包裹,用救护车将我送进内科第十病房。在十病房里,我住了整整八个月,直到1961年的1月,才在肝功能检查基本稳定以后,出院离开学校,回到上海家里继续治疗和休养。后来,听说丙于兄不久也得了肝炎。不论他的病源来自哪里,和我接触,总是一个可以怀疑的来源。我常常对此感到万分内疚。

当年,在"轰轰烈烈的反右派斗争"中,丙于兄因为坚持实事求是、保护无辜同学的政治生命、尊重个人思想和言论的自由,而被无限上纲,被批判为"严重右倾",还蒙受了留党察看两年的处分。但是,同学们对他始终怀着尊敬和亲密的感情,始终把他当成自己的大哥。1960年,丙于兄陪同我赴北医三院看病和住院的时候,正是他处在蒙受不白之冤挨整挨批的时期中。

我怀念丙于兄,还因为五十六年前,我在家养病的时候,得到过他的关心和帮助。

五十六年前,1961年,我在上海养病。得知郭丙于喜结连理,赴新疆大学工作。我曾经从上海以贺电向他们表示祝贺。郭丙于也牵挂着正在上海养病的我,还每月寄钱给我帮助养病,渡过难关,争取复学。他按月寄给我的钱,占了他微薄的工资不少的部分。每次我拿到汇款单,都由衷地感谢他们手足情谊,终生难忘。当然,我也深知他边疆生活和家庭负担的艰难,当即退回了他所有的帮助款,并且写信给他表示由衷的感谢,以及养病复学的决心。

从1956年到1961年这五年里,我和丙于兄建立起来的友谊和友情,同我的学习、工作、生活乃至生命密切联系在一起。虽然我们不是手足,但是如同兄弟一般,不管经过多少日子,不管经过多少波折。在我的心里,他始终是我的大哥。

二

1957年的"反右斗争"是我们进入北京大学以后,遇到的第一场政治运动。许多同学都在向党交心时说了许多心里话。这些帮助党整风的话,都面临着被当作阶级敌人恶毒攻击的命运。在这个"生死关头",郭丙于坚持实事求是的态度,处处从爱护同学的立场出发,做了不少向系党总支为被错划为"右派"的同学辩解,处理被划"右派"同学的日记以减少"罪责"等等的事情。一位同学平时喜欢说话,运动中自恐言多语失,压力很大,于是找郭丙于谈心。丙于兄语重心长地提醒收敛锋芒,最终免遭横祸。这位同学事后感慨郭丙于对他一生的深远影响,对丙于兄怀有深切的思念。丙于兄做了许多保护同学的事情,却被批判为立场严重右倾,还受到党内处分,使得他蒙受了二十年的政治磨难。

据说,1961年,丙于兄从语言专业毕业。毕业之前,他刚刚得了急性肝炎,症状略有好转而出院。根据当时的毕业生分配的政策,丙于兄因为是独子,家中又有寡母,完全有资格留在北京或者返回山西。据说当时,他也并未报名赴新疆。可是,原定计划分配赴新疆的突然发生变动,系里动员丙于兄先结婚,后赴疆。郭丙于迫于政治生命的压力,无奈之下,只得服从安排,草草成婚后,踏上了赴新疆大学报到的道路。

从20世纪60年代到70年代的二十年间,郭丙于是在疾病的反复折磨、生活的颠沛流离和运动的颠三倒四中度过的。

三

在20世纪80年代,郭丙于调回了北京。郭丙于就职于国家人事局,后调整到劳动人事部,出任劳动人事部干部局办公室主任。

据说,郭丙于在人事部任职期间,根据政策的许可,曾经应同窗同学的要求,给过一些同学的调动工作和回乡返家的方便和帮助。受恩于他的同学,至今久久不能忘怀。

从回京恢复工作开始,随着国家改革开放步伐的推进,丙于兄潜心研究行政管理科学,将自己的全部精力放在了推动国家行政机构管理从经验型管理向知识型管理的转变,使得国家行政管理实现现代化、科学化和法制化。丙于兄全身心地投入了中国行政管理学科的理论体系的建设,以及中国行政管理学会、行政管理研究所和国家行政学院的筹建上。

1982年1月29日,《人民日报》发表呼吁性评论文章《把行政学的研究提上日程是时候了》。1984年8月,郭丙于参加并筹划了国务院办公厅和劳动人事部在吉林市召开的行政管理学研讨会,明确提出"建立具有中国特色的行政管理学"。

1985年,国务院办公厅下发《关于成立中国行政管理学会筹备组的通知》,原劳动人事部干部局办公室主任郭丙于出任中国行政管理学会筹备组副秘书长,具体执行各项筹备事务。

1986年,郭丙于和各地专家共同为构建中国特色的十字型行政管理学学科体系、探寻学科源等研究工作出谋策划。

1988年,郭丙于主持召开了中国第一次行政学的学术会议,中国行政管理学会正式成立,这些都被认为是中国行政管理学发展史上的里程碑。郭丙于出任管理学会第一届、第二届领导成员中的副秘书长之职务,出任第三届领导成员中的特邀理事之职务。其间,郭丙于南下北上,推动国务院办公厅文件的落实,推动各地行政管理学会的筹建、成立和学术活动的开展。

1990年11月,全国县级行政管理研讨会在南京召开,副秘书长郭丙于出席研讨会,并就建设高效廉洁的县级政府管理,在会上做了发言。

1991年3月,郭丙于出席广东省行政管理学会首届年会,代表中国行政管理学会致贺词,并以副秘书长的身份致辞。郭丙于指出,"行政管理科学研究对我国的社会主义现代化建设,对于改革开放事业是不可少的","政府领导的重视是行政管理科学事业和学会工作发展的根本保证",并且提出行政管理学会要"积极开拓",行政管理的"人才的成长,队伍的壮大和广泛的科研活动"要"互相促进"等等。

1995年,郭丙于在北京出席第二次中法两国行政管理学会研讨会。研讨会的主题是政府对国有企业的管理与改革。

1996年,郭丙于在青岛出席中国行政史研究基地专家论证会。

在中国行政管理学会工作不断开展和深入发展的同时,郭丙于还以极大的热情推动各高等院校筹建行政管理研究所或者开设行政管理系科,大力培养这一新学科的研究和教学人才。

在这些开创性工作的同时,郭丙于还撰写或者合作编写了一些行政管理科学研究的著作。这些著作的论题大多是在中国初次涉及。

1991年,张文寿主编、郭丙于副主编的《邓小平行政管理思想研究》出版,并且获得了全国行政学研究成果一等奖。后来,在上海西郊宾馆举行的邓小平思想和管理学理论的研讨会期间,郭丙于做了邓小平思想和现代管理学的主题发言。当时,我和郭丙于已经分别了二十五年,有机会在上海西郊宾馆见面,非常高兴。那次会议期间,郭丙于和我还一起专程拜访了曾经绘制中国画"白猫和黑猫"而著名苏南年画画家陈某。

1988年,《行政管理学专业系列教材》出版,全部教材共十四种。郭丙于为全书撰写了《总序》。

1995年,郭丙于的《中国行政管理体制改革——研究与思考》(合著)在当代中国出版社出版。

在1992年,我在参加北京举行的世界宗教学会年会期间,在北京展览馆剧场宾馆又见到了郭丙于。在阖家宴席上,郭丙于讲述了他开创管理学研究和建立管理学研究所和中国管理学学会的艰辛过程,至今历历在目。

1994年,郭丙于从国务院行政管理学院岗位上退休。同年,我在参加北京大学举行的第二次中日佛教研究会议期间,还曾经和洪希刚、已故的周肖邦、韩蔼丽一起到朝阳门外郭丙于家中,拜访过他。

2016年,我在准备执笔写作回忆丙于兄的文章时,有幸读到了1991年,中国管理科学研究院聘丙于兄为研究员时,由中国社会科学院文化研究中心研究员张晓明先生亲笔书写的对郭丙于的评语:

> 郭丙于同志是老同志、老党员。几十年来,一贯忠于党的事业,立场坚定,事业心强,有丰富的工作经验和很强的组织领导能力。工作认真负责,忠厚老实,谦虚谨慎,善团结人。观察敏锐,思想周密,学风严谨,具有实事求是的科学态度。

张晓明的评语无疑是一位学者对郭丙于一生学术能力和成就以及个人品质修养的客观公正、确切实在的勾画和评价。

熟悉郭丙于一生的人,都知道他从进入北京大学到终老这五十六年里,几乎有二十年的时间是被误解、被批判、被整肃、被斗争、受委屈的,经受了人间政治磨难。另外,还有近二十年的时间是在经受急性肝炎、尿毒症和脑血管梗死等疾病的折磨。但是,他面对这些个人灾难,从来是独自咬牙挑起,从不把冤屈和痛苦挂在嘴上,放在脸上。当中国社会允许他发挥能力和专长的机会来到的时候,丙于兄又用了不到二十年的时间,利用自己是人事部办公室主任的条件,团结有识之士一起,走南闯北,夜以继日,拼命工作,推动中国行政管理从经验型的人治到科学化、现代化管理的改革。从无到有地创建起了中国行政管理学科,建立了专业研究机构和专业学院,创办了专业期刊以及筹组了全国性的行政管理学会,在中国土地上扎扎实实地办成了一件大事。尽管贡献巨大,但是他始终谦虚谨慎,毫不自傲,甘愿当一个默默无闻的副秘书长。

丙于兄知道后人会怀念他,会感谢他的无私奉献,因此,他留下遗嘱"不要举行任何仪式(追悼、告别),不要保留骨灰",连一块有形的空间都不留下。不过,每个受恩于他的人心中都明白他的宏愿。我们都怀念他,感激他,心香一炷,遥对南天,愿丙于兄在天之灵护佑他留下的事业发扬光大!

我欲乘风归去
——记探望病中的吴兆孟同学

陈耀庭

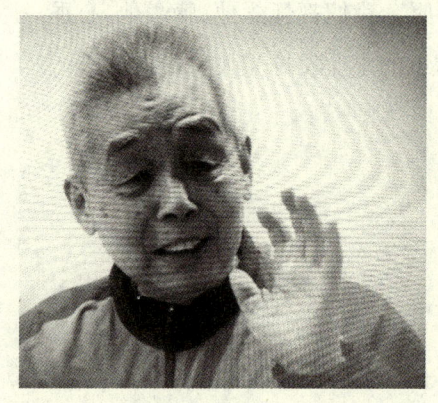

吴兆孟

2017年3月19日,吴济时老班长,偕同正因为亲属病重逗留广州的俞静堃和正在广州讲学的陈耀庭,一起专程探望了居住在深圳的病中的吴兆孟同学。

兆孟躺在病榻之上,紧紧握住来探望他的同学的手,热情地回忆着他的童年和青年时代的许多故事。

他说道:"我受传统道德的影响较深。班超、张骞等都是我儿时心目中的爱国者。我认为在当时的历史条件下,各个民族都在以武力开拓疆域,国家弱了就会在世界上无立足之地。所以班超他们是我们的爱国英雄。同样,岳飞、文天祥、林则徐、霍去病、马援等也都是爱国英雄,因为他们都为保卫国家立下过汗马功劳,有人更是付出自己生命。所以我年幼时便敬佩他们,愿意学习他们为国家所做的一切。而对那些出卖国家和民族利益的汉奸,我是深恶痛绝的。这些观念,一直保留到今天。1951年12月,在当时的宣传下,自以为用实际行动参加爱国的最好良机来了,不顾反对,而从学校直接报名参加军事干部学校,从学校直接报名,进入了华东军事通讯学校十一中队,成为一名正式学员,成为一名军人。当时,我自以为找到了最好的爱国之路,自以为为自己的生命前途做出了最好的安排,陶醉在幸福之中。"

他说道，1956年，他又响应国家的号召，服从组织需要，来到北大，在中文系56级老二班，开始接受系统的专业教育。其间，他得到许多同学给予的帮助。他讲述了一个个故事，诉说着他对每一位曾经居住在一个宿舍的同学，对每一位曾经在学习上、生活上、工作上帮助过他的同学，都怀着深深的感激之情。

当他说道，在1959年，在平谷劳动时，曾经按照组织安排，和其他两位同学一起，亲手参与埋葬一位死于非命的学业优秀的同学的时候，不禁失声痛哭，表现了他对这位同学的手足深情，也表示了他对这位同学所受不公待遇的愤慨。

1961年，兆孟在北大毕业以后被分配在北京市一个中学教书。他勤勤恳恳地努力工作，无私无悔地教育学生，和同学们建立了深厚的感情。不少同学后来都成为国家建设的栋梁。近日，他们得知兆孟老师患病的消息以后，都送来药物或钱款报答他曾经给过他们的爱心和厚望。

兆孟有一个幸福美满的家庭。他的伴侣王德春女士，当年是北大化学系的学生。老同学们早在大学时代就知道他们的恋情。如今，他们的孩子都已成才，在海内外都有自己的事业。兆孟夫妻相亲相爱，不离不弃，现在居住在深圳市最好的公立养老院里。他们特别感谢当地政府无歧视地给予他们这个刚刚进入深圳的家庭的关怀，让他们二老获得了稳定而周全的晚年生活。在这个养老院里，兆孟还学会笔墨绘画，制作了巨幅中堂彩梅画卷，代表养老院赠送给了深圳市民政局，此事也成了该院的美谈。

兆孟说："现在我的肿瘤在全身大面积转移。癌病已到晚期。看来留给我的时间也许不会太长了。我想把自己的情况多少给你们介绍一下。想你们能更多一些记住曾有我这样的一位傻同学。虽然努力，但一生一事无成。真是白活了一辈子。太可悲了。"

探望他的同学们都拉着他的手，称赞他一生热爱祖国、淡泊名利、无私奉献、感恩社会、宽厚待人、笃重友情、关怀后代的优良品质，鼓励他遵从医嘱、积极治疗、从容面对、早日康复。

兆孟接待远道来访的同学，断断续续地说了有近一个小时。同学们怕他过分劳累。告别时，兆孟一个个地激动地握着吴济时、俞静堃和陈耀庭的手，吟诵着苏东坡诗词的名句：

"我欲乘风归去……我欲乘风归去……"

编者按

本文记载的病中同学吴兆孟先生，不幸已于2017年4月20日在深圳病故。深圳红十字会祭奠网有吴兆孟同学祭奠网页，供诸亲好友寄托哀思。

半世兴安雪涌冰
——忆王昌珞同志

崔志博

王昌珞（左一）、崔志博（左三）

五月初的大兴安岭，松桦还没有吐绿，山岭还是灰黄的颜色，只有报春的红杜鹃会在白雪里绽放，带来春的消息。

退休已有五年，故人天南海北，只是在年节时微信里互报平安，或者偶尔在梦境里见面。忽然接收发室电话，说有我的挂号信——这已是多年未有的事了。展开信纸读了起来："崔志博先生，我是从您的微博上得知您是王昌珞的朋友。我跟王昌珞是大学的同班同学，我们年级（北大中文系56级）的大学同学，皆已风烛残年，准备出版一本回忆录，您能否写篇追忆怀念王昌珞的文章，如能如愿，非常感谢。祝夏安！李延祜2017年5月10日。"哦，是王昌珞的同学，赶紧按照信上的号码和李延祜先生通了电话，李先生说，大学毕业几十年，直到退休后才与王昌珞见过几面，但一直没能详细了解他在大兴安岭的情况，希望我能回忆介绍一下。我深知自己才疏学浅，要在北大中文系的同学回忆录里写东西，实在是勉为其难，但对我的恩师、领导和朋友王昌珞,我觉得应该写、必须写,也是对他的怀念吧!

王昌珞于2015年1月8日在京去世,至今已有两年多了。他78岁的人生有35年是在内蒙古大兴安岭林区度过的。他生长于潇湘,求学于燕园,奉献于大兴安岭。斯人长逝,但大兴安岭的山山水水留下了他的足迹,这里的人们还记得他的名字,特别是我,还会时常念起我们之间的友情。

我和王昌珞相识已是20世纪70年代后期了。那时"文革"还没有结束,但林彪事件打破了庄严的神话,人们的革命热情开始消退,在迷茫和怀疑中开始探索。在一个偶然的场合,我见到了王昌珞,颀长的身材,白皙清秀的面孔,还有和年龄不太相称的清澈的眼睛。当时,他好像是在谈论文学,只见他口若悬河,侃侃而谈,那么投入,充满激情,仿佛进入了另外一个世界。听别人介绍,他就是王昌珞,《林海日报》(我们企业自办的全国发行的报纸,1953年创刊)的编辑,北大毕业。好像是因为沾了一个"右"字,被发配到我们这个天荒地老的内蒙古大兴安岭林区。北大毕业、报社编辑,对于我这样一个只读了初中一年、经历了造反、下乡(我属于"上山"知青),又渴望知识,爱好文学的青年来说,只有仰慕的份儿。即使是那个当时被视为"另类"的"右"字,也成了佩服他的因素——因为我的父亲就曾经被戴上过"右倾机会主义分子"的帽子("文革"时吃尽苦头)。五六十年代,在我们那边远的原始林区,有很多支边的知识分子,他们或是下放的干部,或是因家庭出身、历史问题、海外关系等等流放的人。北京上海,清华北大的,海外留学过的都有,很多人是医生、教师或者是工程师。虽说是他们经历了人生的坎坷,但也把科学文化带到了这里,王昌珞就是其中的一位。

由于我在满归林业局当新闻干事,就和在报社工作的王昌珞有了更多的接触。那时候,经历了"文革"的折腾,我对国家和个人的前途都感到迷茫。虚假的政治宣传让人厌恶,八个样板戏味同嚼蜡,可读的书少之又少,精神十分苦闷。王昌珞带着我到山场伐木工队采访,走山路、住帐篷、吃粗粮冻菜,生活虽然艰苦,但和他在一起,十分快乐。他给我讲文学,讲历史,谈人生,谈艺术。在我的眼前展现了美好的另一世界。他待人极其诚恳热情,恨不得把知识一下子全灌进我的脑袋里。无奈因"文革"的耽误,我的底子太差,往往愚钝不堪,有时会让他摇头叹息。

王昌珞好像最偏好外国文学,经常对我大讲外国文学名著,但丁、莎士比亚、巴尔扎克、雨果、乔治·桑、马克·吐温、杰克·伦敦、契诃夫、屠格涅夫、托尔斯泰、高尔基等等。讲到这些人的作品时,他有时是娓娓地叙述,有时是高声地朗读,全神贯注,目光如电,如同面对无数听众,完全沉浸在文学的境界里。让他意外和高兴的是,他提到的这些书,大部分我都看过,而且能谈出点心得体会(我自幼爱好文学,停课闹革命时又拼命偷看了大量禁书)。这样,我们之间的话就更多了,成了文化浩劫之后的"知音"和忘年交的朋友。几十年后的今天,我还记得那年冬天的夜晚,在图里河林业局招待所的小房间里,我们雪夜谈诗的情景(是泰戈尔的《园丁集》)。他真不像一个从高端跌入低谷,经历了长期磨难的人,理想之火照亮了他的心,也温暖着身边的人。在我们林城牙克石,有许多人年轻时都是他的朋友,至今称他为恩师。因为他的鼓励和教诲,他们才没有沉沦,才能在粉碎"四人帮"后,抓住机遇,实现自己的理想。他们中的许多人,现在已成为音乐家、学者专家、律师医生等卓有成就的人,这是王昌珞最值得快慰的事。

王昌珞是一个极其热心的文化启蒙者,求知如渴的年轻人聚拢在他的身边,俨然形成了一个"沙龙"。他待人热诚,一点儿架子也没有,也没有一点儿戒心,只要你肯学爱听,他就滔滔不绝,诲人不倦。我仿佛看到了他当年风华正茂、书生意气的影子。不过运动的打击也留下了痕迹,对命运的不测他怀有深深的恐惧,绝口不谈当年北大的事情,政治上的一点儿风吹草动都会让他感到惴惴不安。

和王昌珞丰富的精神世界相比,他对物质生活的要求却那么少。当年我去过他家。四十多平方米的平房,简单的桌凳,只有不多的书刊显示这是个知识分子家庭。他的夫人冯迎春是中心医院的产科医生,三个聪明可爱的男孩,分别叫灵哲、灵光、灵元。不高的工资要养活五口之家,还要接济父母兄弟;大兴安岭冬天的寒冷可称全国之最,引火柴、燃煤都是难弄之物,套火炕、砌火墙更是个技术活,王昌珞不善求人,又不会干活,可以想见生活的艰难。他对饭食的好坏好像没有什么感觉,不会饮酒也不喝茶,只是烟吸得厉害;他穿着随便,但难掩书生本色;上班的时候常常忙得忘了下班的时间,走路总是低头思考,甚至撞上大树。

80年代初,王昌珞把我调入《林海日报》要闻部当了编辑,他是总编室的副主任,我们在一起工作,对他有了更多的了解。随着改革开放,知识分子政策的落实,他入了党,又当了"官",成为他工作了三十多年报社的总编辑。他当官没有官样,作风民主,积极推进新闻改革,加强报纸舆论监督,报纸办得风生水起。他还和过去一样,有空照样和同志们胡侃神聊,在他领导下工作,大家心情都很舒畅。我知道官位在他心里没什么分量,对官场"艺术"他一点儿也没有研究,跟官僚们打交道,他内心纠结甚至痛苦,我痛惜地感觉,官场不是他的位置,只会让书生斯文扫地。其实早在1979年时,黑龙江大学和湖南的湘潭大学就要调他去教书,但上面就是不放,他也没有坚持硬走。大概就是因为他割舍不掉对这片土地和这里人们的情意,他是个重感情的人!

我在报社工作两年就调离了,王昌珞干到六十岁于1997年退休,他去了北京,住在大兴区的枣园小区,我们的联系少了。到北京后,他曾和过去的老师同学编过杂志,又积极参加社区的活动,结交了许多朋友。其间,他回过几回牙克石,我也到北京看过他几次,北京的住房不大,但书很多,他精神很好,看不出是个老人,只是后来被人骑车撞伤,加上患病,不良于行,限制了活动。大概是他去世的前一年,我们在博客联系上了,临终前不久,他还写下了《自况诗》:

> 扪心自忖何所似,恰如江湖一飘萍。
> 廿年潇湘风送雨,半世兴安雪涌冰。
> 老病燕南犹思进,不将酕酟乐残生。
> 剩光余热育桃李,愿为枣园添新红。

我注意到诗里没提北大那段,那是他永远的痛? 2015年1月8日,一个严寒的日子,王昌珞在北京的护养院溘然逝世。

我会时常想起他,王昌珞是一个什么样的人? 极高的天分,旺盛的创造力,善良的初心,坚强的意志;但又完全不成熟,天真直率以至于轻信,甚至于一生也没学会圆滑的处世之道。与现在某些"精致的利己主义者",他显得近乎于傻了，这也正是他的可敬可爱之处。最近在《南方周末》上读到濮存昕谈他对李白的体会，深有所得。他说：其实《李白》这个剧本讲的就是进退两难：进则兼济天下，退则独善其身，这是中国知识分子的纠结处。说想报国、走仕途，你又忍耐不了官场的倾轧。退则独善其身，他又不甘寂寞。王昌珞不就是这样的李白吗？他是一个知识分子，一个优秀的人，我是一个俗人，对他只能是"虽不能至，心向往之"。

王昌珞（左三，2011年）

那么他的一生是值还是不值呢？小的时候他曾经是少年得志，众星捧月的读书种子，1956年轻而易举地考上北大中文系。短短一年后，就在运动中因言获罪，那是他人生的"苦难历程"的起点。二十年的时间里，"右"的帽子压着他，在政治上被视为不可信任者被打入另册。下放劳动，运动挨整，从大学毕业到退休，他在这个名不见经传的报社干了半辈子。忙忙碌碌，他甚至没有留下一部学术著作，这大概要和他的许多同学相形见绌了。这是令人惋惜的。但是，逆境和挫折没有打倒他，在冰天雪地的大兴安岭，在茫茫无际的林海雪原，王昌珞像冬天的火把，燃烧自己，温暖别人，我感谢他，这里的人们感谢他——他的一生值啊！

2016年6月16日写于内蒙古牙克石

附

雪夜谈诗忆当年
崔志博

在我的书柜里翻出一本泰戈尔的《园丁集》,上海译文出版社出版,绿色的封面,薄薄的68页,定价只有两角六分。翻开书页,满篇是我划的红蓝笔道,大概都是当时最打动我心的诗句。这本书一下子把我带回到三十多年前,那个令人怀念的一幕。

具体地说,时间是1977年冬天的某个夜晚,地点是图里河林业局招待所后院的小平房里。当时我是满归林业局宣传部的通讯干事,跟着《林海日报》的编辑王昌珞学习新闻采访与写作。我们上林场、走家庭、访问干部群众,同吃同住同写作,十几天下来,已经是相当熟悉了。当时粉碎"四人帮"不久,刚开始拨乱反正,思想解放的热流如坚冰下的春水暗暗涌动,人们嘴上不说,心里都揣着变革的期望。王昌珞可不是等闲之辈,他是湖南长沙人,北大中文系毕业,季羡林、吴组缃、王瑶等名师大家都是他的老师。他在读书时险些被打成"右派",毕业支边(实际是被发配)到内蒙古,先在呼和浩特,后到林区,在报社一干就是二十多年。王昌珞待人极其诚恳热情,恨不得把知识一下子全灌进我的脑袋里。无奈因"文革"的耽误,我的底子太差,往往愚钝不堪,有时让他摇头叹息。

王昌珞好像最偏好外国文学,经常对我大讲外国文学名著,但丁、莎士比亚、巴尔扎克、雨果、乔治·桑、马克·吐温、杰克·伦敦、屠格涅夫、托尔斯泰、高尔基等等。讲到这些人的作品时,他有时是娓娓地叙述,有时是高声地朗读,全神贯注,目光如电,如同面对无数听众,完全沉浸在文学的境界里。让他意外和高兴的是,他提到的这些书,大部分我都看过,而且能谈出点心得体会(这还得感谢停课闹革命时我拼命偷看了大量禁书)。这样,我们之间的话就更多了,成了文化浩劫之后的"知音"。

就是那天夜里,我们住在招待所的小小房间里,屋子外面是纷纷的大

雪、极度的严寒,屋子里面火墙滚烫,温暖如春,大电灯泡明亮。王昌珞手里拿着一本薄薄的、竖排版的泰戈尔诗集对我开讲了:

——早晨,我把我的网撒进大海。从那黑色的深渊里,我拉起来了形态奇异、颜色殊丽的东西——有的灿烂如微笑,有的闪烁如泪珠,有的嫣红如新娘的面颊。

——我迷失了我的路,我彷徨歧途,我求索我得不到的,我得到了我不求索的。

——我的心是旷野的鸟,已经在你的眼睛里找到了天空。你的眼睛是早晨的摇篮,你的眼睛是繁星的王国……

这是三月的月明之夜;空气里是指甲花的甜香;我的横笛遗忘在大地上,而你的花环也没有编成……

泰戈尔这美丽的诗句,一下子把我带入了无比美好的境界,我好像真的来到印度,那草木蓊郁的河谷,那温润的、月色朦胧的河滩,那婀娜美丽的倩影,那动人悦耳的琴声。我像一个从小吃糠咽菜长大,从未尝过美食的人,突然来到华美的盛宴,沉醉在泰戈尔的诗里,感觉好像眩晕,又好像是要窒息一样。经历了十年浩劫,残酷的"阶级斗争",每天上演着整人和被整的闹剧。文化上是一片荒漠,八亿人民整天只能百看不厌地欣赏"八个样板戏",人民欣赏享受美的权利被无情地剥夺了。而我们每个人,都经历了多少不堪回首的坎坷啊?学业荒废,青春不再,将来的路如何走,何以安身立命?

也是在那天晚上,王昌珞谈到了但丁,谈到了狄德罗,谈到了欧洲的文艺复兴,谈到了神学禁锢的打破,思想的大解放。那时我还算上个热血青年,"身无分文,心忧天下"。我心想,这不正是中国的现在吗?从内心感觉到,中国要变,春天不会远了!王昌珞那神采飞扬的表情给我留下了不可磨灭的印象。

从那个雪夜到今天已经三十多年了,在记忆中还是这么清晰。王昌珞不但是我文学的启蒙者,而且是我成长道路上的贵人。当年是他把我从林业党校调到《林海日报》社,后来又是经他大力举荐调到了林管局办公室。他今年已经七十四岁了,住在北京,身体还好,只是因被骑自行车的民工撞伤,不良于行。我衷心祝愿他健康长寿。林区开发建设时期,大兴安岭真是藏龙卧虎,人才济济,不知今后这样的景象能否再现?

还是回到泰戈尔的《园丁集》吧:

没有一个人长生不老,也没有一件东西永久长存。兄弟,记住这一点而欢欣鼓舞吧。

我们的一生不是一个古老的负担,我们的道路不是一条漫长的旅程。

一个独一无二的诗人不必唱一个古老的歌。

花褪色了凋零了;戴花的人却不必永远为它悲伤。

兄弟,记住这一点而欢欣鼓舞吧。

2011年10月10日

寄王昌珞先生

崔志博

国庆佳节,牙克石风和日暖,气候宜人。看秋叶缤纷,听金风飒飒,不由想起我的恩师、朋友王昌珞先生。他退休后久居北京,年来患病在身,辗转病榻,我们经常电话联系。回忆往事,当年意气风发,在《林海日报》,笔走龙蛇,纵论天下,讴歌改革开放。现都渐入老境,走在人生边上,不由感慨系之。对未来,我们都在忧患中抱有希望。赋诗两首,略表深情:

其一

丽日金风爽,林城秋意浓。

思深情更怯,都在不言中。

其二

秋到塞北层林染,月朗星稀夜气寒。
念君染疴居京华,耿耿丹心系兴安。
忆昔雪夜谈诗话,又记春风共笔端。
云山难阻逍遥游,奋翼再迎艳阳天。

附王昌珞诗

秋到京南

秋到京南枫林染,天光暗淡阴云掩。
霜叶乱舞片片落,昏鸦哀噪声声寒。
恶疾缠身老愈苦,凄风前阻归雁难。
但愿夜梦杜鹃艳,心随鲲鹏回兴安。

自况

扪心自忖何所似,恰如江湖一飘萍。
廿年潇湘风送雨,半世兴安雪涌冰。
老病燕南犹思进,不将酩酊乐残生。
剩光余热育桃李,愿为枣园添新红。

怀旧

病卧陋室故人陪,欲诉往事电铃催。
赏遍燕南金花菊,不及岭西银老梅。
我今辗转忆旧友,一寸相思一寸灰。
打开唱机放新曲,抑何慷慨有余哀?

护养院初夜感怀

雁唳三更短信频,两泪阑干枕留痕。

先是亲人勤相问,句句缠绵情意深。

继而朋友多鼓励,战胜病魔增信心。

左邻右舍献关爱,东风化雨扫残云。

而今抬望乾坤眼,严冬过去总是春。

作于2014年秋冬

作者简介

  崔志博,男,1952年生,1968届初中毕业。曾经是知青,放过马、筑过路,做过代课教师、林业技术员、团干部、编辑、秘书等等。电大、师大函授取得本科学历,高级经济师。2012年退休前任内蒙古大兴安岭林业管理局党委副书记、呼伦贝尔市政协常委。

永远的怀念
——忆老同学薛宝琨

冯志白

薛宝琨是我在北大的老同学。60年前的1956年,我们都是从天津考入北大中文系的。他在三班,我在四班。虽然不住在同一宿舍,但平日上课、吃饭、自习,每天打头碰脸,关系很不错。特别是我们俩都用天津方言谈天津的事儿,更觉得亲近。

他比我大两岁,是调干生。他从小住在河东的大杂院里,接触的人多而杂,阅历比我丰富。对天津的民俗民风了解颇多。他自己也很有天津人的风格,说话幽默风趣,常常从嘴中迸出个有意思的词儿,逗得大家哄堂大笑。

1958年系里分专业,我和宝琨都被分在"汉语专业",学语言。汉语专业只有一个班,宝琨还被选定为班长,于是我们俩又成为同班同学。当时正赶上

冯志白(左四)2011年

"大跃进"年代,整日热火朝天、轰轰烈烈,课也顾不得上。宝琨常常和同学们一起搞文艺创作,搞演出。平日他喜欢钻研英语,读外国文学作品。

1961年大学毕业。我留校做研究生,宝琨则被分配到中央广播说唱团创作组做创作员,和著名的相声大师侯宝林工作在一起;后来还一起下乡去河南"五七干校",同吃同住同劳动。侯宝林觉得宝琨是学文学出身,是个人才,鼓励他从事曲艺理论研究。从此,曲艺研究就成为宝琨一生事业的开端,和侯宝林也建立了深厚的友谊。

"文革"中,宝琨调到天津南开大学中文系做教师。这也得到侯宝林的大力支持。改革开放后,宝琨曾陪同侯宝林到日本访问,并在北京大学、南开大学讲学,以后又共同撰写了《曲艺概论》《相声艺术论集》等著作。90年代侯宝林逝世,宝琨又应天津《今晚报》之约,写作《侯宝林逸事》,开辟专栏,每周一篇,坚持一年多。21世纪初,宝琨又据此完成了《侯宝林评传》一书,对侯宝林大师的一生做了历史的评价。

天津是相声的发祥地。侯宝林的相声也是在天津成长、成名的。天津当地的相声泰斗是著名的马三立。宝琨调来到天津后,侯宝林曾亲自登门拜访马三立,将宝琨推荐给他,希望宝琨的事业能在天津生根开花。由此,马三立与薛宝琨也成为"亦师亦友"的关系。马三立逝世后,薛宝琨曾为其墓写作碑文,引用古语"外不殊俗,内不失正"来评价马三立的人品。宝琨还为马三立子女的著作写作序文,称颂马三立为"津门相声的魂魄"。

宝琨在南开大学中文系教授的是"民间文学""文学创作"等课程,颇受同学欢迎。他讲课常常脱开讲稿,侃侃而谈,既生动流畅,又不乏真知灼见。有一次上课,宝琨竟把马三立之子、也是著名的相声演员马志明请来做教学示范,马志明说一段,宝琨就分析一段,一上午说了五段相声,引得同学们笑声连连。后来,薛宝琨调到东方艺术系,讲课的气氛艺术味儿更浓,慕名前来听课的也大有人在。

薛宝琨还为系里培养了若干届研究生。现在都已经成为教学骨干和科研的新生力量。当时考研的同学往往纠结于专业的定向。薛宝琨就向他们说明:曲艺是中华文化的瑰宝,曲艺研究是一片尚未开垦的处女地,它大有可为,也大有作为。他还多方面地为学生们创造接触曲艺的机会,培养兴趣,以至于做专题研究、写论文等。在辅导研究生的问题上宝琨也花费了大量心血。

宝琨人缘很好,在京津曲艺界交友甚广。早在20世纪六七十年代,他就曾为著名的评书艺人袁阔成的两部长篇评书《大闹神州擂》和《大闹大名府》写作序文,肯定了这两部改编自《水浒》的评书是《水浒》新篇,体现了袁氏的艺术创新能力。80年代又为天津京韵大鼓著名演员骆玉笙(小彩舞)写作了《骆玉笙和她的京韵大鼓》专著,全面介绍了京韵大鼓的特点和演唱风格,并对骆玉笙的艺术功底做了全面的分析。

80年代末,宝琨首次在《今晚报》开辟专栏,名曰《说俗道雅》,每周一篇,历经数年。篇篇主题鲜明,文风活泼,雅俗共赏。90年代,开辟《侯宝林逸事》专栏。21世纪以来又有《哏都说哏》和《津门笑谭》两个专栏问世,短小精悍的语言都围绕着"哏"和"笑"做文章,再结合天津百姓的民风民俗,引用历史故事、艺人掌故、相声段子……娓娓道来,深受群众的喜爱。薛宝琨是一位曲艺理论的高产作家。几十年来,他虚心学习、奋力拼搏,完成了一二十部作品。除上述谈到的,尚有(包括合著):《笑的艺术》《相声溯源》《中国的相声》《中国的曲艺》《中国人的软幽默》《中国幽默艺术论》《中国说唱艺术史论》《怎样欣赏戏曲艺术》《侯宝林和他的相声艺术》《相声大词典》《中国曲艺大词典》《薛宝琨曲艺文选》等等。宝琨的著作常常部头不大,但内容深刻全面,意味隽永,发人深省。

宝琨的爱人是南开大学附小的一名教师。不幸于80年代中期染病卧床,生活全靠宝琨的长期护理。所以宝琨平日参加的会议不多,特别是会后宴请嘉宾,宝琨则从不参加,而是匆忙回家,照料爱人的饮食起居。就这样,照顾妻病25年,直至妻子平静离世。

20世纪80年代,我从中山大学调到南开大学,终于又与宝琨在老家团聚。虽然同在中文系,但不同教研室,所以平日联系不多。但我们都住在南开大学校内,每年春节我都要去他家拜年。见了面,宝琨经常高谈阔论,说新论旧,畅叙友情。去年春节前我还见到他,谁知年后就传来宝琨逝世的消息。巨大的悲痛,无以言表。宝琨的音容笑貌,风趣的谈吐,还时时浮现在我的眼前。几十年的情谊,不幸付诸东流,不胜悲伤之至!惜哉!曲艺界损失了一位良师益友,老同学失去了一位同窗好友。悲夫!

2017年8月于南开园

外来者的"故事"

洪子诚

洪子诚(近照)

乐黛云是我的老师,却没有给我上过课。1956年我考入北大,她已经是中文系老师。我读过乐黛云的几本随笔集,它们是《我就是我》(台湾正中书局)、《绝色霜枫》(百花洲文艺出版社,2000年)、《四院·沙滩·未名湖:60年北大生涯(1948—2008)》(北京大学出版社,2008年)。里面写到她在燕园中的几个朋友的遭遇,他们是程贤策、朱家玉、裴家麟。他们都是20世纪四五十年代之交,抱着创建新世界的热情,投身革命,却事与愿违,陷于他们未能逆料的悲剧性命运之中。

在讲述她的挚友朱家玉的时候,乐黛云用了"沧海月明"的美丽而感伤的题目。朱家玉老师我是知道的。1956年我们第一学期的课,有一门必修课叫"人民口头创作"。俗文学的课程,其实在民国时期就有的,但"人民口头创作"却是新出现的概念:这和学习苏联的教学体制有关。给我们上这门课的,就是年轻女老师朱家玉,当年应该只有二十几岁吧,现在回想起来,对她的音容笑貌,没有什么印象;做的课堂笔记也不见踪影。只记得她上课十分认真,对待学生和蔼可亲。期末考试是口试,由于紧张,我刚从广东过来普通话说不利索,回答是结结巴巴的。但她还是宽容地给了我5分。后来她就从系里"消失"了,原因不明。听说她是在中文系组织老师到大连旅游,乘船渡海的时候掉到海里淹死了。

四十多年后,我读到乐黛云老师的记述,才知道一些真相。觉得她的身世,有点像是宗璞小说《红豆》中齐虹、江玫的"混合体"。她有齐虹的那种出身,父亲是上海资本家。在中华人民共和国未成立或刚成立时,同样从上海不断打来催促的电报,让她离开大陆去美国念书。但是在这一人生选择的历史时刻,朱家玉老师并没有选择齐虹的道路,相反,她与江玫一样投身革命。她读马克思的书,知道了"剩余价值"学说,"痛恨一切不义的剥削","稍嫌夸张地和她父亲断绝了一切关系",留在解放了的北京,参加了南下的土改工作团,加入了共产党。

但几年后,她没有缘由,且不明不白地就离开了她热爱的"新世界"。乐黛云老师在《沧海月明——纪念一位已逝的北大女性》的文章中这样写道:

> 她的死对我来说,始终是一个谜。我们最后一次见面……那是1957年6月,课程已经结束,我正怀着第二个孩子,她第二天即将出发,渡海去大连。她一向是工会组织的这类旅游活动的积极参加者。她递给我一大包洗得干干净净的旧被里、旧被单,说是给孩子做尿布用的。她说她大概永远不会做母亲了。我知道她深深爱恋着我们系的党总支书记,一个爱说爱笑,老远就会听到他的笑声的共产党员。可惜他早已别有所恋,她只能把这份深情埋藏在心底并为此献出一生。这个秘密只有我一个人知道。……

> 她一去大连就再也没有回来!……她究竟是怎么死的,谁也说不清楚。人们说,她登上从大连到天津的海船,全无半点异样。她和同行的朋友们一起吃晚饭,一起玩桥牌,直到入夜十一点,各自安寝。然而,第二天早上却再也找不到她,她竟然这样离开这个世界,永远消失,无声无息,全无踪影!我在心中假设着各种可能,唯独不能相信她是投海自尽!……

> 这时,"反右"浪潮已是如火如荼,人们竟给她下了"铁案如山"的结论:顽固"右派",叛变革命,以死对抗,自绝于人民。根据就是在几次有关民间文学的"鸣放"会上,她提出党不重视民间文学,以致有些民间艺人流

离失所,有些民间作品湮没失传……不久,我也被定名为"极右分子",我的罪状之一就是给我的这位密友通风报信,向她透露了她无法逃脱的,等待着她的"右派"命运,以致她"畏罪自杀",因此我负有"血债"。……

这里提供的,是各种互相矛盾的信息。和乐老师一样,我也不大相信她会投海自尽。但更不相信她是偶然失足之类的事故。不过,如果她下了终结自己生命的决心的话,她的言行却毫无异象,这对我来说也是难以理解的。

乐黛云讲述的第二个人是程贤策,也就是上面说到的朱家玉所深爱的人。程贤策我也知道,我当学生的时候和1961年毕业留校,他都担任中文系的党总支书记。我确实常听到他那大嗓门的说话声和笑声。因为这样的说话方式,也因为常有豪言壮语,他的朋友有时候叫他"牛皮"。程贤策个子高大,十六七岁时为了抗日,曾去缅甸参加过抗日青年军("文革"的时候,这成为"历史反革命"的罪证)。1948年,这个武汉大学物理系的高材生决定转入北大历史系,原因是"他认为当时不是科学救国的时机,他研究历史,希望能从祖国的过去看到祖国的未来"。1948年,他作为北大学生自治会新生接待站负责人,在武汉,带领南方各地的二十几名北大新生,沿长江到上海,转乘海轮到塘沽,再来到北京。乐黛云就是他带领的新生之一。乐黛云写道:"在开往塘沽的海轮上……我和程贤策爬上甲板,迎着猛烈的海风,足下是咆哮的海水,天上却挂着一轮皎洁的明月。他用雄浑的男低音教我唱许多'违禁'的解放区歌曲,特别是他迎着波涛,低声为我演唱的一曲'啊!延安,你这庄严雄伟的古城……热血在你胸中奔腾……'更是使我感到又神秘,又圣洁。……他和我谈人生,谈理想,谈为革命献身的崇高的梦。我当时17岁,第一次懂得了什么是人格魅力的吸引。"

北大那个时候还在城里的沙滩,程贤策担任四院(北大新生开始在沙滩四院学习)的学生自治会主席。后来还到江西参加土改,担任中南地区土改工作团12团的副团长。1966年"文革"刚开始的六月,程贤策以走资派、历史反革命、地主阶级孝子贤孙等罪名,被揪到学校办公楼礼堂批斗……

批判会结束之后,他被扣上纸糊的白帽子,又被泼上红墨水、黑墨水,推推搡搡地押着在校园"游街"。"游街"结束之后的情况,乐黛云写道:

我去小杂货铺买酱油时,突然发现程贤策正在那里买一瓶名牌烈酒。他已换了一身干净衣服,头发和脸也已洗过。他脸色铁青,目不斜视,从我身边走过……

　　……后来,我被告知我心中的那个欢乐、明朗,爱理想、爱未来的程贤策就在我买酱油遇见他的第二天,一手拿着那瓶烈酒,一手拿着一瓶敌敌畏,边走边喝,走向香山的密林深处,直到生命的结束。……(《啊,延安……》)

　　这些书中讲述的第三个人,是乐黛云自己。就在程贤策被批斗的时候,她因为曾是"右派",这时也被列为革命群众的"监管对象"。她被"勒令"坐在会场的前面,目睹这位革命者,如何在"革命"的名义下受辱。和朱家玉、程贤策一样,她也是"欢乐、明朗,爱理想,爱未来"的。1948年,她从贵州遥远的山城只身跑到重庆参加大学考试,同时被南京的中央大学、北京师范大学和北大录取。她选择了北大。到了学校,积极投入中共领导的学生地下工作,秘密印制、分发革命宣传品,上沈从文先生家劝说他留在很快就要解放的北平。50年代初,她在北大团委工作,曾代表北京市学生参加在布拉格召开的第二届世界学生代表大会。新生活于她是金色的幻梦。我读高中的时候,就在《文艺学习》等刊物上,读到她谈新文学的文章,那时她应该刚毕业不久。她在政治、学术上都有出色的表现,大概也得到周围人们的"宠爱"。我一年级的时候,曾经在文史楼二楼中文系教师工会办的墙报上,看到对她有"黛子"的昵称。但是,1957年因为带头和年轻教师筹办《当代英雄》杂志等"罪行","反右"中定为"极右分子",遣送到京西门头沟农村的斋堂监督劳动。1961年经济困难,北大许多干部、教师下放农村。程贤策代表党总支到斋堂慰问下放干部的时候,"监管对象"的乐黛云也在那里。他们之间已经演变为"敌我"关系,不再是塘沽海轮上的"同志"了。乐黛云写道:

　　……白天,在工地,他连看也没有看我一眼。夜晚,是一个月明之夜,我独自挑着水桶到井台打水。……突然看见程贤策向我走来。他什么也没有对我讲,只有满脸的同情和忧郁。……他看着前方,好像是对井绳说:"也难得有这样的机会,可以这样深入长期地和老百姓生活在一起。"……迎着月光,我看见他湿润的眼睛。我挑起水桶扭头就走,唯恐他看见我夺眶而出的热泪!我真想冲他大声喊出我心中的疑惑:"究竟发生了什么事?这一切究竟是为了什么?这饥饿,这不平,难道就是我们青春年少时所立志追求的结果吗?"但我什么也没有说,我知道他回答不出,任何人也回答不出我心中的疑问。(《乐黛云散文集》)

朱家玉、程贤策和乐黛云先生,都有自己的命运,自己的喜怒哀乐。但如果放在当代历史的大背景下,他们的遭遇,其实是同一个"故事"。也就是说,这样的遭遇带有某种共通点,也有普遍性。我们在80年代初的回忆录,和"伤痕""反思"小说里面,也多有见识。热情、爱理想,但理想却受损、遭到打击;打击来自于所理想的对象;但厄运中又没有完全放弃,理想没有破灭,因此就有如乐黛云见到程贤策时的没有喊出的发问——最后,"故事"留下的也总是这个难解的"究竟发生了什么事"问题。因为"难解",这个"故事"也就还没有讲完。

沉重的足迹

胡冠莹

杨远鸿(生前照)

我捧起一叠发黄欲脆的纸,欲哭无泪……

其中之一是1980年9月29日在杨远鸿同志追悼会上官方致的悼词:

今天,我们怀着沉痛的心情,悼念曾为党的教育事业做出了贡献的杨远鸿同志。"文化大革命"期间,杨远鸿同志于1968年8月2日受林彪、"四人帮"、极"左"路线迫害致死,为此,我们表示深切悼念。粉碎"四人帮"后,我院党委根据党的政策,在1979年召开的落实政策大会上,彻底推倒了加在杨远鸿同志身上的一切不实之词,郑重地为他做出了实事求是的结论,给予平反,恢复名誉,受到了全体教师员工的拥护。

杨远鸿同志1935年7月生于广西贵县一户劳动人民的家庭里,1950年6月加入中国新民主主义青年团,1951年3月进入广西人民革命大学学习,曾在广西人民革命大学注册科、教育专修科、广西教师进修学院办公室和广西师范学院人事科工作,一向对工作认真负责。1954年9月在师院光荣地加入了中国共产党,1956年6月参加高考,被录取到北京大学中文系学习。毕业后服从党的分配,先后在桂林师专、广西师专、广西南宁二中、广西教师进修学院等单位从事教育工作。他热爱党、拥护党、拥护社会主义,工作积极,有强烈的事业心和政治责任感,为培养年轻一代、为党的教育事业做出了令人不能忘怀的贡献。

我们悼念杨远鸿同志，要把仇恨集中在林彪、"四人帮"身上及其所推行的极"左"路线，最根本的是要学习他为党的教育事业贡献一切的精神，学习他认真负责，一丝不苟的作风，学习他努力好学、刻苦钻研的精神，我们要坚持四项基本原则，团结一致向前看，为实现社会主义现代化的伟大目标而奋斗。

杨远鸿同志安息吧！
1980年9月29日

作为他的妻子，我早应该写点什么。但是一想起当时的情景，我就痛不欲生……鲁迅先生说："长歌当哭，是必须在痛定之后的。"(《记念刘和珍君》)然而我何曾痛定呢？

近几年很多朋友劝我："写写吧，写真实的往事，留给不知情的年轻人。让他们知道，'文革'的惨痛历史是不能忘记的。"但是我实在害怕心痛，还是迟迟没有动笔。最近又有人劝我写，我也深感垂垂老矣，时不我与；加之世界上三大致死病因——癌症、心脑血管病、糖尿病都集我于一身，大限之期可能不远，还是忍痛写出来，给后人留下一抹血的记忆吧！

事情还得从1968年春天说起。那一年春天，广西教师进修学院(后来称广西教育学院、南宁师范学院、广西师范学院)在广西高校中第一个成立了革命委员会，连自治区主席韦国清都亲自来院祝贺。当时广西的群众组织分为两大派，一派称"联指"，一派称"4·22"。我院成员以韦国清和广西军区支持的联指为主。本来有了革委会，就应该进行有秩序的"教育革命"，而五月初"众志成城"不知道从哪里弄来了大批武器，在幼儿园南边的空地上，大搞演习。如此使我们少数派4·22"在险峰"的同志觉得没有安全感，就派了杨远鸿等几位同志去找军代表展效良。

杨远鸿等向军代表展效良提出：既然成立了革委会，就不能再打派仗，希望军代表让"众志成城"上缴全部武器，并保障全校师生的人身安全。而一向以权威自居的军代表展效良对保障我们的安全之事更是只字不提。在这种没有安全保障的形势下，"在险峰"的师生纷纷逃离学院，有的逃回老家，有的则逃到4·22占多数的单位暂时避难。杨远鸿和我等十几个同志就到了广西大学暂住。在双方的僵持下,于七月下旬展效良派人给我们在广西大学的同志送来了他的亲笔信,答应政治上不歧视、经济上不亏待、保障人身安全,希望我们迅速返校,七月底他还亲自到广西大学接我们,这样我们就回到了学校。

没想到8月2日中午一点左右,一些"众志成城"的人突然冲进我家,连拉带拽就把杨远鸿同志抓走了,没过几分钟,又来抓我。这是我们始料未及的。他们把我带到在学员宿舍二、三栋之间,现场已经围了几百人,他们已经把杨远鸿同志打倒在地,他们也把我推倒在地下。他们强迫我俩承认是什么"反共救国团",这真是欲加之罪何患无辞啊!

在他们问不出什么的情况下,就喝令我们:"回去写交代!"我挣扎着站起来去拉倒在地上的杨远鸿,他说:"我起不来了!"没想到这竟是他的遗言!我拖着遍体鳞伤奄奄一息的身子回到家中,这时在家的还有杨远鸿的三姐和他的母亲和我的两个稚嫩的儿子。我让他三姐去找人把他抬回来,这时他三姐才想到去找解放军!不一会儿,杨远鸿被他们抬回来,放在外屋的地上,军代表也带着校医到了我家。可惜已是无力回天,杨远鸿同志瞪着眼睛离开了人世。

我浑身疼痛,迷迷糊糊地躺在里屋的床上,这时水电工来了,他是革委会委员,"众志成城"的群众代表。他问我有什么要求?我考虑打死人这么大的事,军代表和革委会主任三结合的领导都不出面,却派一个什么都做不了主的普通工人来,他俩可能都有心病。既然你代表革委会问我,我就有什么说什么。我一再要求追查凶手,找出幕后的操控者,但他们却没有给出合理的回应。

后来清查"5·16"运动开始了,展效良总想在我们单位抓出大鲨鱼,以表示他的立场坚定,于是把我和两个年幼的孩子关在小黑屋中,进行惨无人道的迫害。直到1973年才把我不明不白地放了出来,让我参加编写中学语文教材的工作。

直到打倒"四人帮"之后,我回到中文系教书,那时才给我和杨远鸿同志的所谓"5·16"案平了反,推倒一切不实之词……后来给杨远鸿同志开了追悼会,1986年也在整党和处理"文革"遗留问题时查出了打人凶手。这时我已经入了党,调回北京工作。广西师范学院(原广西教师进修学院、广西教育学院、

胡冠莹(近照)

南宁师范学院)组织部把《中共广西壮族自治区委员会整党领导小组办公室桂整函[1986]26号关于广西师范学院在"文革"期间与打死杨远鸿同志有牵连的人的定案处理的通知》及《关于广西师范学院"文革"期间打死杨远鸿同志有牵连的人定案处理协调会纪要》的复印件寄给了我。

面对这种现实,我真是欲哭无泪呀!

记得小时候看过朱自清先生的一篇散文《生命的价格——七毛钱》,说的是一个可怜的小孩以七毛钱被卖掉的故事。一个活生生被剥夺了生存权的年轻共产党员杨远鸿同志生命的价格又是多少呢?

"文革"结束后,很多同学同情我的遭遇,帮助我联系回京工作。其中先后有赵遐秋、曾庆瑞、郭丙于、俞静堃。最终在郭丙于的帮助下,我调到了中国政法大学,开始了我的新生活。我衷心感谢我的老同学,这也是我终生难忘的记忆。

同学汪景寿轶事

胡双宝

1980年代,我住北京大学燕东园36楼,汪景寿住38楼。那时候住所都还没有电话。1984年秋天某日,景寿风风火火地来找我,开门见山:"咱们编一本公文写作教材。我写你改。"我还没有来得及回应,他就拿出一摞稿子,说是已经写了几个部分,要我先看一下,特别叮嘱:"该怎么改就怎么改。"接着把初拟的框架留下。看他信心十足的样子,我无法讲条件,更无法推辞。我们开始了这种合作,后来回溯,是愉快的合作。各章都是他起草,我修改。他再改并且抄清,我再提意见后,他再斟酌整理改定。我找的文选,写出可以圈点评说之处,景寿撰作成文。1985年冬,《实用公文写作教程》出版,记得稿费不到4000元。根据实际工作量,按劳分配的社会主义原则,我说,我要四分之一,你拿四分之三。景寿立刻说:"没有那个事。"稍停顿后说:"两人合作,一人一半。"说得那么斩钉截铁,不容置辩。我立刻想起不久前,当场听到某两人合作出书,其中一人说"我比你多写三百多字"的情景。后来的一些文章,不论谁起草执笔,谁修改,只要是两人署名,就是对半平分。我们

汪景寿

实行的是不符合社会主义分配原则的友情分配原则。有一次公文写作教材重印,印数稿费197元多。我领回来,给了景寿一张整的,自己留下97元和那个"多"。当然也告诉他,一共是多少钱。如果是他领回来,两人的数目会相反。

景寿,1961年毕业,留在系里写作组,是副组长。1963年,我转做教学工作,分在写作组,具体安排,领导让我找景寿。他分配我教东语系一年级四个专业和西语系英语专业10人,一共50人。一个学期,他或者另外一位副组长以及组长,没有过问检查过他们麾下的工作。

1965年,他调去教外国留学生基础汉语,担任教学组长。一年以后,他成了级别最低的"走资派",进了劳改队,仍住原宿舍,星期六允许回家。他家当时在门头沟,自行车往来。景寿夫人史秋萍患有一种慢性病,多处求医问药,都没有明显效果。北京大学校医院外科大夫孙中鲁也在劳改队。景寿详细转述病情症状,孙大夫遥空诊断,说该服用什么什么药。过了一些天,景寿转述服药以后的变化,孙大夫让换什么药。若干天以后,史秋萍的病好了。他给我说起这一情节,甚为得意,当然同时也佩服外科孙大夫的内科医术之高明。

景寿离开劳改队以后,调到了学校文工队,他多才多艺,可唱歌跳舞不是长项。他擅长的是"口头文艺"。1961年毕业论文就是《试论相声与语言》。相声这种艺术形式适合讽刺批评内部缺点,"文革"时期需要的是大歌颂,大批判,相声都派不上用场。景寿在文工队的任务是编写或者修改脚本。别人写的,经他润色改动,立刻提高了艺术效果。我当班主任的那个班有个学员参加学校文工队的活动。一次,这个学员对我说:"汪景寿,你认识吧?我们的剧本,他一改,嗨,给改活了。"就是案头剧变成了舞台剧。景寿是文工队离不开的不唱不跳的成员。

有个56级同学,在华北油田师范学院任教。1986年10月,约我们和中文系另外一位老师去讲课。一天,在这位同学家吃晚饭。该同学有个孙子,近三岁,外表看聪明、活泼可爱,却有病,全家都宠着、捧着。饭前,景寿逗他玩,甚洽;不记得是什么事情,这孩子过分无理,景寿很生气,拿过孩子手里的小木棒,朝他头上轻轻打了一下,孩子哪受过这个,立刻不依不饶地大哭大叫。他们家几个人一起上阵,哄了好一阵才稍平息。这是我第一次看见景寿发火,唯一的一次。

有时候朋友聚会，只要可以或者要求自己点菜，景寿总要点一个素炒茄子。我也尝尝，没有品位出什么特殊味道；他点了，也就吃一两口。看来，他要的就这么一两口之趣。这种场合缺不了酒，一杯啤酒，景寿他大多只喝半杯，顶多多半杯。白酒，八钱杯半杯，好像从来没有喝完过。喝酒，在他，也就是意思意思。他从不拒绝酒。事后他说，喝多喝少在你自己。不让人家倒酒，多扫兴。

胡双宝（1956年）

住燕东园，有时傍晚时分去他家。他们吃晚饭早。玉米面粥，煮花生米，买的，我多次看见他在当时的东校门外小饭铺买煮花生米。到了燕北园，也碰上他们晚饭为喝玉米粥就咸菜，没有别的。我说："就吃这个？"景寿说："穷啊。"接着正经地说："习惯了。晚上吃那么多干什么？"他们早就实行晚上吃少的科学餐饮制。

1961年毕业以后，住集体宿舍时，两人一间，一人一个小书架。那时候，书都不多。他的书都包着同一颜色的牛皮纸书皮。很薄的书也这样。燕东园是这样，燕北园还是这样。不管厚薄，书脊上都不写书名。搬到燕北园，已经是相当讲究的书柜，书也多了。我说："你这样，找起书来，多费事。"他说："你要找什么书？"我说了一本只有二百来页的《曲艺概论》，是景寿跟侯宝林、薛宝琨等人合作写的。他稍一浏览，抽出来一本，递给我。打开一看，就是那本《曲艺概论》。

景寿讲课，课堂活跃。他很注意调节课堂气氛。80年代后期，他给清华大学开写作系列讲座。一次，他一上课就说：清华西校门外不远，有个一零一中学。有的同学轻声应道："知道。"景寿接着说："为什么叫一零一中学呢？"没有人应声。不记得什么场合，我跟他说起，这所学校原来叫师大附中二部，1952年改叫师大第二附中，1955年纳入北京市各中学系列，改叫一零一中学；当时北京市编号的中学只有八十多所，可这所学校没有叫第八十几中学，而叫一零一中学，是表示另一个序列开始……我无意间说的事情，他搬上课堂，作为数目字的作用的引子。1984年春，我给中文系文秘班上写作课。景寿知道我上课枯燥刻板，不容易引发学生兴趣。他给我请来山东快书表演艺术家高元钧

胡双宝（近照）

之后，又请来山东快书表演艺术家刘司昌讲课。刘先生当然不是讲主题、结构、描写等等。他讲山东快书段子的文学和艺术处理，虎头，凤尾，猪肚（dù），各个部分都要根据自己的特点做到丰满。并且有现场表演。听课的同学肯定会潜移默化地实际受益，比我讲要形象具体得多，而且管用。

汪景寿是河北省河间人。就是京剧《连环套》里窦尔敦唱词"河间府为寨主除暴安良"的那个地方。1949年他考入北京四中，我考入师大附中。1956年，他考入北大中文系，我考入北大俄语系。1957年我转入中文系，先在57级，后来学校允许我们从俄语系转系的几个人进入56级。1958年5月初，我分到了中文系56级一班，景寿在二班。暑假以后分班，他"服从需要"到了语言班。我是死心塌地地要上语言班的。可是我调出来，在系里做行政工作，没有跟景寿成为同班同学。我们只是广义的同学关系，在我教写作之前从无交往，一句话都没有说过。

1995年冬，我住在北大校医院。景寿来看我，每次带五个苹果，说："带多了，下回怎么来？"2006年2月下旬景寿住院时，我正因为腰椎骨裂卧床。汪景寿（1933年9月4日—2006年2月27日）走，我没有能够送他。此后，时有感念。兹以为记。

还是妈妈好

李 迁

李泉（大学时期）

我的母亲李泉，在我两岁时就独自一人承担起了抚养我的全部责任。无论那时生活多么艰难，她都始终积极向上，给予了她所能做到的一切。感谢独立好强正直善良的母亲，使我从小到大都能和同龄孩子一样无忧无虑地成长。直到今天，我和母亲在生活中相依为命、苦中有乐的点点滴滴还会时常浮现在我的脑海里。

母亲1934年生于上海，16岁她独自离开上海去闯荡世界了。先是考上了苏州的华东革命大学，之后到了南京的华东军区青年干部学校。1952年分配到了北京中央军委气象局（中央气象台前身）从事机要工作。1956年酷爱文学的母亲考入了北京大学中文系，1961年北大毕业分配到了石家庄河北师范大学中文系任教。我是1962年5月出生的。那个年代，大学教师经常会到学校周边的农村去参加劳动，尽管我那时年幼需要照看，但积极好强的母亲绝对不愿意例外。为了能让当时只有两三岁的我得到更好的照顾，她把我送到了上海的舅舅家，并请了一位阿姨帮忙照看。

虽然舅舅、舅妈和照看我的阿姨对我都很好，但是每当母亲从遥远的石家庄到上海来看我时，我都会感到无比高兴和幸福。记得有次暑假母亲过来，吃完饭后，大人们聊着天，我则满处跑跳忘乎所以地玩耍，因母亲来了我格外高兴。玩儿着玩儿着也不知道过了多久,忽然发现母亲不在了,我非常惶恐,赶紧问舅舅:"我妈呢?""上厕所呢!"舅舅哄骗我说。我急忙跑出门去,到厕所一看,根本没有了母亲的踪影。"哇!"我伤心地大哭起来,仿佛从此以后我再也见不到妈妈了,边哭边喊:"妈妈!妈妈——"

上小学时母亲把我接到了她的身边。读书学习一切都挺顺利。这期间母亲曾几次带我回上海过春节并看望外公外婆。印象中火车从石家庄先到德州,在德州下来后再转坐另一趟火车才能到上海。每次到了德州都是母亲把行李袋放在地上让我坐在行李上看着,叮嘱我坐着不要动,她去排队办理车票中转签字。转另一趟火车是不对号入座的,我虽然只有七八岁,但是知道转车的时候要拼命挤到前面这样才有可能找到空座位。那次我满头大汗一路往前冲,很幸运地找到了两个空座,一边赶紧占上座位,一边急忙朝后面拎着行李往车厢里走的母亲使劲招手,脸上露出胜利的笑容。开车后我们对面坐的大姐姐和母亲聊天,她是上海知青插队到东北的。我听到她对母亲说:"你女儿吧?好乖哦,好能干啊!这么小就知道跑那么快给妈妈找座位。"夸得我当时心里别提多美了。再看母亲也是笑得非常灿烂。让我惊讶的是快到上海时那个姐姐还专门把外衣脱下来换了一件时髦的衣服,哎呀,上海人的漂亮和讲究从此给我留下很深的印象。当然我和母亲这次的旅行也因为上海姐姐的赞扬让我终生难忘。

1976年我上初中的时候,通过北大老同学的帮忙,母亲第一次工作调动,到了芜湖的安徽师范大学中文系任教。我随母亲转学到了安师大附中。学习方面,由于母亲一直以来的教诲,我是比较努力的。高中时我顺利考进了学校的理科尖子班。虽然进了尖子班,但是我知道自己实际上文强理弱。在尖子班的几次考试,我的数理成绩都明显偏低。我非常难过也很纠结。一方面怕母亲担忧,因为她极力主张我学理科,而另一方面自己的理科成绩怎么努力也成效不大。在一次物理考试失败后,我和母亲说了我的想法,我泪流满面对母亲说:"妈,我真的很努力了,可是我的理科成绩就是上不去,我想转文科了。"当时我感觉母亲可能会不同意甚至会严厉地训斥我,但没有想到的是,在学习上一直对我要求很高的母亲,此时非常和蔼地安慰我道:"没关系小迁,不要难过。理科不行咱们就转文科。"第二天母亲就带着我找到年级主任表明了我们的转科意愿。虽然我比其他文科班同学晚学了大半个学期,但是我憋着一口气用功追赶。很快赶上了进度并且始终排在年级文科前三名,第二年又顺利考上了全国重点大学。我想这可能是我有生以来做得最成功最让母亲引以为自豪和开心的事情。

我知道母亲一直努力想回到生养她的江南。1981年,我还在上海读大学的时候,又是通过北大老同学的援手,母亲再一次工作调动,如愿到了苏州大学中文系任教直至退休。在母亲的世界里,北大老同学的深厚友情是她很重要的精神支柱。在此我特别要感谢这些叔叔阿姨们!

"还是妈妈好!"这是儿时石家庄的邻居苏姐姐经常对我说的话。苏姐姐的母亲是一个中学校长,"文革"初期自杀身亡。那时我们两家合住一个单元,苏姐姐晚上经常会到我家来坐坐,每当看到我母亲边帮我削水果边给我辅导功课或者聊着什么,苏姐姐都会羡慕地摸一下我的头说:"小迁,还是妈妈好!"是的,她说得太对了,还是妈妈好!正是因为有了母亲的抚养和陪伴,我才能平平安安地走过了我的成长历程。很难想象,如果儿时缺少了母亲的精心照料,我的生活将会是怎样?

你陪我长大,我陪你变老。作为教师的母亲,七十岁才真正退休,之前她一直给学生上课。这一辈子除了教书育人,母亲发表文章出版著作一样也没有落下。可见母亲多么独立好强!1988年经过一番曲折,母亲评上了副教授。其实按照母亲的条件早就可以评上的。知道母亲在评副教授一事上不顺利,我曾经很是心有不甘。遗憾的是我什么也做不了。直到今天我依然非常后悔,当时的我没能为母亲做任何事情!我明白那时的职称评定是有潜规则的,对于母亲这类"只顾埋头拉车,不顾抬头望路"的人能有这种结果也算不上离奇之事。当时因为心疼母亲我忍不住多次对母亲抱怨:"您就知道看书备课写文章,有什么用啊?!人家上海人都是又精明又会处理各种关系,您哪里像个上海人嘛!"母亲也认同我的话,只是无奈地边笑边说:"就是就是,我就是这个性格,找领导、搞关系我是做不来的。以后我争取多学学做点好吃的菜吧!"我说:"那好,退休以后你就少看些书吧,多休息休息,做点好吃的。"非常不幸,母亲退休不久,2006年她72岁的时候就患了癌症。母亲电话里告诉我这一消息时我非常紧张,但我内心极力告诫自己必须镇定,我就是母亲的希望和依

李泉（晚年照）

靠，我一定要陪伴她努力战胜病魔。我立刻咨询了有经验的同事，了解了医院行情和治疗步骤，然后马上告诉母亲："妈，不用担心，我们这就把您接到北京，医院我已经选好了，没有问题。我们陪着您，放心！"之后，在中科院肿瘤医院，我和我先生陪伴母亲度过了癌症手术以及六期化疗的漫长和痛苦历程。记得制定化疗方案时，专家看着母亲瘦弱的身躯问她："你这么瘦能受得了化疗吗？"母亲毫不犹豫地说："行，我能行！"母亲真的是太坚强了！她对生命的渴望以及战胜病魔的坚定信念一直在鼓舞、激励着我。

五年过去了，母亲的拼搏、我们的陪伴终于赶走了癌症这个恶魔。正在我们欢欣鼓舞地准备开始全新生活模式的时候，母亲又被检查出一种疑难杂症——全身神经系统萎缩。据专家分析有可能是化疗的副作用导致的。到了2013年，母亲生活已经不能自理，虽然之前我们带她看了很多中医名家但依然没有好转。4月，她的吞咽也出现了障碍。此时她突然坚决地表示要回苏州她自己的家。无论我和我先生如何劝阻都无法改变她的意愿，无奈我们只能顺从。事后仔细想想，其中重要一点就是母亲不想在她生命的最后阶段过多地给我们添麻烦！母亲就是这样一个一辈子都好强独立的女性。

2014年2月1日母亲在苏州九龙医院病逝。这个世界上最最疼爱我的人永远地离我而去了，这种痛心是无法用言语表达的。曾经的我很是惧怕死亡，而母亲对待疾病和生命的积极态度与高尚情操，从根本上颠覆了我的生死观。从今往后的每一天我都会认真工作踏实生活。我最亲爱的妈妈，你永远活在我的心中！

最后我想对曾经与母亲书信往来和通过电话问候等形式给予母亲帮助的北大老师和同学再一次说一声谢谢！感谢母亲的生命里曾经有你们的出现！

2017年4月20日

一代名师
——游国恩先生印象记

李文初

一

北京大学富有魅力的地方很多,可我决定报考北大前获知的只有两条:一是藏书丰富,二是名教授如云。

至今记得,中文系举行的迎新大会上,端坐主席台正中的游国恩先生身材中等偏瘦,头发稀疏,清癯的面庞上有一双大而有神的眼睛,眼角皱纹隐含慈祥,给人一种沉稳的端庄之感。后来得知中文系拥有四位一级教授,游国恩先生便是其中之一。由于一二年级都是基础课,无缘亲聆游先生的教诲;有时偶尔在学校路上碰见,又没有勇气上前请

李文初(大学时期)

安或求教,只是等他走远了,才转过身去悄悄地望着他那学者的背影出神。

二

到大学三年级,终于盼来了游国恩先生的"楚辞研究"。第一次开讲,能坐一百多人的大课堂挤得满满的,有的还是慕名而来的外系同学。那时北大听课十分自由,系与系之间、级与级之间都没有人为的界限,只要时间不冲突,想

听谁的课就听谁的课。名教授的课常常是座无虚席,稍微晚来,就要自己找座椅插在课室的走道里。上课铃响起,游国恩先生从容地走上讲坛,从皮包里取出讲稿,语调缓慢地讲起楚辞来。由于长期沉浸在楚辞的文献中,有关楚辞的问题和资料都十分熟悉,虽有讲稿,实际上很少看讲稿,连重要引文的板书,都是一气默写出来,字迹劲瘦清秀,给人美的享受。

这样继续上了几周课,原先课堂那种热闹的场面和气氛突然消失了,空位越来越多。难能可贵的是,游先生并不因课堂的冷落而影响他的授课热情,他依然是那样认真地讲,一丝不苟的板书,讲到得意处,手臂从上往下轻轻地挥动。

课堂气氛之所以"冷"起来,主要是受了"大气候"的影响。所谓"大气候"是指1957年"反右"、1958年"大跃进"以来国内政治形势的火药味越来越浓,批判"资产阶级学术权威""不破不立"等口号越喊越响亮,学生中出现了不少大批判组,而且显然是有领导、有计划地运作的。后来,"运动"进展到由"破"到"立"的阶段,师生矛盾才有所缓和。

三

毕业前夕,我在分配表上填的第一个志愿是留校做研究生,攻读先秦两汉文学。结果如愿以偿,指导教授正是游国恩先生。当时心情既高兴又紧张。高兴的是能在名师名下受业,自然多了一份幸运感和幸福感;紧张的是游先生治学严谨,对学生要求严格,惴惴之心在所难免。

开学后不久,我按约定的时间来到燕东园一幢屋宇尖斜的西班牙小楼前,按过门铃后,走进一个木地板的客厅,稍等片刻,游先生从起居室走进来,先闲谈了一些题外话,他问起我的籍贯、家庭情况等。在谈到研究生三年的学习问题时,游先生交给我一份拟好的学习计划,主要是按"先秦两汉文学"的内容,分若干单元开列出一份读书目录及每一单元的学习时限。每个单元结束后都要进行检查,交读书札记。那时的研究生,不像现在这样要多少门课,拿多少学分:除外语、政治理论上课外,主要是在导师的指导下研读原典原著,学习中遇到不能解决的问题,留待与导师见面时提出来,听取导师的意见。至于读书札记,游先生说,可以不拘形式,或长或短,只要有心得体会,顺手写下就行。

他还告诫我:不要急于求成,更不要随便写大文章。读书多了,见识广了,不怕没有题目做;读书太少,硬要写大文章,只能靠拼凑,这种学风很不好。好文章总是厚积薄发,不得不发,既扎实,落地成声,又充沛,灵气升腾。

按游先生拟定的学习计划,第一单元便是《诗经》。我遵照计划中开列的书目,以《十三经注疏》本的《毛诗正义》为主本,朱熹的《诗集传》为辅助参考,从第一页的《四库全书总目·毛诗正义》,依次到孔颖达的《毛诗正义序》、郑玄的《诗谱序》、卫宏的《毛诗序》,一句一点逗,重要的还在旁边画上红杠,发现个别印错的字要用红笔圈出并标上正字。读完这些经典性的论著,才正式读国风第一篇《关雎》。一篇一篇读完《国风》160篇,已经到向游先生汇报的时候了。

第一次汇报的紧张心情就别提了,只记得手心不断冒冷汗。游先生似乎觉察到了,开始不谈学问的事,只随便谈些家常,涉及正题,也不像想象的那样不断发问。他问我读了哪些书?我拿出《十三经注疏》本的《毛诗正义》给他看。他翻阅了一阵子后对我说:"读书要读本文,也要认真读前后的序跋,这对于了解本文很有帮助;因为序跋一般是作者本人或比较了解作者的前辈学人缩写,是作者的时代、写作缘起和评价等问题,参考价值较大。如读《诗经》,不读《毛诗序》和《诗谱序》,就不了解汉代经师的诗学观。现在年轻人读《诗经》,一般都是一开始就'关关雎鸠',这种态度和方法很不好。"

记得一次是学习《左传》,也是到游先生府上汇报。我们谈了一阵之后,游先生从书房拿出一本王伯祥选注的《春秋左传读本》,指定其中一篇要我稍做准备,然后当场朗读,并串讲一遍。我感到很突然,心情骤然紧张起来。细看之后才知是《左传·宣公二年》"晋灵公不君"那段故事,因为数度读过,且比较熟稔,紧绷的心弦才慢慢舒缓下来。当读到"公"一句时,不禁为"嗾"字的发音而迟疑,因为心中无数,就按形声字惯例读"族"。游先生打断说:"读'族'吗?回去认真查查字典。"我一边继续往下读,一边心绪不安地意识到这个"嗾"字肯定是读错了。回到宿舍顾不得吃饭,赶紧找字典查,原来这个"嗾"当读"叟"(唤狗之声)。因读错这个字,我的心情沉重了好几天。

还有一次,也是在游先生家里汇报学习情况,他告诉我:"明天要去中央党校讲《左传》,晚上还得备课。"我不禁脱口而出问:"您在大学讲了几十年《左传》,还需要备课吗?"老先生正色道:"《左传》无论用文学或历史的眼光看,都是我国文化遗产中的经典之作,内容丰富,文笔精净,要讲好不容易,再熟也得备课。一是听讲的人情况不同,内容和讲法都得做相应的调整;二是要把讲课的内容从总体上熟悉一遍,做到了然于心,尤其对某些难点要有充分的把握和自信。这样讲课起来才能从容淡定,舒卷自如。"游先生的这番话,成了我后来授课的要诀和座右铭。

四

到了1963年年底,研究生的专业学习基本结束,正准备撰写毕业论文,全国的政治形势又开始紧张起来,我们被安排下乡参加"小四清""大四清"。当1965年夏天我们在湖北江陵"四清"前线接到通知赶回北大校园时,"四清"工作队已进驻学校了。还未安顿就绪,我们这届被视为"修正主义苗子"的研究生(共九人),就宣布一个不留地甩出校门。我被分配到暨南大学,临行前,我带着草创未就的论文稿去见游先生,那种遗憾和无奈实在是难以用语言表达。看得出,游先生当时的心情也很沉重,只说了一些极平常的话。就这样,我告别了燕东园……1978年9月,我北上齐齐哈尔参加了一个学术会议,南返广州时曾在京停留几天,主要是回母校看看。那时游先生刚谢世不久,北大在"文化大革命"中被摧残的情形,我也早有所闻。听说"文化大革命"中燕东园、燕南园被"工宣队""军宣队"以及其他革命群众进驻了,被视为"资产阶级学术权威"的老教授们被扫地出门,处境十分凄凉。我明知游先生已乘鹤西去,他的家人也不知流落何方,但仍下意识地朝燕东园走去,往日幽深宁静的气象早已荡然无存,西班牙式小楼凋敝不堪,前后堆满杂物,狼藉一片。我在游先生曾经住过的小楼前徘徊良久,还绕着小楼察看了一番,美好的回忆和眼前惨象不断交错在一起,说不出是什么滋味……

你为什么会躺在这里[1]
——悼庆生

李延祜

你为什么会躺在这里？
虽然有鲜花簇拥着你。
这里不是你的书房卧室，
怎么能在这里安息？

你为什么会躺在这里？
让亲人为你悲痛哭泣。
你为什么会躺在这里？
让朋友为你扼腕叹息。
你不是正在北大，
关在楼梯下的杂物间里，
躲开政治的喧闹，
攀登科学的高峰吗？
你不是正在北大长跑队里万米越野吗？
你这个大力士，
不是正在修十三陵水库的突击队里，
挑着砂石奔向大堤吗？

彭庆生（晚年照）

---

[1] 本文作于2016年5月11日上午庆生遗体告别回来后十一点。

你不是正在课堂上,

热情慷慨说盛唐吗?

你不是三更灯火五更鸡,

正在古典文学的沃土上耕耘吗?

为什么突然停止了铧犁?

你不是期待着北大六十年的聚会吗?

你不是还要跟我讨论中式的幽默滑稽①?

……

你为什么会躺在这里?

前些时的你——

谈笑风生,

今日的你——

沉睡不语。

是天忌才人太无情,

还是你太累要休息?

醒一醒,

咱们回家去!

咱们回校去!

餐桌上不能没有你!

林荫道上你哪能缺席?

把未竟的工作做完,

把没说完的话继续。

难道过去的都是黄粱梦,

还是现在我正在梦境里?

霎时间让我泪眼迷离。

我不明白,

---

① 我曾将拙著《浮生半日闲——笔记小品赏读》《尽付笑谈中——幽默小品赏读》赠庆生指正,他告诉我每晚睡前读几篇,暂时忘却病痛,便于入睡。并打算和我共同探讨中国式幽默的特点。然天不遂人愿,令他早行,遗愿泡影,痛何如哉!

你为什么会躺在这里?
你为什么会躺在这里?
你不应该躺在这里!!!

（曾刊载于《北京语言大学校报》）

悼良骏

李延祜

没有一句告别，
没有一句嘱托，
没有一点先兆，
你就这样走了吗？
高中三年同班，
北大五年同学，
你那哇啦哇啦的嗓门，
你那山东汉子豪爽的性格，
你那不拘小节的快乐。
还有那得罪人的舌头，
总是不计后果欠思索。
耳中是你爽朗的笑声
眼前是你比比画画的动作。
晴天霹雳传噩耗，
你就这样走了吗？
声若洪钟的你会突然哑去？
热情如火的你会突然冷却？
我们就这样阴阳两隔？
让我怎能相信自己的眼睛！

袁良骏（2011年）

让我怎能相信自己的耳朵!

这是真的吗?

这是真的吗?

但愿着有人辟谣,

这是愚人节的恶作剧,

事情根本没有发生过。

附记

　　菏泽一中、北大中文系同学好友袁良骏于2016年9月5日去世。事先他一直身体很好。原来他隐瞒肾癌一年之久,同学一无所知。突然噩耗传来,异常震惊。浮想万千,即日仓促成篇以寄情。

怀念小廖

刘登翰

廖东凡先生走了。我们同学迄今六十年,大家依然习惯叫他小廖。对于他的去世,虽然早有心理准备,于他而言也是一种解脱。但消息传来,还是忍不住心底一种莫名的揪痛,一种无以言说,也不知如何言说的刀剜似的揪痛!

廖东凡(后排左二,摄于20世纪90年代)

小廖躺倒在医院好几年了。二十四年的西藏生活,高原反应彻底损坏了他的健康。2002年第一次脑溢血,只是最初的信号,接着连续几次复发,最终使他失去了语言能力。意识似乎尚还清醒,但已口不能言,手不能写了。那些年我从福建每回来京,总要去医院看他。见他看到老同学时那种咿咿哑哑、两手挥舞的喜悦神情,想起往日他那生龙活虎的样子,我知道我佯装高兴的背后,黯然的心是在流泪、流血。记得我最后一次去看他,同班同学刘文昭领着我找了两三个医院(不知什么道理,每个医院只能住一段时间就必须转到另一个医院),最终在一所不大的、简陋的中医院里找到他。那是个初冬的午后,他坐在轮椅上被推到病房走廊的尽头,借高高窗台透进来的一隙冬阳静静地微闭着双眼,他的一位长年陪伴的护工,也坐在楼梯头打盹。见面时的那种兴奋,只能借不成言语的咿咿哑哑来表达,却掩不住内心的悲凉。小廖生命最后的几年漫长日子,就是这样度过的。一个对生活充满如火热情的生命,一个如朝阳般活力四射的生命,就这么在漫长的无言的孤寂中如渐渐黯淡下去的夕阳熄灭了。

  小廖考入北大,好像一直与我和洪子诚同住一个宿舍。我们三人,子诚最小,小廖次之,而我比小廖又痴长半岁。三人性格虽不尽相同,但都属于班上较小的那一拨。班上年岁略长的调干生不少,视我们这帮应届上来的如同"小孩"。或许社会经历较少,彼此都没什么心机,所以容易相处。有一段时间(大概1958年),宣传"共产主义"公社,还把彼此的衣物拿出来"共产",谁愿意穿哪一件就穿哪一件。小廖热情,又热心,班级的事,无论搞卫生、劳动,还是组织体育锻炼,他都招呼大家忙在前面。后来他被选为系学生会的体育部长,本来人缘就好的他,全系各个年级认识他的同学就更多了,"小廖"的名字喊遍了大半个中文系。

  然而,在小廖那里,始终有份解不开的心事:家庭出身不好。今天看来,其实也没有什么。他的先祖廖树蘅先生(1839—1923),曾在湖南巡抚陈宝箴家里当过西席,任玉潭书院主讲,后受命主持常宁水口山矿,创明垅采矿法,获利甚丰;1903年调任湖南矿物总局提调,后升总办,加四品衔,是晚清那一拨著名的实业家之一;辛亥后便退养在家,著有《珠泉草庐诗钞》《珠泉草庐文录》多种。这样的家世当然会有点积蓄,父亲土改中被评个什么也不奇怪。小廖从家乡的鹅山中学、长沙师大附中一路以优异的成绩考入北大,他希望,凭自己的积极努力,热爱党、热爱社会主义,可以摆脱家庭出身的阴影。然而现实并不如此。那时候政治运动多,大学里也不能免。每次政治运动来了,小廖总是积极响应,自我批判。但不管他怎样努力,"家庭出身"的阴影总如影随形地像紧箍咒罩在他的头顶,成为无法解脱的"原罪"!1961年大学毕业,小廖主动要求到西藏,到最艰苦最偏远的地方去接受锻炼和考验;这个决定他甚至都没跟家里商量,直到事情定下来后,经同学的提醒,才在几位同学陪同下到双榆树邮局给家里发了一份电报。洪子诚在《事情的次要方面》这篇文章中谈及当年他进藏的情况:"他于是从家乡长沙只身一人动身,在火车、汽车走了二十多天之后到达拉萨……"

小廖是抱着一颗真诚的心一个人长途跋涉来到雪域高原的,现实的冷遇并没浇灭他心中的热情。当时汉族援藏干部,尤其像北大这样名牌大学的毕业生,一般都分配在重要的党政机关或文教单位,唯独他例外。他名义上分配在拉萨市文教局,不久就下放在拉萨市西郊的堆龙德庆县,带领一支号称歌舞队的业余的文艺宣传队在基层演出。这支所谓的"歌舞队",其实是"由一群街头青年组成,队员中不乏当过小僧人、小乞丐、小商贩的,国家每人每月只补贴18元,平时靠筑路、做鞋、到藏医院搓药丸的收入维持生计,晚上才是排练节目的时间"①。

然而小廖并没有因此委屈、抱怨。他带着这群被称为"吉普赛人"的从没受过专业训练的业余宣传队,从一个牧场走向另一个收场,从一顶帐篷走问另一顶帐篷;他们白天一起劳功,晚上一道编排节目。他向这些藏族小演员们学藏语,也教他们汉语。他把自己供应的三十斤口粮——从四川运来的大米和白面,变成宣传队共同的"牙祭",日常的吃食却是队员们口袋里的糌巴。他被打入了"底层",却在人生底层里找到一个真正的西藏,完成了自己的"藏化"。藏历年初一,他身穿藏袍,和队员们一家一家去道"折嘎"(吉祥);他策马深山峡谷,参加修复古迹扎耶巴石窟的劳动;他向民间艺人记录民歌,乘牛皮舟沿拉萨河采访;他在牧场上与藏民通宵达旦地跳"锅庄";躺在守夜的高高青稞垛上,听藏族老人讲星星和流水的故事……他实践着入藏时的誓言:西藏的路,我要从零公里走起。当他穿起藏袍,被高原的太阳晒得红红的脸颊,你已经不能把他从藏民中区分出来。他成了藏族朋友尊敬的"格(老师)小廖啦"!藏胞们把他当作自己人,给了他一个最高荣誉的称号:"亚朗新差"——翻身农奴!

几年的努力,小廖带领的这支歌舞队在拉萨演出了名声。当时正在推广内蒙古的乌兰牧骑经验,上面决定调歌舞队进京汇报演出。这是小廖进藏后难得的一次回京机会,他除了抓紧节目的创作、排练,心里美美地盘算着,他要借这个机会回学校见见阔别的老师、同学,或许还可以顺便请假回湖南看看临别时哭得肝肠寸断的老母亲……然而一个晴天霹雳,当进京名单正式宣布时,他和另外几名被认为家庭和社会关系有问题的队员,都被排除在外。

这是第几次了?——不过这回他平静多了。是的,队伍是他带的,剧本是

---

① 马丽华:《一个人在西藏的经历》,《人民文学》1985年第3期。

他编的,节目是他排的,到要进京汇报了,却没有了他。许多队员和朋友都为他不平,小廖当然也想不通。那个黄昏,他躺在拉萨河边石砌的堤坝上,听着浩浩江流阵阵涛声,什么也不愿想。直到暮色四合,他才奋身跃起,告诫自己,决不能自暴自弃,为了自己和歌舞队的前途,要比以前更振作更努力。送别进京队伍的第二天,他就领着被留下的队员下乡了。三个月以后,汇合进京归来的队员,一台崭新的节目在拉萨演出,引起了更大的轰动。

真正给小廖心里留下刺痛的是另一件事。

1977年,小廖入藏第十六年,他的境遇也开始有了变化。8月,他到北京观摩解放军文艺会演,抽空去看望大学时候的同学,也是当年年级党支部书记。当年他进藏,就是这位书记和他谈的话,告诉他:要求进藏的同学很多,经组织再三考虑,才把这个光荣的任务交给你。十六年后再见,吃饭间这位当年的书记才有意无意地说出实情,原来当时西藏来中文系要两名毕业生,要求其中至少一名是党员,最好是一对夫妻或定下关系的爱人。支部前后动员了两对,都不愿去或有困难不能去,最后才找的小廖。听了这话,小廖突然像一只饱满的气球被狠狠戳了一针。多少年来,他一直把进藏当作组织的信任和关怀,是他的光荣。"因此无论顺境还是逆境,我总是任劳任怨,默默无闻,埋头苦干,生怕给自己的母校抹黑,生怕玷污了北大的名声。今天当分配我去西藏的实情,由当事人有意或者无意地亲口说出来,我从内心深处感到有点屈辱,有点贬损,对我的真诚信仰,是一种亵渎。多年以来伴随自己的光荣感、荣誉感、自豪感,转眼之间荡然无存了。"①

事情瞒了他十六年,表面讲得多好听,原来却是个垫背的。不过这已不是刚刚进藏时的小廖,当年怎么分配他来的已没多大关系了,"最为重要的,我已经和那片称为西藏的土地,那片土地上的人民,牢牢地契合在一块,即使是刀子砍、斧子剁,也无法使我们分开。我只能这样说:'进藏,是我此生此世心甘情愿的活法,也可以说是前世修来的福分。'"②

1980年,时任中共中央总书记的胡耀邦到西藏视察,要找一位精通汉藏两语的翻译。此时已在西藏生活十九年,熟悉西藏的历史、文化、风俗、民情,能

---

①②廖东凡:《我的西藏故事》,中国藏学出版社,2008年。

讲一口流利拉萨口音的藏语的北大中文系毕业的廖东凡,再没有比他更合适的人选了。一个曾经被打入另册的人,却成了国家最高领导人的藏语翻译,历史正在经历深刻变化。1978年,小廖参与西藏文联的筹建,开始有了一些衔头:他是西藏作家协会的常务副主席、西藏民间文艺家协会的常务副主席、西藏自治区民族民间文化遗产抢救小组的副组长……但他清醒地知道,这些"头衔"都是虚的,重要的是他可以借此做更多实在的事情。他知道自己的优势在民间,好像老天派他来到这片雪域高原,就是为了西藏的民族民间文化。虽然他也写过小说、散文,编过曲艺、歌舞,但他最宝贵的还是被贬入西藏底层意外获得的对西藏民族民间文化的熟悉和了解。他有许多朋友,从上层的活佛、贵族,到喇嘛、尼姑、乞丐、藏兵、牧民、巫师……他都与他们建立了水乳交融的关系,从他们身上学习西藏的历史、宗教、文化、民俗。他开始有计划地深入到拉萨河谷、雅鲁藏布江两岸、喜马拉雅山区、怒江峡谷和藏北高原……如往年一样,他和藏族朋友住在一起、吃在一起、劳作在一起,然后一夜一夜听他们讲述那些古老的歌谣、神话、传说,体验藏胞的风俗、民情。1982年,他还和一位志同道合的同事结伴,徒步翻越5200多米的多雄拉山口,深入到被叫作"阴阳界"的隐藏在云雾、雪山、密林中的人间绝域——当时全国唯一未通公路的墨脱县采风,在喜马拉雅雪峰南麓的墨脱县住了两个月。他们常常穿越原始森林,攀登峭壁悬崖,爬过细密的藤索桥,去叩开一家家几乎与尘世隔绝的珞巴族、门巴族的门户,听他们用珞巴话、门巴话、藏话唱歌,记录早就淡出世人视野的神话史诗和传说故事。有一回在去卡布村的路上,被号称"蒙古兵"的毒蜂蜇肿了手掌,在手脚并用地翻越悬崖时,一失手跌下陡壁,在翻滚中幸被一盘老树根挡住,才幸免落入崖底咆哮的雅鲁藏布江。在西藏的二十多年,这样与死神擦肩而过的险情有过多次,或者在寒夜露宿被突来的雪崩压住全身,或者在山崖交错的行车中差点被挤下深谷……小廖对西藏民族文化和民间文学的诸多著述,都是用他的命换来的。

1982年,小廖和他两位朋友搜集整理的《西藏民间故事》获得全国第一届民间文学一等奖。1984年,为表彰他扎根西藏的工作成绩,西藏自治区人民政府给他提升了两级工资。小廖——这个"完全藏化了的汉人",在西藏文化界,成了一个真正的"人物"。

1985年，当时主持全国民间艺术家协会工作的刘锡诚（北大俄语系毕业）面临退休，经他极力推荐，小廖在进藏二十四年之后调回北京，担任中国民间文艺家协会书记处的常务书记，兼任中国民间文艺研究所的所长。

来到北京，大大开阔了小廖的眼界。他不仅作为一个藏学家，还作为中国民间艺术的组织工作者，有机会访问欧美和亚洲十几个国家和地区，在考察和交流中更深刻地认识祖国的民间文艺和民间文化；也从全国各地风采各异的民间文艺大花园中，感受西藏民间文艺独特的个性和魅力。他参与了"三套集成"（中国民间故事集成、中国歌谣集成、中国谚语集成）大型文化工程的普查、搜集、整理和出版的组织工作；他还作为秘书长成功举办了首届中国民间艺术节。那几年，小廖几次因公到福建，我们总能抽空一聚。他依然如当年那样热情、热心，为帮助解决机关某些同事的个人问题，他还找了在部委工作的同学帮忙……然而，文化单位历来是个神龙通天唱群英会的地方，小廖单枪匹马毫无背景从边远的西藏调入中央，碰到的挠头事自不会少，甚至连驾驶员都可以欺负他。最后统战部决定将他调回本系统。1990年，小廖到发行一百三十多个国家和地区的《中国西藏》杂志社任社长兼总编辑，他又如鱼得水地畅游在自己喜爱而又熟稔的西藏文化的天地里。

藏胞长念不忘的"格小廖啦"到北京去了，但"格小廖啦"永在他们心中。1997年，小廖再次回到西藏，"他的老朋友们把他的到来当成节日，他们在罗布林卡整日欢聚，他们给他献哈达、敬青稞酒、敬酥油茶、碰额头、贴双颊，用尽西藏古往今来的礼仪表达感情"。而在北京，小廖的家是著名的西藏"民间接待站"："十余年来，一拨一拨的西藏人来到他家，他们有的是来北京看病，住不起宾馆，就住在他家；有的是来内地开会，绕多远的路也要'顺便'来看看他；逢年过节，家里的电话基本都是0891的区号……"①

曾经和小廖共事四年、同历过险境、把小廖尊为"廖公"的全国政协文史委副主任叶小文说："这一切都只缘于他曾像高原上的蓝天一样透明澄澈地与他们共度了八千七百多个日日夜夜。这就是廖公，一个无心表达苦难的人，一个对足下的土地爱入骨髓的人。"②

---

①②叶小文：《我的朋友廖东凡》，载《人民日报》（海外版），2008年8月15日。

2002年，小廖突发脑溢血入院抢救，这是长年高原生活罹致的后遗症。出院以后，小廖知道，这是生命的一次警告，必须趁自己记忆力还没消退，头脑还算清醒之时，赶紧把自己在雪域高原二十四年所见所闻所历的西藏文化记忆，整理出来。这是他生命最后的寄托。2008年，一套200万字、包括十部作品的系列著作，以《廖东凡西藏民间文化丛书》为总题，由中国藏学出版社出版。这十本书是《灵山圣境》《雪域众神》《神灵降临》《藏地风俗》《节庆四季》《拉萨掌故》《墨脱传奇》《喜马拉雅的囚徒》《浪迹高原的歌手》《布拉达下的人们》，同时出版的还有小廖的自传《我的西藏故事》。《中国西藏》杂志社和中国藏学出版社联合为这套丛书的出版举行新书发布会和作品研讨会。我远在南方，无法出席会议，但我深知，以小廖带病的身体，用不到六年时间完成这二百多万字的系列著作，小廖是在和死神赛跑！

小廖这一生究竟写了多少东西？我在网上查过，洋洋洒洒一长串书单，他独自完成和以他为主合作完成的著作多达五十种，还不包括他编写的一百三十多个歌舞、曲艺节目（不少尚在流传）。其中如《百年西藏》《雪域西藏风情录》《世界屋脊上的神话和传说》《藏族服饰文化》，电视纪录片《布达拉宫》等，都曾获得"全国最佳图书奖""全国少数民族文学奖""珠穆朗玛文学奖""华表奖"等各种奖项而多次再版重印。

然而小廖倒下了，不仅他自己，还有他的家庭。由于可以知道的原因，小廖很晚才结婚，婚后夫妻长期分居。他的第一个孩子夭折，第二个女儿也不幸由于缺氧而智障，现在妻子也因不堪长期照顾子女和丈夫的沉重身心负担，病倒了。小廖生前最担心的是自己走了以后，智障的女儿怎么办？幸好当时主持统战部工作的刘延东部长，批了一笔款项，作为他女儿的抚养基金。小廖告诉我这事时感激而兴奋，说这免了他的后顾之忧。然而我仍然感到还是问题，我不知道这个家庭，会不会就此消失？

面对小廖的一生，我不知如何言说，也不敢和不忍多说。他原可以不必这样结局的。老天不公，虽然后来还给他公道，让生命的黯然映衬生命的辉光，但还是留下残酷的遗憾。

2017年7月

怀念我的几位老师

刘月华

刘月华（大学时期）

我在北京大学中文系本科专业是汉语言文学，研究生的专业方向是普通语言学。我们这一代有幸上老一代语言学大师们的课，我也有幸当面向几位前辈请教，聆听他们的教诲。我也当了一辈子教师，我的老师们是我的榜样，也应该是今天所有的老师的榜样。

当我坐在电脑前写这篇回忆文章的时候，我的老师们的音容笑貌，一位一位浮现在我眼前。

我的导师高名凯先生

我在北大上了九年学，五年本科，四年研究生。我是一个再一般不过的学生，加上没有什么交际能力，所以轻易不会一个人去找老师。但是高名凯先生是我念研究生时的导师，要求我们定期汇报学习情况并答疑，所以我隔几周就要去高先生家一次。那是60年代初，由于当时的历史条件，师生关系一般比较特殊。但是高先生和我们几个研究生之间没有什么隔阂。高先生大学学的是哲学，我们入学第一年就上先生的"语言学引论"课，高先生以哲学家的雄辩，讲述语言学理论，气场异常强大，我们这些不知语言学为何物的中文系新生，也都听得津津有味。高先生侃侃而谈的情景，至今我还有深刻的印象。我的专业方向是普通语言学,刚入学的时候,总觉得学语言理论心里有点不踏实。有一次我问高先生:"语言学有什么用?"先生说:"理论不一定马上就能用。爱因斯坦的相对论不也是后来才证明其巨大作用吗?"

可惜,高先生英年早逝,五十几岁就离开了我们。我永远忘不了1965年在北京医院那一幕:高先生四个还未自立的孩子围在先生的遗体周围声嘶力竭地哭喊着,我也哭红了眼睛。

1974年我调到北京语言学院从事对外汉语教学与研究,这时我才意识到高先生给我打了一个多么扎实的语言学理论基础,这个基础对我又多么重要。因为每当教学或研究中遇到一个问题时,我常常能很快找到这个问题在整个语言系统中处于什么位置,跟其他问题有什么关系,从而能较快找到解决问题的关键。我学习期间问过高先生的问题,在从事语言教学与研究之后,也已经解决了。

朱德熙先生

朱德熙先生是我大学毕业论文的指导老师,我的论文题目是《论系连法》,为此我曾去朱先生家问过问题。

跟朱先生接触较多是我到语言学院,特别是我开始步入语法研究领域之后。朱先生是我承担的六五规划项目的学术指导,所以常到先生家去请教。记得有一次,我和同是该项目学术指导的王还先生都在朱先生家里讨论问题,朱师母端来用她自己磨的糯米粉和红豆沙做的汤圆给我们吃,大家都赞赏师母的厨艺。

1986年在广州召开中国语言学年会,会议结束后,我和朱先生以及王还先生同乘一班飞机回京。那是一个早班飞机,七八点起飞,我们六点多就到了广州旧机场。我们都以为飞机上会提供早餐,所以没有在乱糟糟的机场买早点。飞机起飞后不久,空中小姐给每位乘客送来一盒枣汁。喝完之后,朱先生说,该送早餐了。过了大概近两个小时,忽见门帘一掀,空中小姐又端出一些枣汁,给每人一盒。不久广播声起:"各位旅客,本机将在河南中转。"虽然我们很不情愿这个突如其来的转机,但是没有办法。不过想到飞机降落以后可以买点食品充饥,觉得也不见得是一件坏事。可是下了飞机一看,只见荒漠中一间仓库似的大房子,没有什么人,更没有卖吃的地方。我们只好把希望寄托在下一段航行的午餐上了。可是到了飞机上,空中小姐掀了两次门帘,端出来的还是枣汁。直到下午两点多下飞机,也没给一点吃的东西。幸好朱先生带了一盒饼干,使我们压住了一点饥肠咕噜声。临下飞机前,朱先生说:"航空公司太不像话了!刘月华,你给报纸写一篇文章。"说实在的,那时我们大家并不是真的为吃饭生气,只是觉得事情有点太离谱。

1989年以后,朱先生和我先后到了美国,那时我们通过几次电话。有一次朱先生问我:"刘月华,你今后有什么打算?"我说:"我要回国。"朱先生:"我也觉得你该回国。"我说:"他们把我除名了。"朱先生说:"那不用管它。"不久传来朱先生患病的消息。我和当时也在波士顿的罗慎宜都劝朱先生回国治疗,朱先生说,等体力好一点再回去。朱先生的病情似乎曾一度"见轻",但后来肺癌转到骨头上,朱师母说非常疼,开始化疗。就在大概一个星期后,有一天鲁国尧同学从朱先生所在的加州打电话来,说朱先生去世了!老师客死异乡,我们都觉得心中特别不是滋味。当时也在美国的孟琮同学、詹开第同学和我请国尧兄替我们给朱先生献了一个花篮,以寄托我们的哀思。

1993年冬我回北京,试图解决回国工作的问题。我去了张清常先生家。张先生说:"朱德熙先生如果活着,你的问题可能就有希望了。"可是朱先生已经永远地走了。

张清常先生

我认识张清常先生,是他调到语言学院以后。张先生平易近人,由于有些工作上的联系,我们很快就熟了。张先生是我的师辈,我十分尊敬他。他不仅教我做学问,还教我做人,我们很谈得来。有几次去他家,一谈就是几个小时。他在城里那个小房子住的时候,有一次我进城办事,顺道去拜访张先生,走进了他那个小屋。进屋后我一抬头,看见了张师母年轻时的照片,非常美丽。那天张先生留我吃了一顿他做的饭。离开那间小屋,我很感慨,一位老教授,就那样跟北京的底层市民一起住在一间用煤球炉做饭取暖的小平房里,太难为他了。后来张先生搬进学校,条件就好多了。1986年,北语开始招硕士研究生,那年的考题主要是张先生和我出的。后来连续三年我都和张先生以及其他老师一起出考题,面试学生,在一起工作,气氛十分融洽。张先生既把我看作学生,对我谆谆教诲,也把我看作同事、朋友,一点架子也没有。张先生为人正直,处事公平。但是在某些事情上我也感到他的无奈。后来我在美国期间,传来张先生逝世的消息。张先生曾跟我说,肺是他的薄弱环节,他几次因为肺炎住院,最后夺走他生命的,好像也是肺炎。

吕叔湘先生

吕叔湘先生没有教过我。吕先生知道我是因为我写《可能补语用法的研究》那篇文章。

1979年我往《中国语文》投了一篇稿,一个月后我接到侯精一副主编的电话,叫我去编辑部一趟。那时语言研究所就在北京语言学院对面原北京地质学院的一栋楼里,去那里非常方便。接待我的除了侯精一同志外,还有饶长溶同志。老饶拿着两张八开稿纸,谈对那篇文章的意见,并给了我一个写作提纲。最后他们两位还问我,你愿意不愿意把这篇文章改成一篇真正的论文。我当然立即回答愿意。他们说:"你回去后找几本小说,把所有的例句都换了,重新进行统计。"后来我才知道,那篇文章一审、二审都被枪毙了,三审到了老饶手里,他觉得文章还有些可取之处,就送到吕先生那里。那两张八开稿纸上的意见和提纲正是吕先生写的,换例句以及重新统计的意见也是吕先生提出来的。我回来后花了三个月时间换例句,重新统计,很快文章就在《中国语文》上发表了。后来吕先生还指导我修改过其他几篇文章,提醒我文章要"眉目清楚",写字不要"龙飞蛇舞",使别人看起来费力。在第一届全国中年语法讨论会(密云)上,吕先生肯定了我的认真、不怕烦琐的精神,给我指明了研究道路。吕先生给我的论文提的意见和为我列的提纲,后来都让《光明日报》的一个记者借去了。那是在江蓝生同志的家里,那个记者为了写后来发表在《光明日报》上关于吕先生的报道,采访我和孟琮。采访完后,他向我借那些资料。开始我怕他弄丢了,不肯借给他。但是他信誓旦旦地答应一定很快还我,不得已,我借给了他。可是从此泥牛入海。我给他打过电话,给《光明日报》的总编辑写过信,都没有回音。前几年我从美国回来,又给他们的总编辑写信,这次有了回音。那位总编辑说那个编辑早已调走,他问了那个编辑,那个编辑说资料都留在社里了,但是现在谁也不知道那些资料在哪里。后来那个编辑还托了一位认识我的朋友"说情",我能怎么办呢?只有无奈和遗憾。

在我的《汉语语法论集》前言中有一段话:"我是一边教汉语,一边学习汉语语法,同时一边写汉语语法论文的。这个论文集记录了我的学习过程。在这个过程的开始,我有幸得到语言学界前辈吕叔湘先生的悉心指道。吕先生先后看过我的五篇文章,不仅指出疏漏,而且几次为我列出提纲,可以说是手把手把我引导到语法研究的道路上来的。"这是事实。

《实用现代汉语语法》是我们三个汉语语法研究新兵的学步之作,吕先生不仅仔细看了全部书稿,还写了一篇很中肯的序言,给予我们莫大的鼓励。

1983年在山西晋祠召开语言学六五规划工作会议期间,我跟吕先生谈起关于写趋向补语的设想,吕先生表示支持,并找来一张纸,帮我设计动词和补语搭配表。1989年我去美国做访问学者,行前去吕先生家告别,并请先生为这本书——《趋向补语通释》题签。两三天后,先生就把写好的书名寄给我了,他是怕我离京前收不到。这个对我来说十分珍贵的题签,随我在美国游荡了八九年,直到这本书"解禁",1998年才呈现在读者面前。

1993年冬我从美国回来去吕先生家探望先生,当时先生病得很厉害,一般不接待客人。但是听说我从美国回来,立即让我进里边的房间。先生躺在屋子中间的病床上,声音非常微弱。他问了我的情况,又问孟琮的情况,还说:"孟琮的英文是我手把手教出来的。"可见老师思念弟子之心切。1996年以后,我每年暑假都回来,每年都去医院探望先生。先生去世的前一年,我要跟先生一起照相,但是相机打不开。吕先生说:"没有电了。"当时我非常恨自己,很怕那将成为我永久的遗憾。所幸第二年我又去看吕先生时,相机没有发生什么问题,我跟吕先生留下了最后的合影。

王力先生和周祖谟先生

我上过王力先生的课,在"文革"后的学术会议上也见过很多次,过年时也常去给先生拜年。有一次去哈尔滨开会还乘同一列火车,但是很少与先生交谈。不过有一次刘珣老师让我为他请先生给他的书题写书名,我去到先生家里,没想到王先生立即欣然应允。但是我自己却没有向先生讨得墨宝,至今懊悔不已,周祖谟先生没给我们上过课。60年代初,我们班集体编写汉语发展史,曾几次去先生的家请教。当时周先生说他身体不好,身上哪儿都疼。"文革"后,为了写《中国现代语言学家》,我陪绍新一起去周先生家(当时周先生住在北大中关园,我也住在中关园)。周先生见到我们笑容满面,和蔼可亲,完全不是60年代初的那位周先生。周先生是书法家,绍新向先生讨墨宝,我也趁机讨了一份,现在就挂在我北京家里。每当我看见周先生的这幅字,就好像看到了慈祥的先生。

1983年《实用现代汉语语法》出版前,我去先生家请他为我们这本书题签,他立即答应,而且写了不止一个。这本书出增订本后,周先生的题签竖排在书中央,非常醒目,非常漂亮。

林焘先生

林焘先生教过我们现代汉语课。在北大学习期间,我跟林先生接触的机会不多。1974年我调到当时的北京语言学院,从事对外汉语教学,见到林先生的机会就多了。最常见面的场合是学术会议。每次开学术会议,我们这些北大毕业的都会在会议间歇去看望老师们。其他学校毕业的人很羡慕我们,有人说,开全国性的语言学学术会议,一半以上的代表都是你们北大的。

大概是90年代,北大为了加强对外汉语教学工作,特别请林先生做汉语中心的主任。

好像是1987年,有一天我在北大校园里偶遇林先生,当时我并未跟他提关于我的教授职称的事,林先生却主动提起说,你该提了,还有XXX,XXX(均为北大中文系的老师)也该提了,我会跟X先生说。说实在的,当时对职称问题我并不是很在意,因为那时比我早几届毕业的还有不少人没提。但是林先生如此关心一个在其他大学工作的学生的职称问题,确实叫我很感动。

后来,林先生见到我几次提出希望我到北大汉语中心去工作。记得1988年或者是1989年春天,我在西郊宾馆参加由王还先生主持编写的"对外汉语教学语法大纲"的讨论会,看见了当时实际主持北大汉语中心工作的潘兆明教授,他也说:"刘月华,来吧,咱们一起工作!"可能是林先生跟他讲过此事。不过那时候我以为林先生他们不过说说而已,也就没有认真考虑。

刘月华(在北大做学术报告)

后来我去了美国,回不了北京语言学院了。那是90年代初,林先生和北京大学人事处都同意我回国去北大汉语中心工作,这次我也认真地考虑准备去。可是那时林先生实际上已经不再主持工作,鉴于一些实际的问题,我没有接受那个工作。但林先生对我的信任和关心是我永远不能忘记的。

1996年春,第一届国际电化教学学术研讨论会在美国旧金山召开,会议主办方潘兆明教授盛情邀请我去参加。在那次会议上,我见到了久别的林先生和师母杜先生。在会议休息期间,田晓琳同学还有一位北大法语系毕业、已在旧金山定居的女同学以及当时也在旧金山的詹开第同学,还有我,几乎跟林先生和杜先生形影不离。我们在美国的几个人都好像见到了亲人,我们跟先生和师母一起照了不少相。会后我回到波士顿,心情久久不能平静。

1996年以后,我每年回国差不多都会去探望林先生和杜荣先生。每次师母都会为我泡茶,离开时,他们都会送出家门,目送我走远。那时,林先生步履还是轻捷的。

后来有一年暑假,我和何乐士、詹开第一起去看望林先生和师母,并一起在离先生家很近的饭馆吃饭,因为师母不能走远路。席间师生谈笑甚欢。

林先生去世前的一个夏天我去看林先生,先生说:"刘月华,你跟刘兰英商量一下,什么时候找一些同学来聚聚。"我说:"好吧。"我跟刘兰英是念研究生时的同学,我们只能联络那时的同学。可是一直联系不上几个人,事情就拖下来了,成为永久的遗憾。

2006年10月15日,北大中文56级同学在中文系办公室聚会,请来了林焘先生和吴小如先生。林先生还讲了话。会议从九点一直开到十二点多,先生一动不动地坐在那里。散会后,我搀扶着先生从系办公室走到五院门口,我感到了先生的步履迟缓沉重,我的心也沉重起来。没想到仅仅半个月后,先生就走了,走得如此匆忙。

那是当年的十月,在我快要回美国的时候,有一天刘兰英同学突然打电话给我,说林先生病危,约我一起去北医三院探望林先生。她立即从东方大学出发,到我家接上我,我们很快来到北医三院高干病房。稍后,王理嘉先生也来了。当时林先生正在做"血滤",不久做完了,林先生精神稍好,大夫允许我们在门边看一眼,但不许说话。我们看见病卧在床的先生,先生认出了我们,还对我们说:"谢谢。"我觉得先生脸色、精神尚好,以为情况并不像说的那么严重。哪想到,这竟是我见到林先生的最后一面,第二天先生就永远地离开了我们。

燕园杂忆之二

秦 川

校园内外的文化生活

北大有一个传统,社团十分活跃。学校为社团活动提供了场地和软硬件设施及条件。一开学,新生即可按自己的兴趣爱好报名参加社团活动。北大的社团活动在50年代盛况空前,有几十个社团,涵盖文学、诗歌、摄影、舞蹈、戏剧等领域。

进校不久,竟异想天开,报名参加钢琴组学钢琴。我从小到大没有见过钢琴,中学时代只有风琴,而钢琴在西洋音乐中地位显赫,钢琴大师辈出,盛名远播。当时就是怀着一种好奇和羡慕的心情报名的。即便如此,并未受到任何歧视,不仅报上了名,还有一间专门的琴房、一架钢琴供练习之用。活动每周一次,半日。辅导老师均由同学担任。辅导我的是一位高年级女同学,现在不仅她的名字失忆,连印象也很模糊了。她辅导过我几次,见我一点基础都没有,不仅没有起码的钢琴练习基础,甚至音乐基础可说也没有。见我几次都是单手弹奏简单的青年交谊舞曲,我想她心里已明白:此同学不可教也。所以师生间见面无话可说,待一会便离去,由我自己去乱弹一阵。我也感到兴趣索然,大概几周之后就再也不去琴房了。现在想起来完全是一出闹剧。我对音乐很喜好,但却是外行,未曾入门,不仅乐感很差,音准也差。中学时代音乐、美术在学习中均是我的短板。但即便如此,北大社团仍给了我尝试的机会,有幸与钢琴亲密接触。

真正给我中西方音乐启蒙的应是我的老师朱家玉和同学单增辉。朱老师教"人民口头创作"一课。课中她将我国有代表性的民歌唱片放给同学听,然后分析评论各个地方民歌的不同风格和特点及其地域特色形成的客观原因。比如康藏和陕北高原的民歌何以高亢激越,内蒙古草原民歌何以辽阔悠长等等,在我记忆中留下深刻印象的是云南民歌《小河淌水》,由著名歌唱家黄虹演唱,使我对中国民歌发自内心的热爱,终生不减。而给我西洋音乐启蒙的则是同学单增辉。他来自上海人民广播电台,喜好音乐,带了许多世界名曲的唱片。他经常失眠,夜晚躺在床上欣赏音乐。我和他相邻,常常是在他放的唱片音乐中入睡。什么小夜曲、交响乐,贝多芬、约翰·斯特劳斯、柴可夫斯基等等音乐大师,给了我优美的精神享受,在我生活中打开了一扇音乐之窗。我常常感到一个人对音乐的接受,应该从经典开始,在头脑中竖起一个严肃音乐高雅音乐的标杆,就不会沉溺到那些低级庸俗或浅俗的音乐垃圾之中了。其他文学、艺术,无不如是。

当时我极其旺盛的求知欲,驱使我对美术讲座(包括中西各画派)的兴趣。记得木刻家古元就到北大来讲过木刻艺术及他的作品欣赏。各种文学、艺术,包括戏剧等讲座或演出,我都积极参与,扩大知识面,提高综合艺术欣赏力。

过去在中学里根本接触不到,所以把听讲座当作补课。那时北大校长马寅初是全国人大常委会委员、著名经济学家。学生会以他的名义邀请名家来学校开讲座,成为每周假日必备的节目。张君秋、杜近芳等京剧名家来学校演出,我也是每场必看。马校长有时还陪看。特别是他的家乡戏演出时,他就端把藤椅坐在观众席前的侧面,看得津津有味。有时大型演出在五道口剧院上演,北大师生都去看,每次早早地从学校出发,步行五华里到剧场。一次我们到时,剧场门未开,看见门口台阶上坐着哲学前辈大师冯友兰先生,同来看演出的所有观众一样,并无特殊照顾,这真正是一道只有那个时代才有的风景。

此外,还有一个爱好,就是在周六晚看露天电影。早早地坐到靠前的地上,美美地过一次电影瘾。中学时代不仅因为穷,看电影极少,高中部在乌江对岸隔一条河,也是电影看得极少的客观原因。看电影不只是娱乐,还有学习知识、开眼界、提高政治觉悟的作用。那时的电影除国产的外,就放苏联电影。苏俄电影与苏俄文学一样,水平高、艺术性强,很有吸引力。现在讲起来很可笑,一位来自苏州的高中学生,每每在班级讨论会上,不是引经据典,而是引用某某电影如何如何。当时我对电影艺术了解很差,也把艺术和生活混为一谈。

"反右"以前,北大同学的文化艺术生活是丰富多彩的。周六晚,都要举行舞会。我们班有苏联、匈牙利、蒙古、朝鲜等国的留学生,常邀请中国同学去他们国家的驻华使馆跳舞。有一阵子时兴跳青年交谊舞,许多人或班集体一起跳,比较简单。而交谊舞也就是国际标准舞步,三拍子的,四拍子的,难一些。我在班里跳舞是最差的,踏不准音乐的节拍,跳慢四步就像拉黄包车,踩舞伴的脚。不知是上面指示还是哪里刮来的一阵风,各班级要普及交谊舞,消灭舞盲。大约折腾了几个星期,我这个舞盲还未被消灭,我的兴趣更低到冰点。

在体育方面,我开始坚持万米长跑。对增强体质有很大帮助。从学校出发跑到西直门,一个来回大致十公里(万米)。开始十分艰苦,肠胃心脏都不适应,久而久之,原来沉重的步伐变得轻快起来。逐渐适应的过程也是锻炼意志力和耐力的过程。经过这样的长跑,加之到大学后生活比较优裕,我竟然由原来的身高1.6米,长到了1.7米。与此同时体育课也是按劳动卫国制的要求来安排。大学生要求达到国家劳卫制二级标准。我的短跑百米是短板,经过反复测验,在全年级同学的加油鼓动下才勉强通过。我在清理资料时发现还存一张中华人民共和国体育运动委员会颁发的参加劳卫制二级测验及格证书。时间大概是在二年级的时候,我原名秦德福,1957年"反右"后才改为秦川。证书正面印有:"努力锻炼身体,使自己成为优秀的祖国保卫者和社会主义建设者!"

缅怀师尊的学识与风采

校长马寅初

马老是中国当代经济学家、教育家、人口学家,1882年6月24日出生于浙江嵊县,1982年5月10日因病逝世,享年一百岁。忧国忧民,民主斗士。因揭露四大家族借抗战发国难财,1940年12月6日遭蒋介石逮捕。中华人民共和国成立后,1951年任北京大学校长,1954年任全国人大常委会委员,1960年1月4日因发表《新人口论》被迫辞职,1979年9月平反后任北大名誉校长。

1957年6月马老在一届人大四次会上做书面发言,阐述人口控制理论。7

月5日《人民日报》第一版整版刊发,标题为《新人口论》,主张:第一,我国人口增值速度远远高于资金积累速度。第二,要加速积累资金。第三,批判马尔萨斯人口理论。第四,从工业原料、促进科学研究以及粮食等方面考虑,非控制人口不可。第五,建议国家定期进行人口普查,制定人口政策,节制生育,控制人口增长,提高人民科学知识水平,提倡晚婚、避孕,实行计划生育,政府对生育要有具体干预措施等等,是当时最新最全面的人口论著。它否定了社会主义社会不存在人口问题的教条主义观点,提出了中国人口问题性质和表现形式的新思想,提出了解决中国人口问题的全面方针和可行办法。他的"限制人口数量,提高人口质量"的方针,实际上就是中国现行的人口政策。《新人口论》发表后社会反响极大,但在当时政治条件下却横遭批判。

马老始终认为这是一个学术问题,不是政治问题。一再声称:"学术问题贵乎争辩,愈辩愈明,不宜一遇袭击,就抱'明哲保身,退避三舍'念头。要坚持真理,即使于个人私利甚至于宝贵的性命,有所不利,亦应担当一切后果。"陈伯达来校公开点名批判他,康生暗发指令要像批帝国主义分子艾奇逊那样批他。从1958年开始,屡遭点名批判,有人统计二百多篇文章中无一篇是北大经济系教师撰写。有一次在北大大饭厅批判他的"团团转"时,马老高喊:"我没在课堂里上课,但我要用自己的文章来教育北大学生坚持真理。"在全国批判中,马老著宏文表示"单枪匹马,出来应战,直到战死为止",绝不向批判者投降。"希望北大一万零四百名学生在他们求学的时候和将来在实际工作中要知难而进,不要一遇困难便低头。"1959年庐山会议后全国批右高潮中,周总理非常担心他的处境,劝他写个检讨过关,但他为维护学术尊严,拒不检讨。

马老在坚持真理、维护学术尊严上令人敬畏,但对学校、对学生却是慈爱有加。他经常夸"北大顶顶好","北大number one"。传说他来北大是自报的,要与胡适比一比,他还向毛主席提出请求:"为把北大办成最高学府,兄弟点名邀请谁到北大演讲,请不要拒绝。"毛主席给了他这个尚方宝剑。我们在校期间,周恩来、李富春、彭真、陈毅、粟裕、胡耀邦、范长江、廖鲁言、邓拓、周扬都来过。我记忆最深的是亲聆过周总理陪缅甸总理吴努来北大办公楼礼堂做报告。胡耀邦以团中央第一书记在大饭厅演讲,手舞足蹈,十分活跃。周扬在1958年还以报告形式亲为我们上中国马克思主义文艺理论课,开讲中国马克思主义美学。在他的带动下,林默涵、邵荃麟等都来讲过课。马老待人平等,不说"我",只说"兄弟"如何如何。他关心学生身体健康,不止一次对学生介绍自己爬香山、洗冷水澡锻炼身体的成功经验。1956年新生入学,床铺紧张,睡上下铺,一个图书馆系新生睡不安稳从上铺掉地摔死后,马老专为此向死者母亲表示慰安,同时指示在叠床上加装木栏,高教部为此专门发文要求全国高校照办。

马老是一个率性而为、不事矫饰的人。学校党委江隆基书记做报告,他总是拖一把椅子坐在讲台横头,慈祥地望着报告人。1958年陆平任书记,他虽无权,只是名义校长,仍然如此。他还请家乡的剧团来北大演出,他也陪同学们一起看戏,甚至苏联著名文学家、世界和平理事会执委爱伦堡来北大做报告,也一如既往坐在那里听,不管客人感受如何,习不习惯。"为真理而死,壮哉!为真理而生,难矣!"马老以沉默为武器,捍卫真理,在学术上,在追求与坚持真理的勇气与方式上,于人民贡献宏矣!

系主任杨晦

在北大学习五年,中文系主任一直是杨晦先生。与杨先生没有个人交往,1957年听过他讲"五四运动",1959年他给中文系56级开课"中国文艺思想史",讲了大半个学期,只讲了导论部分就没上了。其中一部分由杨涛同志按当时记录稿整理成《关于中国早期文艺思想的几个问题》收入《杨晦文学论文集》(北京大学出版社1985年9月版)。

杨晦先生是我国著名的文艺理论家、作家、教育家。诚如冯至先生说:"杨晦同志数十年辛勤的教育工作,比成为一个剧作家,对于革命事业的贡献是更有意义的。"(《从癸亥年到癸亥年》(代序)1983年7月12日于北京)他"出身于东北一个贫苦农民的家庭,有一种蔑视艰难困苦而勇于同艰难困苦做斗争的坚强性格,由于看到社会上种种的不平和农民经受的各种各样的苦难,他也时常流露出忧郁的心情。他坚强的性格和忧郁的心情在西方的某些悲剧里得到共鸣,他讲授那些悲剧的情节,像是在述说自己亲身的经历"。"五四运动"时,他已是北大哲学系学生,参加了"火烧赵家楼"。1920年毕业,时年24岁。当年冯至18岁,刚由北大预科转入本科。冯至先生说:"我个人一生中有所向

上,有所进步,许多地方是跟他对我的劝诫和鼓励分不开的。他对待学习和事物的认真态度也使我深受感动。"(同上)

杨先生和陈炜谟由冯至介绍,于1923年底或1924年初与陈翔鹤相识。曾邀他参加浅草社。他未写也未发过作品。1925年秋组织沉钟社,编《沉钟》周刊,1926年编《沉钟》半月刊,直到1934年《沉钟》停刊。他都全力以赴,写了许多文章和作品,还给予经济支援。"有时甚至独立支撑"。他创作的剧本,除四幕剧《来客》登在北京《晨报》副刊外,五部独幕剧和一部五幕剧《楚灵王》都是在《沉钟》半月刊上发表的。其中以《老树的荫凉下面》和《除夕》写得最成功,也最感人。朱湘在他1927年办的个人《新文月刊》第二期上评论他,把他与爱尔兰剧作家约翰沁孤并论。说他的戏剧"有一种特殊的色彩,在近来的文坛上无疑得占一定的位置"。独具只眼。唐弢在40年代写的《书话》里说,在《沉钟》丛刊中,他最喜欢杨晦的《除夕及其他》,"各篇都用对话体写,如独幕话剧,而充满散文诗气息,深沉黯淡,令人心碎"。杨先生的创作和翻译"在当时就有广泛的社会影响"。"一生到老志不屈",1981年,80岁高龄还亲自参加编文集。1983年5月14日因病去世。

对杨晦先生印象最深的是他的质朴和讲课的认真。另一个印象就是他的新婚妻子(他的学生)带着幼子在北大未名湖上溜冰的情景。他的新婚妻子年轻漂亮。我是经同学指点才知道她是我们的师母的。

中文系印象深刻的几位授课老师

中文系的授课老师除前文已提到的,给我留下深刻印象的还有游国恩、吴组缃、林庚、王瑶几位。

游国恩先生(1899—1978),江西临川人。1920年入北京大学预科学习,1922年升入北京大学中文系,1926年毕业。1942年起在北大任教35年。学部委员,一级教授。楚辞研究专家,古典文学研究家,文学史家。编著有《楚辞长编》《楚辞论文集》《中国文学史》(主编)等。游先生学富五车,博闻广记,一向沉稳,才不外露。"文革"中,毛主席著作中"哀兵必胜"成语出处,即由先生指出:"《老子》六九:'故抗兵相加,哀者胜矣。'"为北大55级《汉语成语小词典》收录,并为全国辞书采用,此即一例。游先生在中文系二年级开先秦两汉文学

前排左起：林庚、吴组缃、杨晦、王力、王瑶
（摄于1979年全国第四次文代会）

史课。他身材矮小，面色红润，天庭饱满，稀疏的花发整齐地向后梳。一套浅蓝色人民装，是有修养、慈祥的长者。

吴组缃先生（1908—1994），安徽泾县茂林村人，著名作家、教授。1934年发表小说《一千八百担》（收入《饭余集》）后，茅盾誉为"是一位前途无量的大作家"。另有长篇小说《鸭嘴涝》等。中国作家协会理事、书记处书记，《人民文学》等几个刊物编委。他给我们上第三段中国文学史，明清小说课。《红楼梦》《儒林外史》讲得特别好。当年何其芳、吴先生都同在北大中文系讲过《红楼梦》课。他讲课条理分明，声情并茂，分析透彻，对学生启发很大。许多同学，如我们56级朱彤、我班周中明，后来都是全国研究《红楼梦》的专家。他的政治阅历丰富，对他的《红楼梦人物分析》印象特别深刻。分析人物，鞭辟入里。宝玉的民主思想，黛玉的小心眼，宝钗的工于心计等，他最喜欢晴雯，聪明、美丽、正直、大方、忠诚、刚烈、识大体、顾大局、富于牺牲精神，在中国古典小说女性形象中无第二人。

吴先生身材魁伟，头特别大，前额铮铮发亮，白净的脸皮上有一些浅浅的天花斑痕。戴一副金丝边眼镜，右上颚镶着两颗金牙，谈笑时灿然闪光。"文革"中他在灯市口偶遇周总理，让他上车叙谈，称他"组缃兄"，说"二十多年不见了"，询问北大情形，谈了很久。

我主持四川人民出版社几部中国古典小说新注时,曾与张毓茂学兄一道登门,请他担任顾问,因年事已高,婉拒。

林庚先生(1910—2006),福建闽侯县人。其父是著名哲学家林宰平。讲中国文学史二段魏晋南北朝唐代文学。他与王瑶先生同窗,1933年清华大学中文系毕业。1952年院系调整,从燕京大学调入北大中文系。他是诗人和文学史家。风度翩翩,才气横溢。他讲课见解精辟,令人倾倒。他的板书潇洒流畅,被同学视为墨宝。他用精辟的语言概括不同时代文学(诗歌)的整体风貌,如"建安风骨""盛唐气象""少年精神"等。他用诗人眼光欣赏和解析唐诗,有惊人的创意。如王维的《使至塞上》:"大漠孤烟直,长河落日圆。"诗中有画,画中有诗。林先生为人治学,率真、洒脱、爱运动、爱音乐,九十高龄仍在院子里引吭高歌。早在30年代出版诗集《夜》《春野与窗》《北京情歌》等。1947年出版《中国文学史》,1961年主编出版《魏晋南北朝文学史参考资料》(高校教材),《历代诗歌选》(上)等。

王瑶先生(1914—1989),字昭琛,山西平遥人。北大中文系教授,文学史家,中国现代文学学科创始人,中国现代文学学会会长。著有《中国新文学史》《中国文学史论》《鲁迅作品论集》等。逝世后,出版《王瑶文集》七卷。1934年考入清华大学中文系。学生时代曾积极参加一二·九运动,后潜心治学,是清华中文系主任朱自清先生的研究生。1952年院系调整入北大中文系。王先生聪明、勤奋、博闻强记,操一口山西话,把"我王瑶"说成"哇瓦窑"。爱喝茶抽烟,手上常拿一烟斗,满嘴牙齿乌黑。讲课很开放,纵意而谈,对众多作家有精辟独到的评价。如评巴金、茅盾,说《家》《春》《秋》《子夜》"都是他们的巅峰之作,近年来写的哪里比得上"。王先生的笑也特别,不是一般人张口把肺里的气一下子排出来,而是不断地一排一吸,造成一连串的"哈呕",极富感染力。先生对现实政治也很有洞察力,曾任过几届全国政协委员。先生生活随意,平易近人。居所在镜春园一个老旧院子里,我在四川人民出版社工作时,曾陪同李致同志去他家组稿,在座还有他的学生55级的孙玉石教授、56级同学袁良骏研究员。我们请他将发表的文章编一本文集出版,但他认为还需修改,便搁置下来。王先生本是个世事通达、乐观开朗的人,晚年心情压抑,牵肠挂肚地突然于苏州开会中犯病,过早走了,令人十分痛惜。

怀朱彤

秦 川

冯其庸先生是《红楼梦》研究学会会长,著名国学家,中国人民大学资深教授。他在为朱彤《〈红楼梦〉散论·序》中,称朱彤是"当代著名红学家",与他相交有17年历史。1976年朱彤参加冯其庸、李希凡主持的《红楼梦》校注工作。同时参加的有北大同学张锦池和蔡义江。1979年5月,《红楼梦学刊》创刊,任编委,发表《释"白首双星"——关于史湘云的结局》一文,"声动京华,名重红学界"。另一位为朱彤散论写序的老友李希凡,在序中除了肯定他对红学研究的贡献外,特别提到了他的为人,说:"朱彤同志为人热情、豪爽、开朗,颇具'东北好汉'勇往直前的性格。"这一点我很有同感。此外,我还感到他的亲和力很强,在后来的新校注本古典小说的工作中,更起到了凝聚、协调的关键核心作用。他外表像东北汉子,但思虑却细而绵密。他有一副男低音的嗓子,说起话来,唱起歌来很动听,嗓音像磁石一般。我和他虽是年级同学,但在校期间却少接触,我们的交往是他在《红楼梦》新校注组时开始的。在学校时我一度对古典文学有兴趣,学年论文我们班只有李文初和我得5分(优秀)。萧雷南老师把我们的论文贴在教室的墙上,我不记得此事,还是2011年入学50周年时,李文初同学告诉我的。他说,先前班上的调干同学瞧不起从中学考来的同学,自此以后,调干同学再也不敢小瞧我们了。以后,我被分配去搞民间文学和古典戏剧地方戏的科研,对古典文学的兴趣就转移了。毕业后,更转到了中国现代文学方面。文初同学和朱彤同学都是很有主见的,文初同学坚持搞古典,毕业时是年级唯一留作游国恩先生的古典文学研究生。朱彤同学分配到安徽师大教古典文学。二位在古典文学方面都有可观的成果。朱彤同学如不是被癌

前排左起：李泉、吴正贤、王利器、聂运华、吴小如、陈红；
后排左二起：周中明、吴小林、朱彤、秦川（后排左一不注姓名，从左二起，摄于1983年成都锦江宾馆）

症过早地夺去了生命，他和我们班的周中明（安徽大学）、李文初（暨南大学）同学一样会成为这方面的有突出成就的专家学者。我当时在四川人民出版社做文艺编辑，常去北京出差。一次去看他，还在新校注组所在地恭王府住了一晚。他们用来新校注的大字本《红楼梦》也曾寄我一套，十分珍贵。我后来组织搞四川版新校注中国古典小说《三国演义》《水浒》《西游记》就是受了他们新校注《红楼梦》的启发。

今年是朱彤同学逝世20周年，萦怀于心的同学友情和共同奋斗的日日夜夜，历历在目。

最令人不能忘怀的是他自始至终在新校注本中起到了核心的作用，从全书的谋划、注释的疑难问题等，出的主意最多，用力最勤。每当新校注本遇到为难问题时，都是经他的努力而化解。这里有两件事最能说明。第一件是新校注组成立起来后，出版社曾邀全体成员和请来审订的老先生游览峨眉山。由于我考虑欠周，事前又未征求老先生的意见，便简单决定，为了老先生们的安全，王利器先生和吴小如先生就不登山，留在报国寺休息或在附近游览。我们年轻人上山首日游览了万年寺、清音阁、一线天、洪椿坪。次日下山到伏虎寺回报国寺。在洪椿坪住了一夜。那夜同学们在一起谈心，听雨声，轮流唱歌,特别是朱彤同学一展歌喉,我们都沉浸在美好的夜色和他那男低音甜美的歌声中。上山的一拨人倒是玩痛快了,虽然徒步走了二三十里山路,大家也未觉得累。但山下老先生就不同了。王先生曾在成都教过书,对游山不感兴趣,一开始便表示不去。吴先生第一次来峨眉山,却被安排在报国寺,未上山,心里老大的不高兴。吴先生对我说,他在报国寺做了两天的和尚。我和先生的关系骤然紧张起来。为此朱彤同学费了不少口舌从中疏解,无非说这是为了照顾老先生的安全,秦川年轻安排不周,请吴先生务必原谅。我自知有错,向吴先生赔礼道歉,总算把这场风波平息下来。

另一件是四川人民出版社李致、崔之富调走后,因胡风问题平反后调来的副总编辑LXX,不知什么原因,新校注书稿搁置很久,不予出版。新校注本中国古典小说,是李致在职时提出的选题,出版社党委上过红头文件,1983年我调社科院前,已由当时的出版社党委书记兼总编辑聂运华同志主持,在锦江宾馆召开审稿会通过。弄得朱彤等作者十分焦急与无奈。特别是朱彤,为此写了不少长信,与出版社理论,都毫无结果。最终,吴先生出面,转托他的学生黄葵,时任巴蜀书社社长,从中斡旋,1986年才得以问世。这套书出版后有一定影响,后经修订在台湾出版。朱彤同学后来患上不治之症,这恐怕也是原因之一吧? 一想到此,我心里便很难过。可我有什么办法呢? 一点办法没有。论理我与L素昧平生,并无过节。何况1983年我已调离出版社,即便对我有看法,照理应对事不对人,何故殃及作者,殃及新校注本三部古典小说的出版? 此外朱彤还为三部古典小说新校注本责编署名问题找L理论过。他竟然置事实于不顾,不答应署上我这个实实在在的责编的名字。我对此并不计较,因为我已不靠编辑吃饭了,多编一本少编一本没有什么影响。朱彤同学东北好汉性格,急公好义,可以想见他对此内心该有多么痛苦!

1992年2月,南京大学出版社出版了他在20世纪70—90年代的红学论文集《〈红楼梦〉散论》,是他对红学的一大贡献。同年他在病中寄赠我一册做纪念。对他的患病才有所了解,至于什么病竟未问及,我为自己的粗心至今还感到遗憾。同年9月9日朱彤逝世后,我在书的扉页写下这样一段文字:朱彤因患癌症于1992年9月9日逝世。他的逝世是我国红学界一大损失! 他的精神和事业永远留在学人和老友的心中。特志,以兹纪念。

祝好人岁岁平安
——忆陈如老师

邵璧华

对"梦",在我们家乡的浙西山区有一个特殊的称谓,叫"乱梦"。细细辨味,这个方言词实在是很形象的,很恰切的。凡做梦,往往是纷纷乱乱,迷迷糊糊,如云之出岫,纷至沓来,有让人欣喜的,也有叫人忧戚的,还有狞恶而惊怖的,极少是一种单单纯纯、明明净净的境界。离开母校北大,已经卅二年了。往事如梦隔秋山,对遥远的往事,确有"乱梦"之感,因而也有一种说不清、道不明、欲说还休的复杂情怀。但当自己过了"知天命"的年齿,怀旧的情绪常常袭上心来,对母校的老师、同学,尤其是我们56级老二班的同学,不仅能清晰地记着他们的名姓和音容笑貌,而且也怀有一种感激之情。而在老师辈中,最不能令我忘怀的,却是我们的俄语老师陈如。尽管她所教的俄语,因禁不起岁月的消磨,已统统还给了老师,可惜枉费了她几年的心血。

及至陈老师给我们上课,见她长得比较纤弱,让我感到是一张广东人的脸型,不算太标致,但一双眼睛透露着聪慧、诚挚、秀雅的神韵,风度和气质楚楚不凡。她是北大俄语系的高材生,毕业不久,留苏未成而改成留校任教,大概才廿三的年纪就执教于北大讲台。这自然使我们这些多少有点"狂童之狂也且"的新学生怀着一种不敢小觑的敬意。

但真正赢得我们的敬意并建立起师生情谊的,是她严格认真的教学态度和她的人品。我不知现在母校的老师,尤其是青年教师,是否还保持着那样好的教风和敬业精神,至少我所从事过教学工作的几所高等学校里,现在青年教师的教风和敬业精神,确已不可同日而语了。陈老师备课是充分的,讲课是极其认真负责的,尤其是对所要求的课外作业,学生必须做,而且必须交;不交,她会一个个地追究。凡交了的作业,都认真批改,有时还当面批改。更令人感动的是,凡有课当日的晚上,她必在教研室恭候同学们去提问,而且约某某同学去补课。她总是那样耐心而和悦地为同学辅导,经常坚持到晚上十点以后,有时你也可以径直到她宿舍去找她。诲人不倦,对她来说是当之无愧的。在老二班,我和孟蓝天、叶建东,是经常一起上图书馆,或找老师辅导的一个"小集体"。渐渐地与陈老师变得熟稔起来,如果有一段不去看看陈老师,就有种歉疚感,而陈老师也会捎信让我们去坐坐,谈谈自己的情况。师生间是相互尊重、融洽而真诚的,至今想来,仍如同未名湖的湖光塔影一样温馨,令人神往。

有一件小事,给我留下的印象却难以磨灭。有一回老师缺课请假了,据说她骑着车在未名湖畔被人撞了,而且撞得较重,不能来上课。我们就去看她。据常情,你按交通规则骑车,却被不按规则骑车的人撞伤了,少不了总得讲个道道才行。当时陈老师是被一位男士撞倒的,而且理在老师这方。陈老师不但没有出言不逊,或有所责问,当那位男士向她致歉时,她忍着痛、红着脸,让人赶快走,不要管她。由此,我窥知了纤弱的陈老师有宽厚而善良的心地,也感知到她有极好的修养。所以至今,我总忘不了她那辆红色的"坤车"。

1958年初,"反右"的余波未息。后来才知道划"右派"的比例还不够,而我们老二班还没有定过一个"右派分子"。这样,我们班反而掀起了一个"反右"补课的小高潮,厄运也就落到了我的头上。一天我回到宿舍,突然发现我的铺位所靠的墙上贴着一张直竖着尾巴的老虎的图画,而且老虎的尾巴上系着一面写有"右派分子"的白旗。我作为班里的"小弟",一下成了"反党反社会主义的右派分子",成了吃人的"老虎"。像西伯利亚的寒流袭来,空气骤然变了,原来把我称为"小弟",而我也一直把他们视为兄长和大姐的同学,脸上都挂着严冷的冰霜,至少是极严峻的神情,和谐、真诚、友爱的局面在老二班结束了,而且一去不复返了。虽然我内心并不认为自己是反党反社会主义的,但戴上了这顶帽子之后,也就感到自惭形秽,抬不起头来。所以也就自然而然地主动断绝或疏远了与往昔师友、同学的交往,默默地,孤寂地忍受着命运的煎熬。

陈老师那里,当然也就不去了。何况,我的"右派言论"中还有一条,我和某同学争论过,我们学中文的要学外语最好学日语,而不要学俄语,日本与汉学渊源深厚，而苏联与汉学关系浅薄。那位同学说我有洋奴思想，我却回敬说"你才是真正的洋奴思想"。当然这也成了后来反苏的一条罪状。陈老师能不知我的言论吗？她全身心地教我们俄语，我却倡言学日语，这对她不是冷水浇头吗？所以，对陈老师我更怀着一种歉疚感，就愈不愿意见到她。凡在校园里见到她，总是远远地避了，或强装没见，低头疾步而过。但我隐隐地感到，陈老师并没有鄙薄我，一是从校园偶尔猝然相遇时，从她的目光和神情中，我感知到这点；二是从其他同学的嘴里仍旧转达了她对我的关切；三是陈老师多次让孟蓝天等同学捎信让我到她那里去，但我仍没有勇气！（写到这里，我仍无法抑制自己情感的眼泪！）因为无颜见江东父老，加之家庭经济的困难，我进了北大，四年不曾回过家乡。有一年元旦，当时陈老师已从未名湖畔搬到离我们所住的卅二斋不远的教工宿舍，她让孟蓝天一定把我叫去。当时是困难年代，她拿出准备好的高级的糖果，一定要我吃。我羞愧莫名，我感激难言！心底翻滚一股烫人的暖流！我告辞出来，忍不住眼泪夺眶而出，难以抑制地哭了。人常说，"良言一句三冬暖""人间难得是真情"，只有在逆境中的人，才会真正体味到它的含义。在我的心底永远铭刻着老师的真情。

1961年毕业分配前夕，陈老师在离颐和园不远的中医院住院，我和孟蓝天去向她辞行，她的脸色和精神都不太好，她叮咛我要经常给她写信，也给予几句勉慰。随后，我分到山西的晋南师专任教，一次她来信中附了两张照片：一张是她56年教我们俄语时的留影，扎着短辫，脸形较胖，一张是近照，辫子较长，但较清瘦，眼睛内闪耀着善良而诚挚的光。我感到陈老师有一颗比一般女性更细致、更温厚的心，她俨然是一位大姐。我将它装在镜框里，挂在我的案头。每当我抬起头来，总觉着陈老师在审视着我，关心着我，勉励着我。她的目光使我感奋，往事也就涌上心头，使我在长期的逆境中从中汲取着力量，也从中感受着人间难得的真情。

"文革"中，我们的联系中断了。直至1982年暑假，我才有机会绕道路过阔别了二十一年的北京，我路过北京的唯一目的是去看望陈老师。当我坐在从烟台开往北京的列车里，想着即将见到陈老师，兴奋之情，犹如滚动的车轮，竟彻夜失眠了。但当我见到她时，满腔的感激之情，却又难以言说！

对陈老师，我确实怀着恩遇之情，但也不完全是个人间的恩遇之情，我深深感到陈老师是我一生所遇的老师中曾对我产生过深刻影响的为数不多的几个老师中的一个。其一，我有缘同老师一样终生从事教师的职业，陈老师热爱学生、兢兢业业的敬业精神，是我工作的榜样，使我在卅余年的教学生涯中，对学生怀着愿意把自己的全部知识奉献的虔诚，和视自己的教学信誉如同生命一般的执着。其二，《易》曰："地势坤，君子以厚德载物。"陈老师待人宽厚、诚挚而不势利的心地，是我为人的榜样，她鞭策着我，什么时候都应保持一种正直、真诚、宽厚的品格；对人，尤其是逆境中的人，应多一点宽厚与同情。也唯其如此，我对母校、对老师、对同学总怀有感激之情，也能坦然谈笑三十几年前的和以后的种种烟云。人活在世上，机遇不会相同，因而事业上的成就也会相异，但人总应该是这一撇一捺所蕴含的相互支持、相互关心的"人"，应让人家说你是一个真正的"人"。陈老师，作为教师，是一个优秀的教师，是我的师表；作为一个人，是一个真正的"人"。她以身教影响了我的人生，从这个意义上说，总算还没有枉费了老师的心血；作为一个女性，她是我心目中的大姐。

青春堂堂去，白发故故生。到如今，陈老师已经在教坛上辛勤耕耘了近四十个春秋，也已到了解甲之年。学生无以为报，只能由衷地遥祝她心地圆融，身体康泰，好人岁岁平安！

（载于《山西师大报》1994年6月20日，后收入《梦萦未名湖》）

两代人的怀念

施光亨　王绍新

施光亨（20世纪90年代）

　　1956年秋，我们考进了北大中文系，第二年开设了现代汉语课，给我们讲授序论和语音、文字部分的老师是林焘先生。他当时只有三十五六岁，风华正茂，形象酷似孙道临在电影《家》中扮演的高觉新。先生虽然是福建人，北京话却说得非常标准，嗓音、吐字可跟电台的播音员媲美；讲课条理清晰，丝丝入扣；他的课给予学生的不仅是知识的启迪，同时也是艺术的享受。他关于普通话历史源流的论述至今记忆犹新，他教授的语音学理论和技能使从事语言教学的我们受益终生。

　　先生那时很年轻，既具博学儒雅的特质，也难免有些书生意气。1958年，革命形势如火如荼，一个最时新、最响亮的口号叫作"兴无灭资"，按当今的说法，绝对可评为"十大流行语"之首。然而林先生却不认可，他执着于词汇学的原理，把它当作一个普通的缩略语来考究，并在课堂上公开批评："紧缩要抓住要点，'无'是什么？就是没有嘛！一个'资'字就能代表资产阶级思想？这简直……什么叫'兴无灭资'？"他少有地激动起来。当然这样一板一眼的研究跟"大跃进"的气氛实在不协调，不难想象，在其后的运动中会带来什么后果。

我俩从中文系毕业时被分配为出国汉语师资。几十年来在语言教学与研究的工作中无时不感到母校师长们的教诲给予我们的力量,这期间就有林先生的培育之恩。师恩难忘,山高水长。

1994年我们的女儿施正宇也调入北京大学对外汉语教学中心(现称对外汉语教育学院)工作,有幸受教于林先生,得益良多。1998年她结合自己的教学经验与点滴研究心得编写出版了一本针对外国留学生的教材《汉字津梁》,那时她从教时间不长,想不到后生晚辈不成熟的习作竟受到林先生的热情支持,亲自作序鼓励,他在序言里说它"最值得称道的是能突破过去汉字教学的窠臼,思路新颖,给人一种活泼新鲜的感觉……希望这部《汉字津梁》的出版能有助于推进汉字教学,能引起关心汉字教学的朋友的兴趣,加强这方的研究,共同把汉字教学的水平大大提高一步"。字里行间充满了对青年人的关爱鼓励及对这一新兴学科的殷切期望。

2006年10月,中文系1956届同学为纪念入学50周年相聚燕园,在五院会议室年近九旬的师长林焘先生和吴小如先生欣然参加了我们的聚会。王绍新会前跟牟国相同学到燕南园去恭迎林先生,会上还代表同学们给先生敬献了鲜花,心中充满了喜悦,朵朵红花就像张张笑脸。那天林先生非常高兴,他热情洋溢地对这群已是须发斑白的弟子们说,我跟你们年级的感情特别深厚,再过五年当你们庆祝毕业50年时,如果受到邀请我一定还会来的。我们听了倍感温暖,一齐报以长时间的热烈掌声。讵料天不遂人愿,言犹在耳,14天后先生竟弃我们而去!我们再次来到五院,乐声低回,先生依旧慈祥的笑容已被黑纱环绕。我们和同窗李延祜、彭庆生又一次代表56级同学敬献了花篮,朵朵白花愁容惨淡,在半个月前充满欢声笑语的地方触景生情,情何以堪!我们还敬献了另一个花篮,飘带上郑重地写着施光亨、王绍新、施正宇三人的名字,把两代人的深切怀念奉献于先生灵前,我们定会教后代继承先辈的事业,在您钟爱的园地里不懈耕耘。

哭庆生

施光亨　王绍新

庆生走了！我等内心的悲痛是无以言表的。

整整六十年前，我俩和他一起走进了燕园，我们都是十八岁。开学不久要选人大代表，庆生和绍新因还差些天未过生日竟差点没拿到选民证，"未成年大学生"成了同学们开玩笑的题目。——我们的友谊，就始于这样的美好韶光里。

1956年党号召向科学进军，人人摩拳擦掌跃跃欲试，倔强的庆生尤为突出。北大中文系的中国文学史要连授四年，从一年级下学期开课。没等开讲，他就提前动起来。他先攻《诗经》，从郑笺孔疏的《毛诗正义》到朱自清的《诗言志辨》共十多种。因为很难记住全部内容又没钱买书，就动手抄成了一本《风诗集注》。接着通读了《左传》《论语》等古籍；又转入《楚辞》，更是读了二十余种有关著作。为了不受干扰，他看中了楼梯下六平方米的一间斜顶废弃浴室，除了上课、吃饭、长跑，就钻在里面孜孜矻矻不辍攻读，每天仅睡眠三四个小时。次年春天掀起了声势浩大的整风"反右"运动，他仍充耳不闻，每天照旧背着一个装满线装书的硕大书包来去匆匆。1958年初开始批判埋头读书不问政治的"白专道路"，他恰是现成的靶子，受到了严厉的批判。幸好以陆平为首的校领导强调"白专"是人民内部矛盾，一定程度上保护了好学的年轻人。通过一系列的学习、批评，庆生检讨了自己"成名成家"的错误思想："青霄有路终须上，宇宙无名誓不休。"于是这两句话就出了名，直到1975年还被《人民日报》引用为"修正主义教育路线的罪证"。想来我辈的青春在不停地折腾中度过，不幸消耗了许多宝贵年华，而庆生功底扎实，学养深厚，为同侪中之翘楚，这跟他从那时起坚持不懈的苦读有密切的关系。

四十七年前,庆生调入了北京语言学院。当时"文革"尚在进行,形势云谲波诡,小道消息风行,我们几个同学怀着忧虑、期盼,时常私下议论、揣测。在"批邓、反击右倾翻案风"中流传过一首"邓诗":"一封朝奏九重天,夕贬潮州路八千。……"大伙儿都说这明明是唐诗,庆生则立刻说这是韩愈的,应该是《左迁至蓝关示侄孙湘》,连题目都说得一字不差!1976年我们共同经历了极端的哀、怒、喜、乐,大约10月七八日有人得到了佳音,便偷偷互相传递,甚至喜极而泣。

四十年前,我们年近不惑又看到了希望,各自重拾旧业,并互相帮扶。庆生用功最深的当属唐诗,他的唐诗研究有广阔的视野,不凡的高度,数十年来著述甚丰,不烦详述。仅略举两例:他与同窗曲令启合作的《唐代乐舞书画诗选》,以独特的视角反映了百艺兴旺、风光旖旎的盛唐时代,林庚先生作序曰"正中衷怀"。80年代中光亨在校出版社任职时以最快的速度、高标准的装帧为他出版了此书。庆生与同窗张仁健主编的《唐诗精品》虽系普及性读本,但通而不俗,每首诗后有一篇简明的评述文字,本身就都是美文,虽未分别署名,但一看那语气就知道哪篇是他写的。

十五年前,我们搬进了新楼。凑巧的是我们同级四人,包括延祜兄在同一楼层,我们和彭家还在隔壁,冬天串门不用穿大衣。庆生曾感慨地说,咱们这些人能一起养老真是难得!从那以后我们和一群老友如无它事,天天下午一起散步,有时两边几乎同时发出关门的响声。我们漫游校园谈天说地,其乐融融。庆生对校内的花草树木非常熟悉,哪株是杜仲,哪儿有水杉,如数家珍。我们的孙女读小学时老师要求养蚕,要找点桑叶,他说来园的小湖南岸和东北角各有一棵,视之果然!我们说原来你不但熟读《诗经》,还真是"多识于鸟兽草木之名"啊。退休后我们做一点汉语史的研究,如遇唐诗里的疑难问题,就写一张纸条请教他。几年前他患上手颤的毛病,书写不便,曾说过多亏有了电脑,否则就无法写作了。所以我们告诉他并不关注文学价值之类,你也不用多写,只看句法关系的理解,认为对的打个钩,有问题当面讨论。但他半开玩笑地说他不懂语法,总是照自己的思路认真去写,字迹颤颤巍巍,看了很是不忍。这样的纸条有厚厚一沓,讵料如今竟成纪念品,今后,诗有存疑可问谁!

十年前,庆生在国庆节去看望研究生导师林庚先生。他严守尊师重道的古训,每逢年节必前往林府拜望。那天回来他很高兴,说97岁高龄的先生身体很好,精神矍铄,中文系正在筹备为他庆祝百岁诞辰。不料三天后林先生却无疾而终。半个多月后,林焘先生也遽然离去,我俩和延祜、庆生等同至系里敬献了花篮。师辈凋谢让我们痛心不已。

仅仅四个多月前,庆生确诊为胰腺癌晚期。他太累了!年轻时,诚心诚意改造思想:大学下乡,在深翻土地的竞赛里把一群青年农民远远甩在后边;工作后下放,扛着二百斤重的大包装卸车辆。晚年,作为副主编负责《全唐诗注释》工作,在主编和另一盛年副主编相继去世后,他承受的压力可想而知。几十年熬夜写作的习惯一直持续到上次患病,从我家窗口经常可见他点亮到凌晨的灯光。他住院前曾说,两千多页还剩几十页就完成了!面对挚友的病情,我们心急又无奈。一天有人推荐了一本书,《抗癌:第一时间的抉择》,说能给重症患者及家属带来希望和信心。我们立刻让女儿从网上订购,第二天就送到了彭家。庆生确实读了,而且说很受鼓舞,我们也感到些许的安慰。3月24日,《光明日报·文学遗产》以多半版的篇幅刊登了庆生研究陈子昂的力作《又见幽州台》,同学们——包括同系57级的吴书荫、王恩保、哲学系的王秀芳纷纷报信或找来报纸,希望第一时间让他见到。谁知他看了平静地说:"这是我的绝笔。"一句话让我们感到好心酸!

一个月前,他体力稍好出来坐坐,见了我们说:"过几天咱们还恢复按时散步啊。"我们连忙说好极了!他问入学六十年的聚会日期,告之定在10月9号重阳节。他听了眼里流露出一丝凄然的神色,那是觉得他赶不上了。

二十多天前,庆生病重住院,第三天我们和李延祜、胡冠莹去医院探望。他头脑清晰,但说话困难,对着儿媳伸出拇指和小指比画出"六"的意思,他是想说我们同窗整整六十年了。他还艰难地表示,已准备了聚会的发言稿……十天前,我们再次探望,他仍清醒,却已失去言语能力。床头放着几张纸,画着曲曲弯弯的线条,是他想说的话,但谁也看不懂。我们不能久留,此次离别,即成永诀。

几十年来,我们很少称呼庆生的名字,同学们都习惯叫他"大炮"。大炮,这是缘于你浓重的湘音,粗大的嗓门,率直而独立的见解。大炮,一周前你走了,你可听见,告别仪式上很少掉泪的光亨竟也放声大哭! 现在,家人已把你带回故乡,你将跟先贤屈子做伴,与同乡沈从老为邻,在湘楚大地上漫步,在洞庭水云间放歌。愿你褪去一生的辛劳,享受难得的自在吧!

2016年5月

永远的怀念
——忆挚友饶杰腾

史有为

我插班到56级语言班，一开始就跟饶杰腾住一个屋子。同一个双层床，他睡下铺，我睡上铺。我们俩就这么做伴，一直到各自奔赴工作岗位。

杰腾是潮州人，算是广东人，其实说的是

2000年史有为携老伴回国休假与饶杰腾合影于寓所

闽南话，特别难懂。按理说，杰腾从事音韵研究特别有优势。学界常通俗地描述，广东话差不多就是唐代语音，福建人闽南话差不多就是秦汉古音。他要研究音韵真是得天独厚。可惜，他似乎兴趣不大。虽然也在音韵组，好像并不立志于此。我跟杰腾逐渐熟悉，也是因为同一个科研小组，得到过他的相助。杰腾永远干干净净，朴朴素素。我印象中他最特别的是，木板床上铺一领草席，从夏天到冬天，一直如此，甚至没有褥子，夏天还用一个木头制成的折叠枕头。这么硬的枕头！我很难想象他的脑袋是怎么忍受的。杰腾的字非常漂亮，一丝不苟，写成的作品也永远清清爽爽，就像他的为人与为学。他认真，一步是一步，不贪多，不耍滑，踏踏实实。他老实，不跟风，不趋炎附势，更不落井下石。这些都让我敬服。还有一位好友是郭成韬，也是福建人，却是闽北的。

毕业后他也在等待再分配。于是我们仨就走得比较近，成了好朋友。我们三个却是三个互不相通的方言，只能用普通话交谈。在被撤销研究生资格之后，想干什么呢？我和杰腾商量，还是利用这个不可多得的机会，多看些只有北大有的书吧。整整三个月，我们俩几乎每天去民主楼的三楼。那是善本图书馆。从早到晚，我们拼命地啃着解放前的学术杂志，翻阅发黄发脆的纸张，抄写论文的主要论据、论点，生怕以后再也没有机会接触这些珍贵的书刊。我的目标是那些音韵学论文，前辈写的文章。我们俩选择的借阅室不在一处，杰腾选择什么阅读对象，我已经忘了，好像是古代汉语方面的。肯定也是为未来而啃那些发黄的书刊。

读书，已成了我们的一种习惯，一种获取能源的动力。我们是书呆子的一代，也是螺丝钉的一代。除了生病住院，我从1955年到1961年，每天的生活始终是宿舍—食堂—图书馆三点一线，即使是星期天节假日，依然这样。杰腾也是如此。我唯一的自主旅游是在毕业分配前夕，觉得要离开北京了，这才突击去游览天坛、故宫和八达岭，算是非常奢侈地花费时间了。这在今天看来，简直不可思议。然而，当时的我，还有我的好友饶杰腾，都不觉得单调得恐惧，甚至完全不觉得单调。我们是在抢时间，为了那遥遥在望而不确定的理想。

各自分配落定，杰腾到北京师院，成韬到人大，我是民院，一一报到。我们仨约定，过两个月聚会一次。地点就在杰腾的宿舍，吃师院的食堂，把饭菜打回来，在宿舍里放开吃，畅谈半日，然后各自道别。再后来，杰腾有了女朋友王雅南，而我和成韬还是单身。说起杰腾的恋爱史，杰腾不无调侃地说：这是"抗战八年"。原来，他锲而不舍地追了雅南整整八年啊。雅南是他的学生，北京人，聪明不说，还具有鲁迅的文笔，说话稳重，待人诚恳。语文课教得有一套，效果极佳，在中学教育界一直是佼佼者，最后成了特级教师。我们佩服杰腾真是慧眼识人，这八年没白费。这八年也是他们一辈子相濡以沫的基础。那时节，他们还没有结婚，我们就认识雅南了，一起聊天。雅南还亲自为我们做菜，她的红烧带鱼，可谓一绝，每次我们都赞不绝口。那时真是其乐融融。我们各自尽责职业，各有不同工作，我是第二语言教学加现代汉语，成韬是古代汉语，杰腾则沉浸于中学语文教育。我们谁都没有挑三拣四，都把自己当成螺丝钉，放在哪里，就在哪里拧紧。虽然有"文革"的中断，出国的远离，我和杰腾两口子始终友谊不移。我偶尔从日本回国,我们都会见面畅谈,清茶一盏,侃侃半日。一次我回国膝盖开刀,无法动弹,他和雅南特意去医院看我,让我感到温暖非常。每次我们俩有新著,都会互赠。我们的友谊历久弥新。

饶杰腾做学术报告

杰腾简直是一位天生的教师和教育研究者,他进入北京师范学院(现更名首都师大)就一心扑在中学古汉语教学上,处处为学生着想。他以十年之功编就《文言词语表(高中语文课本)》,从此踏上了语文教学研究阶梯的第一阶。接下去的《常用文言词典》《基础教育语文工具书系列》则是第二阶、第三阶。他以《中学语文单元教学模式》,探索文言文教学科学化,被称誉为这条道路上的里程碑。他开创性地撰写出《语文学科教育学》《语文学科教育探索》《语文教学系统方法论纲》,编著《近现代中学语文教育的发展》,主编《中学语文教参新编》,一步步为语文教育学奠定了一块块基石。他钩沉编辑的《民国国文教学研究文丛(总论卷、阅读卷、选读卷、写作卷、论争卷)》,已成为中国语文教育史研究的最具代表性的成果。他手不释笔,孜矻终日,一辈子只用手写笔录,积累无数例句资料卡片。他踏踏实实,一步一个脚印,反思、整理、革新、试验、再试验,为此花费了毕生的心力。退休前,他已是中学语文教育学的鼎鼎名家,也已成为当代中国语文教育史的大家。

饶杰腾做学术报告

我为杰腾的科研成果而高兴,也为他担任中文系主任却不谋私利、两袖清风而钦佩。更可贵的是,他一心想着学生,一心爱护学生,把整个身心扑在中学语文教育上;他脚踏实地,不骄不躁,永远谦虚和蔼,毫无半点架子;他不趋炎附势,不阿谀逢迎,傲骨铮铮;即使如日中天并被誉为泰斗的饶宗颐是他的亲叔叔,他也不愿凑上去沾丁点儿光。他要自力、自强、自立,用自己的心血与汗水去换取应得的荣誉。文章千古,道德万代。他是北京师院中文系历史上威望最高的系主任。他称得上是中国民族脊梁的一个代表!他也是我一辈子最佩服最珍视并可以为标杆的一位挚友。

可惜,8月末的一天早晨,正当他准备参加56级入学60周年聚会,正当他刚刚编辑出版了五卷一套《民国国文教学研究文丛》,从出版社归来,正欲迈进另一课题,突发的脑溢血把他击倒了。就在此刻,他还不忘交代,老伴的药放在哪里!不到三天,8月30日,他就从此离开了我们,离开了相敬如宾、相濡以沫一辈子的家,离开了那张值得尊敬的书桌。2016年白露的前一天,9月6日,当我从老同学王绍新那里突然听到这个噩耗,我简直不敢相信,真好似被电劈雷击。

杰腾啊杰腾,正是你学问成熟喷涌的时光,老天爷怎么能这么狠心地将你夺走,连一点征兆都没有!一直以来,你腰板挺得直直,你目光依然明亮,你不忘行走健身,你饮食起居有度,劳逸结合。有一次,我们俩偶然在超市碰见,我跟他约定,等我这本词典出来以后再去见你。没有成果,我不好意思见你和雅南。又过了两个月,你和雅南关心我的生活,打电话要来看我。我第二天就去看你,谈了整整两个小时。谁也想不到,两个月后你会突然倒下!人的生命是如此的脆弱!老天爷又为什么如此不公平!

那时,我心悲凉如冰,脑中涌出了这样的句子:

忆昔相知迷书斋,文章道德毕生怀;
最是伤心君先去,渐渐孤影迎面来。(《最是伤心——悼杰腾》)

第二天,我赶到首都师大,在杰腾灵前敬香祈祷。把这首诗敬献于他。黑白遗像中那满头的白发,根根挺立,象征着他的为人、他的清白坚贞,象征着这铮铮的骨气。那天正是雷雨交加,好像老天知道我来吊唁。我不禁又涌现出这样的句子:

银发月华傲骨坚,一心从教情万千;

对影不言坎坷事,细梳君格识当年。(《对影——忆杰腾》)

我本来希望在这一年56级入学60周年重阳聚会上与他再度相聚,他却在这之前一个月匆匆离去。在这个聚会上,我觉得他应该在,应该与我们在一起。我以《感受饶杰腾》献给他,伤怀他过早地超脱,幻想能再次听到他铿锵的谈笑。

杰腾,你留给我太多珍贵回忆,太多值得学习的品质。我将永远怀念,怀念。

2017年7月7日

于法华寺侧亦蜗居

一路走好，乐士大姐
——追念学姐·好人·学者

史有为

接到这个消息，我不敢相信
你无私的笑容，还在眼前浮动
你爽朗的声音，还在耳边响起
不敢相信，你会离开你热爱的一切

或许是天意，我来到这个班上
举目都是陌生的眼睛
看到的是伤害，还是伤害
每个人都可能是被伤害的后备
在那个时代，人们无法怨恨
但，你也许是个例外
唯一没有伤害过别人
因此，你也就受到极大的伤害

大大咧咧的外貌
藏着的是你细腻的人性
容易忽略、忘记的毛病
透着你宽阔的胸怀
永远朴朴素素的衣着

镶嵌着你对学术的执着

你把一切献给了《左传》
不管那里有多少艰辛和困难
你把心掏给了你的同窗
不管你曾受到过什么不公
留下的所有笑容和著述
见证了你的品质与顽强
刻画了你的宽容与正气

你是一面无尘的镜子
你是一座无垢的榜样
你是一位敞开胸怀的好人
你是一介永远真诚的学者

走好吧，乐士大姐
在我们心中
在林立的学术中
你将永远留驻
永远永远留驻！

2008年10月7日

附记

  乐士学姐是我1960年因病从55级休学再复学后才认识的。成了56级语言班的同学以后，慢慢才熟悉的。在这个班上没有几个月，我就又病了，肺结核复发了。虽然坚持做一些活动，但情绪不是太好。于是，就成为没有革命积极性的典型，成为批评对象，而乐士学姐也因为"右"倾，同情弱者，有"资产阶级"人情味，而在党内被批评或批判。现在想来这简直荒唐！尽管如此，她始终乐乐的，哈哈的，对自己钟爱的古汉语不离不弃，像着了魔似的。也因此，她获得这个班许多同学极难得、极难得的亲近。

我所认识的邢志恒

王金屏

每当我回家乡探亲,遇到中小学同学和老师,往往会问有关邢志恒早年谢世的事情。我与邢哥既是同乡同小学同初中同学,又同时考上同一所大学的同系,应该知道的比较详细。实际上我与他近距离接触只有三四年,有许多事并不清楚;而他去世时,我正在北京市最西边的山区里"劳动察看",一年后才听说"他上吊自杀",此后没人给我讲过那件事件,怎么能说得清楚呢?应约写篇回忆邢哥的文稿,我只能抄录些还没忘记的事实。

邢哥原名兹蘅,后来自己改为"志恒"二字,1932年生于山东省夏津县邢庄,与我家住的苑庄相距三十里。他小时候读过私塾,十几岁就到县城的五金商店学徒,1950年春天插班于我正在那里读书的县立师范附属小学五年级。当时本县没中学,夏天我去德州中学投考被录取。年末德中招生时,邢哥和他同班的霍宪义榜上有名。虽然我在四级(届),他俩在五级,由于来自同一小学自然会感到亲近,那时已不兴拜"金兰谱",我们仍然称兄道弟,数着霍兄年长,邢哥次之,我是"老疙瘩",被人们戏称为"夏津三小友"。

兄弟三人课余时间经常聚一起嬉笑玩耍,交流读书心得,生活上互相关照,放假时还一同徒步回家。那时长途汽车很少,大卡敞车烧木炭走得慢,经常中途抛锚,倒不如安步当车,投考时都来回走过,并不视一百四十里为畏途;更何况路上还可以背诵诗词,触景生情地胡诌"打油诗"而又节省车费呢?途中还经常闹出些"事故":我突然得了雪盲症,看不清路上的坑坑洼洼,他俩便领着我缓慢地前行,到县城后,当时在供销社任会计的邢西岳大伯立即买来羊肝,不放油盐就煮熟了劝我吃,第三天我便恢复正常视力,没落下后遗症;邢哥还掉进过浮雪掩盖的路坑扭伤脚脖子,霍兄和我就搀着他走;夜晚借宿于恩县师范,睡在拼凑的课桌上,没棉被冻得难以入眠,三个人紧紧地拥抱在一起,用体温相互取暖,居然也能睡着;暑期夜间露宿打麦场,走后麦秸堆失火,被民兵追回严加审问……

说实话我与邢哥比较亲近,原因是有共同爱好,都喜欢文学,霍兄偏重数理;邢哥又博闻强记,读书过目不忘,爱发表奇谈怪论,我愿意听他说逸闻趣事和典故,山南海北地神聊胡侃,感到受益匪浅;最主要的是我俩"同病相怜",都正经受着童婚的痛苦折磨——他媳妇比他大四岁,还有个女儿。我是十五岁与我五婶的侄女结的亲,这位"表姐"对我倒挺关心,只是我感到别扭,总想远远地躲开她。因之两个刚萌生叛逆性格而又胆小如鼠的"小女婿",都苦于找不到挣脱"拴马桩"的良策,并缺乏与父母斗争的勇气,生怕"釜底抽薪"给中断求学经费,没勇气说"离婚"二字,互相用笑谈来淡化烦恼,心里才觉着宽松些。

我和邢哥最怕放假,寒假日期短,春节热闹,容易熬过,暑假时间较长,学校宿舍锁门只好回家。每次途经霍兄家住的城北霍庄,都要磨蹭几天,到县城邢伯父那里,再以"拜访"小学的老师同学为名,尽量多逗留时日。最后实在没处"躲避",邢哥才跟着我回家,住在我家帮着做农活,下地间苗锄草,给果树浇水喷药,干得起劲而在行。我爹我娘非常喜欢他,承认他是"干儿子",却又劝他早点回家看望老娘。邢哥当年的朴实形象和音容笑貌,至今栩栩如生地铭刻我心壁:中等身材,穿戴的全是家织布缝制的衣裤鞋袜,体格特别强壮,肌肉块秤砣一般坚硬,拳头能砸断整砖,长跑拿过名次;精神十足,走路挺胸扬脸,圆头圆脑,寸发平头像刺猬一样炸撒着,两只眼睛小而亮,牙齿洁白而整齐,说话好噘起嘴唇;性情倔强,跟人辩论爱钻牛犄角,咬文嚼字,未免有些孤芳自赏、好为人师和迂腐执拗……

周日邢哥和我经常去新华书店"蹭"书看,见过一本图文并茂、介绍北京大学悠久历史、美丽校园和历届名人学者的画册,实在让人心神向往;加之老师也说过北大是中国的最高学府,知名教授集中,教学质量和学术水平名闻中外,是培养优秀人才的摇篮……因而所产生的诱惑,磁石般吸引着我俩幼稚的心灵,竟然异想天开地萌生出以后去这座大学读书的愿望,并随着时间的推移趋于坚定。所以产生这种想法,是认为既然能上初中,为什么不可以读高中考北大?当然也知道仅凭薄薄的文化基础,即便再苦读几年也未必能挤进那座

"天堂";而又觉得身上流淌着山东好汉的血液,有股子争强好胜、敢打敢冲、一条道跑到黑、撞上南墙也不回头的犟劲儿,既"志"且"恒"嘛!从此便互相激励着昼夜拼搏,以痴心妄想为奋斗目标,将野心勃勃的志向化作无穷动力,时刻做着"闯关"的准备。

1953年夏天我们四级毕业时,有消息说五级也要提前结业。当时德州还没有高中,要升学必须去大中城市,如果邢哥真能提前结业,我俩就可以同时"进京赶考",并争取双双"金榜题名"。有如此打算,是因为北京既是人人向往的首都,又是我俩要攻占的"堡垒"所在地。由于各地招生时间不同,五级还要补一个月的课,邢哥没赶上北京的考期,他便怂恿我去"打前哨,观察一下北大的情况,看看咱这农村的土包子能不能挤进去"。于是我跟着几位同学于七月初前往北京,居然如愿以偿地考上北京一中,二十天后邢哥也考进了济南三中。霍兄的家中生活拮据,放弃了升大学的志向,考入食宿免费的山东工业学校。"夏津三小友"同时迈上新台阶,欢庆之余面对着分手离别又恋恋不舍。也许邢哥是一时心血来潮吧,竟然大言不惭地指着我说:"咱俩谁也不许拉松,三年后北京大学中文系见!"我也难免得意忘形,当即诌过一首打油诗赠送给他:

聚散离合寻常事,临别骊歌君莫愁。
既献身心许邦国,岂有痴情恋轻柔?
弃锄已学五年书,摘星更上一重楼。
任凭鱼雁殷勤问,相期北京大学游。

我出生贫农家庭,注定种一辈子庄稼,如果不是1945年家乡解放后才得到上学机会,想读书比登天还难,做梦都不敢想,更别说是北京的高中!我感谢共产党和新中国,下定决心努力学习,报答这比山高比海深的恩德。第一次参加国庆节游行时,在天安门前我流着热泪高呼"毛主席万岁!"曾喊哑喉咙,还给家乡的亲人师友写过很多报喜信。为"侦探"北大的实情,我先后去过沙滩红楼和院系调整后迁到西郊燕园的新址,感觉好像走进天堂一般:鳞次栉比、金碧辉映、富丽堂皇、雍容典雅的宫殿式建筑,霞光闪耀、云影绰约的宝塔,碧波荡漾、石舫摇曳、水光潋滟的未名湖,蓝天白云、微风吹拂、桃红柳绿、芳草芊芊、苍松翠竹、百花争艳、莺歌燕舞的景色,尤其是宽敞明亮的教室、超大型藏书千万卷的图书馆和广阔的体育场馆等,让我这孤陋寡闻的乡巴佬大开眼界,羡慕不已,更渴望来这里读书。

邢哥与我预定的"目标"似乎近在眼前,心神向往的最高学府正等待我们进驻。邢哥读过我如此描述的信件,更加心急如焚,恨不得立刻兑现发过的"誓言"。我冷静之后,得知北大中文和清华电机是全国竞争最激烈的热门,认识到凭现有实力去攀登那座高峰尚在两可之间,便弱化了信心十足的底气,开始怀疑那种狂妄的"豪言壮语"是不是痴人说梦,"蚍蜉撼大树,堪笑不自量"?便将"誓词"改为"争取都考上北京的大学",从而留出回旋余地。邢哥回信却强调"事在人为",好像他已手拿把掐。

可能是"精诚所至,金石为开",勤奋不负有心人吧! 1956年8月28日,新学年开学前三天,邢哥和我果然同时出现在北京大学中文系的新生报到处,紧紧拥抱在一起。霍兄中专毕业时,因品学兼优保送山东工业学院,终于圆了他那似乎可望而不可即的大学梦。"夏津三小友"都考进名牌大学,欣喜和激动之余我又写了一首打油给邢哥看:

今日何日复何夕?似醉如梦双重疑。
执手认友泪眼笑,把酒话旧杯盘飞。
漫说狂言终难信,兑现前约仍觉奇。
牧童村夫来北大,燕园芳草浴朝晖。

邢哥和我都出生于穷乡僻壤,成长于校园,能考上著名高校确实喜出望外,并认定自己是时代宠儿,共和国的骄子,已具备平步青云的资本,必然鹏程万里,经常在一起展望铺满鲜花的锦绣前景,构想未来的壮丽,编织更美好的梦幻,立下更离奇的誓言。那种洋洋得意、踌躇满志、跃跃欲试的状态难用语言描述,像井底之蛙那样不知天高地厚又孤陋寡闻,幼稚可笑,浅薄浮躁⋯⋯从此我俩就"两耳不闻窗外事,一心只读圣贤书",犹如嗷嗷待哺的饥饿婴儿般昼夜饱吸着未名湖的母乳,从教授的谆谆教诲中汲取文化科学知识,力争成为出类拔萃的学生:邢哥在床头贴上语音韵对照表,连吃饭睡觉都琢磨,很快写出一篇论述山东话和普通话有规律及无规律变化的文稿,列举出数以千计的字词,深受汉语老师好评;我当年为留学生辅导员,被聘为学校团委主办的文学刊物《红楼》的编辑,并于年内又在《解放军文艺》《北京文艺》等刊物上发表小说和散文……

故乡的老师、同学和乡亲们得知我俩的信息,一时间传为佳话,说这是新中国成立后本县第一次有人考上北大,还成双成对,又是竞争激烈的中文系,并引以为骄傲;县文教科号召向我们学习,据说还将拙作收入《乡土教材》。然而谁也没有料到,曾为家乡增光添彩的这两个大学生,还会给父老乡亲的脸上"抹灰":1957年我这个贫农的儿子竟然翻身忘本,蜕化变质,被划为"右派分子",年末给的处分是"保留学籍,劳动察看";后来家庭成分是富农的邢志恒,因为"右倾思想"也受到"辩论"……1958年3月我离开学校去山区时,邢哥还安抚我"保重身体,没有过不去的火焰山"。夏天我因腹疼难忍,高烧不退,送回学校医院看病,确诊为亚急性阑尾炎兼杆菌痢疾,需要剖腹切除。护士问我要不要通知家属?我才请她给邢哥送去一张纸条,7月2日手术那天,他陪伴我一昼夜。无论如何我也没有想到,这次见面竟然会成为兄弟二人的永诀啊!

病愈后我回山区干农活比较熟练,负责管理我们的下放老师和当地老乡对我很照顾,认为我表现不错。1960年第一次宣布解除"劳动察看"、回校复读名单时我是其一。因为院系调整,北大的新闻专业要合并到中国人民大学新闻系,直到10月6日我才去城内的人大分校报到。第一个周六下午,我就迫不及待地跑到北大去看望久久思念的邢哥,爬上同住过的32斋的四楼却找不到他的身影,遇到他同班同学问谁谁摇头,及至找到同来自德州中学的张曰凯,他刚说出"他死了,上吊自杀"几个字,我像头上突然挨了闷棍一样眼前一片漆黑……那天晚上我如同游魂似的环绕未名湖徘徊一夜,在每个与邢哥一同坐过的地方都要停下来发呆,眼望着岛亭上黑乎乎摇动的树影,耳听着沙沙作响的风声,回忆我俩相逢相知、促膝长谈和欢聚分离的情景,既痛心疾首又愧悔交加,总觉得他不应该走自绝于人世的死路……

当年邢哥将原名兹蕤改为"志恒",摒弃脂粉气息,又表现出具有化腐朽为神奇的智慧,胸怀为远大理想而百折不挠的精神和信心。读高中期间他通过坚持不懈地抗争,终于打碎封建婚姻的枷锁,能办妥离婚手续,将人为的家庭悲剧转化为自由恋爱而组成的新家庭便是例证。他于1956年初(农历丙申年腊月二十六日)再次结婚，没大操大办，只十几位近亲到场，我是唯一来宾，用自行车接来新娘就算大礼告成。新嫂子在邢庄当教员时借住过邢哥家的西厢房，我祝贺他们结为琴瑟合鸣、举案齐眉的夫妻，组成幸福美满的家庭，并戏称这是因近水楼台先得月而恋爱，可谓天作之合。婚后三个多月他们就抱上了个白胖的儿子……

邢志恒啊邢志恒，你究竟志在哪里，恒在何方？居然辜负"志恒"这个雄性符号，倒不如具有药用和观赏价值的花草杜蘅。如此"谢幕"无论有多少因由可言，虽然我为你洒过眼泪，仍然恨你糊涂，怯懦而愚蠢，这是对雄心壮志的背叛，奋力进取的惨败！你毁掉的是并非完全属于自己的肉体和学业，还有时代的使命和家庭的责任——作为匹夫你不去肩负民族复兴和繁荣昌盛的重担，奉献力所能及的业绩；作为人子你不孝敬和赡养含辛茹苦把你养大的父母，反倒令老人悲痛欲绝，呼天抢地；作为人夫你不珍惜应该同甘共苦、生死相依的情义；作为人父你对咿呀学语和正上小学的儿女，没尽到抚养教诲的职责……难道你不懂人生多磨难，前进的道路上可能遇到坎坷，应该面对现实，竭尽全力跨越？如果自己有过错必须虚心检讨，即便误解也不能气馁，只要认真改正，前程依然有望。我犯的错误比你严重，这不是已经回校复读了吗？将来还可能为国为民做些有益的事情。如果你冷静对待遇到的问题，就算回家种地收获粮棉供给亲人吃穿，起码不会让他们伤心落泪和牵肠挂肚吧！

1961年放寒假时我回故乡，没等到过春节便去看望邢家伯父伯母，只见大门关闭，院庭长满野草，立刻产生出不祥的预感，急忙跑到邢兹信大哥家，才得知邢哥过世于1959年冬天，去乡下搞"社教"期间，深更半夜偷跑到村外，在一棵槐树下先拉泡屎，然后就终结了自己的生命……更令人难以承受的是，他那两位年迈的父母难以承受这种突如其来的沉重打击，为儿子收尸回来后昼夜哭泣，吃不下饭睡不着觉，相继病逝，都追随着这个唯一的儿子"走了"；邢嫂痛哭流涕，近期将六岁的儿子送人，远嫁到平原县；前妻生的女儿已判给妈妈抚养才没成为孤儿……听说这些悲惨的事，我恨不得将他从坟墓里拉出来扇他的耳光！

我经过反复思考，总觉得他做出如此不理智的"选择"，与他爱钻牛犄角、撞上南墙不回头和迂腐倔强的性情有关。有件事应该"为死者讳",可我也想说说:婚后不久生儿子显然是未婚先孕,令人怀疑他俩恋爱是否过于匆忙,那婚姻有没有坚实基础?邢嫂年轻再嫁合乎情理,为什么还把亲生男孩送人,又远嫁百里之外呢?难道真不挂念和希望常看到儿子吗?而且邢哥重组小家庭后,再没对我唠叨夫妇间的那些琐事,即使询问也避而不谈,只无意中流露过消沉情绪……如果真又陷入婚姻危机,对方还是纠缠不休的角色,可能还会下井投石,那种打击肯定很严重,致使他一时神经错乱,鬼迷心窍,失去理智,才误入歧途吧!

  历经辗转寻访,1985年我终于打听到邢哥的儿子的一些信息,始知这个苦命的孩子经受过不少磨难。原先收养他的那家后来生了个亲儿子,对他逐渐厌恶,三年困难时期就撵他去县城讨饭。这个饱受虐待、面黄肌瘦的幼童却天资聪明,居然无师自通地跪在一位经常给他食物的厨师面前,哭泣着恳求收留他,跪在地上苦苦哀告说,"俺要像亲儿子那样孝敬你老人家……"感动得这位在工商局以慈善出名的孙师傅,立刻将破衣烂衫的弃儿抱在怀中,领回家如同亲子女一般看待,供他上学校读书,让他接岗上班,还给他娶媳妇。我见到这位贤侄时,他已经是县城煤炭公司的主管会计,对他父母的事似乎有所避讳,谈得很少;长相酷似乃父,中等身材,圆头圆脑,两只眼睛小而亮,距离较远,如果不是留着分头而是短发小平头,我真会扑到他怀里喊一声"邢哥!"

深切怀念周祖谟先师

王绍新

周祖谟先师逝世一周年了,悲悼之情,萦绕于心,总感到应该写一点什么。我家的墙上挂着先师生前书赠给我们的一首宋人小诗:

红树青山日欲斜,长郊草色绿无涯。
游人不管春将老,来往亭前踏落花。

写条幅那年他七十三岁,在半个世纪当中,先生在语言学的园地里辛勤耕耘,播下的是无涯的芳草;在夕阳斜照之时,他不顾春之已阑,目光仍注视着那一片长郊碧野。先生赠予我们的不仅是这端庄秀美的书法佳作,更重要的是他壮心不已之志。

周祖谟先生是中国现代语言学界的巨匠之一,研究领域宽阔,尤精于文字音韵训诂之学。他所著之《问学集》《汉魏晋南北朝韵部演变研究》(第一分册,与罗常培合作)、《唐五代韵书集存》等均为学术精华。我曾经统计过《问学集》一书涉及的古今学者、历史人物达五百多人,专书诗文以及石刻碑铭等文献近六百种,其中不乏鲜为人知的珍贵资料,用功之勤可见一斑。在中国语言学界,先生留下了他深深的足迹。在此我只想提一件具体的事。当代家喻户晓的《新华字典》对普及语文知识贡献很大,但多数人并不知其最初编写缘起。那是抗战胜利之初,周先生在魏建功先生家中叙谈,论及战乱后的中小学教育需要一本新型字典。为此,魏先生又约了金克木、吴晓铃、张建木三位,经过一段时间讨论,设定了新字典的各项编写原则,如打破依《康熙字典》部首排列的惯例,采取音序排列法;收词5000条至6000条;释义用语体,需有例句;字头用楷体并附插图等。这些都与以往的字典大不相同。因有五人参加,便仿效当时商号常冠以"某记"字样之例,定名为"伍记小字典"。后虽因故未能进行下去,但后来魏先生受叶圣陶先生之邀为人民教育出版社所编、取名为《新华字典》的初稿,就是按"伍记"的原则做的。周先生说,这是魏先生的一大功绩。当时他们五人议论编写条例,颇似《切韵·序》描述陆法言与刘臻、颜之推等"夜永酒阑,论及音韵"的情景,最后达成"我辈数人,定则定矣"之共识。说到这里,先生欢快地笑起来。应当说先生是《新华字典》的奠基人之一。

在国外学术界,周先生也有深广的影响。就在"文革"期间,中外学术交流近乎断绝的1968年,瑞典著名语言学家马悦然先生将周先生考证精详、卓有创见的《切韵的性质和它的音系基础》一文译为英文发表在《远东考古学报》上。先生两度赴日讲学,我们在东瀛听到不少精通汉学的日本专家盛赞他的学识广博精深,他们深表敬佩。这都说明先生是一位享有国际声誉的学者。

先生暮年并不满足于已有的成就。他对我说过,中国古代的小学名著,他整理校勘过的有《广韵》《方言》《尔雅》《释名》,唯独没有《说文》。他也着手做过,手头积下若干资料,期望在有生之年再校《说文》,并整理成书。人们深知他的《广韵校本》《方言校笺》等书的分量,那是容不得半点臆测、虚夸的学问。罗常培先生为《方言校笺》所作序中说它"实在不愧是'后出转精'的'定本'。……假如将来中外学者对于《方言》能够有伟大的新贡献,那么他们的成就应该有不少的部分记在周、吴两君的账上"(该书附有吴晓铃先生所编《通检》)。人们不难设想,一位古稀老人立志校证《说文》意味着何等的毅力。可惜这一宏愿再也不能实现了。

面对先生的成就,我们往往有高山仰止之叹,然而先生是谦逊的。他是《中国大百科全书·语言文字卷》编委会副主任,实际主持编写工作。大百科全书对人物词条有严格规定,先生本人当然合格。但当全卷接近定稿时编委会的同仁发现没有他自己的条目,急忙找到我们,并限期交稿。现有的词条"周祖谟"就是在这样的情况下由我和施光亨赶写的。

周先生和对外汉语教学关系密切。他早在50年代初就参加了汉语作为第二语言教学的实践,担任过朝鲜学生汉语教学的负责人,并发表了《教非汉

王绍新（1998年）

族学生学习汉语的一些问题》一文。这是我国语言学界公开发表的讨论对外汉语教学的第一篇论文，开创之功实不可没。先生晚年仍关心这项事业，1990年夏，不顾年迈体衰，亲驻香山参加了第三届国际汉语教学讨论会。在北京语言学院学报创刊十周年座谈会上，他说他一直喜欢读《语言教学与研究》，认为它发表的从对外汉语教学实践中来的文章可以为普通语言学增加新的内容。他建议重视语词研究，将词汇教学与语法教学联系起来统一考虑。这些意见对我们是很大的鼓励与鞭策。

先生对我个人的教诲之恩永远难忘。当年在燕园读书、参加中文系56级《汉语发展史》编写工作时就曾得益于先生的多方教导。80年代初我们语言学院部分中年教师编写《中国现代语言学家》，得到先生大力支持。他不但为全书作序，审阅若干稿件，还为这套书以及我个人编写的《汉英阿（拉伯语）科技词典》题写了书名。为此事他来信说："奉嘱为《中国现代语言学家》及《汉英阿科技词典》题签。前者写横竖各一件，请即付河北教育出版社应用。后者写了十来个，均不见佳，尽弃去。最后写一横签，似乎当可以交差。"先生当时年事已高，自谓书写费力，容易倾斜，可是为了一个小小的书名竟试写了十几遍。先生对我们的研究工作更是关心，在我珍藏的信函中几次提道："如最近有时间，能来舍下一叙何如？我们可以谈谈你今后的计划，想要研究的课题等等。""上次谈的撰写方案可行否？有何进展？"在他的中关园旧居那堪称陋室的竹篱瓦舍内，我有幸常向先生请教。听他谈话如沐春风，三言两语就使我思路豁然。先生患气喘，冬日足不出户，我告辞时他便在玻璃门后挥手示意；若逢春秋景明，则总是送出互成直角的两重竹编小门伫立良久。这历历往事，这对生徒的拳拳厚爱，至今仍令我感动不已。

和先生接触时，我感到在他的学者气质中还蕴涵着一种幽默感。1990年香山会议期间的一个傍晚，我和先生正在池边闲谈，一位与会代表带着配备全套先进器材的摄影师走来。他先是郑重其事地向我讲解这位周先生如何有名,接着说他已担任我们团体的什么职务云云,然后要求给先生拍照。先生客气地答道:"那就请您给我和这位王女士照张相吧。"他们走后,先生风趣地说:"嗐,拿我当个旗儿。"说着伸出手来做摇旗状。我理解先生。许多学术团体慕名请他担任荣誉职务,如今学术民主的空气日渐浓厚,各种不同观点的存在是自然的;而先生作为一位对汉语言文字的历史和现状均有深刻了解的严肃学者,自然会有他的主见。当晚我把上述经过当作趣事讲给回国主持那次会议的朱德熙先生听,不想朱先生却挺认真,还让我再说一遍,听后若有所思地点了点头。

三年前朱德熙先生病逝,周先生伤感地说:"他比我小好几岁呢,倒先走了。"此后不久先生第二次赴日。他归国后,我却接连住院手术,原想待到春节身体稍好去看望先生,谁知元旦甫过,接到士琦兄电话,告知了先生逝世的消息。我常深深自责:明知同辈学人尚且时传噩耗,怎么就想不到八旬老人会有此变故?早知这样,无论如何也要抱病再见先生一面的。

先生去了,他留给中国语言学界的遗产是丰厚的,留给我们的启迪是深长的。这两年来,朋友们每每劝我,身体不好,别再拼命干了。可是想到先师们的言传身教,又觉得还应该再做点事才对。

1996年初

一位何等快乐的战士
——怀念何乐士同学

王偍芸

王偍芸（大学时期）

在漫长的一生里，在不同的环境中，我们会与各方面的人相处。在我们身边往往有给人留下深刻印象的人，也有一些让人永生不忘的人。何乐士同学就是让我永远怀念、终生不忘的人。

我和何乐士相识在1956年秋天，我们作为入学新生，相聚在北大中文系的女生宿舍。当时一年级四个班的十几位女同学住在一大间隔成三个相通小间的宿舍里，大家交流方便，颇不寂寞。一次课余谈心，偶然议论起各人名字的特点，有人就问："何乐士，你的名字有什么含义啊？""我的名字嘛，含义很清楚，这就是'何等快乐的战士'啊。"她轻松愉快地回答了大家。

名如其人。来自部队的何乐士中等身材，行动敏捷，性格活泼。她经常穿一件浅黄色的军装，梳两条长长的辫子，和人打招呼总伴着爽朗的笑容，真是一名快乐的女战士。

乐士学习勤奋，专心致志，同时她也喜爱各种文体活动。记得那时我们年级有从各国来的留学生，每到他们各自国家的国庆日，我们都要与他们联欢，开个晚会。在与苏联同学联欢时，我们女同学特地学习了俄文歌词，演唱了

《喀秋莎》。在庆祝匈牙利国庆节时,我们又唱了《瓶舞歌》的伴舞歌曲。这些节日活动,乐士都积极参加,有时她还无意间冒出一些小小的噱头,因而显得特别的活泼欢乐,喜气洋洋。

有一年"五一节",全校举行文艺会演。我们年级在花团锦簇的校园里参演了自己编排的歌舞节目《各族人民歌唱毛主席》,其中包括了汉、藏、朝、苗、瑶、黎、傣等各民族歌舞的片段,吸引了不少同学前来欣赏,演出效果很好。乐士与另外三位同学跳的蒙古族舞蹈,曲调动听、舞姿优美,也赢得了不少的掌声。经过评比,我们的节目还得了奖,大家十分兴奋地举杯庆祝了快乐的节日。

乐士在日常生活里总是关心周围的伙伴,热情地对待同学。有一次她家中从东北寄来了一个很重的包裹,打开一看,原来是一罐香喷喷的炒面,她不假思索,马上提高嗓门:"姑娘们,快吃油炒面呀!"于是,一声召唤之下,三间小屋的同学们个个拿着碗、勺集合到她那里,一起享用了美食。也许,她远在东北的家人本意是让她自己慢慢补充一点营养。她却在刹那间就把东西分给了大家。

来自四川的女同学秀十分纯朴忠厚,以前曾经有过一位恋爱对象,两人很要好。可是,就在她考取了北京大学,准备来京就读时,男友却改变了态度。可能男友认为他们在文化程度上拉开了较大差距,就很难再维持原来的关系了。秀一再解释,他都不听,坚决离她而去。秀不由得自己反思:"难道我上大学上错了吗?"从此默默忍受着内心的创伤,无法解脱。后来乐士知道了此事,她婉言劝慰了秀,并且立即行动,来为秀做一次重新的选择。她把信寄到东北自己原来所在的部队,因为这里有一位年轻有为并且爱好文学的

左起:沈昆朋、何乐士、黄侯兴(1961年)

军人小史。乐士把这位战友邀请到北京,和秀相处了一段时间。小史回去后,秀觉得他与自己很有共同语言,作风正派,风度也不错。但是,他的想法如何呢?她暂时还不知道。过了些时日,春节临近,学校放寒假了。一天,乐士、秀还有其他几位寒假没有回家的同学齐集在柳西家的小楼上吃饺子,温暖如春的室内,姑娘们谈笑风生。这时乐士忽然神秘地取出一封信,她挥手让大家安静下来,听她高声宣读信的内容:"上次来京,有幸见到了秀,我深感她是一位心地善良、纯朴踏实、追求上进的人,也许她的外表不是那么特别出众,但这不重要,我追求的不是这个,我对秀很满意……"乐士读到这里全屋的同学发出一阵欢笑,大家热烈地鼓起掌来,对秀表示祝贺。如今,秀和当年的小史——如今的老史同志家庭生活美满,已是子孙满堂。

在大学读书的五年中,除去课堂学习以外,随着国家形势发展的需要,我们有时还会参加各种各样的社会活动和劳动实践。1958年初,北京的十三陵水库工程开工了,为了支援国家建设,为了让年轻人受到更全面的锻炼,中文系党总支在我校的统一安排下,决定组织全系同学前往水库工地参加两周的义务劳动。

为了加强在劳动中的纪律性和战斗性,按当时的一种习惯做法,我们中文系全体同学仿照部队的编制组成了"方志敏团",下设连、排。学兄谢冕借用一个原有曲调填上新词,创作了鼓舞人心的《方志敏团团歌》。春季四月里的一天,我们高举战旗,齐唱团歌,满怀昂扬的激情来到了工地。

第一次出工正赶上夜班时间,水库劳动大军的奋战场面让人震撼。成千上万的志愿者快步如飞,来往穿梭不停。有推车运砂子的,有挑筐送石子的,也有站成一列长队传递砂石的。望不到边的大片工地上点点灯光闪烁,扩音器里不时传播出响亮的战歌。正当我决心和同学们一道全力投入战斗,没有想到,由于自己不适应白天的一段行军和初来的环境,患上了尿道炎。当晚收工回宿舍时疼痛加剧,双腿几乎难以迈步。工地上虽然有一些药物,但一时不可能彻底治愈。第二天出工前有的同学劝我说:"你就休息休息吧,先不要上工地了。"这时,我又想起出发前组织上有力的战斗动员、连续多日的认真准备和大家一道郑重表示要好好锻炼自己的决心……如果我不出工,在热火朝天的气氛中能安心吗?不行,无论怎样我也要坚持。我继续干活,只是,一到收工回来时我还是难以行走。这时乐士悄悄地过来和我说:"别为难,我想办法带你走。"她把一只手插在腰间,胳臂搭成了一个圈,让我把一只手臂紧紧地扣在她的臂弯里,她前行时我斜侧着身体,把全部的体重都加在她的身上,完全由她拖着我,一步步往前走。我说:"这样不行,你的负担太重了。"她还是说:"没事,我能行,走吧!"事实上,当时尽管一般女同志做的是相对比较轻一些的活,一天工作之后也很劳累,何况乐士,担任着排长,她和男同学一样,每天拉车运砂石,收了工,再让她负重百斤,走上半小时的路,我不忍心。再说,那并不是一条近便、平坦的路,从工地到宿舍,全是沙土石子路,春天风沙扑面,我们戴着帽子,围着头巾,每人外加一副风镜,走起来深一脚浅一脚地相当吃力,只是我一时又想不出什么别的办法,也只好接受她的安排。在其后一个多星期的时间里,我借助于她的超负荷辛劳,坚持着没有下火线。

乐士助人为乐的件件往事给我留下难忘的印象。她对我的特别关爱,在特殊情况下为我所做的超常付出,更使我永生难忘。这是五十年前的一件事,但在我心中将永远铭记她的坚韧、魄力和火一样的热情。

这,就是我年轻时的好友,五年共处一室的同窗,我们的何等快乐的战士——何乐士同学。

悼烈茂、文初

袁良骏　齐裕焜

袁良骏（1968年）

五年前，万恶的癌症夺走了我们的老同学、老朋友刘烈茂兄的宝贵生命，悲痛之余，一直想写一篇小文章，记下他的音容笑貌和可贵品质。由于不熟悉他在广州中山大学的情况，我们想请在暨南大学教书的李文初和我们一起撰写。文初兄虽和我们不一个班（他是二班，我们是四班），但都是一个年级（北大中文系56级），毕业后和裕焜一起攻读三年研究生，和留系任教的良骏也一直友善。当我们向他提出一同撰写的请求时，他十分爽快地答应了：

良骏兄：来信收到，写烈茂兄的文章很好。我与他在广州生活多年，但一年来往不过数次。中大那边的政治事态及烈茂兄家里的事情，我不甚了然；至于烈茂兄本人的品性。那绝对是个好人，即使做了总支书记，我相信他也决不会借机整人……信简洁明快，干净利落，让我们大喜过望。文初兄函仅有落款。无有日期，查挂号日期为4月5日，良骏收到时为4月12日。正要回信时，忽于5月14日晚接到裕焜的长途："文初因血管瘤已于日前去世！"呵！怎么可能？简直是晴天霹雳！老天爷也实在太残忍了！悲痛中我诌了几句《文初诔》，算是送他上路：

呜呼文初，撒手西行。昊天不吊，毁我良朋；

  北国学子,南国生根。暨大授徒,五十余春;
  日本讲学,友谊学问。谦谦君子,待友纯真;
  烈茂之殡,出力最勤。诗以言志,多有留存;
  赠我廿首,诗意甘醇。拟出诗集,可曾编竣?
  拟《悼烈茂》,愿助一臂。四五来函,竟成绝笔。
  文初文初,英灵不死。英风猎猎,呜呼噫唏。

袁良骏2015年5月16日凌晨于京郊

  原拟请文初兄加入的《悼烈茂》,自然就变成让人更加伤心的《悼烈茂、悼文初》了。共拟悼文者,又加上了原老四班的齐裕焜。

  烈茂、文初都是中国古典文学研究专家。烈茂北大毕业后留校,担任著名小说家、红学家吴组缃先生的助教;文初毕业后则成了著名楚辞专家、先秦文学专家游国恩先生的入室弟子。烈茂夫人廖淑枝大姊不适应北京的气候,烈茂兄只好由北大调入中大,除曾担任系总支书记外,一直从事古典文学研究与教学。1983年中大奉教育部之命,成立"古文献研究所",第一任所长是著名戏曲专家王起(季思)先生,烈茂则是他的副手。王起先生过世(1996年)后,烈茂则一直是"古文献研究所"的所长,且就任教育部"全国高等院校古籍整理研究工作委员会"委员,一直到去世。烈茂对古籍整理研究工作、对中大"古文献研究所",可谓殚精竭虑,投入了全部心血。这所先后承担了《全元戏曲》《车王府曲本提要》《全明戏曲》等重点项目,烈茂生前得以出版者为《全元戏曲》(前三册)、《车王府曲本提要》《中国方术大辞典》等,发表论文近300篇。其中,有十余项成果荣获国家或省市级奖励。烈茂全力扑在中大"古文献研究所"的事业上,深得中大领导及全国高等院校古籍整理研究工作委员会的肯定与表扬。当我们向他们了解、索要烈茂的有关材料时,他们打来了热情的电话(古委会主任安平秋教授),寄来了诚挚的信件。北大中文系教授、工作委员会成员曹亦冰女士来信指出:刘老师"有严谨的学术作风","他主持的国家古籍整理重点项目《车王府曲本八百种》,首先对资料的收集下了很大的功夫,除了使用中山大学图书馆收藏古籍之外,还到北京图书馆(后改国家图书馆)、首都图书馆、北大图书馆及全国其他收藏单位,多次仔细深入地查找相关资料,重点的卷册一字一句地核对;为了搞清楚'车王府'这个地名,先后两三次来到北京进行寻访,手持相机拍了好多照片,最后高兴地对我们说,这回可搞清楚了"。《八百种》外,烈茂还和研究所一些同仁整理出版了《车王府曲本菁华》《车王府曲本选》《清车王府钞藏曲本子弟书集》(全二册)等,在古籍整理研究乃至整个古典文学研究界产生了较大影响。

他对党忠诚老实、关心同学、关心同事,反对"反右扩大化",坚持"团结—批评—团结"的方针。是烈茂兄让人无法忘怀的优点。

烈茂兄是个不失其赤子之心的人,他生于岭南潮州,从小未见过下雪。裕焜生于福州,从小也没见过下雪。入学后,正月下了大雪,二人手舞足蹈,大声欢呼"下雪了,下雪了",他们的激动心情,北方同学简直理解不了。烈茂是名调干学生,每月有25元的调干助学金,他买了好多书,中外古今都有,像《普希金抒情诗选》《唐诗选》等。还喜欢大声朗诵,有一次念陈子昂的《登幽州台歌》,"念天地之悠悠","悠悠"他念不准,念成了"rourou",惹得大家哄堂大笑。

"反右扩大化"来了,气氛一片肃杀。烈茂身为预备党员、团支部书记,有些跟不上形势。特别班上划了四个"右派分子",一律下放劳改,他觉得处理太重了,不符合毛主席"团结—批评—团结"的方针。他十分坦率地向党支部汇报了自己的认识。这下坏了,他的预备党员一次、二次转不了正,罪名是"温情主义",直到临毕业才勉强过关。事实证明,烈茂的认识和态度是完全正确的,我觉得他天生是一名不失其赤子之心的学者,而不是什么叱咤风云的革命家。"文革"中,他被中大党委委任为中文系党总支书记,当然要跟着"批林批孔"之类,但正像文初兄所说"借机整人的事他是不干的"。这应该说是二人在广州多年交往的宝贵观察和认识。

我们喜欢烈茂的坦诚,每次去广州出差,总要登门拜访,并做彻夜之谈。裕焜还曾去参加烈茂主持的"中大戏曲进修班",更得到细心的照顾和关怀。烈茂是一位让人无法忘怀的朋友。

烈茂和文初二兄的不幸病逝,使我们痛失良友,也是古典文学研究界的一大损失,让我们望空遥祝:安息吧,烈茂兄,文初兄。

2015年5月26日草

未了未名情之濡沫忆故友

张仁健

  旧雨新诗发晋阳，欣然展卷散清香。
  模山范水襟怀壮，咏古思乡韵味长。
  伏案雕龙挥彩笔，凭轩吐凤谱华章。
  中宵恍若燕园梦，海徼三英戏楚狂。

  苍狗白衣天亦厌，镜花水月漫徒芳。
  吾侪坎壈非缘业，挚友凋零苦寂寥。
  温岭泉台何冷峭，东阳宰木自萧条。
  蓬心但羡君行健，再缔他生淡水交。

  上引七律二首，出自与我缔交整一个花甲的同窗挚友彭庆生的如椽手笔。2015年初，拙著《舞文杂辑》出版四年后，遵循出版方的建议，将《杂辑》中的楹联与古诗这两部分提取出来，大幅度地充实近作、完善编排，并请海内外书家逐首（副）挥毫包装，以《鳞爪集》书名重新出版。付梓前，我将书稿寄给庆生，得陇望蜀地请其继《舞文杂辑》续为《鳞爪集》写一诗文相得的短序。上引之诗即其《感怀诗二首·聊序〈鳞爪集〉》之两首感怀诗。我称其为"椽笔"，并非同窗挚友妄言耸听、互为吹捧。其一，他是我们这代人中确具传承性的唐诗精研的举世公认的学者专家。他入学之初，即以令人瞩目的"楚狂"劲头，专攻戏剧，立志成为当代莎士比亚、关汉卿，以"青霄有路终须到，宇宙无闻誓不休"的

前排左起：张仁健（已故）、张继顺（已故）
后排左起：曲令启（已故）、蔡根林（已故）、彭庆生（已故）
（摄于1985年4月，海淀照相馆）

座右铭自励，真个是废寝忘食地刻苦攻读。晚上集体宿舍熄灯后，钻进卫生间、洗澡间，在昏黄的灯光下，读书写作，直至深夜。于是，在"反右"的后期，便荣获"白专道路"典型的桂冠。其后，在"教育与劳动相结合"的时代方针驱使下，他又以十足的"楚狂"劲头，报名参加全系的劳动突击队，以超群的毅力与体力，奋勇当先地在全民"大跃进"运动中修水库、深翻地、修铁路等苦役中大干苦干，用一身汗水与泥巴，重塑自我，一跃而成为全校由"白专"而"红专"转化的典型，侧身为班级从事古典文学科研中的领军人物之一。

大学毕业后，又荣幸地被指派为林庚教授的私淑弟子。楚才的聪慧与刻苦、狂热与踏实相结合的治学精神，奠定了他后半辈子成为唐诗研究中一方承前启后的坚固基石。改革开放，春回大地之际，由他提携初到中央民族学院执教的同窗曲令启大哥，经我介绍与山西人民出版社的《编辑之友》主编张安塞接洽，历时六载，终将所编撰的一部近百万字的《诗词典故词典》以大开本精装形式煌然问世，继之，《唐代乐舞书画诗选》《唐诗精品》《初唐诗歌系年考》《陈子昂集校注》（三卷本精装）等大著便纷然出版。最值得一提的是，他作为全国古籍整理出版规划领导小组成员，在退休前后的近十余年里，衔命致力于《增订注释全唐诗》的繁重工作,因霍松林、陈贻焮等巨擘前贤的相继辞世,他作为该专题项目的常务副主编,与其等身的千万字书稿,均由他在抱病十载,日夜兼程中审定编排。

当我打电话请他为拙著《鳞爪集》作诗为序时,询及他的健康状况,他颇为乐观地告我:前些日子糖尿病并发症严重发作时,体重锐减至不足八十斤,两腿乏力竟致举步维艰,晴好之日,慢步在校园溜达一圈,还得一歇再歇,与当年在燕国为长跑健将的状况,已恍若隔世,判若两人。好在老妻"雌威"胁迫,白天努力进餐,黑夜不再灯下伏案,好生调理一番,如今体重已恢复到百斤出头,晚餐后尚可伏案至午夜前。这样的健康状况,倘能维持下去,全唐诗的增订注释新版,可望于有生之年面世。2015年4月中旬,他将《感怀诗二首·聊序〈鳞爪集〉》的电子版寄我时,附言叮嘱我,他之《陈子昂集校注》《初唐诗歌系年考》已分别于当年三月和前三年出版。望我抽暇来京一叙,并当力克手抖不能提笔之艰,见面时亲手题签将此两种力作赠我。我于2015年7月初料理好拙著出版事宜后,由长女陪同赴京,在他北京语言大学最高级的教授楼寓所盘桓一日,欢快而郑重地授受了他用"椽笔"题签的赠书,欢快地与其他三位在语言大学执教的北大同窗一起享用了庆生夫妇的宴请,欢快地抚今追昔畅叙同窗友情,欢快地一张接一张地拍照留念……

庆生多半辈执着精研唐诗,学养深厚,卓识超群。但他从不像我等熟读了《唐诗三百首》中一些脍炙人口的诗章,便附庸风雅作起律绝近体诗来。我与他是易六十寒暑的淡水深交,却绝少见他有古体诗作问世,更从未听到有唱和吟哦之声在同道者中流传。我请其以诗序诗,一来是为作序的创新,二来是凭我俩的情谊,"逼"他出手一展诗才。捧读他电传来的聊序《鳞爪集》的两首七律感怀诗,其声律之严谨、用典之贴切、韵味之绵长、情感之厚重,无不显现出他久积薄发之作古诗的超凡内力。吾生何幸,能在他辞世不久前得获他那"雕龙""吐凤"的"华章",且系传世无多的绝笔之作,其中所蕴含的浓情厚谊,怎能不令我感受到他以骨瘦如柴的颤抖手指在电脑键盘上敲击的千钧之力,难道这不远远超过了如椽巨笔的分量吗?其二,庆生第一首诗的结句"中宵恍若燕园梦,海徼三英戏楚狂"。引领起他在第二首诗中对"温岭泉台"下的张继顺、"东阳宰木"中的蔡根林二位同窗故友的不幸遭际、坎坷命运的伤逝情怀的悼念。来自浙江温岭石塘镇海滨的张继顺是诗才与学识兼善的双料英才;来自浙江东阳诗才早熟、诗人气质十足的蔡根林,入学不久,即以一首发表于校刊《红楼》上的长诗《东阳江》而名噪燕园内外,此二位真正的英才与来自湘西安化"唯楚有材"的求学治学"狂"劲十足的庆生,都是我这个来自长江东海之滨的稚气未脱、可塑性较大的"大傻瓜"(入学后荣获的雅号,大者,细高身材之谓也)所敬仰所追随的楷模,不经意中结为过从甚密的小团伙,且与班上某些年长政治上较成熟的同学发生过一些上不了台盘的口角。

孰料,"反右"中,蔡根林的成名佳作《东阳江》不明不白被判定为"反党反社会主义"的毒草之作,由此而划为"右派"另类,辍学离班接受"劳教";继顺与我被划为右倾反党小集团的成员,接受批评,开除团籍;具有相对独特性的庆生因对专业有着狂悖追求而被定为"白专"典型。自此以降,庆生与二张我俩,除在完成学业、开展科研、参与运动、接受改造中仍保持正常往来外,对于根林虽时在念中,但直到"右派"摘帽彻底平反后,长期失联,不便更不敢互通音问。"文革"前期,我为逃避对立面派性组织的抓捕,曾两度进京潜入庆生所居的人民文学出版社的南小街一所小院的单身宿舍,庆生不弃不嫌,将一位同事劝出另居,让我堂而皇之安住在他的斗室中数日。听他说,继顺的妻子刘时燕激愤于继顺在"文革"中再度遭逢不公待遇曾贸然来京上访,替夫鸣冤,找他提供门路,经他苦口劝说,才罢诉回川。我的所历所闻,对其在逆境中关切天涯沦落至交的濡沫深情由衷感佩。好在"苍狗白衣天亦厌"的时势总算翻天覆地变革了,改革开放的春潮一涌动,我投时代所需之机,创办了《名作欣赏》,于1982年利用参加全国外国文学年会在成都召开的方便之门,到继顺家中造访,睽违二十载的一对难兄难弟,竟夕抵足畅叙阔别离情,携手瞻望东方曙光。临别时,我俩最为萦怀的是勉强完成了学业发落到内蒙古的根林的遭际,遂与庆生约定互通信息,相期在近年我们这个当年的小团伙中四条汉子能到北京小聚一番。

苍天垂怜,果然不负"坎壈非缘业"的"吾侪"的愿望乞求。大约是在1985年初春的某日,庆生兴冲冲打来长途电话告我这样一个特大喜讯:发落到内蒙古呼和浩特市在商业职工业余学校任教的根林,经多方奔走呼号,终于获准调回乡梓浙江省的师范学院中文系任教,他携妻、儿女五口之家南归时,决定独自留居庆生家与我和继顺以及在京的好友亲朋聚首数日。又告,继顺因参加一个诗歌研讨会已到北京,催我火速赴京。听此喜讯,我真像杜甫"漫卷诗书喜若狂"一般,操起两瓶汾酒,当晚冲进太原开往北京的一列慢车,翌日上午奔进庆生北京语言学院的教工宿舍,一见黑瘦风尘满面的根林,"执手相看泪眼竟无语凝噎"!此后数日,白天,"三英"一"狂",旧地重游,流连于燕园各处、海淀区的大街小巷、中关村的林间陌上,成府路的酒馆饭铺,轮流做东,小酌长叙;晚上并枕同卧在庆生家门厅内铺设的温馨的地上被褥中,濡沫漫话忆昔期来的絮语,直至鼾声起伏方喃喃而止。

清楚地记得,有一晚,大家恭维我在去年惊蛰夜同年级同学又是为人作嫁的同事李清洲不幸猝死后,为其料理后事,并发起向全年级同学为李攻读于北大的一女一子捐献助学金的所谓善举时,惊动了卧室中的嫂夫人马淑贞,心直口快的她,对我们郑重叮咛说:"你们四位患难之交,将来万一有谁先走一步,其余几位都要像仁健那样,尽力将孤儿寡母的生计安顿好!"对她的嘱咐,我们都含笑应允。岂料,她的不祥预言,竟那样快捷地首先应验到继顺的身上。记得,那是我回并月余的一个风沙迷漫、昏天暗地的日子,突然接到庆生从成都发来的"继顺遽尔病逝,速来蓉告别遗容,并助后事料理"的电文。接此噩耗,犹如五雷击顶,四肢软瘫,冷汗淋漓,心脑浑然。强压悲痛,稍稍镇定后,即在妻子的扶持下,登上一架太原飞往成都的苏制伊尔型小飞机,一路颠簸,一路呕吐,迷迷糊糊,腾云驾雾似的飘入继顺家中。至今还清晰记得,跨进继顺家中的门槛,眼见一身穿黑衣、后背略弓、上身修长,绝似继顺年轻形象者,背对着宅门,在书桌前似在杂乱故纸堆中检索什么。我一下不由自主地产生了继顺起死还阳的幻觉,飞快走到他的面前,握住他的双手,睁大模糊泪眼,仔细一看,他不是还阳的继顺,却是由继顺的丕模活脱脱拓出来的继顺唯一子嗣张越舟。他伏案翻拣的正是他父亲诗文作品的手稿。触景生情,见子悼亡,我和庆生帮助料理逝者后事的重点义务便确立为两项:一是妥善安排张越舟的出路;二是争取将继顺已零星发表和未发表的诗歌、曲艺(为其妻演唱的"清音"曲艺作品,其中的《琵琶传说》已收入出版的《新文学大系》中)整理出来集中刊发。

继顺在世时,越舟就读于成都某高中,因学习欠刻苦成绩欠佳,为通过比肩接踵的狭窄独木挤进大学生行列计,不得已转读于母亲家乡的某所封闭性灌输式的县立高中,花了较高的学费,却束缚了他自主追求攻读戏剧的志趣与爱好,引发了逆反心理,正课学业生成绩越发下滑,次年高考录取无望已成定局。我和庆生征得他母亲、本人与其父所在的省戏研室领导的同意,当机立断,在一两天内,给他紧急办妥了高中退学与顶替其父编制招入省戏研室任资料员的两大手续。这样的举措,既缓解了越舟高考的时间与经济偿付的窘迫,更鼓励了他不依赖母亲自食其力半工半读奋发精进的主动性。这小子,果然不负母亲和我们二位"世伯"的厚望,约在两年后,一举考进上海戏剧学院戏剧文学系,毕业后分配回省城的一所艺术院校任教,不久,娶妻生子,立业成家。

至于为继顺遗作结集刊发的任务,我当仁不让承担下来。1986年5月,约在继顺逝世一周年之际,我先去浙江金华邀约在师院教书谋生的蔡根林兄。一同赴台州地区所属的温岭石塘,由继顺亲属营建的一所凿山成穴面向大海的墓茔,哭拜悼怀后,在返程中将整理好精选的近二十首(篇)新诗曲艺遗作交由台州文艺刊物《括苍》在当月刊发,同时刊发的还有我执笔代表庆生、根林二位,题为《一滴柔韧的水,一朵沉重的云》序文与悼文兼而有之的小文。

继顺正待大展宏图,遽尔英年早逝,那种挥之难去的阴影,不时笼罩于庆生和我的心头。触类旁通,我俩对挚友的忧患意识便不谋而合地萌生于根林之身。何以故?根林与生俱来的悲天悯人,多愁善感的诗人气质,对人生逆境的承受能力,远不如"楚狂"庆生之刚强、"海鬼"继顺之柔韧,也不如"傻瓜"我之顽童乐天。本来,在阴霾一扫,朗日重光新局重现的新时期,调回浙省,在现代文苑名家丛集之乡的高校从事现代文学的教学研究与现代诗歌的写作,应当说是"涸鲋"洄游江湖的大好契机吧!殊不知,"反右"中,因《东阳江》一诗的无端罹祸的当头一击,对他脆弱神经所致难以愈合的创伤,使其再难放情高歌;"反右"后劳教两年的特殊经历,使其半荒疏的学业勉为混成,便浑然噩然地步入半封闭的大漠边疆,多年在非正规的职业中学教书谋生,如此长期沉沦,精神已处半崩溃半自闭的状态;进入浙江师院,因不适应复杂的社会人际关系,无论教学与评职称均碰碰磕磕难获公正待遇。我与他借编事的多次直接交往中以及庆生我俩与其不时电话问候中,越来越觉得他的寡言少语竟至沉默失语。无奈之下,庆生与我们约定于2016年8月同赴浙江海宁参加第五届金庸学术研讨会后,同往浙师大看望他。在他家中与其妻、长子、次女总算欢愉地盘桓两三天。闲聊中,说起在新旧世纪之交,他的《东阳江》长诗,由北大谢冕教授,选入《百年中国文学经典》;其后,又在我主编的《名作欣赏》杂志上,由谢冕、刘肇明等著名诗人、学者撰文对此诗做了定评赏析,根林黑瘦的脸上,方情不自禁地露出了难得一见的欣慰笑容,那意味深长的笑容仿佛昭告世人:"天道自在人心!"

我们与根林执手相别时,他接受我们的劝告,好生调养病情,争取尽快将成名作《东阳江》和近几十年所作而压在箧中未轻易示人的《根》《活化石》之类的诗作整理出版,作为他《生命存在过的象征》(蔡根林诗选后记)。

果然,在2009年8月,根林终将其存世的四十二首诗作冠以成名作诗题《东阳江》结集出版,而当这本册页虽薄而"生命存在"价值厚重的诗集置于我的案头时,他那饱经人生风霜的脆弱生命却已逝离人世。扉页上的题签还是由其贤内助洪淑芳老师代劳的。

庆生在为我《鳞爪集》作序题诗的第二首中说:"吾侪坎壈非缘生,挚友凋零苦寂寥。"但是此诗的结句"蓬心但羡君行健,再缔他生淡水交",却令我起疑,难道这是他先我而去,泉下追随继顺、根林的预感谶语吗?!

怕料而果然料中的不祥预感,偏偏那样不可逆转地迅捷而准确地料中应验了。2015年10月拙著《鳞爪集》出版,我最先将题签的赠书托人递送给庆生与在京的同窗,旋即匆匆南返上海、无锡、南京、南通等地给同窗、文友及相关书道家亲送赠书,岁末返并,喘息未定,便接李延祜同学电告,庆生最近因糖尿病并发症急剧恶化,去医院检查,确诊为患晚期胰腺癌,不能动手术,只能在家接受中医的保守治疗,目前看来似乎病情平稳,痛感不强。春节期间不便去京做无助而添乱的探视,只得寄去灵芝孢子粉之类的抗癌中成药,在家默祷祈求上苍保佑出现延续生命的奇迹。待到春暖季节,在不时与其通话中听到他的精气神似有日渐复原之趋势,遂于四月下旬带着冬虫夏草之类救命"神药"飞往北京探视。他果然能在妻儿的搀扶下步行到校园中的餐馆与我共进了午餐。他的"回光返照"骗得我的不算奢望的萌生:盼他的生命残烛能燃烧到当年的10月我们入学六十载的聚会之后。然而,残酷的命运之神却毫不容情地于当年5月9日当我远去合肥在次女家居留之时,伸出魔爪一举扇灭了他那萤火般的微弱生命之光。其时,我自度同是风烛残年的老迈之躯,已不克承受急切赴京吊唁的沉痛气氛与心情,只得将事先打好腹稿的一副挽联传给延祜兄请他代书挂在灵堂,我在千里以外,遥祭哭挽。这副挽联,上联是"结友整六秩相濡以沫吾侪坎壈非缘业",下联是"期待近八旬重聚来兑他生再缔未名交",横批是"庆生永在"。

  此联上联结尾完整引用庆生为我所写的诗句;下联结尾将庆生诗句"再缔他生淡水交"改动为"他生再缔未名交",未名者,燕园未名湖之谓也。燕园的未名湖畔,是我们此生始结友缘之地,此生未了之情缘,相期来生仍在燕园续结。我们几个终生不渝未了的相濡以沫的难得情谊,也是这篇拙作立意结穴之所在。泉下的三位故友,读了这篇忆昔悼亡之作,倘蒙首肯认可,则是我三生之大幸也。

冬日的话语
——深切怀念吴组缃老师

张日凯

不知为什么,我从北京大学的课堂上第一次见到吴组缃老师,心目中便留下了一个京剧舞台上"黑头"的形象。此时,这个令我敬慕的形象又浮现在脑际——魁梧的身材,宽阔的额头,浓浓的眉毛,炯炯的目光。那朗朗的讲课声亦仿佛犹在耳旁。他讲课总是挺直身子,侃侃而谈。他讲授的"中国文学史"(第三段)、《红楼梦》讲座、《三国演义》讲座……都是备受同学们欢迎的课程,未名湖畔的阶梯教室里座无虚席。我坐在连桌椅上静静地听,认真地记,唯恐漏掉吴老师讲的一语一词。尤其是《红楼梦》讲座,久久印记在我脑海里。

大约在冬季。下课铃声响过,同学们陆续离去,我却有点怯怯地站在教桌旁,等候吴老师收拾讲稿。他抬头发现了我,问道:"有事吗?"我递过一沓纸稿,说:"这是我写的小说习作,请吴老师指教。"他惊讶地问:"你写小说了?"我应道:"哎。"他笑笑,说:"练练笔也好,留给我看看吧!"此后的几堂课,我又

张日凯(近照)

总是有意躲着和吴老师对视碰面,就坐在教室后边或一侧的边沿。盼着吴老师的亲身教诲,又有一点怕那一时刻的来临,因为我不知道我的习作的成败如何,就像考生等待录取通知书,总是忐忑不安。果然,有一天课后,吴老师的目光在教室里巡视着,待他发现了我,喊道:"张曰凯同学,你留一下。"我避开同学们扫过来的目光,低着头走下阶梯教室的台阶。吴老师示意我坐下,他也坐在我身边的连桌椅上,将我的习作展开,从小说的艺术构思、人物形象塑造到结构设置、语言运用,几乎是逐页逐页地指点讲述。稿纸上已用红笔改过多处。大约讲评了一个多小时,冬日天短,暮色已笼罩燕园。我目送着吴老师的背影消逝在未名湖畔的暮色里,心里充溢了无限的感激之情。

后来我想起这件事,觉得有些唐突。那时,北大中文系以讲授古典文学为主,并无写作课,学生当以学好课程为正业,写小说就有点不务正业了。同学也有的常常投以冷嘲的目光。然而,吴老师却仍然关心着我的小说习作,大约问过我两次:"你写的小说修改好了吗?"我总是赧然地摇摇头。吴老师一句重如千斤的教诲,令我终生难忘:"你写农民家庭生活的小说,多读几遍《红楼梦》,从中汲取艺术营养。"这句话深埋在我心底52年。我初读《红楼梦》是1954年"批判红学研究"的日子里,仅仅是喜欢而已,在北大再读《红楼梦》可谓开启了我学习研读这部名著的心扉。

斗转星移,一晃二十余年,1983年,又是冬季。我作为《小说选刊》杂志社的一名编辑,重踏燕园。未名湖里残荷败叶,湖畔垂柳萧萧瑟瑟。然而我却怀有几分自豪感、喜悦感,迈着急促的步子,步入朗润园,随即敲响了吴老师的家门。

"你就是那位写小说的学生吧!"自我介绍后,吴老师稍稍思索就一眼认出了我。我又赧然地笑笑,应道:"是,是。"

人给人的最初印象是难以泯灭的,吴老师还是那副"黑头"的形象,只是消瘦了许多,面颊凹了下去,人也苍老了,但精神矍铄。我不免萌生人生沧桑之感。

我向吴老师说明了来意:《小说选刊》新开辟了一个栏目《小说信箱》,研讨有关小说创作的问题,回答读者的提问。我奉编辑部之命请吴老师为此栏目撰稿,打响头一炮。

吴老师欣然答应。他邀我在他的俭朴的会客室里坐下,又沏了两杯清茶,叙谈起来。他问及当代小说创作状况,尤其青年作家创作动向;畅谈了他对有些青年作家盲目追求西方现代派的看法和我国文学现实主义传统。接着就滔滔不绝地讲起"红楼"……我趁此机会请教《红楼梦》的方言问题。我说,许多人认为《红楼梦》的方言为吴语,但据我统计考察,是北方方言为主。在冀东南、鲁西北一带,《红楼梦》里的许多方言还活在群众的口头上,如"行(hang)子"一词,而且有些方言与《金瓶梅词话》的方言相近。吴老师听了,兴奋地说:"你说得很好,不妨写篇文章。"当然,又谈及我的小说创作,我心里有愧,只是告诉吴老师已读过第三遍《红楼梦》,自觉艺术修养还差距很大。

大约过了四五天,一早我去取稿。吴老师的老伴把稿子递给我,说:"他写了一夜,刚刚睡下。"我捧着稿子,虽是一沓稿纸,却觉得分外沉重,因为那字里行间倾注了吴老师的智慧和心血。一缕对吴老师的敬仰之情又油然而生。我默默向吴老师的老伴挥手告别,轻轻地走出家门,唯恐惊醒了吴老师。

这篇至今鲜为人知的文章,题曰《作品漫谈——关于现代派与现实主义》,近两万言。《小说选刊》1984年第1、2、4期分三期刊载。其编者按曰:"近期以来,不少读者就小说创作中的现代派影响与文学的现实主义问题来信求答。感谢吴组缃教授对此事关注,于年高事繁中撰写此文。吴先生的答问,词义恳切,深入浅出,读来有益。"为适应读者阅读,吴老师的文章采用甲乙问答的形式,既可读,又便于切中问题肯綮,步步深入阐述。文章纵横捭阖,广征博引,涉猎古今中外,大致谈了这样几个问题:关于现代派的艺术构思和表达手法问题;关于现代派作品的思想内容问题;中国古代小说现实主义要点;《红楼梦》写了人物的潜意识;贾宝玉叛逆性格形成的客观原因;贾宝玉性格的发展等等。至今我不时翻来重读,爱不忍释。仿佛吴老师在文学的大海里自由驰骋,控驭自如。文章朴实而又时时奇峰兀起,新意连篇。所谈问题鞭辟入里,意深而又旨远。

又是冬季,我与同窗默默地噙着泪向吴老师告别,只是他再也不能说话了!吴老师静卧在鲜花与万年青中,睿智的双目似乎并没有闭上,因为他倾注毕生心血的《吴批〈红楼梦〉》尚未脱稿,已成为他本人与文学界的一大憾事!他赍志而殁!

学富五车说稗声声犹在耳,
文雄一代雕龙笔笔总关情。

这幅北京大学中文系敬献的挽联,既概括了吴组缃老师从教从文的一生,又道出了此时几百位吴老师的学生的缕缕情思。

此时,如果吴老师在天有灵,我欣慰地告诉吴老师,我创作的长篇小说《悠悠玄庄》已于2011年出版,一部《红楼梦》伴我五年写作,边读边写,读至五六遍。并且得到学者、评论家的认可、好评。认为这部小说:"潜心学习《红楼梦》的语言艺术,作者已经达到了烂熟于心,本能地应之于手的地步。""努力汲取《红楼梦》的艺术精华,写出了劳动者的人性美、人情美。""是现实主义的独特艺术创造。"可以说,我创作的收获是吴老师多年谆谆教导和深切关怀的结果。

2017年1月14日

长篇小说《悠悠玄庄》的通信

张日凯　袁良骏

我与袁良骏同学是同乡,他老家在鲁西南,我老家在鲁西北。在校时经常一起回忆家乡生活,有共同语言。毕业后各奔前程。2006年,我俩同住潘家园地区,又取得了联系。那时我正写作长篇小说《悠悠玄庄》,他知道后,积极鼓励我,长篇小说写好不容易,你一定要认真写,不能草率,不能着急,要向名作名著看齐。从此以后,他一直关注着我的长篇小说写作、出版问题。

2011年9月,我的长篇小说《悠悠玄庄》由作家出版社出版。10月,56级同学聚会,良骏问我:"你写的长篇小说出版了没有?"我说:"出版了。"他高兴地在餐桌上向同学们告知这一信息,无人回应。

张日凯长篇小说《悠悠玄庄》研讨会(2012年1月5日在中国作家协会会议大厅召开)

2014年春节,我与良骏互相问候拜年,他又提起我的长篇小说。我说:"你想看吗?"他说:"我很想看。"我说:"我马上寄给你。"大约过了两周余,我即收到了这封发自他内心的长信,一篇写得精彩的、标准的小说评论文章。之后,我们俩经常通电话,谈文学,谈身体健康。

2016年10月我有些纳闷,良骏怎么有月余未来电话了?不久,社科院文学研究所传来良骏去世的噩耗,当时,我怦然心颤,又翻阅了那封长信,不禁潸然泪下……

读长篇小说《悠悠玄庄》致曰凯同学:

曰凯同学:

您好!惠赐大作《悠悠玄庄》一口气看完了,真是一次难得的艺术享受!说实在话,我真没想到你会写得这么好,而且,还完全可以有能力写得更好。但由于我所读当代小说甚少,不敢妄加评论,以免贻笑大方。只能写点读后感,向兄请教耳。

在我的小说阅读经验中,使我最感深邃莫测的是《红楼梦》,最感惊心动魄的是《九三年》(雨果),而最感亲切入微的便是《悠悠玄庄》了。原因很简单,你笔下的那个鲁西北大平原,与我的那个鲁西南大平原仅隔着一条黄河,气候、物产、人情、风俗……几乎都是一模一样的。你笔下的那些人物、场景,都一一唤起了我青少年时代的记忆。玄武庙我们家乡没有,但佛寺屡见不鲜,庙会、说书、唱戏、人拐子……这些东西都应有尽有。关键是老农一代对土地的厚爱和浓郁的亲情,那永远是震撼心灵的美。像赵太世那样典型的诗礼传家、男耕女织的人物、家庭也许不好找,但具备他的某个方面的人物、家庭却多的是。赵太世、赵安福、郑氏老太太、安福家里的……这些土生土长的人物,正是鲁西北广大劳动人民的化身。扩而大之,也就是全山东、全中国劳动人民的化身了。赵太世中封建礼教之毒甚深,他给孙子宝成包办婚姻,几乎害了两个年轻人;他的一句"不能倒行孝",又把儿子安福置于死地。

然而,九九归一,你不能不佩服、热爱这个功大于过的老农民。正是他们,挺着腰杆,战天斗地,用汗水浇灌着大地,夺取了丰收,战胜了天灾人祸,维系了中华民族的命脉。你说这个人物有你爷爷的影子,难怪写得那么突出、鲜明。赵安福的形象,当然不同于赵太世,但也的确不弱于赵太世。他大字不识,只会干活种庄稼,他是玄庄难得的好把式。他虽是赵家的顶梁柱,但他一切听父亲的指挥,绝不越权。他的卖花布、闯德州、劳累成疾都给人留下了难忘的印象,比起其父亲,他更是纯而又纯的玄庄土地的结晶。他的妻子杏个儿,连个大名也没有,从始到终就是"安福家里的",但她却正是中国农村千千万万劳动妇女的代表,凝聚着千千万万劳动农民妇女的忠厚、善良、任劳任怨、舍己为人的品质。没有她,赵太世的那个诗礼传家的大家庭也许是支撑不住的。

曰凯兄,你对这些人物倾注了心血,她们是让人永志不忘的。这些人物之所以可爱,就是因为他(她)们身上凝聚了中华民族传统的人性美、人情美。你在小说开头,引了车尔尼雪夫斯基的话"美是生活",引得太好了。只有这种来自浑厚生活的美才是真正的美。

《悠悠玄庄》是个大悲剧,它也充满了悲剧美。赵太世、赵安福、赵安禄这父子三人,一个个死掉了。赵安禄死得最悲壮,他是一名血战沙场的抗日英雄。赵安福死于劳累过度,赵太世死于精神痛苦。无论如何,都死了。父子三人都不该死,但你却毫不犹豫地安排了他们的死,这是你的悲剧美使然,也是小说非同一般的重要一点。这个艺术处理,我是佩服的。在描写日常生活中,我总觉得你婆婆妈妈的,唠唠叨叨,但这样的悲剧美,却真是毫不含糊,一点婆婆妈妈的影子也没有了。

悲剧美,当然不限于赵氏父子三人,一切美好、正义事物的毁灭都是悲剧美,一百多名抗日自卫团的烈士惨死在日军的枪弹下自不必说,桃个儿的婚姻悲剧,哇儿哇儿二的人生悲剧,宝雁的夭折,梨个儿的守寡,菊个儿的误嫁……无一不是悲剧。而这些悲剧中写得最有声有色的是石榴红的人生悲剧,她从小在乡村戏班学戏,吃尽苦头,好不容易成了个角儿,又遭到了土匪的抢亲、奸污,以致违心地嫁给地主马德昌做二房,成了地主老财传宗接代的器具。这个人物很有反抗性格,从不安于命运,然而,她恰恰被命运掌控,简直翻不过身来。这个人物是小说刻画的最好的次要人物之一。她的独特的性格美为《悠悠玄庄》增色不少。

虽然是老生常谈，还不能不说几句小说的语言美。《悠悠玄庄》用的是人民群众喜闻乐见的口语，鲁西北人的口语。但它又不是土得掉渣儿的那一种，它经过了提炼、加工，亦即纯化、书面化，它显得比日常的口语更简洁、更耐人寻味了。比如第22章《唢呐声声大年夜》这样开头：腊月里的日子，大年一天近一天，过了腊月二十三祭灶日，赵家里里外外扫了房，送走了旧灶王，迎来了新灶王，这个农耕之家一年到头，算是办了第一件祈求上天保佑来年五谷丰登，全家平安的善事。这天后晌赵太世就坐炕头上抽一袋安稳的烟了。

从开头到"善事"，这是一个大复合句，概括农家祭灶、扫房、祈祷的年前大事项，内容既丰厚，语言也简洁，平淡无奇中显示了语言的提炼和功力。像这样的精彩章节、段落，颇为不少，耐人咀嚼。这一章，以及《麦熟一晌》《花格布》《血泪仇》等章节，语言都是优美而朴素的。你有意穿插了一些快板书、歌谣、农谚也增强了语言的韵味，这也是值得一提的。

我认为小说还有美中不足：宝成、宝雁的幼年生活，受《红楼梦》影响痕迹太明显。

对传统农村的书写与抗日战争血与火的描写不太协调，结果是两败俱伤。诗礼传家的赵太世在抗战烽火中无所作为，有的抗战情节写得太突兀，传统农村的白描与抗日战争的传奇二者并未水乳交融，为了写历史，损伤了人物，这是值得考虑的。

衷心希望兄老当益壮，写出更多优秀作品。

谨颂　春祺

同学袁良骏上

2014年2月28日京郊茅舍

忆恩师曹靖华、季羡林及其他

周宏兴

一

1981年4月的一天上午,在鲁迅诞辰百年即将来临之际,我来到当年在北大读书时的老师曹靖华先生的寓所,拜访了84岁高龄的曹老。访谈的中心话题就是曹老与鲁迅两位文坛巨匠之间所结下的深厚友谊。

"我病医疗多日,打针与服药并行,十日前均停止,以观结果,而不料竟又发热,盖有在肺尖之结核一处,尚在活动也。日内当又开始疗治之。此病虽纠缠,但在我之年龄已不危险,终当有痊愈之一日,请勿念为要……"这是1936年鲁迅抱病发出的一封信。

周宏兴(大学时期)

当20日信送到北京收信人手中时,鲁迅却已于19日晨溘然长逝了。这是鲁迅一生中写下的最后一封信,而收信人就是著名的翻译家曹靖华先生。

曹老介绍说:他第一次与鲁迅见面是1922年,当时正在沙滩红楼北京大学第一院听鲁迅讲"中国小说史"。1925年,他在开封协助苏联汉学家王希礼翻译鲁迅的小说《阿Q正传》时,为了更准确地翻译这部作品,就把许多疑难之处列举出来,写信请鲁迅释疑,同时还请鲁迅写一篇序言和自传。信发出后不久,就收到鲁迅给他和王希礼的回信。5月25日,又收到鲁迅寄来的《阿Q正传》的序言和自传、照片等。正是曹靖华协助王希礼第一个把《阿Q正传》介绍到苏联和西方的,这也是他与鲁迅友谊的开始。同年夏天,在鲁迅的倡议下,曹靖华、韦素园、李霁野等人与鲁迅一起创办了进步文艺团体"未名社",自费印刷他们编辑的刊物和翻译的书籍。

1927年北伐战争时,曹靖华毅然投笔从戎;大革命失败后,他流亡到了苏联。在苏联,他在翻译俄国名著和苏联革命文艺作品的同时,还帮助鲁迅搜集苏联和其他国家的

周宏兴(左)、曹靖华(右)

文学书刊和美术作品。彼此虽然相隔万里,却从来没有间断过书信往来。

从1925年到鲁迅逝世前,鲁迅写给曹靖华的信多达二百余封,这些信几经战乱,多有遗失。剩下的85封鲁迅的信,他像爱护自己生命一样精心保护。有一次,日军飞机轰炸重庆,他只拿了装有鲁迅书简的手提箱躲进了防空洞,当时,一颗炸弹正巧落在他的院子里,十多间房屋被夷为平地,所幸他和鲁迅的书简安然无恙。

解放后,曹老把这些珍贵的鲁迅的书信全部献给了鲁迅博物馆。曹老感慨地说:"这些手迹都浸透着'空前的民族英雄'的心血,这天地间唯一的一些手迹,是祖国人民的骄傲,是世界进步人类的无价之宝啊!"

我对曹老的这次访谈,曾以《忆鲁迅先生——访著名翻译家曹靖华》为题发表于1981年8月29日《北京晚报》第一版。

二

2000年初,我完成了《周宏兴天然大理石画珍藏集》书稿的编写工作。该书收入了我花费大量心血多年搜集和珍藏的天然大理石画三百多幅,书中还

周宏兴(近照)

季羡林书

刊载了《明清以来关于天然大理石画品评辑录》以及我撰写的《关于天然大理石画的沉思与感悟》等文章，这是我国辑录与研究天然大理石画的第一部典籍。

同年5月初，我携带这部著作的书稿来到北京大学拜访恩师季羡林先生。这是一个阳光灿烂的日子，未名湖波光塔影，绿树成荫。季先生的寓所位于未名湖北岸的朗润园。我走进小楼一层，轻轻扣动房门，未有人前来开门。当我怅然正想离开时，从一层东侧房内走出一位老人，我认出这位老人正是季老，便上前深鞠一躬说："季老，我是您的学生，今天前来拜访您。"季老从腰间取出一串钥匙，拿出一把打开西侧房门，把我让进了客厅。我向季老展开书稿，向他介绍说：这本画册所刊载的三百多幅大理石画所表现的山川风物、人物和动物的画面，全部是大自然鬼斧神工的杰作，没有半点人为的痕迹，故想请季老为画册题词。季老对这些大理石画非常感兴趣，于是，他对我说："你先把书稿放在我这儿，等我写好题词后给你打电话。"

我回来的第二天，就收到了季老秘书李玉洁打来的电话，告诉我

季羡林为国学院题写书名

季老已经写好题词,马上就把书稿和题词一并寄回给我。季老的题词是:

宇宙奥秘

鬼斧神工

周宏兴先生藏大理石珍品

季羡林 二〇〇〇年五月

  由季羡林等多位大师和名家题词的《周宏兴天然大理石画珍藏集》于2000年末正式出版并在北京人民大会堂举行了隆重的首发式。

  2004年春夏之交,"中国国学院"在北京正式成立。国学大师季羡林、冯其庸、史树青和著名词作家乔羽担任名誉院长,由我、诸天寅教授分别担任院长和副院长,并在北京全国政协礼堂举行了隆重的成立大会。

  季老对"中国国学院"的成立寄予了厚望。当我和诸天寅教授向季老汇报准备成立"中国国学院"事宜并邀请他担任名誉院长时,季老欣然同意说:"这是一件利国利民、培养国学人才的大好事,我十分赞成。"

  当时,季老正在301医院住院,不能参加成立大会,他说:"请你们向大会转达我的祝贺,宋代张载在他写的《西铭》中说:'为天地立心,为生民请命,为往圣继绝学,为万世开太平。'我将这段精辟的话语赠给国学院全体师生并共勉之。"同时季老还亲笔为国学院题写了校名。

  同年秋天,在中秋节和国庆节即将来临之际,我和诸天寅再次到首都301医院看望季羡林先生。我把写的一幅唐诗的隶体指书书法送给了季老。季老把这幅书法挂在病房的墙上,每有客人来探视时,季老都会向他们介绍说:"这是我的学生周宏兴写的,是用手指写的,很有气势,很有特色。"

吴小如先生教我备课

诸天寅

我于1961年在北大中文系毕业后,分配到北京市外国语学校教语文。北京市外国语学校是1960年成立的一所中等专业性质的学校,学校属于文科性质,除了外语之外,语文也算重点课程。由于我不是师范院校毕业,没学过教育学、心理学、教育法等师范院校的必修课,对于如何备课、讲课可以说一窍不通。我分到这所学校后,原以为总会安排一段时间听课、给我向老教师学习的机会。没想到由于语文教师短缺,我报到后第三天,学校领导就让我接高一两个班的语文课。对于初出茅庐的我来说,只好硬着头皮接受任务,但上课的困难可想而知。为了能上好课,我不得不回北大,向小如先生求教。小如先生以前教过中学,可以说具有较丰富的教学经验。当他了解到我的处境,立即伸出援手,给予我热情的鼓励和帮助。小如先生对我讲备课是教师教学活动的一个重要组成部分,也是上好一堂课的前提和重要保证。教师要上好课,首先必须备好课,备课是一项深入细致的工作,是教师达到良好教学效果的关键。他说教师备课需要用心、用情、用力和重思。

用心,是指在备课时要动脑子,要投入自己的影子,把自己的切身体会融入对教材的理解之中,形成自己的看法和观点。备课最忌把教学参考资料原封不动地照搬,上课时照本宣读,这样绝不会引起学生的兴趣。

用情,是指备课时能融入自己的真情实感,传递自己的真实感受,只有这样才能激发学生的情感,实现以情感人的目的。

用力,是指备课时一定要广泛查阅有关资料,深研细读,深入浅出,让学生获得较扎实的基本知识。

重思,孔子说:"学而不思则罔,思而不学则殆。"(《论语·为政》)备课时一定要学思并举,思,除了思考之外,还包含着反思、质疑精神。上课时也要鼓励学生多提问题,"非学无以致疑,非问无以广识",清代学者刘开在《问说》中所说的这两句话很有道理。听了小如先生关于备课的一席话,使我如同醍醐灌顶,茅塞顿开,以后我备课讲课就有了主心骨。后来我遇到难解的问题,经常去请教小如先生,他总是耐心地予以解答,有时为了答疑解惑,还请教其他语文专家。仅举一例,我在讲柳宗元《捕蛇者说》时,其中有"岁赋其二"一句,这句话究竟应该怎么讲?是指每年征收两次赋税,以蛇"当其租入",还是指每年征收两条蛇,就此问题,我向小如先生请教,他广泛征求了几位语文专家如杨伯峻、张志公、袁鸿寿等的意见,也听取了《光明日报》教育版资深编辑崔石挺的意见,然后做出答复,认为"岁赋其二"应指每年征收两次税,而不是两条蛇。小如先生为我讲明理由,先从常识上看,太医奉皇帝诏命征用毒蛇和入药中治病,一年只捕两条蛇显然是不够的;再从时代背景和历史事实看,柳宗元此文写于唐宪宗元和年间,在他坐王叔文党被贬到永州以后,而这时唐王朝所执行的是"两税法",即夏秋两季农民交税各一次。所谓"岁赋其二",正符合"两税法"的制度。小如先生从常识和历史背景两个方面解释清楚了"岁赋其二"的正确含义,这就是重思的结果。也反映出备课不能忽视任何一个细节,必须有"打破砂锅问到底"式的求真求实的勇气和追求。

小如先生还帮我修改教案,并把他的教案借给我看,他的教案都是用毛笔小楷工工整整地抄写在稿纸上,不用说内容,但就书法而言,每份教案都是精美的艺术品。小如先生反复地教导我说教师一定要注意平时的知识积累,所谓积学以储宝,就是讲的这个意思。绝不能备一点上一点,学生听起来就没劲了。我在小如先生的精心指导下,由不会教书到入了点门,后来在教学上,处处以小如先生为榜样,取得了点滴进步。我的每一点进步,都有小如先生的心血和期望。

话 别
——深切怀念吴小如老师

诸天寅

2014年5月11日晚惊悉我的业师吴小如先生溘然仙逝,回顾数十年来他对我的教诲和关爱,不禁悲从中来,五内俱摧。今年5月3日,北大建校116周年前夕,我到中关园寓所去看望他,一起谈了近一个小时,不想这次谈话竟成为永诀。

我进入他的卧室时,他正坐在藤椅上看书,他让我坐在他的对面,开始攀谈起来。我首先向他祝贺荣获《诗刊》2013年度子曰诗人奖。他说他不是诗人,只是一个诗歌爱好者。他写的都是旧体诗词,内容主要是反映一个老知识分子的心路历程,有一点可以肯定的是在格律上是严格符合规范的。他说自己也没想到晚年会获得这一大奖,奖金30万人民币,扣除百分之二十所得税,拿到手的只有24万元。他准备用这笔钱给他母亲修一下坟,再自费出一本他的书法集。他说现在每月的退休金不够生活费,因为他每月光支付保姆费就要五千元,还要买一些自费药。现在有了这笔奖金,正好每月可以补贴一些生活费。他说2009年长女和长子相继去世,2010年吴师母久病不治也离开了他,一家六口,走了一半,内心很是悲痛。他两次脑梗,行动不便,手拿不了笔,写不了毛笔字了,成为最大的痛苦。现在视力和听力也急遽减退,已经不看电视,不听京剧老唱片了。每天看书看报,他的床边堆着厚厚一排书,这些书中有他的挚友邵燕祥的著作,学生彭庆生、李延祜的著作,还有我送他的六中校友回忆母校的文集《金水桥畔不了情》,他还特地让学生从北大图书馆借了《巴尔扎克传》《福尔摩斯侦探案》,随便翻阅。

他对生死问题十分旷达,他说很欣赏小品《不差钱》中小沈阳说的人的一生就是眼睛一睁一闭,他每天晚上眼睛一闭,第二天早晨醒来眼睛一睁,又赚了一天,如果不睁了,一生就完结了。他说他的一生就像《学者吴小如》一书中有一篇文章所说的那样,坎坷一生,晚境凄凉,他认为概括得很准确。

提起《学者吴小如》这本书,他很满意。编辑这本书时,正值他九十岁,几位北大校友原想给他祝寿,被他婉言谢绝,他最反对借过生日大操大办。他说60岁生日时,我和林薇、王育生、韩连仲几位同学把他和师母接到北海公园,原想在公园里面的仿膳餐厅一起吃顿饭,不巧仿膳正整修内部,不对外营业。于是我们在北海公园合了一张影,转到安定门内康乐餐厅吃了一顿长寿面,他认为这种祝寿方式最好,形式简单,情谊深重。后来这张北海合影选入《学者吴小如》一书中。

他说现在都讲中国梦,他也有中国梦,他虽然年老体衰,疾病缠身,还想写两本书,这就是他的中国梦。一本是《吴小如讲〈文心雕龙〉》,他说《文心雕龙》这本书太重要了,它是我国古代最有系统的文学批评著作,融史、论、评为一体,刘勰以精美的骈文写成,内容丰富,体制宏阔,结构严密,每个喜爱文学的人都应好好读一读。他自己读过好几遍,有些心得体会,曾给几个博士生开过小灶,在家里讲过几次。现在很想整理成书。他说还想编一本《古代小品文选粹》,他对小品文,尤其是明清小品情有独钟,他认为在精美的小品文中流露出的独特个性,表现出的率真感情,展示出的丰富多彩的内心世界,能够超越茫茫时空,打动今天读者的心。他说尤其在当今物欲横流,世风浮躁之际,读一点古代小品,无异是心灵的净化剂。他说现在虽然头脑还清楚,但有些心有余而力不足了,他的中国梦能否实现感到很渺茫了。

我问他最近的起居饮食情况,他说现在瘦得皮包骨头了,每天坐在藤椅上,硌得屁股生疼,晚上睡不着觉。后来有人建议他买一个游泳用的救生圈,充气后垫在椅子上,疼痛好了一些。他脑梗后,一度出现面瘫,引起吞咽困难,每天只能吃半流质,每天喝牛奶,吃鸡蛋羹,玉米面或燕麦片粥,蔬菜和水果都要用粉碎机打成菜泥和水果泥吃一点,粥里面放一点优质蛋白粉补充营养。经常有人请他到外面饭馆吃饭,他都一一谢绝了。

我告诉他不少校友想来看望他,他让我谢谢他们,他说一则你们岁数也都不小了,再则路远堵车,来一趟不容易,就不必劳驾他们了。

  最后他拿出几本作家出版社新出版的《莎斋诗剩》让我转赠给关心他的老学生。我怕他累着,就起身告辞,他向我摆了摆手说再见,并说你看我一时半会儿也来不了,欢迎你有空再来陪我聊聊。谁想到这一次分别后,永无再见之期了。小如师逝世后,他的次子吴煜从上海赶来料理后事。5月12日,我到吴寓去吊唁,得知小如师于5月9日上午突然气喘得厉害,保姆赶紧把他送到北医三院抢救,经治疗后气喘得到缓解,就回家了。11日中午还好好的,吃了一小碗鸡蛋羹,一小碗麦片粥,精神也很好,不想这也许是回光返照,到了下午六点多,他感觉胸口憋闷,喘不过气来,近七点他给儿子吴煜打电话说:我快不行了。这是他留在人间的最后一句话。到了晚七点四十分许,一代大学者咽下了最后一口气,告别了人间。他没有太多痛苦,也没有拖累子女,多慈爱啊!

  我去吊唁时,在布置简单的灵堂里,向小如师遗像行三鞠躬礼,敬献一副挽联:诗苑大奖荣获晚霞生辉,教坛巨星陨落学子同悲。5月15日上午他的遗体运到昌平炎黄陵园,火化后骨灰盒就地与吴师母合葬,墓碑是他生前自己写好的。他的去世给我留下了无尽的哀思,敬爱他的人永远怀念他。

辑六 丹青韵语

80年代春雨降,土地湿润见春光。

枯树发新枝,重新见太阳。

我们本是一株钻天杨,青春岁月空流去,

可叹满身是创伤,如今一株歪脖树,只做盆景来欣赏。

我们这被扭曲的躯干啊,

却要拼命展现生命的辉煌。

时不我予,紧紧托住下沉的太阳,

把残阳余晖看作朝霞万丈,把尾声当作开篇吟唱。

抽绿叶,开红花,结硕果,用浓缩的生命做最后的奉献,

用有限的时间抢救破碎的梦想。

——李延祜

曹国臣诗二首

曹国臣

七旬自叙

少小离家浮世去，
血战东国汉江濆。
为求真知登太学，
学道途径多蹭蹬。
一指粉笔作生涯，
卅年布衣伴湖灯。
夜半人静梦醒时，
又闻金戈铁马声。

重游未名湖

半个世纪匆匆逝去，
习习秋风中
我们又来到未名湖畔，
又看到了巍峨的博雅塔，
枫岛上燃烧的红叶，
岛边似行又止的石舫，

还有那条
定格在水上的飞鱼；
又听到了
垂柳下湖水轻柔的絮语，
仿佛叙说燕园中无尽的逸事：
湖上传来阵阵悦耳的笛声，
正喜迎这银发回归的一群：
故人踏上无数次青春丈量过的青石小径，
时时回眸水中潋滟的笑靥。

华宴散去，
人们漫步走下西门石桥
又传来了您殷殷的嘱念：
"请记住：暴风雨冲激过的一代，
不论是春风得意，
还是在人生的低谷，
都要相互扶持和鼓励，
这一湾碧水
将久久流淌在您们的心底，
洗涤失望、怨怼与哀伤。"
"再见，未名湖，
灵魂永恒的守护女神，
我们将敞开胸怀、奋勇前行，
愿您的生命的活水
永远湿润着这颗颗炽热的心。"

附记

　　写于北大中文系同学毕业纪念聚会，当年总角少男少女至今已是古稀老人。

李文初诗五首

李文初

三月八日银河园送烈茂①兄西行

君卧银河花万丛,一堂呜咽挽歌中。
西山此去仍飞雪,怎耐琼楼冷与空?

赠别秦川②

落宿蓉城日已残,东风桥畔话当年。
尚知京邸几回饮?犹忆珠滨一日欢。
蜀地风烟无限美,川肴麻辣有余涎。
明朝挥手又归去,共约飞舫锦水边。

李文初(2011年)

长隆赠别北大校友

携手长隆③共一堂,几回欢聚几飞觞?

---

①烈茂:姓刘,余大学时同学,原中山大学古文献研究所所长,2010年3月6日不幸谢世。
②此诗作于2011年9月。
③长隆:广州著名酒店,因坐落森林深处,洋溢东南亚风情闻名。北京大学校友2011年4月17日在此聚会。

但知御柳沙滩碧,徒令莲花海淀香。
成败有因谁指破?穷通无定自思量。
老来不计当年恨,平日相逢谢杜康。

祝酒歌[①]

悠悠岁月似东流,一别燕园五十秋。
世纪堂前榆树老,未名湖畔鸟声幽。
刘郎醉后小天地,陶令酣中得自由。
美酒当前须尽意,不随王粲赋登楼。

---

①此诗作于2011年10月16日,返母校燕园聚首庆祝毕业五十周年。

我们的"编外同学"

刘文昭

刘文昭(大学时期)

说起1956级的北大中文系不能不提到一位特殊的成员,我们的"编外同学"贾若瑜。他是1955年被授衔的开国少将、年轻的老革命。准确地说,他是我们班的女婿,他的夫人缪柳西是我们的同窗。

柳西于中华人民共和国成立前夕大军南下时参军,1956年"向科学进军"的号角吹响,她又脱下军装考进北大中文系,为了增进学养更好地为建设祖国效力。她1961年毕业,先后任教于北京老师进修学院及中央民族大学,培养了一批批各民族的人才,真正是桃李满天下。

就在她当一个不打仗的小兵时,有缘认识在南京军事学院学习的贾若瑜将军并结为秦晋之好,从而使我们与将军结下一段时逾甲子的友谊。

将军1957年奉调进京,柳西有了家,从外地来的同学也有了家。因为将军和柳西既有好客的古风,又有革命队伍的传统:不分彼此亲如兄弟。大家在校时常去,毕业后也三五成群地在他们家聚会。不光是我们班,其他班的同学也是座上客。记得有洪希刚、李延祐、王绍新、胡冠莹、俞静堃、何乐士、刘月华、唐宗秀等等。也不限于我们年级,学长谢冕、张炯来自部队又是柳西的同乡,他们也经常参加聚会。

我于1959年半路出家从东语系转系到这个班,从一个原来只有十多人的语言班到现在三十多人的大班,感到人事复杂一时难以适应。班上有三个女生,姚梅屏是小妹型的,我们可以一起在首都剧场看话剧,完了步行到凌晨走回燕园;才女林薇戴着高度近视眼镜扎在书堆里;只有大家称为"娃娃"的柳西还有些大姐风范。在她的帮助下,我那股陌生感渐渐淡化,对这位白净秀丽、圆圆脸庞的"娃娃"也刮目相看了。她关心人是一贯的,毕业后许多人分配到外地,她有机会去时都会和将军一起设法探望,不论身份地位。记得她到福州看望过刘登翰、齐裕焜,在广州看望过关元光,还看望过上海的乔懋渔、陈纪峰。1963年初春,将军作为中央慰问团副团长赴西藏慰问部队,也特别抽空看望援藏的廖东凡、刘士毅等同学。柳西八十岁时,李延祜和诸天寅写诗祝贺,那是发自内心的赞美。

贺柳西八十大寿

投笔从戎正盛年,进军科学到燕园。
相夫育女称贤惠,笃重友谊暖心间。

我们在校时在柳西家的聚会是快乐的,许多事难以忘怀。几十年过去,洪子诚说起来还记忆犹新。比如他曾应将军之邀和几个同学去听京剧,虽然是在军事科学院的礼堂,虽然是一个外省(江西)来的剧团,虽然唱老生的主角名气并不大,却是他这个小广东佬头一次听京戏,留下了深刻的印象。另一次是1961年在北京举办世界乒乓球锦标赛,他和好些人在将军家泡了一天看比赛。那时,中国人在国际比赛中获奖的不多,唯有乒乓球是强项,徐寅生连扣十二大板真叫国人扬眉吐气。比赛牵动着亿万人的心,都争相观看。可惜那时候国内电视机极少,据说是从苏联进口了五百台,将军有幸买到一台,成全了我们的同学。记得王绍新说过,她那次是和几个人跑到当时的校长陆平家看的。我自己则是去了中学同学的家。

要介绍将军很难,等于书写20世纪的世纪史,我这只秃笔绝对无法胜任,何况我知道的仅仅是一鳞半爪，只能简单说说。

将军1915年出生在四川合江一个中医世家，后在赤水长大。自幼读四书五经，背诗词，背古文，学习书法却没有耐心。他酷爱读书也喜欢"旧瓶装新酒"地写写诗词，梦想着"工业救国"。不料1931年九一八事变惊破了他做工程师的美梦。当时，他已经以优异的成绩考进成都高中，为了靖边安邦，为了"纾国难"，他不得不放下诗书笔墨，拿起"吴钩"，应该说，是时代的大潮使他成了在诗中所描写的"少壮从戎三尺剑，精忠报国一征夫"。

当时将军虽然年轻却是军中的秀才，被派去做红军大学的军事教员，后来又成为抗大的教员、支校校长。战争年代他也驰疆场"铁马金戈挥夕阳"地作战。他参加过长征，抗日战争，解放战争，抗美援朝。和平时期，这位"百战归来一老兵"带着二级伤残积极工作，创建军事博物馆并任馆长，做军事学院教育长、副院长。发表的最重要的学术专著是《孙子探源》。

1954年，将军进南京军事学院战役系学习，过上了向往已久的"学生"生活。说是"系"，其实是一个空前绝后的将军班，他们聚集一堂总结第二次世界大战的经验教训。1957年毕业，将军与张震并列全校最优秀学员，被分配到原济南军区任参谋长。

恰好这时中央计划筹建军事科学院，叶剑英指名"借调"贾若瑜担任战史部副部长，将军坚决从命北上。这项工作尚未完成，又引出一项新任务——筹建军事博物馆。将军二话不说，带领一班人马用十个月的时间，征集了十万件以上的文物、图片，并建成六万多平方米的陈列馆，完成了向国庆十周年献礼的任务。将军随之被任命为军博首任馆长。

军博是将军和平时期一项重大的功绩，也是他最大磨难的源头。

我常想，柳西和将军相识在50年代，相知是在60年代，特别是"文革"中，而相惜则是在往后的老年岁月。

将军被关押在他自己主持修建的军博西平房及地下室的时候，柳西去送东西，用一条大围巾包着，围巾上印着语录："我们的同志在困难的时候，要看到光明。……"看守的造反派大为恼火，厉声质问："你这是干什么？"柳西说找不到包袱皮用围巾来包东西。"为什么印这些字？"柳西说："又不是我印的。这不是毛主席语录吗？难道也犯法？"柳西不温不火地和他们打太极拳，造反派无奈放了她,警告她"下不为例"。

柳西在黑云压顶时毫不惊慌失措,她一直拒不揭发,拒不划清界限,坚持探望。最后将军被投入监狱,一个昔日身经百战的功臣从此变成阶下囚,变成一个号码,也无法再探视,直到"九一三"事件发生。四年多的时间,柳西从不动摇,始终充满信心地等待着,照顾孩子,骑着自行车去平谷农村参加劳动。

南京朋友王健曾书写古诗摘句赞美柳西的坚毅贤惠,"根深不怕风摇动,树正何愁月影斜",将军和诗一首大加赞扬。

读王健同志为柳西书写对联有感

坦荡胸怀不掩瑕,冰清莹洁自成家。
"根深不怕风摇动,树正何愁月影斜"。
无欲无私天地广,立言立德岁华佳。
玉经磨琢方成器,白发丹心映晚霞。

柳西七十寿诞时将军也赋诗称赞道:"宽厚忠诚人敬仰,海容万水纳千溪。"

柳西生病住院的时候,将军已是九十多岁高龄,他每天到医院来,坐在病床边对柳西反复说着:"老师,你放心,好好治病。到时候我来交费,接你回家。"还对旁边的人说:"你们都来,我做蒸笼鲊给你们吃,我的蒸笼鲊是独一无二的。……"后来将军96岁时得了脑血栓,柳西又耐心地协助他康复,用轮椅推着他到处转。大厅、花园、商场、公园经常出现他们的身影。

将军恢复得很快,不久就能扶着墙走路,自己喝水吃香蕉,庆百岁的寿面也能自己用筷子吃。

他们就是这样,默默地互相关怀、鼓励,一起康复。如同春风化雨,润物无声,静静地滋润着,一切尽在不言之中。

"文革"后,劫后余生的人们又欢聚一堂。将军依然从容淡定,既不讲过去的军功,也不提"文革"中所受的磨难,我们只是从侧面偶然知道了一些。

2015年纪念抗战胜利七十周年,报上发表许多文章。张炯夫人张漳发现,有一篇是讲抗战时期齐鲁大地有位游击大王,令敌人闻风丧胆……她一看写的是将军,拿着报纸来问,将军也只是平淡地回答:"是打过那么些子仗。嗯,打仗还可以。"其实是"很可以",当时国共合作,国民党军中一些将领也想打游击战,卫立煌就叫他们去找八路军的贾若瑜学习,说"他是游击大王",他们真的办起培训班,请将军去讲课。名声就这样传开了。记得有一次我告诉将军,我一个中学同学的父亲曾是抗大学员,提到将军时称老师、校长。说他讲课生动,学员们都很爱听。将军想了想也是说:"嗯,教书还可以。"

将军"文革"时同其他"走资派"一样坐喷气式、抹黑脸,挨打受伤以致严重尿血,这些是听别人讲的。他自己给我们讲过一个故事,倒是让你看到人性的光辉,让你感到一丝温暖。

"文革"时军博的造反派分了两派,各有后台又都要显示自己一派更革命,因此都要把将军这个"革命对象"抓在自己手中。甲派抓着他,乙派会来抢,甲派为了保住他就带着他转移躲避。有一次批斗会后,怕被对立派抢走,带着他从下水道水管跑出去,把他交给清华大学某战斗队代管。队里一位女红卫兵让住到她家,由她的家长——妈妈或是外婆做饭。这位家长按红卫兵队长要求做窝窝头、水煮菜给将军吃。有时候她会站在门边,大声数落他:"你们这些人就是享惯了福,窝头都吃不下去啦?"边说边端着窝头从队长和其他红卫兵面前走过去。而屋里桌子上摆着她做的韭菜盒子,将军便不声不响吃起来,很有点地下工作的味道。有一次她趁人不注意对将军说:"我参观过军博,你没有错!"

我们还是常常在将军和柳西家聚会用餐。1989年将军离休,虽是离而不休,时不时要参加座谈会、诗会,毕竟空闲许多。有时兴致来了亲自下厨做饭给我们吃。他做的凉面别有风味,配上一桌子菜,再拿出家乡来的茅台酒和泸州老窖,很有大厨摆宴的架势。有时他做蒸笼鲊——他家乡一种口味独特的粉蒸肉,下面垫的红薯尤其好吃。这是将军最引以为自豪的一道菜,总是说:"全北京也找不到,就我们军事学院有。是我教的!"每次,将军以军人速度飞快地吃完饭,马上离席背着手在旁边踱步,一边看我们吃,一边讲某道菜怎么做,一边谈天说地。有一次他讲起酒,讲茅台酒为什么好,白酒有十多种香型。我是头一次听说,大长见识,至今还记得什么浓香型、清香型、酱香型、豉香型……

"九一三"事件后,将军从监狱出来尚未平反,迫害仍然继续,将军受罚在军博莲花池做豆腐。后来允许回家了,那段时间将军常带豆腐回来,很得意地告诉我们这是他亲手做的,好像他是天生的伙头军,轻松愉快地讲解豆腐是如何做出来的,还拿去送人。他用豆腐和黄豆芽做成汤说叫"金钩挂玉牌",我说小时候吃过金钩挂玉牌,是用海米做的。他立刻回答:"唉,你那个是小金钩,我这个是大金钩!"

后来将军买来些干贝,做出的豆腐鲜美无比,我们都说好吃,他笑着说:"险些吃不成。"原来他下班穿着工作服就去了商场,指着干贝要买,售货员说:"你知道这是什么吗?这是干贝,很贵的!"将军说:"我要的就是这个东西!"我们听着真是哭笑不得。

1975年,由于周恩来、叶剑英的关怀,将军得以重新分配工作,算是解放了。我们的"将军豆腐"也画上了句号。

还有一次难忘的聚餐。1976年"四人帮"倒台后,一天柳西和将军到我们住处来,说是路过上来看看。将军情绪很好,对人妖颠倒的日子过去,玉宇澄清的时代到来兴奋不已。后来我留他们共进晚餐,将军说:"说了看看就走,吃什么饭嘛!"我说庆祝"四人帮"垮台,有螃蟹,三公一母。他说:"是吗?好啊!有没有酒?"说着就坐下了。那天在我们的蜗居用了简便的晚餐,席间轻松愉

左起:诸天寅、秦川(将军表弟)、贾若瑜、黄侯兴、缪柳西、林薇、洪子诚

贾若瑜将军给我们年级同学在未名湖畔讲述建军历史

快却是回味无穷。

有一次刘登翰同学来京出席一个文学会议,同学们相约在重阳大酒楼小聚。记得有诸天寅、李延祜、王育生、韩连仲、洪希刚诸位,身体欠佳的林薇、周倜、黄侯兴都来了,将军和柳西也一起出席。大家相聚甚欢,将军酷爱读书写诗一向喜欢和同学们聊天,对新鲜事物也感兴趣,他看到周宏兴同学的指书结集出版还曾作诗祝贺。有时候他也会谈些严肃的话题,比如1959年创建军事博物馆时期,同学们很有兴趣,问东问西,将军就给大家讲解放军的历史和优良传统。他讲话幽默生动大家都爱听。我看到一张黑白照片应该是那时的,将军和同学们围坐在北大未名湖畔的绿树丛中,听讲者中我能认出诸天寅、林乐齐、陈纪峰。2005年将军大概看到这张照片,有感于"而今当年学生均已成为国家中坚的老专家了"。曾赋诗抒怀:

京华学府聚群英,不露微芒世已惊。
科技兴邦逢盛世,文章华国动高旌。
未名湖畔论今古,教学楼中别重轻。
窗下纵谈怀抱事,请缨报国有书生。

席间大家畅谈往事,散席时诸天寅说以后要多多聚会,希望将军都能参加。将军说:"好嘛!我也是你们班的嘛!"后来他也做到了。不过还是他请大家更多,特别在柳西和他先后生病之后。我们往往去他们家探望兼聚会。

2011年,将军的大女儿明辉在一家西餐厅举行宴会,庆祝将军96岁华诞,请我们一些同学参加。李延祜、诸天寅、郭成韬三位写诗为将军贺寿。

岷江岸边洗战马,黄河浪花溅征衣。
文韬武略儒将风,胸中风云手中笔。

他们写出了大家的心声。那天我做了两个土蛋糕作为寿礼,也颇受好评,赛过酒店那个堆满奶油、水果、巧克力的大蛋糕。

庆祝将军百岁的寿宴是在中国大酒店举办的,谢冕、陈素琰、张炯、张漳、洪子诚、诸天寅、李延祜、我和我先生李留根一同出席,见证了这位世纪老人的大喜之日。诸天寅和李延祜献上一幅贺联:

寿臻期颐亲朋同贺百岁尚觉少。
爱洒人间盛世共享千秋不为多。

还有一首诗:

红军一元老,汗马功劳高。
胸怀海洋阔,近百犹觉少。

这一次将军是坐着轮椅出席的,但是头脑清楚思路敏捷。之前不久,姚梅屏和韩连仲等同学来看望他和柳西,他也是坐着轮椅出来和大家共进午餐,这是大家最后一次和将军相聚在餐桌旁。第二年,登翰来京开会,刘月华刚好从美国回来,子诚、周俑、王绍新、胡冠莹从郊区过来,加上城里的几个人一起相聚在柳西家,将军坚决要招待大家,委托柳西代表他请我们去国贸"红馆"吃了烤鸭。

2016年8月13日,进入102岁高寿的将军,平静安宁地驾鹤西去。长女明辉主持了送行仪式,大厅里响着"啊,朋友再见!"的乐曲,亲切而温馨。一代儒将的大照片,立在鲜百合组成的花丛中,背后衬着红色的幔帐。

王绍新和胡冠莹受大家之托,大清早亲自到花店挑选鲜花做了一个大花篮,带露的鲜花代表一颗颗真诚的心,向我们的"编外同学"、将军兄长、良师益友献上我们的祝福。

将军,一路好走!带着你征夫的威武,文士的儒雅,诗人的情怀!

再见!

2017年7月24日于北京

入读北大五十年咏怀

李延祜

李延祜夫妇（1986年于埃及开罗）

　　记得吧？五十年前，背着行囊，冒着风霜，怀抱理想，走进燕园课堂。听名师教诲，受益终生；瞻学者风采，治学榜样。你要当教授，他要当作家，编辑记者研究员各种行当。自信没有做不成的事情，没有写不好的文章，哪有实现不了的理想！我们是谁？天之骄子，国家栋梁，前途似锦不可量，个个都发少年狂！

　　仲夏夜听虫鸣，北风吹雪打窗。忘不了楼群的万盏灯火，赏不尽未名湖的碧波荡漾。书声琅琅，碗筷叮当，上大课占座位，用三餐好匆忙。看电影板凳排长队，听哨声熄灯进梦乡，生活多趣味，充实又紧张！

　　可惜好景不久长，校园变"战场"，燕园里雨骤风狂，鲜花败落树叶黄。可叹，当年我们年少太张狂，轻信只要政治挂了帅，不必苦做读书郎！大批判就是好文章。"后生可畏"，夫子战战兢兢上课堂，个个得了"失语症"，自己的观点哪敢讲？鸟也不争鸣，花也不开放，学术园地撂了荒。忆及当年事，悔恨误把恩师伤，愧对师长。

还有那年轻学子太天真，口无遮拦，直言说真相，谁承想条条是罪状，小鸟欲高飞，先折俩翅膀。更有那十年浩劫大扫荡，天翻地覆把人伤，交白卷是英雄，教英语遭了殃，花鸟虫鱼都盖上了阶级斗争的印章。白马非马的诡辩，指鹿为马的荒唐，错乱了正常神经，颠倒了天地阴阳。

黄河龙门拍天浪，鲤鱼没有跳过去，油锅里煎得嗞嗞响。劫后余生幸运儿，一个个磨炼成"运动健将"。唱歌一个调，说话一个腔，你克隆了我，我克隆了你，揽镜自照，找不到我原来的模样！

板结的土地压弯了我们的脊梁。破土欲出的幼苗，却成了铲除的对象。"资产阶级"的帽子戴头上，找谁说理？哪里告状？幻灭了抱负，夭折了志向，一切成泡影，黄粱梦一场。浑浑噩噩过日子，分毛算计谋稻粱。夹着尾巴做条狗，落水还要遭棍棒。

80年代春雨降，土地湿润见春光。枯树发新枝，重新见太阳。我们本是一株钻天杨，青春岁月空流去，可叹满身是创伤，如今一株歪脖树，只做盆景来欣赏。我们这被扭曲的躯干啊，却要拼命展现生命的辉煌。时不我予，紧紧托住下沉的太阳，把残阳余晖看作朝霞万丈，把尾声当作开篇吟唱。抽绿叶，开红花，结硕果，用浓缩的生命做最后的奉献，用有限的时间抢救破碎的梦想。

岁月蹉跎得太久，空掷了大好时光。庆幸的是我们喜见大地换新装，蓝天下白鸽又飞翔。纵然是齿已落两鬓霜，步履蹒跚挂拐杖。一颗心依然是窗下卧听风吹雨，世界风云费思量。廉颇老矣尚能饭，爱国之心不敢忘。

相约毕业五十周年时，再聚首，话衷肠，但愿师生长寿都健康。

2006年10月14日

（载于《北京大学校友通讯》2007年43期）

清 晨

王倬芸

繁茂的古槐给庭院搭起一座绿凉棚
我拾起一片坠落的槐花
像拾起一个童年的梦
牵牛花对未来有着美妙的憧憬
向上攀缘,永不留停
每天清晨第一个睁开蓝色的眼睛
茑萝松在百花中显示出独特的聪明
从遥远的年代起就预示了历史的进程
给大地处处镶上闪闪的红星
短墙边,是谁对我耳语轻轻
草茉莉笑说,虽然我不是名贵品种
也愿把小小的庭院打扮得异彩纷呈

王倬芸(晚年照)

1984年8月

我的老年养生生活

姚梅屏

我在班里,乃至年级中年龄最小,故常被学兄学姐称为小姚。时光荏苒,家族就有少白头遗传的我,退休不久头发一下全白了。不知是因家族遗传,还是身心负担沉重所致,五十多岁高血压、高血脂、糖尿病接踵而来。

2001年退休不久,由于应邀参与基础教育有关文学鉴赏的图书出版撰稿和编辑工作,加上多年养成认真习惯,促使自己连续开夜车,突发了脑血栓。从此,来往医院成了我的必修课。此后记忆力也甚感渐衰,手有时发抖,字写得不如心意起来。

姚梅屏(大学时期)

2008年底奥运会后不久,我不慎摔跤伤了左腿股骨胫,在301医院换了人工关节;时隔九年在小区散步,不慎被小坎绊倒,右腿又造成了骨折。就这样,我这小姚真的成了"老姚"了,真的进入老年阶段了。

真的"日薄西山"了吗?很不甘心啊!在这背景下,我重视起老年阶段的养生来。我的养老养生生活是:

第一,乐观面对年老,无畏看待病死。

首先,我乐观地面对了渐渐老去的生活的一切,因为我知道生老病死是人不可改变的自然规律。活了近八十年头,贡献和所享的苦乐不少,也该知足了。故而,不怕老,不怕病,不怕死,成了我面对老年生活的重要信条。于是,我注意做到：清醒应对疾病，保持知足心态，适当参加社会活动，承担一定家务工作，关照时政大事。以多种方式让自己的大脑动起来，身体动起来，生活活跃起来，如流动的水川流不息。这就是我老年阶段养生的第一要素。

第二，敢于抗争疾病，主动应对不适。

2008年底摔跤骨折，医生认为该动手术，征求家属和本人意见时，把手术危险性讲得特别令人生畏，说什么有人没下手术台，弄得家人不敢表态，只好由我本人定夺。我毅然决然表示，一定要做手术，绝不能就此退却躺倒。

今年七月这次骨折301医院医生迟迟不接受住院手术，说："中度的心包积液是手术禁忌，另外，脑梗后是否有后遗症？两月内有脑梗也是绝对手术禁忌症。再加上代偿能力差，是可能下不了手术台，人就没了。'还表示'即使住了医院，还要找人评估，风险大也是做不了手术的。"在这种情况下，我本着要与疾病抗争精神，还是毅然坚持手术治疗，于是到北京积水潭医院做了手术。现已出院，身体在恢复中，二十多天已能开始扶助步器走了。

2013年后，我针对渐感思维有些迟钝，手有时抖动，写字力不从心。怎么办？我心血来潮，主动应对，决定编写《成语词典大全》，借此练笔练脑。于是我每天端坐桌前，坚持半天写作，一下干了两年。在与学兄学姐及亲人往来中，已经老了的自己还总觉得不算老。久不见的熟人说：真不简单，精神状态不错啊！甚至直到退休后还在做有益事的人，对我更是赞不绝口。由于坚持写字、看报，手不再颤抖，字也写得像点样了。

当然，我也深知对疾病要抗争和应对，但不能蛮干，从意念到各方面具体安排上均要采取适当措施。

第三，学习健康知识，调整生活陋习。

近几年社会上养生电视节目热播起来，多种老年健康报也时常随家中订的《作家文摘》《北京青年报》《中国教育报》《北京法制晚报》《参考消息》等报送来，于是中央电视台、北京卫视的养生节目和报纸成了我的朋友，丰富了我的健康常识，活跃了我的精神生活。真的体会到人老了，不能再从事常人工作，但从健康养老度过人生角度来看，"活到老，学到老"是很有必要的。只不过学习的内容和方式可从自己实际出发来安排。

我把学习老年健康知识列入了自己每天的生活日程。并且，有针对性地化为自己的实际行动,开始注意调理自己的不健康的习惯,如,静不喜动,饮食无忌,睡眠无律等。大大促进了自己身心的健康。

第四,自觉敬重包容,调解矛盾心态。

人老了,从身心上调整自己,处理好家庭矛盾是老年养生安度晚年值得注意

姚梅屏(近照)

的重要问题,也是"家和万事兴"的保证。如何对待?是我面对的重要课题。

敬重包容是家庭和睦,老年人健康长寿的前提。退休后,由于家人相处时间多了,锅碗瓢盆相碰的事难免多起来,看到不顺眼的事爱发火的我,该如何面对呢?我渐渐体会到大事关注一下,其他事尽量不管,少管,让家人和晚辈有自己活动的空间,在实践中学会自己管好自己的事。遇到不顺心事时,力戒发脾气、独断独行。主倡互敬、互让、互利,民主的家风。作为正在老去的自己,首先要明确自己保证自己身体健康和生活稳定,努力减轻家人负担,是对家人和晚辈年轻人的支持,并能付诸实践,是处理好老年人与家人,特别是晚辈关系的重中之重的事,不仅仅是"久病床前无孝子"的问题。

在家庭琐事矛盾中,使自己心态平衡、平静下来十分重要。在力所能及的情况下,为家庭做点奉献也是不可忽视的。我注意做些洒扫庭除和用洗衣机洗洗衣服的事之外,对家事提点建议,关注一下外孙女学习成长等等,平添了自己时而的矛盾的心态,增添了不少自己的生活的乐趣。

静下心来细想,我这小姚,退休后的居家养老生活已经悄然开始了,可以说还是平静、幸福的。

今天,在学兄学姐面前奉献此文,好像是在"以小卖老",其实,本意是在向各位汇报一下自己退休后的生活而已。

愿大家,健康长寿,生活幸福,常来常往!

2017 年 9 月 1 日

火车欢快向北行
——记1998年"北大百年校庆专列"乘车记

袁瑜启

袁瑜启（大学时期）

5月4日是青年节，也是北京大学的校庆日。这个光辉节日是源于1919年5月4日，以北大学生为首的北京青年学生，高举爱国主义旗帜走上街头，不惜洒热血、抛头颅与反动派做坚决斗争。而此时先后在北大工作的党的创始人李大钊、陈独秀、毛泽东等人宣传革命思想，使北大成为当时革命运动的发祥地。作为北大学子，无不为他的母校的光荣历史而自豪，也无不为他曾在那秀丽如画的校园中，所受到的最好教育而忆念不已。1998年5月4日，欣逢北大建校100周年，作为北大学子，又怎能不为他在短暂人生中，却能躬逢母校百年华诞而庆幸呢！

为了迎接北大百年校庆，铁道部开了专列。这趟名为16次特快的北大百年校庆专列，4月30日晚由深圳开出，深圳市领导剪彩送行，中央电视台随车采访。它载着从台、港、澳前来的北大校友，越过广深路，沿京广路北上，每到一个省会都停车，只接纳北大校友上车。到5月1日晚21时，我们在河南的北大校友，便聚集在郑州火车站等候专列的到来，由于它的姗姗来迟，当我们在一面北大河南校友会的旗子引导下，鱼贯有序地离开候车室，也已晚点到22时了，当时我心想车上的校友由于旅途的颠簸劳顿，他们一定已经进入梦乡了。谁知当我瞥见一条橘黄色的长长的专列和一块白底红字的北大百年校庆专列的车牌挂在车窗边时,我的耳边突然响起军号声、擂鼓声、鼓掌声、欢呼声,随着一声声"欢迎河南的北大校友"的呼喊声,我走入了满脸堆笑、以手击掌、口喊欢迎的夹道校友之中,使我如坐春风,满心欢畅、无比激动。车上的校友们身上一律穿着白色文化衫,胸前印有"北大百年校庆专列"的红字,在这个弧圆字形的下方是100数字,代表北大百年,但写的并不规整,细看这100,却又是北大二字,这真是匠心独运,使人从心底佩服设计者的高度智慧和巧妙创新。文化衫的后背印着毛主席像使我感到隆重、热烈和亲切。

当我们走到15号车厢门口时,车长为我们每个新上车的人都发了一件文化衫,并戴上一个挂在脖子上的乘车胸卡,等我们在车厢找好铺位后,深圳的校友给我们送来了各种饮料和水果;除了上铺,而原在中铺和下铺的深圳校友全都一个个到只有座位的16号车厢。随着一声汽笛长鸣,车厢中传来了深圳校友的广播:欢迎河南校友,通知校友会晤、叙谈联谊活动在17号车厢举行,同时还有抽奖活动,三等奖是价值六千元的夫妇泰国游,二等奖是价值七千元的康佳大彩电,一等奖是价值一万三千元的一套高档家具,并派专车免费送到家。兑奖号码是每人的乘车胸卡号。提供这些奖品的出资人,是投身深圳商海,成为企业老总的北大校友,大家对他们的慷慨赞助表示感谢。在一片欢声笑语中,圆满地结束了联谊活动。此时车已到达安阳,在停留期间,我望着装饰一新的车厢,在行李架下面拉起的黄色绳子上,贴着五颜六色的小旗子,上面写着各种祝贺北大校庆的标语。我喝着深圳校友提供的饮料,浮想联翩,我想到在鳞次栉比的座座高楼下,行色匆匆的深圳人中,也有我们的北大校友艰苦拼搏,终于创业

袁瑜启(右)、刘美兰夫妇(2011年摄于北大)

有成。他们把这趟专列组织得井井有条,不仅提供了物质保证,而且把好的座位让给别人,奉献出一颗爱心,阵阵温暖,丝丝敬意,不禁涌上心头。深圳校友的情意,慰我进入梦乡。

深夜里,我被军号声、锣鼓声惊醒,透过车窗的灯光,时针指在子夜两点,专列停在石家庄车站,虽然上车的只有一位校友,但深圳校友,依然不减欢迎热情,依旧列队奏乐,并为他赠送了文化衫。5月2日凌晨5时,东方露出晨曦,专列到达终点北京西站,在一条"欢迎北京大学校庆专列"的横幅标语下,北大附中军乐队奏起欢迎曲,闪光灯在不停地闪耀,北大新闻中心的记者在到达的校友中穿梭采访,在简短的欢迎仪式上,专程前来的一位北大校领导致了欢迎词。仪式结束后,我们分乘14辆大轿车,尾随着5辆小汽车,一路浩浩荡荡向北大驶去。

这趟一路欢歌笑语北上、跨越七个省市、行程2436公里的专列,用了两夜一天的时光,这不过是历史的瞬间,流星似的刹那,但它专为北大校庆而开设,这在我国教育史上、铁路史上,甚至在全世界的大学历史上,都是史无前例的创举。它将长久地留在北大校友的记忆中,成为美好欣慰的话题。

诗词五首

张雪鸿

渔家傲·怀光惠[①]

苦雨骄阳消歇后,秋声四起纱窗透。又近寒鸿归节候。残更漏,犹怜病损伊人瘦。

习习寒风侵小囿,昂然修竹青如旧。万里琴心和共奏,难描就,来年乳燕依芳袖。

1963年秋于北京门头沟煤矿

菩萨蛮·思念

人人都道春光好,花开我恨春光早。
攀柳雪无痕,春愁因远人。
北望丛山处,惆怅天涯路。
怕见落红飞,春深鸿不归。

1992年春代拟光惠作

张雪鸿（大学时期）

[①] 光惠为作者之妻名,两人曾常年两地分居。

张雪鸿(近照)

金缕曲·赠鲲鹏

仰望云天树,共弦歌,融融泄泄,未名闲步。肝胆照人言无忌,愿促河山永固。天骤变,风翻云怒,兰蕙萧艾齐摧折,寂无声,四海茫茫雾。吾饮泣,尔菇苦。

廿年过后知谁误。怅回头,韶华水逝,美人迟暮。勘叹鲲鹏难展翅,滴血生成甘露。历万劫,丹心如故。沦落半生知己少,月朦胧,魂返当年路。情久系,岁常住。

怀天寅·七绝

午梦醒来

南风吹我入京城,小室陶然议论生。
觉后痴看云北上,请君带去问安声。

万里传音

分携五见满园芳,羡尔缨冠作大梁。
振羽翱翔犹未晚,莫忘健体骋康庄。

卢沟晓月

张以英

北大的校景如画,学子们在湖光塔影中生活学习,自然会被熏陶得更加热爱祖国的大好河山。

刚上大二不久,我与罗炯光同学竟突发奇想,骑单车去夜赏卢沟晓月。迎着高挂天边的一勾月牙,两人边飞车,边神聊,不知不觉便到达古今中外闻名的卢沟桥。遗憾的是永定河水已干涸,只见一片沙滩,却不见水中明月,颇为扫兴。不过桥北耸立的石碑,却又使人身心一振,而上面"卢沟晓月"几个石刻大字,雄浑遒劲,为乾隆帝所题,这曾折服过古往今来无数的游人墨客,心想虽未观赏水中月,但一睹皇家墨迹,也欣然足矣!

张以英(大学时期)

罗同学是位性豪放,行事奇特者,他提议宿此一夜,明晨再领略一番卢沟风景,方为不虚此行,我欣然同意。在近处寻得一旅店,被引入一坐南朝北的房子,推门进去,一盏煤油灯昏然亮着,内放两张破木板床,上面铺着蓬松松的稻草。罗同学却如获至宝,立刻趴到床上,急忙在本子上写起游记来;我却环视四周被烟熏的如墨般黑的墙壁,独自发呆,不知如何是好。突然,哐当一声,门开处进来一位警察,他很不客气地盘问起我们来。我们说是来观景的,他哪里肯相信,硬把我们带到大门口旁的一间办公室里审问,看过我们的学生证后,总算放过了我们。罗游兴犹存,继续写"游记",我却困乏难耐,竟靠在墙边

张以英(近照)

入梦了。

  一大早,我们起身再到卢沟桥边,由桥北走到桥南,再折回来,突然瞥见桥柱上的一头小狮子,在向我们咧嘴笑呢,心神顿觉欣然,二人便飞车回到北大。校餐厅刚刚开门,我们俩狼吞虎咽般吃了几口饭,便匆忙赶往古典建筑风格的文史楼一层的教室上课。身在课堂,可是夜逛卢沟桥不平凡的一幕,已使我心猿意马,很难收回。心想,俗曰"观景不如听景",的确如是,"听景"能发挥人驰骋的想象力,可以天马行空,奇思妙想……其实许多的世事人情,又何尝不是如此啊!

2017年10月15日于人民大学

陈键的书法

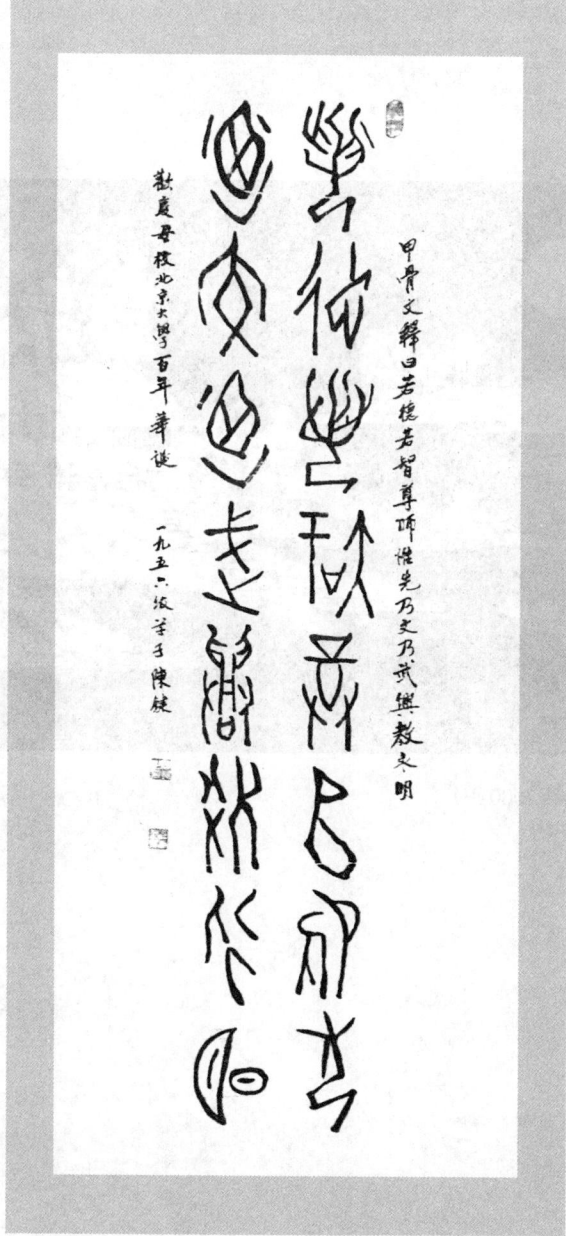

李延祜的电脑画

月下雪夜（李延祜2000年）

刘登翰诗书法诗歌

荷

婷婷地从水面走来
那女子　一朵绽放的吻
掳走我全部记忆　那女子
一只翠鸟在梦的边缘唱歌
那女子　倏然从六月走过
以息的惊艳　抗衡
寂寞
哦　那女子

山 水

有丰沛水气

在空蒙大山　淋漓

每一个云岚拥挤的霞晨和雾夕

湿漉漉的阳光　拨不开

密集的鸟声　露珠般

从叶尖下垂滴

湲湲水声

破山而出

湍流和飞瀑　讲述

岁月的秘密

哦　此生有幸

携手山水

如携手邻家姐妹

放飞一颗知遇的心

在天地间

游弋

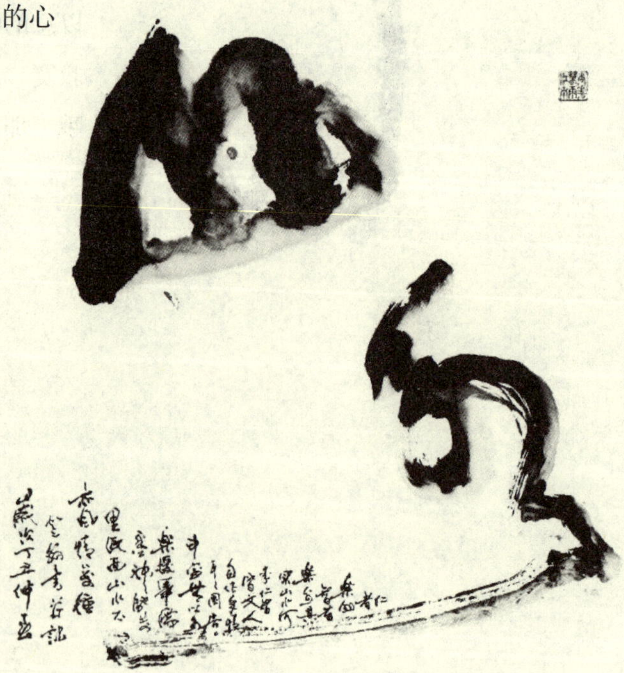

吕美勤的画

吕美勤(近照)

乔懋渔的画

乔懋渔代表北大中文系1956级献给母校中文系的画（2006年）

吴兆孟的画

吴兆孟(大学时期)

吴兆孟晚年在作画

竺明章的书画

竺明章(大学时期)

竺明章（近影）

幼時已知書聖名
八十五歲拜蘭亭
心雖未老身已衰
頭昏眼花腿不靈
今日要圓多年夢
兒女扶我慢步行
人人比我都年青
足証老翁崇敬心

二〇一七年國慶游蘭亭有感
奉化竺明章書於北京

后 记

  2016年10月9日我们北大中文系1956级四十余位老同学举行了入学60周年联谊会,会后张仁健同学提出希望能编一本我们年级的回忆录,作为对母校120周年校庆的献礼。他的建议得到同学们的热烈响应。为此,我们成立了一个五人筹备小组,起草了征稿启事。我们深知编这本书难度很大,有同学说你们如果能征集到20篇稿就算不错了,30篇就很不错了,40篇那就特别不错了。当时我们还真没有谱,到底能征集到多少篇稿件,还是一个未知数。我们本着马寅初校长知难而进的教导,迎着困难而上。我们本着一个也不能少的原则,凡是通讯录上有地址的同学,我们都寄发了征稿信,有70封左右,反馈回来的只有不到一半。而且有的年纪大的或有病的同学表示无能为力,写不了稿了。有的信被退回,地址变了,或发生了变故。于是我们利用电话、电邮、书信再进行联系、再动员,居然有的失联多年的同学也联系上了,他们努力回忆写作,写不了新稿的就用旧稿。经过我们的努力,在同学们的大力支持下,有的同学一下子写了三四篇。我们几个筹备小组的同学碰过几次头,研究进度以及审阅已经发来的稿子。到2017年9月中旬,张仁健同学专程从太原到北京与筹备小组的同学一同研究下一步事项,确定了编委会成员,主编、副主编人选以及如何修改来稿和划分栏目。并决定10月底为截稿日期。到10月底我们收到约90篇稿件,大大超出了我们预期,还有一些书画作品,由此可以看出我们年级真有不少多才多艺的才智之士。我们把这些来稿分成六个栏目,其中以《燕园春秋》和《紫梦情怀》两个栏目的稿件最多。燕园春秋中同学们回忆了在北大求学时的难忘岁月,对母校充满了感恩之情。《紫梦情怀》中同学们深情地怀念我们的恩师和一些已故的同学,师生的情谊,同学的友情永远难忘。我们议定每篇文章配发两张照片,一张是年轻时的,一张是年老时的近照,通过对比我们可以看出当年风华正茂的英俊少年伴随沧桑岁月如何变成白发苍苍的矍铄老人。许多同学翻箱倒柜找出不少具有历史意义的珍贵照片,特别是找到了当年我们四个班的毕业集体照,让回忆录留下了青春的岁月。

在编辑此书的过程中,我们得到了本年级同学的大力支持,尤其是一些年长或有病的同学,他们克服各种困难积极写稿,比如陈键同学、吴济时同学,他们都已年近九旬,他们不仅积极写稿,还反复修改,寄来珍藏的老照片。沈昆朋同学常年卧病,生活不能自理,竟以顽强的毅力,把纸放到一块木板上,艰难地每天只能写几十字,最后竟写成了一篇一千多字的回忆文章。廖文同学患有帕金森氏症,手颤抖得很厉害,他居然也写出一篇短文。本来他期待能看到书的出版,可惜他竟于2017年11月溘然长逝,没有能看到书的出版,至为遗憾。卢冬同学已85岁高龄,但还充满了青春的活力,他不仅自己积极写稿,寄照片,还去动员廖文同学写稿,给廖文同学拍照,多次提建议,真是一位热心的好同学。陈耀庭同学身居海外,心系祖国,他于繁忙的讲学之余,自己写稿,还给郭丙于、陈纪峰两位已逝同学写了充满怀念之情的散文。刘文昭同学写了《我们的"编外同学"》一稿,记下了贾若瑜将军和我们年级的深情厚谊;她还协助编委会请谢冕学长写了文情并茂的《我们曾赴春天的约会》。刘登翰同学社会活动很多,挤出时间写了好几篇稿,特别是写了怀念廖东凡同学的稿件,等于是代表全年级了却了怀念廖东凡同学的夙愿。此外像秦川同学、齐裕焜同学、张曰凯同学、王绍新同学、史有为同学等都积极写稿,对书的题目、栏目划分提出不少建议。我们联系到了蔡根林、李泉两位已逝同学的女儿,她们都深情地写出了对亲人的怀念,并提供了照片。我们在网上联系到了王金屏先生和崔志博先生,王金屏先生是我们同届新闻专业的同学,他通过回忆的形式,对发小邢志恒的情况做了介绍和悼念;崔志博先生是王昌珞的同事和挚友,著文怀念了王昌珞在大兴安岭的拼搏奋斗和艰难乐观的生活,以及二人的通信和唱和。值得提到的同学还有很多,应该说每一位写稿的同学都应该提到。还有的同学虽然没有写文章,但寄来了书画作品。以上这些情况使我们很受感动,我们深深感受到我们年级是一个团结的集体,是一个友爱的集体,是一个有凝聚力的集体。虽然我们毕业已经半个多世纪了,但我们之间的友谊牢不可破,情意深挚长存。

我们感谢中央文史馆馆长、北京大学中文系教授袁行霈老师,北大原党委副书记、副校长、校友会常务副会长、顾问郝斌同志为我们题词,谢冕学长撰文,感谢北岳文艺出版社的领导、责编为本书的策划、审阅、出版付出了不少的心血。当然,由于时间的仓促,我们又缺乏经验,疏漏和不当之处在所难免,敬请大家批评指正。是为记。

付梓在即,主编张仁健同学于2018年11月6日突发疾病,不幸辞世。他作为本书的倡议者、策划者、编辑者,其用心最细、用力最勤,生前一直关心和关注本书的出版。书未出版,斯人已逝,令人痛心,至为遗憾,不胜唏嘘!今书即付梓面世,不负仁健心血,当可笑慰九泉矣!

编委会

2017年10月31日

2018年11月16日修改